船山遺書

〔清〕王夫之　著

中国书店

目录

楚辞通释

诗译

夕堂永日绪论

南窗漫记

龙舟会杂剧

王船山丛书校勘记

传记十种（增补）

刘毓崧　王船山先生年谱（增补）

王之春　船山公年谱（增补）

楚辞通释

史记屈原列传

屈原者，名平，楚之同姓也。为楚怀王左徒。博闻强志，明于治乱，娴于辞令。入则与王图议国事，以出号令；出则接遇宾客，应对诸侯。王甚任之。

上官大夫与之同列，争宠而心害其能。怀王使屈原造为宪令，屈平属草稿未定。上官大夫见而欲夺之，屈平不与，因谗之曰："王使屈平为令，众莫不知，每一令出，平伐其功，曰以为'非我莫能为'也。"王怒而疏屈平。

屈平疾王听之不聪也，谗谄之蔽明也，邪曲之害公也，方正之不容也，故忧愁幽思而作《离骚》。离骚者，犹离忧也。夫天者，人之始也；父母者，人之本也。人穷则反本，故劳苦倦极，未尝不呼天也，疾痛惨怛，未尝不呼父母也。屈平正道直行，竭忠尽智以事其君，谗人间之，可谓穷矣。信而见疑，忠而被谤，能无怨乎？屈平之作《离骚》，盖自怨生也。《国风》好色而不淫，《小雅》怨诽而不乱。若《离骚》者，可谓兼之矣。上称帝喾，下道齐桓，中述汤、武，以刺世事。明道德之广崇，治乱之条贯，靡不毕见。其文约，其辞微，其志洁，其行廉，其称文小而其指极大，举类迩而见义远。其志洁，故其称物芳。其行廉，故死而不容。自疏濯淖污泥之中，蝉蜕于浊秽，以浮游尘埃之外，不获世之滋垢，皭然泥而不滓者也。推此志也，虽与日月争光可也。

屈平既绌，其后秦欲伐齐，齐与楚从亲，惠王患之，乃令张仪佯去秦，厚币委质事楚，曰："秦甚憎齐，齐与楚从亲，楚诚能绝齐，秦愿献商、于之地六百里。"楚怀王贪而信张仪，遂绝齐，使使如秦受地。张仪诈之曰："仪与王约六里，不闻六百里。"楚使怒去，归告怀王。怀王怒，大兴师伐秦。秦发兵击之，大破楚师于丹、淅，斩首八万，虏楚将屈丐，遂取楚之汉中地。怀王乃悉发国中兵以深入击秦，战于蓝田。魏闻之，袭楚至邓。楚兵惧，自秦归。而齐竟怒不救楚，楚大困。

明年，秦割汉中地与楚以和。楚王曰："不愿得地，愿得张仪而甘心焉。"张仪闻，乃曰："以一仪而当汉中地，臣请往如楚。"如楚，又因厚币用事者臣靳尚，而设诡辩于怀王之宠姬郑袖。怀王竟听郑袖，复释去张仪。是时屈平既疏，不复在位，使于齐，顾反，谏怀王曰："何不杀张仪？"怀王悔，追张仪不及。

其后诸侯共击楚，大破之，杀其将唐眛。

时秦昭王与楚婚，欲与怀王会。怀王欲行，屈平曰："秦虎狼之国，不可信，不如无行。"怀王稚子子兰劝王行："奈何绝秦欢！"怀王卒行。入武关，秦伏兵绝其后，因留怀王，以求割地。怀王怒，不听。亡走赵，赵不内。复之秦，竟死于秦而归葬。

长子顷襄王立，以其弟子兰为令尹。楚人既咎子兰以劝怀王入秦而不反也。

屈平既嫉之，虽放流，眷顾楚国，系心怀王，不忘欲反，冀幸君之一悟，俗之一改也。其存君兴国而欲反复之，一篇之中三致意焉。然终无可奈何，故不可以反，卒以此见怀王之终不悟也。人君无愚智贤不肖，莫不欲求忠以自为，举贤以自佐，然亡国破家相随属，而圣君治国累世而不见者，其所谓忠者不忠，而所谓贤者不贤。怀王以不知忠臣之分，故内惑于郑袖，外欺于张仪，疏屈平而信上官大夫、令尹子兰。兵挫地削，亡其六郡，身客死于秦，为天下笑。此不知人之祸也。《易》曰："井泄不食，为我心恻，可以汲。王明，并受其福。"王之不明，岂足福哉！

令尹子兰闻之大怒，卒使上官大夫短屈原于顷襄王，顷襄王怒而迁之。

屈原至于江滨，被发行吟泽畔。颜色憔悴，形容枯槁，渔父见而问之曰："子非三闾大夫欤？何故而至此？"屈原曰："举世混浊而我独清，众人皆醉而我独醒，是以见放。"渔父曰："夫圣人者，不凝滞于物而能与世推移。举世混浊，何不随其流而扬其波？众人皆醉，何不餔其糟而啜其醨？何故怀瑾握瑜而自令见放为？"屈原曰："吾闻之，新沐者必弹冠，新浴者必振衣，人又谁能以身之察察，受物之汶汶者乎！宁赴常流而葬乎江鱼腹中耳，又安能以皓皓之白而蒙世俗之温蠖乎！"乃作《怀沙》之赋。今《九章》中《怀沙》篇是也。于是怀石遂自投汨罗以死。

屈原既死之后，楚有宋玉、唐勒、景差之徒者，皆好辞而以赋见称；然皆祖屈原之从容辞令，终莫敢直谏。其后楚日以削，数十年竟为秦所灭。

自屈原沉汨罗后百有余年，汉有贾生，为长沙王太傅，过湘水，投书以吊屈原。

张仕可序

楚三闾大夫扃志沉湘，遗文贲楚。《骚经》写百折之孤忠，《天问》诘千秋之疑理。神以思通，作歌而侑；倦如可接，托赋斯游。鬼不能谋，詹尹之陈蓍漫托；人无同志，渔父之鼓枻忘言。是其回风之悲，于谁荡愤；而往日之惜，究于《怀沙》者也。从游若宋、景二子，瑰词仅托《招魂》；隔代有王、刘诸贤，呻吟要为无病。

船山王先生旷世同情，深山嗣响。赓著《九昭》，以旌幽志；更为《通释》，用达微言。攻坚透曲，剖璞通珠，啸谷凌虚，搏风揭日。盖才与性俱全于天，故古视今藉论其世。余薄官三湘，于兹六载。值绅衿有乡祀之请，金云等身书昔所未有。访嗣子，录遗稿以呈，对曰："先人志文其在兹。"灯下细翻，呼儿朗诵。井底不终沉，痛饮连浮数白；曲终如可见，望湘遥对峰青。属为弁言，珍之行弆。

镇江张仕可题，时今上康熙四十六年季秋月下浣。

序列

　　《经解》曰："属辞比事。"未有不相属而成辞者。以子属天，则为元后；以下属天，则为六字。引而伸之，触类而长之，或积崇隆为泰华，或衍浩瀚为江海，厄出而不穷，必不背其属，无非是也。王叔师之释《楚辞》也异是。俄而可以为此矣，俄而可为彼矣，其来无端，其去无止。然则斯制也，其为孛星之欻见，行潦之忽涸乎？昧于斯旨，疑误千载。今此所释，不揿固陋，希达屈子之情于意言相属之际。疏川浍以入经流。步冈陵而陟绝巘，尚不迷于所往乎！

　　唯意谓然，不度其指，作者既杳，亦孰与正之？舍本事以求情，谓山为洼沼，谓海为冈阜，洞崖似沼，波涛似阜，亦何不可！昔人有云："后世谁定吾文者？"惮人之仿佛而迷谬之也。《九歌》以娱鬼神，特其凄悱内储，含悲音于不觉耳。横摘数语为刺怀王，鬼神亦厌其渎矣。至于《天问》，一皆讽刺之旨，复使忠告不昭，而别为荒怪，何也？凡此类，交为正之。

　　或为怀王时作，或为顷襄时作。时异事异，汉北、沅湘之地异。旧时释者或不审，或已具知而又相刺谬，其瞀乱有如此者。彭咸之志，发念于怀王，至顷襄而决。远游之情，唯怀王时然，既迁江南，无复此心矣。必于此以知屈子之本末。

　　蔽屈子以一言曰"忠"。而《七谏》以下，悻悻然如息夫躬之悁忮，孟郊之龌龊，伎人之憎矣。允哉，朱子删之。而或以此诬《骚经》《九章》弥天亘地之忧，为患失尤人之恨，何其陋也！既为涤雪，复缀《九昭》于卷末，匪曰能贤，时地相疑，孤心尚相仿佛。

　　楚，泽国也。其南沅湘之交，抑山国也。叠波旷宇，以荡遥情，而迫之以盘鐶戉削之幽蒐，故推宕无涯，而天采蠹发，江山光怪之气莫能撝抑。出生人死，上震天枢，□□□秦，□江□□，皆此为之也。夫岂东方朔、王褒之所得与乎？

《远游》极玄言之旨，非《诸皋》《洞冥》之怪说也。后世不得志于时者，如郑所南、雪庵，类逃于浮屠。未有浮屠之先，逃于长生久视之说，其为寄焉一也。黄老修炼之术，当周末而盛，其后魏伯阳、葛长庚、张平叔皆仿彼立言，非有创也。故取后世言玄者铅汞、龙虎、炼己、铸剑、三花、五气之说以诠之，而不嫌于非古。

自《周易》《象》以韵制言，《雅》《颂》《风》胥待以成响。然韵因于抗坠，而意有其屈伸，交错成章，相为连缀，意已尽而韵引之以有余，韵且变而意延之未艾，此古今艺苑妙合之枢机也。因韵转而割为局段，则意之鳌戾者多矣。今此分节立释，一唯其意之起止，而余韵于下，以引读者不倦之情。若吟讽欲其成音，则自随韵为于喁，不待叙也。韵、意不容双转，为词赋诗歌万不可逆之理。推而大之，四时五行七政六律，无不交相离合。四方八片阴阳老少截然对待之说，术士之《易》，而非天地之固然。元气元声，存乎交禅不息而已。

岁在乙丑秋社日，南岳王夫之释。

楚辞通释卷一

评语并载

离骚经

王逸旧注曰："《离骚经》者，屈原之所作也。屈原与楚同姓，仕于怀王，为三闾大夫。三闾之职，掌王族三姓，曰昭、屈、景。屈原序其谱属，率其贤良，以厉国士。入则与王图议政事，决定嫌疑；出则监察群下，应对诸侯。谋行职修，王甚珍之。同列大夫上官、靳尚妒害其能，共谮毁之。王乃疏屈原。屈原执履忠贞而被谗邪，忧心烦乱，不知所诉，乃作《离骚经》。离，别也。骚，愁也。经，径也。言己放逐离别，中心愁思，犹依道径，以风谏君也。故上述唐、虞、三后之制，下序桀、纣、羿、浇之败，冀君觉悟，反于正道而还己也。是时秦昭王使张仪谲诈怀王，令绝齐交，又使诱楚，请与俱会武关，遂胁与俱归，拘留不遣，卒客死于秦。其子襄王复用谗言，迁屈原于江南。屈原放在草野，复作《九章》，援天引圣，以自证明。终不见省，不忍以清白久居浊世，遂赴汨渊而死。"国士，国事也。上官靳尚疑本一人。靳尚之称上官，犹原之称三闾。若别为一人，不应有姓而无名。浇，与荛同，女教切。秦昭王，旧注据史以为惠王。襄王，顷襄王也。迁者，流而禁之。原初去位，隐居汉北，至此迁于沅湘。汨，音觅。汨水出江西万载县界，径浏阳县，至长沙城北入于湘。其下有屈潭，原所沉也。

今按旧注所述，是篇之作，在怀王之世。原虽被谗见疏，而犹未审斥。原引身自退于汉北，避群小之慑，以观时待变，而冀君之悟。故首述其自效之诚，与怀王相信之素，谗人交构之由；而继设三端以自处，游志旷逸，舒其愁绪；然且临睨旧乡，蜷局顾睎，有深意焉。至于终莫我知后，有从彭咸之志，矢心虽夬，而固有待，未遽若《九章》之决也。夫以怀王之不聪不信，内为艳妻佞幸之所蛊，外为横人之所劫，沈溺瞀乱，终拒药石，犹且低回而不遽舍，斯以为千古独绝之忠。而往复图维于去留之际，非不审于全身之善术，则朱子谓其过于忠，又岂过乎！若夫荡情约志，浏漓曲折，光焰瑰玮，赋心灵警，不在一宫一羽之间，为词赋之祖，万年不祧。汉人求肖而愈乖，是所谓奔逸绝尘，瞠乎皆后者矣。

帝高阳之苗裔兮，朕皇考曰伯庸。摄提贞于孟陬兮，惟庚寅吾以降。皇览揆余于初度兮，肇锡余以嘉名。名余曰正则兮，字余曰灵均。

高阳，颛顼有天下之号。颛顼生老童，为楚始祖。其后武王熊通之子瑕，食邑于屈，因以为氏，世为楚宗臣。父曰皇考；皇，大也。伯庸，其字。古者讳名不讳字。太岁在寅曰摄提格。贞，当也。孟春之月曰陬月。庚寅，原生日。皇，皇考省文。览其初生之日，合于吉度，因锡以美名。灵，善也。平者，正之则也；原者，地之善而均平者也。隐其名而取其义以属辞，赋体然也。以上序所自出及生旦名字，以自表著。言己与楚同姓，情不可离；得天之令辰，命不可襄；受父之鉴锡，名不可辱也。

纷吾既有此内美兮，又重之以修能。扈江蓠与辟芷兮，纫秋兰以为

序 中 夹 意

佩。汩余若将不及兮，恐年岁之不吾与。朝搴阰之木兰兮，夕揽中洲之宿莽。"中洲"，一本无"中"字。

纷，不一之谓。内美，得天之美命，为亲所嘉予。重，直龙切，加也。修能，志正道、学正学而成材也。扈，被也。江蓠，大叶芎藭，叶似芹者。辟，辟绩为裳。芷，白芷，一名茝，一名药，一名蒿。纫，组合也。兰，绿叶紫茎，类菝葀，六月开花，至秋结穗，以子种之，叶甚香。兼众芳为裳佩，言集古今之美以服躬也。汩，聿也，语助辞，音越笔反。若将不及，志业既正，欲及时利见也。阰，与陂同。搴，取也。木兰，香木，辛夷之白者。宿莽，卷葹，拔心不死。言上陈善道以辅君，下修训典以治民，晨夕不遑，以靖国有功绩也。以上述己素修之志业，及任三间，官左徒，急于效能修职之勤劳无怠如此。

亦似承上文暗转

日月忽其不淹兮，春与秋其代序。惟草木之零落兮，恐美人之迟暮。不抚壮而弃秽兮，何不改乎此度也？ "忽"，一本作"曶"。"此度也"，一本无"也"字。

春秋代序，喻国之盛则有衰。草木零落，喻楚承积强之后，至于怀王，秦难益棘，疆宇日蹙，有陨坠之忧。君之起衰振敝，当如救焚拯溺，不容濡迟，盍不用自强之术，弃邪佞之说，以改纪其政，而免于倾丧？以上言己所必谏之故，以国势之将危也。

乘骐骥以驰骋兮，来吾道夫先路。昔三后之纯粹兮，固众芳之所在。杂申椒与菌桂兮，岂惟纫夫蕙茝？彼尧舜之耿介兮，既遵道而得路。何桀

宕一句

纣之猖披兮，夫唯捷径以窘步。惟夫党人之偷乐兮，路幽昧以险隘。岂余身之惮殃兮，恐皇舆之败绩。忽奔走以先后兮，及前王之踵武。 "披"，一作"被"。"惟夫"，一本无"夫"字。

来，相召告诫之辞。道，去声，引导之也。先路，前路也。言美人能以迟暮为忧而改度，如驾良马，骋康庄，则吾导之以长驱矣。三后，旧说以为三王，或鬻熊、熊绎、庄王也。丝无额曰纯。米精曰粹。申椒，未详，或申地所产之椒。菌桂，如竹，花白蕊黄，今方家谓之筒桂。蕙，今谓之零陵香。党人，张仪、靳尚、内结郑袖，比周惑怀王者。皇舆，君所乘车。败绩，车覆也。己所用以道君于前路者，集先王之美，遵尧舜之正，鉴桀纣之非。虽党人险昧，必将忮害，而不敢畏祸，惟一意忧君之倾覆，故秉忠以谏，道君以坦行于夷庚，践前王之迹，则殃且及而不辞。此上自述其违众忧国以强谏之情，宜为君之所鉴谅，以信己不疑，而前王可继也。

荃不察余之中情兮，反信谗而齌怒。余固知謇謇之为患兮，忍而不

又急下二语

能舍也。指九天以为正兮，夫唯灵修之故也。曰黄昏以为期兮，羌中道而改路。初既与余成言兮，后悔遁而有他。余既不难夫离别兮，伤灵修之数化。

茎，与荪通，似石上菖蒲，而叶无剑脊，亦香草也。以喻君。斋，音斋，疾急也，《诗》所谓不舒究也。凡谗言之入，姑缓而察之，则其情见。愚者如溅滴水于沸油，速发而不可抑止，谗之所以行也。舍，如字。九天，七曜经星及上宗动天。正，征也，犹射者之正鹄为征准也。灵，善也。修，长也。称君为灵修者，祝其所为善而国祚长也。黄昏，日将落而黄，乃向昏黑。古者婚礼成乎夜，喻君臣道合，若婚姻之好合。羌，楚人发语辞。离别，君不用则退而待放。数，亟也。化，变也，变前约也。君虽斋怒，犹必固争，指天自明，不避祸谪。非己强于求伸，亦为君之故耳。乃君亟信谗邪，取与己所定之成谋而弃之。疑其人，并废其道，非己之辱，而实国之灾矣。原所与怀王成言者不传。史称屈平为楚合齐以摈秦。怀王惑于张仪，合秦以绝齐。或谓此欤？此上序怀王始信己说，继而内惑郑袖，外听上官靳尚、张仪之邪说，己力争而不胜，为被放之由。

余既滋兰之九畹兮，又树蕙之百亩。畦留夷与揭车兮，杂杜蘅与芳芷。冀枝叶之峻茂兮，愿竢时乎吾将刈。虽萎绝其亦何伤兮，哀众芳之芜秽。 畹，古亩字。竢，同俟。

三十亩曰畹，亩埒长曰畦。揭车，一名艺舆，似零陵香，高数尺，黄花白叶。杜蘅，似细辛，叶如马蹄。峻，茎高。茂，叶盛也。刈，采而用之也。秽，莠坏也。以上言己欲匡君立政，博求贤才，置之君侧，冀其大用，俟时之可为，以张大楚国。己既不得于君，谗人指为朋党，驱逐皆尽，使众芳萎废。在己之萎绝何伤，而群贤坐绌，此周公鸱鸮取子之悲所不能已。李、杜戮而党锢兴，赵、朱斥而道学禁，盖古今之通恨也。

众皆竞进以贪婪兮，凭不厌乎求索。羌内恕己以量人兮，各兴心而嫉妒。忽驰骛以追逐兮，非余心之所急。

贪食之已曰婪。凭，恃也，恃君宠以恣行也。索，所白切；求索，苛索君子之疵瑕而攻击之也。如心之谓恕。君子之恕，如其心之忠也；小人之恕，如其心之邪也。小人以己之贪，度人之贪，因生嫉妒。急，亟也。以上言小人以私心絜度而猜疑，因潛己而一空善类。余非不能与众正竭力以争胜，而固非所欲，是以屈而见放。

老冉冉其将至兮，恐修名之不立。朝饮木兰之坠露兮，夕餐秋菊之落英。苟余情其信姱以练要兮，长顑颔亦何伤！

冉冉，渐也。修名，长久之名也。菊英不落，然萎槁既久，终亦凋坠。姱，美也。练，习事熟也。要，得事之理也。顑音坎，颔，一作顄，音菡；饥而面黄，贫贱之容也。承上言所不屑与小人驰骛争胜者，己之秉忠贞而树贤于国，唯以国势浸衰，将有危亡之忧，而君有丧邦之耻，隳其令名。是以愿俟时以有为，初非欲与鸡鹜争食。故虽见放废，饮坠露，餐落英，食贫不饱，且恬然安之。虽哀众芳之芜秽，然愿与同志者安守义命，终不与小人争得失也。

揽木根以结茞兮，贯薜荔之落蕊。矫菌桂以纫蕙兮，索胡绳之纚纚。謇吾法夫前修兮，非世俗之所服。虽不周于今之人兮，愿依彭咸之遗则。

"擘"，一作"挈"，启妍切。

擘，持也。木根，恶木之根。结，蹴而损之也。薜荔，蔓生，缘古木，叶如碧鳞，结实如瓜，俗谓之木馒头。蕊，实也。矫，反剥之也。纫，纽而揉之也。胡，大也。绳，绹也。纚纚，绳垂貌。以木根蹙茞，以大绳穿薜荔，束缚桂蕙，喻君子之受摧残也。同乎人曰周。彭咸，殷之贤士，秉贞介，不得志于世，自沉于江。此言己不屑与小人争，而众邪丑正，乱国是，妒贤能，诛逐异己。君子孤尚姱修，志异道殊，进不屑与竞，退必不能与同，唯誓依彭咸，以死自靖而已。原之沉湘，虽在顷襄之世、迁窜之后，而知几自审，当怀王之时，矢志已夙，密于此见之。君子之进退生死，因时以决。若其要终自靖，则非一朝一夕之树立。唯极于死以为志，故可任性孤行，无所疑惧也。

长太息以掩涕兮，哀民生之多艰。余虽好修姱以鞿羁兮，謇朝谇而夕替。既替余以蕙纕兮，又申之以揽茞。亦余心之所善兮，虽九死其犹未悔。

民，人也；谓同列之小人，如靳尚之党。艰，险也。鞿，马口衔。羁，络头也。谇，问也。替，亏替之也，谓谗毁也。纕，佩带。揽，尽取之也；谓既谮己，而又遍攻击其善类。九死，言十有九死，势必不能容也。自此以下，反复言其直道不容、所忧不释之情。此言小人艰险，朝问己与同谋议，夕即谤毁。虽清操孤尚，在浊世而不能伸，若良马受贱工之衔勒。然亦何至倏忽变迁，执我仇仇，而反予来赫，若此之酷哉？虽然，此背憎鬼蜮之常态，君子不幸与奸佞同朝，必逢其害，固势所必然。素料其然而自信无悔，则虽死而固不足为己伤也。

怨灵修之浩荡兮，终不察夫民心。众女嫉余之娥眉兮，谣诼谓余以善淫。固时俗之工巧兮，偭规矩而改错。背绳墨以追曲兮，竞周容以为度。忳郁邑余侘傺兮，吾独穷困乎此时也。宁溘死以流亡兮，余不忍为此态也。鸷鸟之不群兮，自前世而固然。何方圆之能周兮，夫孰异道而相安？"周"，一作"同"。

浩荡，如水渺茫，支派不分也。民，人也。不察，不辨其邪贞也。谣，飞语。诼，毁谤也。偭，面响也。规矩在前，舍之而自为方圆，所谓改错也。追曲，随意曲直，无定则也。周容，比周以求容。忳，徒魂切，积忧也。郁邑，与于邑通，读如呜咽。侘，勑驾切；傺，勑界切；失志无聊而迟立貌。溘，忽也。周，同也。方必不可圆，圆必不可方，不能合同也。安，相容也。承上言小人险诐害政，所恃者君之明察耳，乃君之不慧，喜佞曲而恶忠直，听群小之妒，诬我以罪。彼小人之所以惑君者，唯颠倒是非，巧徇君志，而与俗委顺，故能得上下之欢心以容身，则余怀贞而匪舌是出，独受其穷困矣。余之宁死而不忍为此态者，忠佞殊涂，忠之不能容佞，犹佞之不能容忠，如鸷鸟不能与燕雀为群，非特臭味之殊，抑家国安危之所自决，判于毫厘，必不能毁方为圆，委曲因时以求两可。君之不察，且怪我之独与众异而绌之，则我遭时不幸，非徒邪佞之与居，而实君心之先迷也。

屈心而抑志兮，忍尤而攘诟。伏清白以死直兮，固前圣之所厚。悔相道之不察兮，延伫乎吾将反。回朕车以复路兮，及行迷之未远。步余马于兰皋兮，驰椒邱且焉止息。进不入以离尤兮，退将复修吾初服。制芰荷以为衣兮，集芙蓉以为裳。不吾知其亦已兮，苟余情其信芳。高余冠之岌岌兮，长余佩之陆离。芳与泽其杂糅兮，唯昭质其犹未亏。"诟"，一作"垢"。"复修"，一无"复"字。"集"，古"集"字。

尤，过谪也。攘，却也。厚，谓难言之也。相，审择也。延伫，迟回也。山脊曰椒。芰，菱也。荷，莲叶，其华芙蓉。陆离，璀璨也。泽，垢腻也。昭质，昭明洁白之标准也。上言誓死而不能与奸佞并立，此又设为两全之说，以己非不念及引身归隐之计，以洁己而全身，亦尝往复思惟，使隐忍以远讥谤，奚必抗直以死为？前圣之所难言，固将悔己不熟察于进退语默之道，而及今祸之未及，归休于兰皋椒丘，以避谣诼，荷衣蓉裳，服芳自洁，君虽不知，而吾道自存，高冠长佩，可自旌异，清浊杂处，昭质自全，此亦奚其不可？而吾岂未尝念及此邪？下乃决其不忍然。

忽反顾以游目兮，将往观乎四荒。佩缤纷其繁饰兮，芳菲菲其弥章。民生各有所乐兮，余独好修以为常。虽体解吾犹未变兮，岂余心之可惩。

荒，远也；四荒，谓四方之远也。菲菲，香远飘也。解，音蟹；体解，谓被刑肢解。惩，改也。言己非不可引身归隐，与世相忘，而恩则同姓，分则君臣，黄昏之期不能忘，迟暮之忧不能释。忽尔情由中发，仰溯古人，旁观天下，君臣之遇合，身膺其荣、志极其展者，功名表见，繁饰弥章，各以乐行其道。则余好修之常，岂其独不能自遂？则愤懑之志，有虽死而不能惩者矣。盖使鲁侯以高宗之师傅说者师孔子，则孔子岂徒为傅说？齐王以桓公之任管仲者任孟子，则孟子岂徒为管仲？即怀王以秦之待范雎、燕之待乐毅者待原，原亦不徒为雎、毅而已。然则当世岂无君臣相信之美，而己独受谣诼之伤，君独怙悔遹之过，哀愤忘生，虽欲返初服以怡情芰荷，何能自戢乎？忠贞之士，处无可如何之世，置心澹定，以隐伏自处，而一念忽从中起，思古悲今，孤愤不能自已，固非柴桑独酌、王官三休之所能知，类若此夫！此上原述志已悉，自女媭以下至末，复设为爱己者之劝慰及鬼神之告以广言之，言己悲愤之独心，人不能为谋，神不能为决也。

女媭之婵媛兮，申申其詈予。曰鲧婞直以亡身兮，终然殀乎羽之野。汝何博謇而好修兮，纷独有此姱节？

女媭，旧以为原姊。婵媛，婉而相爱也。申申，重言也。詈，责也。曰者，所责之辞。鲧，与鲧同。不以考终曰殀。博，过其幅量之谓，犹言过也。姱节，奇行也。

薋菉葹以盈室兮，判独离而不服。众不可户说兮，孰云察余之中情？世并举而好朋兮，夫何茕独而不予听？

薋，蒺藜也。菉，王刍，叶似竹，开碧花，《本草》谓之鸭脚莎，俗呼竹叶菜。葹，枲耳，苍耳也，三者皆恶草，以喻小人。判，别也。离，弃也。言汝独别异不佩服之。察余之余，代原自称。予听之予，代世人自称。言人皆谓汝不己听，茕然独异而无徒也。

依前圣以节中兮，喟凭心而历兹。济沅湘以南征兮，就重华而陈词。启《九辩》与《九歌》兮，夏康娱以自纵。不顾难以图后兮，五子用失乎家巷。羿淫游以佚畋兮，又好射夫封狐。固乱流其鲜终兮，浞又贪夫厥家。浇身被服强圉兮，纵欲而不忍。日康娱而自忘兮，厥首用夫颠陨。夏桀之常违兮，乃遂焉而逢殃。后辛之菹醢兮，殷宗用而不长。汤、禹俨而祗敬兮，周论道而莫差。举贤而授能兮，循绳墨而不颇。"用而不长"，"而"一作"之"。"举贤"下一有"才"字。

节中，节刚柔得中也。喟，叹其不然之辞。凭心，犹言任意。历兹，谓涉历此世。女媭叹原任己之志，不参观古今成败之迹，以审刚柔屈伸之节，而婞直以涉此乱世。就重华以陈词，考前圣之节也。以下备陈三代之兴衰，见主圣而后臣可直；及其昏乱，则不可救药也。《九辩》《九歌》，未详。王逸以为禹辩九州之物而歌九功，未知是否。禹所作而言启者，谓启能缵禹之道。康，太康。家巷，旧都也。失乎家巷，《书》所谓俟于洛汭也。封狐，大狐。横流而渡曰乱流，言不顺理也。浞，寒浞子。圉，与御通，谓力可御人。被服强圉，负强捍众也。忍，戢也。自忘，忘其身之危也。常违，与常道相违。遂，长恶不悛。后辛，纣也。菹醢，杀贤人而醢之。俨，庄恪也。颇，音婆，倾仄不安也。

险短之节

皇天无私阿兮，览民德焉错辅。夫惟圣哲以茂行兮，苟得用此下土。

承简以舒

瞻前而顾后兮，相观民之计极。夫孰非义而可用兮，孰非善而可服？

民德，民之视听也。错，七故切，置也。错辅，立君以辅天养民。苟，乃也。用，宰制而服役之也。前后，古今也。计极，计其兴亡得失之度数也。用，谓施行正道。服，谓听善言而服膺不忘也。谓必秉义乐善者，乃可进嘉谋以使之行。若怀王之昏庸，天命已去，虽进以善，必不受也。

又收转

阽余身而危死兮，览余初其犹未悔。不量凿而正枘兮，固前修以菹醢。

阽，危也。余，亦代原自称。初，正谏见疏，已有前验也。凿，穿孔。正，方也。枘，椊也。纳方枘于圆凿，必不相入也。前修以菹醢，谓前贤之所以菹醢也。自"鲧婞直以亡身"以下至此，皆女媭责原之词，欲其度时中节，以免于患，勿凭其忠耿以游于乱邦。仰稽舜、禹、启、汤、文、武之所以兴，太康、羿、浞、桀、纣之所以亡：其兴也，唯主圣而后臣能尽其直；其亡也，虽有贤臣不能施其匡救，直言匡救，则危死及身。盖义而后可用善言，善而后可服正训，所谓节也。若圆凿方枘，必不相容。已逢恶怒，犹不悔而思退，则菹醢固前贤之明鉴，奈何不惧祸以思免乎？此委曲全身之亦一道，爱原者之为原谋，必出于此，是即渔父淈泥歠醨之说。原非不知，而心有不安于此者，故设为其姊之劝诫，而下详答以不然之故。其立言之善，即于女媭责己之中，寓三代善恶兴亡之炯戒，则所以讽谏怀王者即在于是。昔人谓"《小雅》怨诽而不伤，《离骚》有之"，诚不诬也。

曾歔欷余郁邑兮，哀朕时之不当。揽茹蕙以掩涕兮，沾余襟之浪浪。

曾，与增通，闻女媭之言而益悲也。朕时不当，言不得逢舜、禹、汤、武之时。揽，取也。浪，平声；浪浪，流貌。取哲后之能用义服善，以形怀王之不尔，而哀不可止也。

跪敷衽以陈辞兮，耿吾既得此中正。驷玉虬以乘鹥兮，溘埃风余上征。朝发轫于苍梧兮，夕余至乎县圃。欲少留此灵琐兮，日忽忽其将暮。吾令羲和弭节兮，望崦嵫而勿迫。路曼曼其修远兮，吾将上下而求索。

敷衽，整襟也。陈辞，答女媭。自"耿吾既得此中正"以下，皆答女媭之言。玉虬，白龙。鹥，凤类。喻己所欲进之君者，施行之美，若乘龙驾凤以登天。埃，当作诶，传写之讹。嘉谋已定，惟俟君之用，则可以远征而高举。轫，止车木。发，撤之以行车。苍梧，荒远之地。县，音悬；县圃，西极仙山，所由以登天。灵琐，未详。旧说以为琐者，门旁疏窗；灵琐，君门，恐未是。羲和，日御。崦嵫，日所入山。曼曼，衍长貌。修，长也。言己欲少俟，而国势危蹙，如日将暮，乃抑必得同志之贤，以匡君而赞大谋，故犹须之时日，上下求索，遍在廷在野而冀遇之。索，所格切。

饮余马于咸池兮，总余辔乎扶桑。折若木以拂日兮，聊逍遥以相羊。前望舒使先驱兮，后飞廉使奔属。鸾皇为余先戒兮，雷师告余以未具。吾

令凤鸟飞腾兮，继之以日夜。"扶"字从木。

咸池，日所浴，天中黄道也。总辔，总握六辔，驱车行也。扶桑，日所出。若木，日所入。拂，挥之使勿没也。相，与倘通；相羊，徙倚也。望舒，月神。飞廉，风神。奔属，疾趋相连属也。鸾皇先戒，尽礼绍介以往求也。雷师未具，极言其情之迫也。凤鸟飞腾，四顾求贤也。且拂日而夕前月，继以日夜，其欲得同心忧国之贤，与之和衷，至矣。

飘风屯其相离兮，帅云霓而来御。纷总总其离合兮，班陆离其上下。

吾令帝阍开关兮，倚阊阖而望予。时暧暧其将罢兮，结幽兰而延伫。

屯，聚也。离，丽也，附也。总总，众貌。陆离，杂色貌。帝阍，喻君门。阊阖，西北乾位为天门，即帝阍也。望予，谓劳予之凝望。罢，音罴，倦也。言求仕者相帅旅进，挟策之士来若飘风，世族之子炫若云霓，总总陆离，杂然并进。己为三闾大夫，掌三族之黜陟而监察群下，故得尽阅旅进者。而因以求同志之士，夙夜不倦，愿与结兰相赠，以共匡楚国，非孤尚茕独而不听人也。

世溷浊而不分兮，好蔽美而嫉妒。朝吾将济于白水兮，登阆风而绁马。忽反顾以流涕兮，哀高丘之无女。

白水，旧注云出昆仑山，饮之不死。阆风，亦在昆仑，或云即县圃。绁，系也。言己念贤人之见嫉于浊世，故于流俗毁誉之外，高视远望，冀遇卓然超逸之士，与相匹合，同心效国。而在位者杳无其人，虽欲与同而不得也。

宛折尽致

溘吾游此春宫兮，折琼枝以继佩。及荣华之未落兮，相下女之可诒。吾令丰隆乘云兮，求宓妃之所在。解佩纕以结言兮，吾令蹇修以为理。纷总总其离合兮，忽纬繣其难迁。夕归次于穷石兮，朝濯发乎洧盘。保厥美

以骄傲兮，日康娱以淫游。虽信美而无礼兮，来违弃而改求。

游春宫，折琼枝，喻求于君，设好爵以待士。荣华未落，喻君犹听己之时。高丘无女，在位者不可与谋；故相下女，求草泽之贤，欲诒琼枝而与偕游春宫也。丰隆，雷神。令雷求者，求之迫也。宓，音伏；宓妃，神

女。蹇修，旧以为伏羲臣，盖始为媒氏者。理，合二姓之好也。纷总总，来去无定之貌。纬缅，如纬丝之缅结，乖戾不就绪也。穷石，西极之山；洧盘，水，出崦嵫；皆谓幽隐之处。言草泽之士，隐深远避，保身洁己，傲世而自怡，虽其志行可嘉，而无君臣之礼，又不我助。不能违之，而仍求之四方之贤者，如下文所云。

览相观于四极兮，周流乎天余乃下。望瑶台之偃蹇兮，见有娀之佚女。吾令鸩为媒兮，鸩告余以不好。雄鸠之鸣逝兮，余犹恶其佻巧。心犹豫而狐疑兮，欲自适而不可。凤皇既受诒兮，恐高辛之先我。欲远集而无

意中百折笔委曲以赴之

所止兮，聊浮游以逍遥。及少康之未家兮，留有虞之二姚。理弱而媒拙兮，恐导言之不固。世溷浊而嫉贤兮，好蔽美而称恶。闺中既以邃远兮，

至此又卓然

哲王又不寤。

览也，相也，观也，重叠言者，明旁求之不止也。偃蹇，高远貌。有娀，简狄姓。佚，游也。此喻四方之贤者，原欲为君致之，与己匹合共匡君也。鸩，毒鸟。鸠，拙鸟。言欲因人招致，而非鸩则鸠，不能为道志以致贤；欲自往求，又恐佻巧小人之谤己外交结党，以是疑而不能往。于是高辛先介凤皇以纳聘，贤士已用于他国，我虽自远而安集之，彼已不以为我栖止之地，故我且浮游更索而别求之，不能得之有娀，几可遇之二姚。乃奸佞已张，己权日替，蔽美称恶者又多方间阻，我无能为四方之贤士主，彼贤者既远而难致，怀王又为蔽贤者所迷，终不觉悟。所以我孤立无辅，一凤介于群枭之间，见为茕独婞直，如女嬃所责也。

卓然

怀朕情而不发兮，余焉能忍与此终古？

发，伸也。终古，言久与居也。怀求同志之贤以戮力协志，而人不易得，王又不寤，群小非鸩则鸠，是以己独见异。而此翁讹龃龉之小人，将以同昏而取败亡，吾又安忍与久处乎？自"耿吾既得此中正"以下至此，皆答女嬃之辞。言责我以茕独而违众，不如并举而好朋，乃我将辅王以大有为，乘龙以御天，则既旁求贤士，思与协恭戮力，无如上下四索，倚阊阖而望，既总总陆离，离合无据，皆不可与交之徒众，是高丘无女矣。求

之于下，而山林之贤者，又高举远引而不我顾。求之于四方，而我一人慕贤之情，不敌群鸩之妒，则或用于他国，或浮游而不我即。是以怀忠贞之志，抱匡济之具，含情孑处，唯与小人群居。则离众招尤，固非我之婞直自遂，实遭时之不幸也。此因时屈伸之道，非己所能为之一说也。

索琼茅以筳篿兮，命灵氛为余占之。曰两美其必合兮，孰信修而慕之？思九州之博大兮，岂唯是其有女？曰勉远逝而无狐疑兮，孰求美而释女？何所独无芳草兮，尔何怀乎故宇？世幽昧以眩曜兮，孰云察余之善

卓　然

恶？民好恶其不同兮，唯此党人其独异。户服艾以盈要兮，谓幽兰其

辞似重而意各别

不可佩。览察草木其犹未得兮，岂珵美之能当？苏粪壤以充帏兮，谓申椒其不芳。"善恶"，一作"美恶"。

琼茅，《尔雅》谓之萱，其花赤；《本草》谓之旋覆花。索，所革切，求取也。筳，折竹枝。篿，为卜算也。楚人有此卜法，取琼茅为席，就上以筳卜也。灵氛，神也。迎神于筳篿而玩其占，其下则所占之繇词。两美，君臣道合也。孰信修而慕者，非两美相合，无能信慕也。有女之女，如字。以婚姻譬臣主相遇，言不必楚乃可仕也。再言"曰"者，卜人申释所占之义。释女之女，音汝。谓原抱道怀才，求贤者自不能舍。芳草，谓君也。古者三谏不从，则去之他国。战国之士，且秦夕楚，立取卿相。以原之才，何患乎无君？故卜有此象，示以决去。"世幽昧"以下，极言楚君臣之不足有为，以见不可复留之意。是非不察曰幽昧。好听辩言曰眩曜。好恶不齐者虽凡民之情，拂人之性者尤小人之异。艾，恶草。盈要者，佩之周要也；谓群小充斥于廷。珵美，宝玉，喻霸王之大业。贤奸不辨，宁望其成大业乎？苏，采取也。充帏，填塞帏中。此上托于卜占之辞，言楚国无可与居之人，当去楚以游他国，天下自有信任己而大用之者，亦士人择君之一道。贾谊吊原文，意亦如此。原又言我非不知此，而不忍为尔，盖同姓之卿，恩深义重，天性所存，神鬼不能为之谋。此段但述卜意，不置辨者，素志自定，不待辨析而明也。

结上即以赴下暗渡无梁

欲从灵氛之吉占兮，心犹豫而狐疑。

原不忍背宗国，且尝受王之宠任，尤不忍绝君臣之义。故灵氛告以他适而不欲从。

巫咸将夕降兮，怀椒糈而要之。百神翳其备降兮，九疑缤其并迎。皇剡剡其扬灵兮，告余以吉故。

巫咸，神巫之通称。楚俗尚鬼，巫或降神，神附于巫而传语焉。糈，米也；椒糈，以椒香渍米，用之降神。要，迎也。翳，蔽空而下也。九疑，山神，或曰舜之灵也。缤，盛貌。并迎，皆要请之也。皇，尊称神之辞。剡剡，犹冉冉，仿佛之貌。狐疑不欲从卜，故因巫以要神告。此下神告之辞。

曰：勉升降以上下兮，求矩矱之所同。"矩"，一作"榘"。"矱"，一作"彟"。

升，与陞同。上下，援古以证今也。矩，曲尺；矱，两截尺，屈伸以定度者；皆谓法也。因时进退，古有成法，求与之同则无失。

汤禹严而求合兮，挚咎繇而能调。苟中情其好修兮，又何必用夫行媒。说操筑于傅岩兮，武丁用而不疑。吕望之鼓刀兮，遭周文而得举。宁戚之讴歌兮，齐桓闻以该辅。

严，敬也，谓敬贤以求一德也。调，和也，谓上下和同也。挚，伊尹名。傅岩，在今山西平阳。鼓，动也；鼓刀，屠也。相传太公屠于朝歌。该，备也；辅，佐也；使备顾问、为辅佐也。此言古今同然之矩矱，君敬以求贤，诚于好修，则贤者自相叶合，不待媒而应矣。前言旁求高丘、下土、四方之士而不得，伤小人多而君子无援。此谓君苟决于敬信，又何藉于同朝之推挽，而谗人岂能离间？则原之不用，实怀王之昏昧，终不可辅。援古证今，得失成败之矩昭然矣。咎繇，即皋陶。

及年岁之未晏兮，时亦犹其未央。恐鹈鴂之先鸣兮，使夫百草为之不芳。一本无"夫"字。一无"为"字。

鹈鴂，读如提决，伯劳也；仲夏鸣，群芳皆歇。承上言舜、禹、高宗、汤、文、齐桓，急于用贤，虽当国势方兴之际，常怀后时之忧，恐一失事理，而贤者亦无救其后。今楚何时，而王犹不寤，非天下之至愚者乎！

何琼佩之偃蹇兮，众薆然而蔽之？惟此党人之不谅兮，恐嫉妒而折之。时缤纷其变易兮，又何可以淹留？

偃蹇，受蔽而不安也。葳然，草叶丛翳貌。不谅，险诈不可测也。折，伤也。古盛王之急于用贤也如彼，今怀王之不足有为如此。故谗言交张，祸且及身。原之不可久留以深众忌，决矣。

兰芷变而不芳兮，荃蕙化而为茅。何昔日之芳草兮，今直为此萧艾

卓　　　　然

也？岂其有他故兮，莫好修之害也。

萧，白蒿。好修，君志正而乐贤也。群臣一旦靡然从邪佞而为党，唯君德不修之故。

余以兰为可恃兮，羌无实而容长。委厥美以从俗兮，苟得列乎众芳。椒专佞以慢慆兮，樧又充夫佩帏。既干进而务入兮，又何芳之能只？固时

旷然远引之句

俗之流从兮，又孰能无变化？览椒兰其若兹兮，又况揭车与江蓠？

余，巫咸代原自称。兰、椒，旧杯铢说以为斥子椒、子兰。按子兰，怀王之子，劝王入秦者，素行愚顽，固非原之所可恃。且以椒、兰为二子之名，则樧与揭车、江蓠又何指也？此五类芳草，皆以喻昔之与原同事而未入于邪者，当日必有所指，而今不可考尔；原方任事之日，竞附于正人之列，君信邪弃忠，则旦夕改而党佞，庸人之恒态也。容长，谓虚有其表。苟，幸也。因君子进用而佞附焉，遂有君子之名，幸得之也。樧，食茱萸，似椒而不芳。帏，与袆同，佩囊也。入，迎合君心也。祇，音支，专壹也。上邪而下佞，素为君子者皆变而之邪，乱之已成，不可救药也。

惟兹佩之可贵兮，委厥美而历兹。芳菲菲而难亏兮，芬至今犹未沫。和调度以自娱兮，聊浮游而求女。及余饰之方壮兮，周流观乎上下。

兹佩，指原所服行。和调度者，怡性理情以养生也。沫，已也。女，音汝；谓自求生理，犹释氏所谓主人翁者。余，巫咸代原自称。饰方壮，道家所谓鼎未败也。周流观上下，游神物外，体天地之和也。承上言举国若狂，众芳皆变，原独秉幽芳，安能委弃素志以历此浊世乎？昭质未亏，当高蹈冥飞，放志江湖，自适以观化也。自"曰勉升降"以下至此，皆巫咸降神之言，托于神告，以明其自审以处放废者。从俗求容，既义所不可；求贤自辅，而君德已非，风俗尽变；若委质他国，又心之所不忍为；惟退而闲居，忘忧养性，以自贵其生。审彼二术，唯此差堪自慰，所以不从女媭之詈，不听筳篿之占，如下文所云，退居汉北，终怀王之世，抑《远游》一篇所由作也。

灵氛既告余以吉占兮，历吉日乎吾将行。

此灵氛，谓巫咸所降之神。凡卜之所兆，巫之所传，皆鬼神精灵之气，故皆曰灵氛。占，神所告也。历，选也。吾将行，退而浮游也。

折琼枝以为羞兮，精琼靡以为粻。为余驾飞龙兮，杂瑶象以为车。何离心之可同兮？吾将远逝以自疏。

琼，赤玉。精，舂之精凿。粻，干粮。以玉为粮，驾飞龙而乘象玉之辂，所以自旌高贵而殊于俗也。君心已离，不可复合，则尊生自爱，疏远而忘宠辱，修黄老之术，从巫咸之诏，所谓爱身以全道也。以下皆养生之旨，与《远游》相出入。

遭吾道夫昆仑兮，路修远以周流。扬云霓之晻霭兮，鸣玉鸾之啾啾。

"霭"，一作"蔼"。

昆仑，群山之祖，最高者也。在人为泥丸，诸阳之舍。遭，转也。鸾，马镳上铃；玉鸾，以玉饰之。扬云霓，御气上行也。玉鸾和鸣，从容中节也。

点染生色

朝发轫于天津兮，夕余至乎西极。凤皇翼其承旗兮，高翱翔之翼翼。

发轫，运行也。天津，析木之津，在箕、斗之间，东北之隅，真铅之所生，气之海也。西极，魄之宫也。东方魂，北方气，魂乘气而游历以暎魄，自东徂北而西，所谓逆之则仙也。凤翼承旗，其翱翔自得之状。

忽吾行此流沙兮，遵赤水而容与。麾蛟龙使梁津兮，诏西皇使涉予。

流沙，西方大津。赤水，南方真汞，神之舍也。魂暎魄，魄不滞而流行以合于神，蛟龙为梁以渡魄而南。所谓龙吞虎髓，龙虎匹合，交构而与神遇，则三花聚顶矣。西皇，魄之灵也。

路修远以多艰兮，腾众车使径待。路不周以左转兮，指西海以为期。

径待，待之于径也。不周，西北之山，天之柱也。生死之枢在魄，气之合离，西北其枢也。左转，谓已遵赤水，而复归不周，逆折而反其所暎之魂也。西海，西之极，魄之藏也。总魂、气、神而会于此，所谓"以魄铃魂，虎吸龙精"也。

屯余车其千乘兮，齐玉轪而并驰。驾八龙之婉婉兮，载云旗之委蛇。

屯，音豚，止也，聚也。轪，车辖也。车千乘而皆屯之，万念归于一念，一念归于无念，无念之念，神光照乎八牖，浑合流行，玉轪并驰矣。八龙，八卦之精，阴阳水火山泽雷风，惟其所御而行，不沉不掉，如西子之离金阁，杨妃之下玉楼。婉婉、委蛇，和气守中，长生之玄诀也。委蛇，音威夷。

抑志而弭节兮，神高驰之邈邈。奏《九歌》而舞《韶》兮，聊假日以媮乐。

忘宠辱而弃世以游仙自适，庶乎忧愤之志抑而驰神于高远，气和而心得，若奏《九歌》，舞《箫韶》，终天年以欣适，则内不丧己，外不徇物，忧危不动其心，而无亏于素节：是巫咸所告，为退而自全之道。其视女婴顺俗之谏，筳篿外仕之谋为愈，而己之所欲从者也。

陟升皇之赫戏兮，忽临睨夫旧乡。仆夫悲余马怀兮，蜷局顾而不行。

皇，天也。戏，与曦同；赫戏，光明之盛也。得修性养命之术，与天为徒，精光内彻，可以忘物忘己矣。乃倏尔一念，不忘君国之情，欲禁抑而不能，则生非可乐，和不可久，魂离魄惨，若仆悲马怀，而远游之志顿息。盖其忠爱之性，植根深固，超然于生死之外，虽复百计捐忘，而终不能遏。即以巫咸之告，于道无损，抑无以平其不已之情，而况比匪奸邪以求容，背去宗邦而外仕，曾足以动其孤贞哉？抑考郭景纯不屈于王敦，颜清臣不容于卢杞，皆尝学仙以求远于险阻，而其究皆以身殉白刃，则远游之旨，固贞士所尝问津，而既达生死之理，则益不昧其忠孝之心。是知养性立命之旨，非秦皇、汉武所得有事，而君子从容就义，固非慷慨轻生、奋不顾身之气矜决裂者所得与也。审乎进退者裕而志必伸，原之忠，岂忠而过乎！

乱曰：已矣哉！国无人莫我知兮，又何怀乎故都？既莫足与为美政兮，吾将从彭咸之所居。 "无人"下一有"兮"字。

既申巫咸之旨，知故都缤纷变易之不必怀，抑念政恶则国无与存，而义则君臣，恩则同姓，情则成言有黄昏之期，又安能置故都于不怀邪？往复思惟，决以沉江自矢。虽当怀王之世，未尝绝望，且退居汉北以有待，而君子知几已夙，其必于舍生取义以从彭咸，又奚竢顷襄迁窜之日乎？

《楚辞通释》卷一终

楚辞通释卷二

九歌 十一篇

王逸曰："《九歌》者，屈原之所作也。昔楚国南郢之邑，沅湘之间，其俗信鬼而好祠。其祠必作歌乐鼓舞，以乐诸神。屈原放逐，窜伏其域，怀忧苦毒，愁思沸郁。出见俗人祭祀之礼，歌舞之乐，其词鄙陋，因为作《九歌》之曲，上陈事神之敬，下见己之冤结，托之以风谏。故其文意不同，章句杂错，而广异义焉。"今按逸所言"托以风谏"者，不谓必无此情。而云"章句杂错"，则尽古今工拙之词，未有方言此而忽及彼，乖错瞀乱，可以成章者。熟绎篇中之旨，但以颂其所祠之神，而婉娩缠绵，尽巫与主人之敬慕，举无叛弃本旨，阑及己冤。但其情贞者其言恻，其志菀者其音悲，则不期白其怀来，而依慕君父、怨悱合离之意致，自溢出而莫圉。故为就文即事，顺理诠定，不取形似奸黠之说。亦令读者泳洗以遇于意言之表，得其低回沉郁之心焉。

按逸言沅湘之交，恐亦非是。《九歌》应亦怀王时作。原时不用，退居汉北，故《湘君》有北征道洞庭之句。逮后顷襄信谗，徙原于沅湘，则原忧益迫，且将自沉，亦无闲心及此矣。

东皇太一

吉日兮辰良，穆将愉兮上皇。

十乾曰日，十二支曰辰。外祀用刚日，内祀用柔日。吉、良，卜得吉也。穆，敬也。将，奉而进也。愉，乐也。上皇，谓东皇也。

抚长剑兮玉珥，璆锵鸣兮琳琅。

珥，剑柄垂组也；玉珥，系玉组间。璆锵、琳琅，皆玉声。此巫歌舞之饰。古人有剑舞以送酒，项庄拔剑起舞，盖楚俗也。

瑶席兮玉瑱，盍将把兮琼芳。 "瑱"，一作"镇"。

席，神席；瑶席，席华美如瑶也。瑱，读如镇，以压席者。琼芳，芳草色如琼也。敷神席而奉芳草，以礼神而降之。

蕙肴烝兮兰藉，奠桂酒兮椒浆。 "烝"，一作"蒸"。

肴烝，体解牲为折俎。藉，所以承隋祭者，尸祭奠于上。蕙、兰、桂、椒者，皆以形其芳洁。

扬枹兮拊鼓，疏缓节兮安歌，陈竽瑟兮浩倡。

枹，音孚，击鼓杖。疏缓节者，鼓以为歌节，其声疏闻而缓也。安歌，声出自然。竽，笙类，三十六簧。浩，音之盛也。倡，与唱通。歌合竽瑟而盛也。

灵偃蹇兮姣服，芳菲菲兮满堂。

灵，东皇太一之神。偃，安居貌。肆筵荐俎，歌舞设而神来降矣。

五音纷兮繁会。

神既来降，又大合乐以绥之。

止

君欣欣兮乐康。

以此乐冀神之歆享。

东皇太一 旧说中宫太极星，其一明者太一，则郑康成《礼》注所谓耀魄宝也。然太一在紫微中宫，而此言东皇，恐其说非是。按《九歌》皆楚俗所祠，不合于祀典，未可以礼证之。太一最贵，故但言陈设之盛以徼神降，而无婉恋颂美之言。且如此篇，王逸宁得以冤结之意附会之邪？则推之他篇，当无异旨，明矣。

云中君

浴兰汤兮沐芳，华采衣兮若英。

英，花也；若英，言衣之华粲丽如花也。沐浴盛服以承祭也。

写云容入化

灵连蜷兮既留，烂昭昭兮未央。蹇将憺兮寿宫，与日月兮齐光。龙驾兮帝服，聊翱游兮周章。

连蜷，云行回环貌。留，神留止于云中也。烂，光明貌。蹇，楚人语助词。寿宫，清虚之宇，终古不变。云有去来，而神澹荡于空际，终古不灭。特其或聚或散，有时而希微若无，人不可得而见，及其聚而有象，则与日月同其昭回矣。此颂云中君之德也。龙驾、帝服，拟神之形容也。翱游，言其停聚迟回而不下。周章，言其忽然因风驶行而不留。言己虽斋祓承祀，而神寓乎高玄旷杳之中，不即来降，思之切也。

灵皇皇兮既降，猋远举兮云中。览冀州兮有余，横四海兮焉穷。

冀州，见《淮南子》，九州之一，谓中土也。皇皇，盛大而遍也。言鉴己之诚洁，或一来降格，而云之为神，本飘忽不定，则降未久而又将飏去，周览中土，横绝四海，不可得而再邀也。

思夫君兮太息，极劳心兮忡忡。

夫，音扶，语助词；称夫君者，亲之之词，犹言阿翁阿母。忡忡，忧思不宁貌。神不可以久留，则去后之思，劳心益切。前序其未见之切望，后言其响后之永怀，肫笃无已，以冀神之鉴孚。凡此类或自写其忠爱之恻悱，亦有意存焉，而要为神言。旧注竟以夫君为怀王，则舛杂而不通矣。

云中君 此云之神也。言中者，云气也。其聚散之灵，则神也。神行于气之中；君者，其主宰。《汉书·郊祀志》有云中君。古盖特祀之，今从祀圜丘。

湘君

忽然离唱

若不行兮夷犹，蹇谁留兮中洲？

夷犹，坦然自适而无行意也。此序迎神未至而慕望之意。

美要眇兮宜修，沛吾乘兮桂舟。令沅湘兮无波，使江水兮安流。

要眇，静好貌。宜修，宜于收敛，坦适无泛滥也。沅湘二水在江水上流。沅湘不涨，则大江不溢而亦安流，乘桂舟者皆沛然顺下而无忧。此叹美湘君而称其功德也。

望夫君兮未来，吹参差兮谁思？ "参差"，一作"篸篸"。

参差，洞箫，吹之以迎神。沅湘在楚南，故望之而未即来。谁思，谓非思夫君而谁思也。

驾飞龙兮北征，遭吾道兮洞庭。薜荔拍兮蕙绸，荪桡兮兰旌。望涔阳兮极浦，横大江兮扬灵。扬灵兮未极，女婵媛兮为余太息。横流涕兮潺湲，隐思君兮陫侧。

此言神将降而未至，望之极，故愈近而愈见其迟也。北征，言自湘而北来所祀之处。时原退居汉北；祀神者，汉北之人也。遭，迟行不进貌。湘水驶流，至乔口入湖，水淳凝不流，故其来迟。神未必尔，望之者疑其然也。拍，桡下板以击水者。绸，旗杠缠也。荪，与荃同。言薜、蕙、荪、兰者，美之之辞。涔水在汉北入汉，合于江。自洞庭下汉阳，西望涔阳，当横绝江水，入湖北之口而后至，道险且远也。灵，当作舲。扬，鼓枻而行，如飞扬也。极，至也。女，音汝；谓神当念己之切望，而亦以不即至为叹也。陫侧，与悱恻同，欲言不得而心不宁也。灵之来也，乘龙舟，载旌旗，鼓桡东下，而涉洞庭之波，绝大江之口，不能即至。两心相念，望者徒劳矣。

桂棹兮兰枻，斫冰兮积雪。采薜荔兮水中，搴芙蓉兮木末。心不同兮媒劳，恩不甚兮轻绝。石濑兮浅浅，飞龙兮翩翩。交不忠兮怨长，期不信兮告余以不闲。

棹，篙也。枻，桨类。芙蓉，荷花。浅音笺；浅浅，湍水急流不退貌。此望之欲其即至，故疑其不肯降，而辗转以思其故。言彼岂斫棹枻于冰雪之中邪，而迟回若是，令我求见而不得，如采薜荔于水中，搴芙蓉于木末邪？望石濑之浅浅而不返，待飞龙之翩翩而不集，将无神之心不与我同，恩于我而不甚邪？抑我交不忠而致怨，故虽有期不信，而托言不闲以相拒邪？望之迫，疑之甚，自述其情以冀神之鉴。凡此类，皆原情重谊深，因事触发，而其辞不觉其如此，固可想见忠爱笃至之情。而旧注直以为思怀王之听己，则不伦矣。

朝骋骛兮江皋，夕弭节兮北渚。鸟次兮屋上，水周兮堂下。

此言神之来至也。朝在江皋，夕即至乎北渚，喜其来，则见其速也。望之见为迟，而已至则见为速；情之至者，其心然也。鸟不期而次于屋上，水不期而周于堂下，喻无所待而安集之意。

捐余玦兮江中，遗余佩兮澧浦。

余，代湘君自称。述湘君之意，言己捐玦遗佩，速于来降，非期不信而迟留也。澧水，见下章。

采芳洲兮杜若，将以遗兮下女。

女，音汝；下女，下土之人也。遗，去声；采芳相遗，神贶以福也。

　　　　暗中又出一意

时不可兮再得，聊逍遥兮容与。

己之望神也如此其至，神之贶己也如此其厚，而所用酬酢者，一日也。故祝神且从容而歆享之。

湘君　王逸谓湘君，水神；湘夫人，舜之二妃。或又以娥皇为湘君，女英为湘夫人。其说始于秦博士对始皇之妄说。《九歌》中并无此意。孟子言"舜卒于鸣条"，则《檀弓》卒葬苍梧之说，亦流传失实。而九疑象田，湘山泪竹，皆不足采。安得尧女舜妻为湘水之神乎？盖湘君者，湘水之神，而夫人其配也。《山海经》言洞庭之山，帝之二女居之。帝，天帝也。洞庭之山，吴太湖中山，非巴陵南湖，郭璞之疑近是。湘水出广西兴安县之海阳山，北至湘阴，合八水为洞庭。楚人南望而祀之。

湘夫人

帝子降兮北渚，

帝子，尊贵之称。山川之神，皆天所子也。《艮》《坎》，《乾》《坤》之六子。此几幸其来之辞。言帝子其将降于北渚乎！

　　句相连而意相禅化工之笔无痕

目眇眇兮愁予。

眇眇，视而不见貌。望其来而未来，故愁不释。

袅袅兮秋风，洞庭波兮木叶下。

袅袅，木叶辞枝，袅翔欲坠貌。商飙兴，木叶脱，巴蜀雪消，秋水初涨，天空湖旷，神在洞庭之南，道阻且长，所为极望而愁予也。

白蘋兮骋望，与佳期兮夕张。"白蘋"上一有"登"字，非是。

蘋草似莎而大，然青而不白，疑蘋字之讹。与，如《礼记》"生与来日"之与，数也。张，音涨，设也。目极白蘋之浦，而望神之降，因豫数吉日，夙夕供张以迎致。

鸟萃兮蘋中，罾何为兮木上？一本"萃"上有"何"字，亦通。

蘋，一名田字草，秋开白花。鸟网曰罾。鸟方萃于蘋中，而设罾于木上，不可得也。喻夕张已具而忧神之不降也。

沅有芷兮澧有兰，思公子兮未敢言。

澧水出蛮中，入洞庭。或作醴，未是。醴水在长沙南，去沅远矣。或称公子，或称帝子，一也。沅则有芷，澧则有兰，方将以其芳香邀留公子，而不听人之迎致，故思之切而不敢显言。

荒忽兮远望，观流水兮潺湲。

荒，与恍同。虽不敢言而念之切，溯洞庭之远以南望之。

麋何食兮庭中，蛟何为兮水裔？

麋驯养于苑囿则何食乎？食于堂下矣。蛟何在乎？则居水之涯矣。物各就其所安。夕张具，思望切，神当就己而安也。

朝驰余马兮江皋，夕济兮西澨。闻佳人兮召予，将腾驾兮偕逝。

此代神言，感其诚而来降也。湘水北流，汉在其西，故曰西澨。逝，行也。偕也，夫人与湘君偕。

筑室兮水中，葺之兮荷盖。荪壁兮紫坛，播芳椒兮成堂。桂栋兮兰橑，辛夷楣兮药房。罔薜荔兮为帷，擗蕙櫋兮既张。白玉兮为镇，疏石兰兮为芳。芷葺兮荷屋，缭之兮杜衡。合百草兮实庭，建芳馨兮庑门。"播"，一作"播"。

此言修饰祠宫，盛设夕张，极其芳洁以候神，神来斯安也。筑室水中，就洲渚为祠宫，如洞庭龙堆之类是也。紫，旧注以为紫贝，与上下文不相类，或紫戾戾草也。坛，庭砌也。掬，聚也。栋，脊柱。橑，音老，椽也，今谓之椽。辛夷，一名木兰，春开白花，紫晕，香闻数里，亦谓之玉兰。楣，栋上横梁。《仪礼》："当楣北面再拜。"药，芷也。或言芷，或言茝，或言药，广异名。罔，与网通，结也。擗，音擘，析也。櫋，檐际木。析蕙悬之檐际，如今结彩然。镇，柱础也。疏石兰，疏刻砌石为兰草。为芳，取芳香之义也。芷葺，荷屋又加葺以芷。皆言其饰檐宇之形，如今瓦外瓻瓴为花草纹。缭，四围萦绕之也。实庭，遍莳众佳卉于庭墀也。建，树也。庑门，廊。极言祠宫之芳洁，为神所歆以妥之。

九疑缤兮并迎，灵之来兮如云。

九疑山在湘南。神自彼缤纷而来，我合湘君并迎之。其侍从如云，处荷屋，就兰堂，以慰望释愁，共歆喜也。

捐余袂兮江中，遗余褋兮澧浦。搴汀洲兮杜若，将以遗兮远者。时不可兮骤得，聊逍遥兮容与。

袂，当作玦。褋，当作韘。《诗》："童子佩韘。"远者，谓祭主。神自九疑而来，故谓主人为远者。遗，去声。骤，屡也。

湘夫人。

大司命

广开兮天门，纷吾乘兮玄云。令飘风兮先驱，使冻雨兮洒尘。君回翔兮以下，逾空桑兮从女。

天门，神所自降。言大司命在天来降于祠宫也。冻雨，暴雨也。或称吾，或称君，皆大司命之神也。自歌者言之称君，述神之意称吾。女，音汝，谓承祭之主人。错举互见意，故释者多惑焉。空桑，山名。逾高山而下集，谓从空而至也。

纷总总兮九州，何寿夭兮在予？

总总，人众貌。予，代大司命自称。此诘何故而尽操生人寿夭之柄。下乃释言之。

形容大化入微

高飞兮安翔，乘清气兮御阴阳。吾与君兮斋速，导帝之兮九坑。灵衣

兮被被，玉佩兮陆离。壹阴兮壹阳，众莫知兮余所为。 "斋"，一作"齐"。

超形器之上曰高飞。善屈伸之用曰安翔。清气，冲和之气，理阴阳以立性命者也。吾，代司命自称。君，谓人也。斋，偕也。速，言化之倏忽也。帝之，犹言帝所，帝之所在，天也。九坑，地也。人之生也，受魂于天，受魄于地；其死也，魂升于天，魄降于地；皆司命导之，合万汇而化之速也。被，音披；被被，犹言翩翩。陆离，文采貌。状神之容，在若有若无之间，纷纶旁薄，抟合阴阳，分剂各得，以立生人之寿命于无所为之中，而人莫能知也。此言大司命所以操九州生民寿夭之故，而极赞其功德之盛如此。

赫 赫 萧 萧

折疏麻兮瑶华，将以遗兮离居。老冉冉兮既极，不寝近兮愈疏。

疏麻，未详，旧说以为麻花，白似玉，服食可却老延年。离居，谓主人与神异处，故曰离居。神折瑶华以遗人，所以延其寿命。极，至也。老冉冉其将至矣，非承神昵而亲近之，则神将去己，日以疏远，而生理不足以存，故欣其来而唯恐其去也。

用词转

乘龙兮辚辚，高驼兮冲天。结桂枝兮延伫，羌愈思兮愁人。

驼，与驰通。言神不寝近则愈疏。若既去之后，乘龙上天，则虽怀芳延伫，不可得而再见，唯愁思永结而已。

愁人兮奈何，愿若今兮无亏。固人命兮有当，孰离合兮可为？

当，谓所值有定期也。言所以恋慕于神而愁其去己者，以神司生人之命，愿承其保贶，长若今日，不忧老死也。虽知生死昼夜也，时值之而不可违也，然身与世离，神与形离，永诀之际，怆悢生心，不能自已。则依神佑以求永命，唯恐去己，情自不容于已也。

大司命 旧说谓文昌第四星为司命，出郑康成《周礼》注，乃谶纬家之言也。篇内"乘清气""御阴阳"，以造化生物之神化言之，岂一星之谓乎？大司命统司人之生死，而少司命则司人子嗣之有无。以其所司者婴稚，故曰少。大则统摄之辞也。古者臣子为君亲祈永命，遍祷于群祀，无司命之适主而弗无子者祀高禖。大司命、少司命，皆楚俗为之名而祀之。

少司命

入手即高吟动人

秋兰兮麋芜，罗生兮堂下。绿叶兮素枝，芳菲菲兮袭予。夫人自有兮美子，荪何目兮愁苦？ "荪"，一作"荃"，指神。

麋芜，当归苗。芳草生于堂下，喻人之有佳子孙。晋人言"芝兰玉树，欲其生于庭砌"，语本于此。言人皆有美子，如芳草之生于庭，而翳我独无。荪何使我而愁苦乎？此述祈子者之情。

似承上而非承上闲句

秋兰兮青青，绿叶兮紫茎。满堂兮美人，忽独与余兮目成。

此下言神之来下，歆其祀而相眷顾也。芳草盈望，美人满堂，人皆致其芳洁以事神，而己独邀灵睐。目成，以目睇视而情定也。

入不言兮出不辞，乘回风兮载云旗。

神之来去无迹也。云旗，云卷舒如旗。

止写得出遂空千古

悲莫悲兮生别离，乐莫乐兮新相知。

以别离之悲，知新知之乐，神降而与余目成，喜可知矣。此叙其欣幸得事神之情。

荷衣兮蕙带，倏而来兮忽而逝。夕宿兮帝郊，君谁须兮云之际。与女游兮九河，冲风至兮水扬波。与女沐兮咸池，晞女发兮阳之阿。望美人兮未来，临风怳兮浩歌。 "美"，一作"嫩"。咸池，旧注星名，盖天池也。

此追述其望神不至意。待之久，望之深，则神来而目成，乐莫乐矣。倏来忽逝，疑其未果来也。君谁须，犹言于谁须君也。"与女游兮九河"二句，旧说以为《河伯》章错简重出，是也。与女沐者，巫与主人也。咸池，喻水之盛满洁清者。阳之阿，初日所照之地。待之既久，沐而晞发，而神尚未至，临风浩歌，望之切也。

孔盖兮翠旍，登九天兮抚彗星。竦长剑兮拥幼艾，荪独宜兮为民正。 "旍"，一作"旌"。"竦"，一作"怂"。

孔，孔雀；翠，翡翠，以其羽饰盖旍。彗星如帚，抚之以除灾眚。拥，卫也。幼艾，婴儿也。竦剑以护婴儿，使人宜子，所为司人之生命也。荪，称君之词，谓少司命也。述己之于神未来而望之切，已至而乐之甚。以神之灵扫除无子之眚而护幼艾，使兰蘪生于阶庭而释吾愁苦，故婉恋之心为尤切焉。

少司命。

东君

暾将出兮东方，照吾槛兮扶桑。

斜日照空，温和之气，晨曰朝暾，暮曰夕暾。此言朝暾也。暾光初出，照吾东槛，知日之初出于扶桑矣。

抚余马兮安驱，夜皎皎兮既明。驾龙辀兮乘雷，载云旗兮委蛇。 "皎"字从日。

日自扶桑初出，安驱而上，改夜而昼，晶宇明皎，委蛇以伸，如驾龙雷、载云旗，不疾而速也。

妙于景中写情祝融观日当知此景

长太息兮将上，心低徊兮顾怀。羌声色兮娱人，观者憺兮忘归。

日出委蛇之容，乍升乍降，摇曳再三，若有太息低徊顾怀之状。晶光炫采，如冶金闪烁，观者容与而忘归。此景唯泰、衡之颠及海滨观日能得之。并言声者，破云霞，出沧海，若有声也。古者祭日，必于春朝东向而礼之，迎初升之阳气。此写承祭时之景也。

缊瑟兮交鼓，箫锺兮瑶簴。鸣鷈兮吹竽，思灵保兮贤姱。翾飞兮翠曾，展诗兮会舞，应律兮合节。

向日之出而合乐以迎之，所谓乐以迎来也。缊，张绂也。交鼓者，瑟非一，齐鼓之也。箫，排竹而张其尾，横吹之。锺，与钟通。瑶簴，以玉饰钟簴也。鷈，一作篪，长尺四寸，八孔，一孔上出，横吹之。灵保即神保，见《诗》，谓尸也。祭日之尸，未闻何人。思，以音乐想像其贤姱而咏叹之。翾，小飞也。曾，高举也；翠曾，如翠鸟之飞，谓舞容也。展诗，陈诗而歌之。会舞，谓歌与舞交作，皆合于一律也。"节"，与"日"叶，而赋乐舞止此，下文意别。古人有作，韵意不双转，于此晓然矣。

灵之来兮蔽日。青云衣兮白霓裳。

日，无日不丽乎天，其灵无难降格，而或为云霓之所蔽，则不能邀灵光而昭事之，故愿如下文所云。

举长矢兮射天狼。操余弧兮反沦降。

弧矢，《礼》所谓救日之弓，救月之矢也。天狼，妖弗之气，蔽日者。反沦降，散坠也。

援北斗兮酌桂浆，撰余辔兮高驼翔，杳冥冥兮以东行。

桂浆，天浆，谓露也。撰，具也。余，代东君自称。妖氛除，清露降，日乃整辔安驱，破幽冥而自东徂西，容光皆无所蔽矣。盛乐以求诸阳而迎之，尤必为之祛除氛祲，而后日可得而礼也。

东君 日神也。此章之旨，乐以迎神，必驱祓妖氛之蔽，而后可使神听和平，阳光远照。其寓意于去谗以昭君之明德者，事与情会而因寄所感，固不待比拟而自见。若他篇之本无此意，初不可以强相附会也。

河伯

与女游兮九河，冲风起兮水横波。"冲"，一作"溯"。"横"，一作"扬"。一本无"水"字。

女，音汝。九河，河之下流，入海，禹所凿者。与女，发端之辞，犹言相与游也。冲风，横渡之风，因激浪而横也。河非楚之封内，故言曾游九河而与神遇。

乘水车兮荷盖，驾两龙兮骖螭。

螭，龙无角者。水为车，荷为盖，驾龙而骖螭。河伯之神，寓于有象而无形，于波浪横生时想像见之。

登昆仑兮四望，心飞扬兮浩荡。日将暮兮怅忘归，惟极浦兮寤怀。

昆仑，河所自出。河伯登河源之上，而见其流万里，心与俱驰，逝而不反，至于九河之极浦。河已归墟，庶几于此寤寐怀思以求之。

鱼鳞屋兮龙堂，紫贝阙兮朱宫，灵何为兮水中？

紫贝，瑀瑶之属。朱，与珠通。灵居水中，似鱼鳞为屋，龙鳞为堂，珠贝为宫阙。虽寤怀极浦，而终无定居，未易邀迎也。

乘白鼋兮逐文鱼，与女游兮河之渚，流澌纷兮将来下。子交手兮东行，送美人兮南浦。波滔滔兮来迎，鱼鳞鳞兮媵予。"澌"字从"仌"。"鳞"，一作"邻"。

文鱼，鱼有文者，如今朱鲫之类。流澌解冻，水神无定居，而寤怀不已，则将乘鼋逐鱼，乘流东行，与交手偕游，而相送于清波游鱼之间。九河去楚道里悠远，神不我顾，而依媚之情，驰神遥寄，故其辞如此。

河伯 河神也。四渎视诸侯，故称伯。楚昭王有疾，卜曰"河为祟。"昭王谓非其境内山川，弗祀焉。昭王能以礼正祀典，故已之。而楚固尝祀之矣。民间亦相蒙僭祭，遥望而祀之。《序》所谓"信鬼而好祠"也。

山鬼

若有人兮山之阿，被薜荔兮带女萝。

女萝，兔丝也。仿佛似人，故曰若有人。

既含睇兮又宜笑，子慕予兮善窈窕。"善"，一作"善"。

此以下皆山鬼之辞，述其情，因以使之歆也。子，谓巫者。予，山鬼自予也。山鬼多技而媚人，自矜其妖姣，为人所慕，故闻召而至也。

乘赤豹兮从文狸，辛夷车兮结桂旗。被石兰兮带杜蘅，折芳馨兮遗所思。

人既慕而召我，则乘山兽，御木叶，出女萝薜荔之中，携兰蘅以来相遗。今俗谓山獠能富人，故贪夫事之。

余处幽篁兮终不见天，路险难兮独后来。表独立兮山之上，云容容兮而在下。杳冥冥兮羌昼晦，东风飘兮神灵雨。留灵修兮憺忘归，岁既晏兮孰华予？采三秀兮于山间，石磊磊兮葛蔓蔓。怨公子兮怅忘归，君思我兮不得闲。

容容，不一色也。雨，于付切，自上降也。灵修，公子，皆山鬼称人之辞，谓主人及巫也。三秀，芝也。闲，如求间以见之间；或音娴，亦通。山鬼言己处篁箐，游山巅，偶乘飘风，降于人间，以君慕我，故依君安处而忘归，然恐淹留久而岁聿暮，主人之诚意已衰，不复能以荣华相待，则且归而采芝于危石丛葛之间，怨主人不久留己，使我怅然，惟恐忘归而急返。既已归山，则后虽思我，而我且不得闲，无由再见也。

山中人兮芳杜若，饮石泉兮荫松柏，君思我兮然疑作。

芳，采芳也。然疑，且然且疑，不知其所在也。我以不得间而不复来者，君将何从而求我哉？

雷填填兮雨冥冥，猿啾啾兮狖夜鸣。风飒飒兮木萧萧，思公子兮徒离忧。

狖，似猿，仰鼻长尾。萧萧，木叶落也。空山雷雨，猿鸣木落，思今日之欢而不得，徒离忧而已。曲写山鬼之情，即以使及今歆感，而弗怀疑思去，不当忧我之倦，而不能以荣华终始相待也。此章缠绵依恋，自然为情至之语，见忠厚笃棐之音焉。然非必以山鬼自拟，巫觋比君，为每况愈下之言也。

山鬼　旧说以为夔，罔阳之类是也。孔子曰："木之怪：夔、罔两。"盖依木以蔽形，或谓之木客，或谓之獠，读如霄。今楚人有所谓魈者，抑谓之五显神。巫者缘饰多端，盖其相沿久矣。此盖深山所产之物类，亦胎化而生，非鬼也，以其疑有疑无，谓之鬼耳。方书言其畏蟾蜍。楚俗好鬼，与日星山川同列祀典。而篇中道其乔媚依人之情，盖贱之也。

国殇

操吴戈兮被犀甲，车错毂兮短兵接。

吴戈，赤堇之铜所铸，戈刃铦利。犀，山牛，三角。错毂，两敌相迎，戎车相间，左右击刺，毂相错也。短兵，车右之矛，对弓矢为短兵。

旌蔽日兮敌若云，矢交坠兮士争先。凌余阵兮躐余行，左骖殪兮右刃伤。霾两轮兮絷四马。

躐，横突而过也。右，右骖。两骖死伤，车不得行，两轮如埋，两服如絷矣。霾，与埋通，当作薶。

援玉枹兮击鸣鼓。天时坠兮威灵怒，严杀尽兮弃原野。

玉枹，未详。或大将以玉嵌枹，欲其重与？车絷不行，犹援枹而鼓，死战也。天时坠，大命倾也。威灵怒，死而怒气不散也。严杀，威严杀气也。尽，死而气熸也。勇余于方死之顷，而气尽于既死之后也。

出不入兮往不反，平原忽兮路超远。

魂不能归也。

带长剑兮挟秦弓，首身离兮心不惩。

当带剑挟弓之日，豫知身首分离，而不为之惩止，其誓死之志久矣。

诚既勇兮又以武，终刚强兮不可凌。身既死兮神以灵，子魂魄兮为鬼雄。"子魂魄"，一作"魂魄毅"。

不可凌，志不为死所凌夺也。雄，谓雄长群神。

国殇 为国战死之魂也。无主之鬼曰殇。

礼魂

成礼兮会鼓，传芭兮代舞。

会鼓，合乐也。传芭，未详，或今催花送酒之类。代舞，更番舞也。

姱女倡兮容与，春兰兮秋菊。"菊"，一作"鞠"。

女，如字。倡，歌也。春兰秋菊，四时更采芳以荐也。兰或言春，或言秋者，兰春生秋华。菊，大菊，蘧麦也。

长无绝兮终古。

祀典不废，长得事神。盖《诗》"勿替引之"之意。

礼魂 凡前十章，皆各以其所祀之神而歌之。此章乃前十祀之所通用，而言终古无绝，则送神之曲也。旧说谓以礼善终者，非是。以礼而终者，各有子孙以承祀，别为孝享之辞，不应他姓祭非其鬼。而篇中更不言及所祭者，其为通用明矣。魂亦神也。神统魂魄，而专言魂者，天地山川之神，既未成乎魄；山鬼、国殇虽魂魄具，而魄滞于化，魂返于虚，尤可得而礼，故求诸阳而阴自应之。

《楚辞通释》卷二终

楚辞通释卷三

天问

王逸曰:"《天问》者,屈原之所作也。屈原忧心愁悴,彷徨山泽,经历陵陆,嗟号昊旻,仰天叹息,见楚有先王之庙及公卿祠堂,图画天地山川神灵,琦玮僪佹,及古圣贤怪物行事。周流罢倦,休息其下,仰见图画,因书其壁,呵而问之,以渫愤懑,舒泻愁思。楚人哀惜屈原,因共论述,故其文义不次序云。"尔按篇内事虽杂举,而自天地山川,次及人事,追述往古,终之以楚先,未尝无次序存焉,固原自所合缀以成章者。逸谓书壁而问,非其实矣。逸又云:"不言问天而言天问,天高不可问。"说亦未是。原以造化变迁,人事得失,莫非天理之昭著,故举天之不测不爽者,以问懵不畏明之庸主具臣。是为天问,而非问天。篇内言虽旁薄,而要归之旨,则以有道而兴,无道则丧,黩武忌谏,耽乐淫色,疑贤信奸,为废兴存亡之本。原讽谏楚王之心,于此而至,欲使其问古以自问,而蹑三王、五伯之美武,违桀、纣、幽、厉之覆辙,原本权舆亭毒之枢机,以尽人事纲维之实用。规瑱之尽,辞于斯备矣,抑非徒渫愤舒愁已也。

曰:遂古之初,谁传道之?上下未形,何由考之?

统一篇而系以"曰",则原所自撰成章可知。遂,与邃通,远也。唐虞始有书,苍颉始有字。而或侈言远古之事。口耳相授,岂能传远乎?谓天开于子，地辟于丑，人生于寅。子丑二会，人且未生，何从考质？发端问此，以见荒怪之事无所征验，得失兴亡，要诸理而已。

冥昭瞢暗，谁能极之？冯翼唯像，何以识之？明明暗暗，惟时何为？阴阳三合，何本何化？圜则九重，孰营度之？惟兹何功？孰初作之？斡维焉系？天极焉加？八柱何当？东南何亏？九天之际，安放安属？隅隈多有，谁知其数？天何所沓？十二焉分？

以上皆问天地幽明之故。原好学深思，得其所以然，为吉凶顺逆之原本，而为习而不察者诘，使察识而不自锢于昏昏之内也。冥，幽也。昭，明也。瞢暗者，幽明分剖，而幽明一致之理，屈伸相感，不能显见也。极，至也，知至之也。冯，皮冰切，相乘也。翼，回翔也。阴阳之动，递相乘而相与回翔也。惟像，阴阳交感，形象乃成也；运转于未形之先，无从察识矣。明明，当明而明，昼也。暗暗，当暗而暗，夜也。时，是也。天何为有昼夜？知此，则消长兴亡之故可知矣。三合，阴也，阳也，冲气也。冲气以为本，阴阳以为化，天道人事尽于此也。圜则，浑天之仪表。九重，七曜天、经星天、宗动天之层次。测之以理数，非营度所得知也。兹，谓天地阴阳之化。天地为功于人而人不知；运行日生，无有初终，孰能测知？斡，亦极也；谓南北二极常不动以持天地。维，四隅之纪。东北曰报德之维，西南曰背阳之维，东南曰常羊之维，西北曰蹄通之维。四隅之气，寒暑之所自转，系于无形之中，莫能知其挽运，知其变则必通而已。加，托也。南北二极如栋，必有所托；将何加哉，元气自为加尔。八柱，地有八山，当四方四隅，以上升其气与天相通者。当，在也。地不满东南；中国南东际海，水盈上虚也。际，相交接之处。放，至也。属，连也。隅，限也。地形参差，虽方而不方，其限曲无能尽知。沓，合也。十二，周天之次。分天之度，三十度有奇为一次；自玄枵至星纪，为日月交合之会，岁星岁易之次舍，而下合于分野。天高远，而分野有涯，何以合也？以上所问，皆有常理常数，可原天道以验人事，而人不知，故问之。

衍句妙

日月安属？列星安陈？出自汤谷，次于蒙汜。自明及晦，所行几里？夜光何德，死则又育？厥利维何，而顾菟在腹？ *"汤"一作"旸"*。

此上问二曜显晦之理。属，系也。县于碧空，若有系而得不坠，实无所系也。列星，经星。陈，谓列布之，亘古而不易其处。汤，音阳。氾，音似。汤谷，日所出。蒙氾，日所入。夜光，月也。德，谓秉以为性者。死，晦而无光。育，明复生也。月惟虚顺，故能受日光。乍暗旋明，可以知人之德必虚而后受也。菟，古兔字；顾菟，月中暗影似兔者，能亏月圆明之体。月何所利而有此？人之利欲为蔽，包容小人而自损其明，亦何利哉？凡篇内即事以寓规谏者仿此。

女歧无合，夫焉取九子？伯强何处？惠气安在？

此问气化之变也。女歧，神女，无夫而生九子。夫，音扶。伯强，厉鬼，一曰禺强，北方阴气之化。惠，顺也，南方和顺之气也。阴淫而生，或淫而害，知其所藏之处与阳和所施之功，则贤奸治乱之故可征矣。

何阖而晦？何开而明？角宿未旦，曜灵安藏？

此问昼夜之所以分也。开阖者，天地之气，阳开照物，阴阖则暗也。角宿，其位在东方卯辰之次。日出而旦。曜灵，日也。以日之明，入于地中，则匿而晦。与女子小人匿处，其昏暗必也。

赋家啄句

不任汨鸿，师何以尚之？佥曰何忧？何不课而行之？鸱龟曳衔，鲧何听焉？顺欲成功，帝何刑焉？永遏在羽山，夫何三年不施？伯禹愎鲧，夫何以变化，纂就前绪，遂成考功？何续初继业，而厥谋不同？洪泉极深，何以寘之？地方九则，何以坟之？河海应龙，何画何历？鲧何所营？禹何所成？ "愎"，一作"腹"，非是。

此因地形而问鲧、禹之事，言得失成败莫不自己也。不任，力不胜任也。汨，音骨，治也。鸿，洪水。师，众也。尚，推高而举荐之。何忧，言可任治水而无患。课，试也。行，用也。言尧何不早试其功，而待之九载？鸱龟曳衔，相传鲧死弃尸于羽渊，上为鸱衔，下为龟曳。听者，无能自免也。顺欲成功，谓顺水之所欲归而功成。帝何刑焉，言其所以自免者非无术也。永遏，禁锢也。施，与弛同，释也。舜锢之三年而后殛之，岂非其怙过不悛之故乎？鲧之愎，禹之圣，父子一气而变化殊，天性异邪？抑所谋之顺逆异邪？洪泉，洪水。寘，与填通，塞也。九则，九州田赋九等之式。坟，分也。言禹平水土，定则壤，用何道也，顺其理而已。应龙，龙无角者。相传禹治水，有神龙以尾画地成川，禹因而疏之，导河入海。实则禹循水脉，水脉亦谓之龙耳。鲧营而得罪，禹谋而成功；顺欲，刚愎，在父子而成败异，可以悟人之不可逆而愎谏自用之咎矣。

康回冯怒，坠何故以东南倾？

康回，共工名。相传共工与颛顼争帝，怒触不周之山，天柱折，地维绝，故地东南倾。谓西北山高，递降而东南为海。要之，寓言耳。天柱折，裂天经也。地维绝，亏地义也。倾，乱也。狂怒不逞，祸延天下如此。坠，古地字。

九州安错？川谷何洿？东流不溢，孰知其故？东西南北，其修孰多？南北顺㯹，其衍几何？昆仑县圃，其尻安在？增城九重，其高几里？四方之门，其谁从焉？西北辟启，何气通焉？日安不到？烛龙何照？羲和之未扬，若华何光？何所冬暖，何所夏寒？

此广诘地理也。错，与厝通，安置也。九州之土，大气举之，非有所错也。洿，卑下也。非有损益之者，而高卑殊矣。东流，海水也。修，长也。㯹，一作椭，圆而长也。衍，余也。谓南北长于东西，凡几许也。昆仑之岭曰县圃，增城在其上，但传有其处，无有至者，故莫定其所在与其高也。尻，古居字。四方之门，《淮南子》曰：东方开明之门，西方阊阖之门，南方暑门，北方寒门，盖四时之气所自出入。辟，与阘通。启，开也。北极之北，去黄道远，日所不到，有神曰烛龙，以其目光，代日为光，见《山海经》，亦以意想像然尔。羲和，日也。若华，若木之华。日入地中，则若木花发赤光以照，亦见《山海经》。凡此皆存而不论之事。天地之间，必无长夜之理。日所不至，尚或照之，见明可以察幽，人心其容终昧乎？暖，与暄同；音萱，俗读如暖者非。南粤冬暖，五台夏寒，地殊候异，时变固不可测也。

焉有石林？何兽能言？焉有虬龙，负熊以游？雄虺九首，倏忽焉在？何所不死？长人何守？靡萍九衢，枲华安居？一蛇吞象，厥大何如？黑水玄趾，三危安在？延年不死，寿何所止？鲮鱼何所？鬿堆焉处？羿焉彃日？乌焉解羽？ "鲮"，一作"陵"。

此广诘物变也。石林，石能生枝叶，近贵州有之：石干木枝，亦一异也。《曲礼》言猩猩能言，或人教习之尔。虬龙负熊，未详所出。虺，蝮蛇类，或曰与虫同，虫也。倏忽，见《庄子》。不死之民，在交胫国东，见《山海经》。长人，若《国语》所载防风氏，《春秋传》侨如之类。守，所居也。靡萍、枲华，未详。衢，枝交错。二者皆奇草也。巴蛇吞象，见《山海经》。黑水，见《禹贡》。玄趾、三危，皆山名。三危在今肃州塞外。延年不死，导引之士言之。然相传出没人间者数百年，亦不复见，则寿固有所止；亲故凋尽，死于崖谷，人无知者耳。鲮鱼，人面人手，见则风涛起。魋堆，一曰雄雀，状如鸡，食人，见《山海经》。羿，尧时善射者。彋，射也。相传十日并出，羿射落其九，当亦喻言。或尧承挚乱，天下僭为帝者不一，羿灭其九，《庄子》谓"尧伐丛枝、胥敖"是已。西北极寒之野，鸟飞至其地，毛羽冻落，见《穆天子传》。凡此诸问，原本天地，推极物理，尽其生成变化之万殊。盖欲使闻之者，于其有实者，穷所自之理，以推得失兴丧之故，而扩其心志，勿迷锢于床第户牖之间；于其无实者，知人之为言，诡谲面欺，无所不至，必听之审，辨之明，而后不为所惑也。

禹之力献功句，**降省下土四方。焉得彼涂山女，而通之于台桑？闵妃匹合，厥身是继。胡嗜不同味，而快朝饱？**"四方"，一本无"四"字。

自此以下，述古人得失成败而详问之。于去谗远色，贵德贱力之理，反覆致诘，欲令怀王镜古以自悟也。此言禹力能平水土而献功，四方皆其所降者，岂不能择美而娶？乃道娶涂山氏、惟恤继嗣之不立，而无择于色。夫人悦色之情，同于甘食，虽贤者岂异于人哉？乃但快朝饱，不求甘旨，则禹之循理而遏欲，所以兴也。若怀王徒以色故而宠郑袖，纵嗜欲而无厌足之心，抑又何也？

启代益作后，卒然离蠥。何启惟忧，而能拘是达？皆归射鞠，而无害厥躬？何后益作革，而禹播降？

《竹书纪年》载益代禹立，拘启禁之，启反起杀益以承禹祀。盖列国之史，异说如此。离，去声，罹也。蠥，灾也，谓为启所杀也。忧，能忧勤以济难也。拘，囚禁也。达，逸出兴师也。射鞠，未详。鞠，或作鞠。无害厥躬，言禹受舜禅，与益受禹禅同，益以亡身，而禹无害。作革，言为启所革。播降，《书》所谓"敷于四海"也。禹、启道同，而虞、夏之存亡异，岂非商均耽乐，而启能忧之故乎？

启棘宾商,《九辩》《九歌》。何勤子屠母,而死分竟地?

《九辩》《九歌》启所作乐。余未详。凡篇内隐僻不可解者,盖当时有此异说,而今不可复考矣。旧注强为附会,语多怪诞,今不从。附旧注:"禹治水时,自化为熊,以通轩辕之道。涂山氏见之而惭,遂化为石。时方孕启,禹曰:'归我子。'于是石破北方而启生。其石在嵩山。"竟地,即化石也。

帝降夷羿,革孽夏民。胡射夫河伯,而妻彼洛嫔? 冯珧利决,封狶是射。何献蒸肉之膏,而后帝不若? 浞娶纯狐,眩妻爰谋。何羿之射革,而交吞揆之?

帝降,言天降羿,令为虐。羿,有穷后也。革,变也;革孽,革夏祚而孽夏民。河伯,古诸侯司河祀者。羿射杀河伯,而夺其妻有洛氏。冯,藉也,恃也。以犀饰弓弰曰珧。利决,巧力能决中也。封狶,大豕。蒸肉之膏,射牲而烹蒸以祀。若,顺也。纯狐氏,寒浞之妻。言羿之力足冯如此,而上帝不歆其祀,乃假手寒浞夫妇,协谋诱羿杀之。揆,度其必克,而羿无能胜。盖无道必亡。虐民纵欲,虽有强力,不足冯也。

阻穷西征,岩何越焉? 化为黄熊,巫何活焉? 咸播秬黍,莆藋是营。何由并投,而鲧疾修盈?

此据晋侯寝疾,黄熊入梦而言,事见《左传》。阻穷,道路险远也。羽渊在东海,西至晋国,越太行之岩险。活,谓降其灵如生也。藋,音丸。秬黍,嘉谷。莆藋,恶草。艺嘉谷则必营除其恶草,贤佞不并立也。尧之用人,五臣与四凶并用,如种秬黍而未除莆藋,乃使鲧取精多而用物弘,长养其恶,千载而下,越山河之险远以病晋君,其贻害之修长盈满如此。则知人之难,祸延久远,贤奸之辨,可不早乎?

白蜺婴弗,胡为此堂? 安得夫良药,不能固臧? 天式从横,阳离爰死。大鸟何鸣? 夫焉丧厥体?

婴,与缨通;弗,云气。婴弗,项带云气也。臧,与藏同。从,即恭切。旧说崔文子学仙于王子乔,子乔化为白蜺而婴弗,持药与文子。文子惊怪,引戈击蜺,中之,因坠其药,俯而视之,子乔之尸也。取而置之室中,覆以敝筐,须臾化为大鸟而鸣,开而视之,翻飞而去。天式纵横者,言造化生物之定式,从生为人,横生为鸟。然形离则神散,子乔受杀,化为大鸟，虽能鸣而已丧其故体矣。盖子乔不知文子之逆，而轻授以药，反逢其恶，化鸟哀鸣，无益于生，喻利器不可假人。大权移于小人之手，害必及之。

萍号起雨，何以兴之？撰体协胁，鹿何膺之？

萍号，雨师。撰，具也。协胁，胁骨骈生也。鹿，五鹿，卫地。萍号起雨，气机之动于微者也。晋文公观胁于曹，授块于五鹿，而拜赐之征卒验。则祸福荣辱，几有先见，要惟晋文任贤以自强，有以膺之也。

鳌戴山抃，何以安之？释舟陵行，何以迁之？惟浇在户，何求于嫂？何少康逐犬，而颠陨厥首？女歧缝裳，而馆同爰止。何颠易厥首，而亲以逢殆？"易"上有"陨"字。

鳌举首而戴蓬莱之山，见《列子》。抃，舞也。释舟，舟离水也。迁，荡移之也。逐犬，猎也。女歧，浇嫂。馆同爰止，同止宿也。鳌之戴山，其任重矣，若恃其神力而抃舞，则必不能安。浇负荡舟之力，以杀羿而篡天下，犹之乎其荡舟于陵，而舟卒不可动，则亦鳌之戴山而舞也。而况嫂方缝裳，已窥户以宣淫，益增凶慝。故少康因田猎，遂袭杀之，初杀女歧，继知其误，并追杀浇。负乘非据，凶淫逢殆，理不诬也。

汤谋易旅，何以厚之？覆舟斟寻，何道取之？

易，改革也。旅，众也。谓改革众志，去夏而归商也。厚，谓厚集其势，期必得也。太康失国，夏后为羿所灭，少康依于斟寻，此有夏覆舟之前鉴。使桀能以为戒，则汤将何道取之乎？所谓"殷鉴不远"，国必自亡而后人亡之也。

桀伐蒙山，何所得焉？妹嬉何肆？汤何殛焉？舜闵在家，父何以鳏？尧不姚告，二女何亲？厥萌在初，何所亿焉？璜台十成，谁所极焉？登立为帝，孰道尚之？"亿"，一作"意"。

妹，音末。嬉，读如喜。璜，石次玉者。璜台，瑶台。成，级也。蒙山，有施氏之国，桀伐之而得妹喜，宠之生乱。舜三十未娶，尧不告其父母，妻以二女，终以刑于化成天下。当其始也，桀恶未著，舜德未彰，汤何以亿之而知其可殛？尧何以亿之而知其必兴？则惟桀之筑璜台以纵欲殃民，而舜之道足陟元后。其萌见者，其枝叶必不可掩也。故君唯无道，而后奸色淫声得以中之。然则郑袖之惑怀王而倾楚，亦怀王自贻也。

女娲有体，孰制匠之？

相传女娲一日而七十化。若此之类，广异闻以诘事理之不然，见人言之未可信也。

舜服厥弟，终然为害。何肆犬体，而厥身不危败？ "体"，一作"豕"。

服，顺也。终为害，欲杀舜不已也。象至不仁，均于禽兽，而舜不加诛，舜之仁非象所应得也。

吴获迄古，南岳是止。孰期去斯，得两男子？

旧说泰伯、仲雍去周而开吴，未详是否。

缘鹄饰玉，后帝是飨。何承谋夏桀，终以灭丧？帝乃降观，下逢伊挚。何条放致罚，而黎服大说？

缘鹄，未详。饰玉，谓禹锡玄圭告成，上帝歆飨，以有天下。后世子孙，贻谋可承，何至桀而灭丧？天降观四方，乃授伊尹佐汤，致放伐于鸣条，而群黎九服大说。则兴亡之故，岂不以人哉！说，音悦。

简狄在台誉何宜？玄鸟致贻女何喜？

此言商之先世，受命于天。以下皆言商初之事，于史亡考，阙之可也。旧说穿凿，故略之。

该秉季德，厥父是臧。胡终弊于有扈，牧夫牛羊？干协时舞，何以怀之？平胁曼肤，何以肥之？有扈牧竖，云何而逢？击床先出，其命何从？恒秉季德，焉得夫朴牛？何往营班禄，不但还来？昏微遵迹，有狄不宁。何繁鸟萃棘，负子肆情？

旧说晋大夫解居父使吴，过陈之墓，见妇人负其子，欲与之淫泆，其妇称"墓门有棘"之诗以刺之，未详是否。

眩弟并淫，危害厥兄。何变化以作诈，后嗣而逢长？

此必殷未有其事，而今不可考矣。

成汤东巡，有莘爰极。何乞彼小臣，而吉妃是得？水滨之木，得彼小子。夫何恶之，媵有莘之妇？

此汤举伊尹之事。极，至也。妃，读如配。吉配，君臣道合，犹配耦也。相传伊尹生于空桑。谓尹母溺死，化为空桑，尹孕其中，或得而育之，恶其无父母，故使为媵臣，而汤得之为佐。言贤者之生不偶，非世人所知，待圣主而后兴也。

汤出重泉，夫何罪尤？不胜心伐帝，夫谁使挑之？

重泉，地名，桀拘汤于此。汤既出囚系，初无怨桀之心，求胜以必于伐夏，而谁挑之以必伐？《伊训》曰："造攻自牧宫。"桀无道而造兵端，祸自己先发也。

会朝争盟，何践吾期？苍鸟群飞，孰使萃之？

践期，不期而会也。苍鸟，鹰也。言牧野之师，诸侯争赴，如群鹰飞击。惟纣之无道，故有以致之也。

到击纣躬，叔旦不嘉？何亲揆发，足周之命以咨嗟？ "足"，一作"定"，非是。

到，至也。不嘉，嘉也。亲，谓身任之也。揆，谋也。足，满也，成也。言至纣已诛之后，周公之功，岂不嘉哉？身任发兵之谋，以成周之景命。而流言繁兴，使公咨嗟，有毁室取子之忧。谗言之为害，甚矣。

授殷天下，其位安施？反成乃亡，其罪伊何？争遣伐器，何以行之？并驱击翼，何以将之？

施，置也。乃，汝也。伐器：斧斨之属。行、将，所奉之词以致讨也。并驱，尽驱除也。击翼，翦其党也。言管叔以武庚欲授还殷之天下，则将置成王于何地？弃亲即仇，只以反速武庚之亡而已。周公破斧折斨，以平商奄，尽翦乱人之党，其奉辞伐罪，将王命而行，以何为名乎？惟管叔之不度德而弃懿亲，自取之也。

昭后成游，南土爰底。厥利维何，逢彼白雉？

昭王南巡，自贻胶舟之害。盖闻越裳贡白雉，谓南夷可以宾服，而不知变生不测，是徼非望之利而逢祸。楚王食商于而会武关，殆类此也。

穆王巧梅，夫何为周流？环理天下，夫何索求？

梅，与枚通，马策也。巧梅，善御也。天子环理天下，莫敢不来享，而何驱驰以求索？贪之败度如此。索，所革反。

妖夫曳炫，何号于市？周幽谁诛？焉得夫褒姒？

曳炫，负物炫卖也。幽王之先，童谣曰："檿弧箕服，实亡周国。"后有夫妇卖是器者，以为妖，将执而戮之。夫妇夜亡，闻宫人所弃女子啼而哀之，去至褒，其女长而美。幽王伐褒，褒人入此女以赎罪。幽王宠之，遂亡宗周。篇内于女戎之祸，再三言之，盖深痛郑袖之祸楚也。

天命反侧，何罚何佑？齐桓九会，卒然身杀。

齐桓死于竖刁、开方之手，虫流出户，与见弑同。听贤则兴，任奸则亡，天命无常，惟人所召。

彼王纣之躬，孰使乱惑？何恶辅弼，谗谄是服？比干何逆，而抑沉之？雷开阿顺，而赐封之？

雷开，纣佞臣。阿，当作何。内有妲己，则外有雷开，而比干抑矣。惑乱之本，艳妻也。

何圣人之一德，卒其异方？梅伯受醢，箕子详狂。

梅，音浼。梅伯，殷诸侯，谏纣，纣醢之以赐诸侯。详，与佯同。圣人尽忠事君，其德一也。或死或狂，归于自尽而已。

稷维元子，帝何竺之？投之于冰上，鸟何燠之？何冯弓挟矢，殊能将之？既惊帝切激，何逢长之？

元子，元妃姜嫄之子。竺，厚也。飞鸟覆翼，天厚之。冯弓挟矢，谓稷之后裔，至于文武，以武功定天下也。殊能，大功。将，大也。惊帝切激，谓稷为高辛所骇异，激怒而弃之。何卒逢天佑而福泽之长如此？天祚有德，祸福不测，存乎其人而已。

伯昌号衰，秉鞭作牧。何令彻彼岐社，命有殷国？ "号"一作"號"。

伯昌，谓文王。号，令也。衰，衰世之主也。秉鞭，御也。西伯赐钺专征，御天下，作牧伯，亦奉衰殷之命令，乃终易侯社，而有殷之天下。臣主无常，有德则兴耳。

自此以下有急管繁弦之意情愈迫也

迁藏就岐何能依？

藏，帑也。太王舍邠之畜聚而迁岐，何所凭依以立国，依于民也。

殷有惑妇何所讥？

讥，为人所指摘也。纣贵为天子，宠一妲己而天下万世贱之。

受赐兹醢，西伯上告。何亲就上帝，罚殷之命以不救？

受，纣名。赐醢，以九侯之醢赐诸侯。上告，武王告纣罪于天。称西伯者，武王初亦为侯伯。亲就，躬受也。听谗诛忠，天所不赦。故武王请于天，受天之命，以讫殷祚，而莫可救。

师望在肆昌何识？鼓刀扬声后何喜？

相传太公隐于屠肆，文王往问焉。扬声，古者屠刀柄首有铃。惟圣知人，昏主进前而不知。

武发杀殷何所悒？载尸集战何所急？

武发，武王发。悒，恨也。载尸，所谓父死不葬也。惑嬖妾，弃贤任谗，人所公愤，故武王急于燮伐。

伯林雉经，维其何故？何感天抑坠？夫谁畏惧？

伯，长也。林，君也。谓晋世子申生，君之长子也。感天抑地，谓申生神遇狐突，云"请命于帝，帝命罚夷吾于韩"。抑，及也。申生之精诚，死能感动天地，而生不能感献公，至于雉经。岂献公之不可感哉？骊姬贼之也。妹喜也，妲己也，褒姒也，骊姬也，郑袖与之为五矣。原屡言致诘以致痛。

皇天集命，惟何戒之？受礼天下，又使至代之？

受礼，受天之赐也。至，后来者也。括言三代之兴，天命之，而申以大戒。乃后嗣不道，代者又兴，天命靡常也。

初汤臣挚，后兹承辅。何卒官汤，尊食宗绪？　"承"，一作"丞"。

前疑后丞，右弼左辅，王者之四辅。后兹，终任之也。任贤勿贰，汤之所以兴也。尊食宗绪，谓锡以世禄。

勋阖梦生，少离散亡。何壮武厉，能流厥严？

勋阖，谓吴子阖庐。旧说以为勋，君也。梦，音蒙，吴子寿梦也。生与姓同，孙也。阖庐为寿梦嫡孙，乃王僚立，阖庐散亡居外，而卒杀僚以立，破楚残越，自强则威名著矣。

彭铿斟雉帝何飨？受寿永多，夫何久长？

旧说以为彭祖烹雉献尧，尧食而美之，未详是否。彭，彭铿，导引服食而寿，尧飨其献，寿八百岁。喻用贤则可以祈天永命。

中央共牧后何怒？蜂蛾微命力何固？惊女采薇鹿何佑？北至回水萃何喜？兄有噬犬弟何欲？易之百两卒无禄。

以上未详。当时稗官所记，今亡考矣。蛾，洪兴祖谓古蚁字。

薄暮雷电归何忧？厥严不奉帝何求？伏匿穴处爰何云？

此似言舜事。舜纳大麓，烈风雷雨弗迷。其德可以事上帝，而不能得瞽瞍之心，至浚井而穴空以匿，此又何说？精诚可以格天，不能感顽嚚，孝子忠臣所以穷也。下将言楚事，故重述此以自白其孤贞之志。

荆勋作师夫何长？悟过改更，我又何言？

谓楚灵王也。灵王兴师，凭陵中夏，威亦大矣。而缢于乾溪，祚不得长。子革谏之，亦悟其过，而改之弗及，不救败亡。言之无益，又何言也？

吴光争国，久余是胜。何环穿自闾社邱陵，爰出子文？

此言楚昭王之事。吴光，阖庐也。环穿，穴墙作孔也。吴光挟争国之威，破楚入郢，昭王出奔，斗辛救之，穴墙而逃，出闾社，越邱陵，乃免于难。辛出自子文之后，固楚同姓之世臣也。楚自亡而存，皆宗臣之力。而怀王惑于靳尚、张仪，疏远世臣，故诘之。

吾告堵敖以不长。何试上自予，忠名弥彰？

楚人谓不成君者为敖。堵敖，楚成王兄，立而遇弑。此言昭王奔随，国人不知，传其已死，告于子西：王且如堵敖。子西因自立以拒吴。已而知王在随，乃去王号。子西试以上位自予，非贪大位，为社稷计也，故忠名不损。忠臣苟利国家，知无不为如此。昭王能知其忠，任以国政，楚以复振。哀今王之听谗而疑忌也。

《楚辞通释》卷三终

楚辞通释卷四

九章 　九篇

王逸曰："《九章》者，屈原之所作也。屈原放于江南之壄，思君念国，忧心罔极，故复作《九章》。章者，著也，明也，言己所陈忠信之道甚著明也。卒不见纳，委命自沉。楚人惜而哀之，世论其词以相传焉。"洪兴祖曰："《史记》云：上官大夫短屈原于顷襄王，王怒而迁之，乃作《怀沙》之赋。则《九章》之作，在顷襄时。"其说是也。

按《离骚》之作，当怀王之时。怀王虽疏远原，而未加窜流之刑。其后复悔而听之，欲追杀张仪而不果。原以王不见听，退居汉北，犹有望焉。故其辞曲折低回，虽有彭咸之志，固未有决也。言讽而隐，志疑而不激。迨顷襄狂惑，窜原于江南，绝其抒忠之路，且弃故都而迁寿春。身之终锢，国之必亡，无余望矣，决意自沉，而言之无容再隐。故《九章》之词直而激，明而无讳。章者，无言不著，以告天下后世而白己之心也。至于《悲回风》之卒章，驰神写殁后之悲思，生趣尽而以熏蒿凄怆之情与日星河岳互相融结，惟贞人志士神遇于霏微惝恍之中，非王逸诸人所能尽知者矣。

惜诵

惜诵以致愍兮，发愤以抒情。所作忠而言之兮，指苍天以为正。令五帝以枑中兮，戒六神与向服。俾山川以备御兮，命咎繇使听直。"枑"，一作"析"。

惜，爱也。诵，诵读古训以致谏也。愍，与改愍同，忧恤也。抒，舀也，出心所欲言，如舀粟于臼中也。正，证也，证己之得失也。五帝，太暤、炎帝、黄帝、少暤、颛顼、古帝之明神配五行者。六神，上下四方之神。枑，与析同，辨也；中，刑书之要也；枑中，辨枑事理，定为爱书也。向，对也。服，事也，对质其事理也。山川之神备御在列，公听断也。咎繇，与皋陶同。言己爱君而述古训以致谏，所言之事理，质诸鬼神而无疑也。

竭忠诚以事君兮，反离群而赘疣。忘儇媚以背众兮，待明君其知之。言与行其可迹兮，情与貌其不变。故相臣莫若君兮，所以证之不远。吾谊先君而后身兮，羌众人之所仇。专惟君而无他兮，又众兆之所雠。一心而不豫兮，羌不可保也。疾亲君而无他兮，有招祸之道也。一本"仇""雠"下有"也"字。

离群，为众所不容也。赘，余肉。疣，音侯，痣也。儇，小慧轻薄也；忘儇媚者，戆直而不能同于众人之巧媚也。不变，有诸中者必见诸外，无变易也。以，用也。即迹征心，考言询行，察貌知情，贤奸易辨，其则不远也。专，一也。惟，思也。疾，亟也。上既言己之正谏，可以质诸鬼神，则虽与群小不协，而君应自知之。君若不一其心，听谗而犹豫，则众方视我如仇雠，我且有招祸之道矣。此追述未放以前之情事，故自白其忠直之易知，以冀君之违众以鉴己，故明知为招祸之道而不恤也。

思君其莫我忠兮，忽忘身之贱贫。事君而不贰兮，迷不知宠之门。忠何罪以遇罚兮，亦非余心之所志。行不群以巅越兮，又众兆之所咍。纷逢尤以离谤兮，謇不可释。情沉抑而不达兮，又蔽而莫之白。心郁邑余侘傺兮，又莫察余之中情。固烦言不可结诒兮，愿陈志而无路。退静默而莫余知兮，进号呼又莫吾闻。申侘傺之烦惑兮，中闷瞀之忳忳。一本"志""咍""释""白"下各有"也"字。一本"结诒"作"结而诒"。

思，念也。哈，笑也。忳，徒昆切，屯结于心也。巅，与颠同，仆也。承上言忠与人异，为招祸之道。然抑念之：遇罚而贫贱，非己所恤，但徒勤无益，只见笑于小人，则有不能甘者。故于谏不听而又谏之时，迟回自念，欲言姑止。乃忠愤内积，不可强抑，则虽逢尤离谤，而謇直不可释。若沉默不言，则己心既不见谅于君而莫白；欲自陈己志，乃言之必长，不可挈其要以简陈之，言烦而君且厌听，终无能以自达。故两端交战于心，退而静默，进而号呼，皆有所不可，唯烦惑郁邑而已。此述谏而不听又思再谏时之情。

昔余梦登天兮，魂中道而无杭。吾使厉神占之兮，曰："有志极而无旁。终危独以离异兮，曰君可思而不可恃。故众口其铄金兮，初若是而逢殆。惩于羹者而吹齑兮，何不变此志也？欲释阶而登天兮，犹有曩之态也。众骇遽以离心兮，又何以为此伴也？同极而异路兮，又何以为此援也？晋申生之孝子兮，父信谗而不好。行婞直而不豫兮，鲧功用而不就。"

<small>"惩于羹者"，一作"惩热羹"。</small>

此托占梦之言，见屡谏于同昏之廷，必无助己者，且有申生、伯鲧之祸。己非不知，而不能自已也。厉神，大神之巫。志极，谓志所至也。旁，辅也。危独，身孤而危也。离异，与儇媚者异也。可思者，君臣情之不容已；不可恃者，君不明也。惩羹吹齑，言己以谏而逢尤，当缄默以自全。释阶登天，无左右近习之援而欲君之信己也。曩，谓初谏怀王时。若如曩强谏，顷襄必怒，不异昔也。骇遽，闻言骇异，不从容绎悦，遽加恶怒也。极，至也；同极，同有所欲至而其路相背驰。小人亦托于谋国，而邪正异趣也。此，我也。伴，助也。自"有志极"以下至此，皆占梦之言。

吾闻作忠以造怨兮，忽谓之过言。九折臂而成医兮，吾至今而知其信然。

忽，轻也。承上占梦而言。彼所云作忠造怨，吾忽其言为不足听，乃复谏不止。谗言益张，君怒益甚，至于迁窜，乃知彼言之果信然。前之不然，非不知也，爱君无已，不忍其遽若此也。不幸而九折臂，虽成医，何补哉？

矰弋机而在上兮，罻罗张而在下。设张辟以娱君兮，愿侧身而无所。

矰，以丝系矢。罻，捕鸟网。辟，音璧，法也。娱，诱也。侧身，乘间而进，拯君之危也。小人设机张网，陷君于危亡，或张强秦之威以胁之，或进偷安之计而饵之。己欲侧身以入，匡救其危而无从矣。

欲儃佪以干傺兮，恐重患而离尤。欲高飞而远集兮，君罔谓汝何之？欲横奔而失路兮，坚志而不忍。背膺牉以交痛兮，心郁结而纡轸。“坚志”上一本有“盖”字。

儃佪，不行貌。干，求也。傺，往也。背在身后，膺在身前。交痛，进退两难也。纡，曲也。轸，念也。言奸佞充斥，无能匡救。欲依楚国以居，则为小人之所侧目。欲出奔他国，非无所往也，特忠臣有死无贰，故不忍往。进退两难，菀结曲念，无可解也。

捣木兰以矫蕙兮，糳申椒以为粮。播江离与滋菊兮，愿春日以为糗芳。

矫，揉也。糳，舂也。播，扬散之也。糗，干饭。不及新熟而食，积畜之也。不能安于国中，又不忍奔他国，撞机息牙，以自闵默，芳无人采，摧折之余，怀以自居而已。此谏而不听、无从再谏之时，其抑菀有如此者。

恐情质之不信兮，故重著以自明。挢兹媚以私处兮，愿曾思而远身。

信，与伸同。于时已见窜迁，小人且加之以罪，情不可以不白，故重述昔者所谏之正，不忍不谏之情，与欲再谏而无从，戢芳忍愁，终不忍去故国之心，如上文所云以自著。盖至屈抑其忠爱媚主之忱，伏处远身，遑有他念，奈之何谗人之犹不相释也！

惜诵　此章追述进谏之本末。言己之所言无愧于幽明，冀君之见谅而终不见用者，非徒君之不察，实小人设阱误国，恶其异己而蔽毁之。故欲反覆效忠，再四思维，知其不可，而情难自抑，是以终罹于害。宗臣无去国之义。吞声放废，浮沉于羁旅，要未尝一日忘君也。《离骚》《远游》与此章皆有归隐之说。此章虽作于顷襄之世，迁窜江南之后，与彼异时，而所述者乃未迁已前，屏居汉北之情事，故与彼同，而无决于自沉之意。于时上官大夫恐其复用，必构其怨望之语，诬以外叛之罪，故自表著其始终所由，与《涉江》《怀沙》《悲回风》诸篇词旨有异，而《抽思》篇中所云“集汉北”“望北山”者，皆述往事也。

涉江

余幼好此奇服兮，年既老而不衰。

奇，珍异也；奇服，喻其志行之美，即所谓修能也。言"既老"，则作于顷襄之世益明矣。

带长铗之陆离兮，冠切云之崔嵬。被明月兮佩宝璐。

长铗，剑也。陆离，剑光。切，犹齐也。冠高若与云齐也。明月，宝珠。被，缀也。璐，美玉。以上喻其志行之高远光洁。

世溷浊而莫余知兮，吾方高驰而不顾。驾青虬兮骖白螭，吾与重华游兮瑶之圃。登昆仑兮食玉英。与天地兮同寿，与日月兮同光。

世虽莫知，而所怀者远大。欲以济世匡君，上参虞舜，混一区宇，厝国祚于长久。

哀南夷之莫吾知兮，旦余济乎江湘。

南夷，武陵西南蛮夷，今辰沅苗种也。既被迁江南，将绝江水，溯湘而西，与苗夷杂处。谁复有知我者乎？

乘鄂渚而反顾兮，欸秋冬之绪风。步余马兮山皋，邸余车兮方林。

鄂渚，今江夏。欸，音哀，叹声。绪风，相续之风。步，解驾使散行也。邸，阁而悬之不用也。方林，方丘树林。原既不用，退居汉北。至是迁窜江南，故乘车而东南行，至于江夏。山川相缪，车不可行，将舍车登舟而南。今北往襄、德者，自汉口陆行，舟车各从所便也。既至鄂渚，登黄鹄之矶而西北望，时方秋冬，风自西北来，临风回眺故国，杳在天西矣。

乘舲船余上沅兮，齐吴榜以击汰。船容与而不进兮，淹回水而凝滞。朝发枉渚兮，夕宿辰阳。苟余心其端直兮，虽僻远之何伤。 "之"，一作"其"。

舲，小舟。榜，棹也。言吴榜者未详。击汰，楫入水击波上溅也。容与，不进；沅水滩高，舟不易上也。回水，矶上逆流。凝滞，不行也。枉渚，在武陵西。辰水出辰溪，至普市入沅。水北曰阳。原自江夏往辰阳，绝江而南，至洞庭，乃西溯沅水而上。洞庭九派，湘水为其正支，涉洞庭则涉湘矣。故前云济湘，此云上沅，不相悖。

入溆浦余僧佪兮，迷不知吾所如。深林杳以冥冥兮，猿狖之所居。山峻高以蔽日兮，下幽晦以多雨。霰雪纷其无垠兮，云霏霏而承宇。"猿狖"上一本有"乃"字。

沅西之地，与黔、粤相接，山高林深，四时多雨，云岚垂地，檐宇若出其上。江北之人，习居旷敞之野，初至于此，风景幽惨，不能无感。被谗失志之迁客，其何堪此乎？

哀吾生之无乐兮，幽独处乎山中。吾不能变心而从俗兮，固将愁苦而终穷。接舆髡首兮，桑扈臝行。忠不必用兮，贤不必以。伍子逢殃兮，比干菹醢。与前世而皆然兮，吾又何怨乎今之人？愈旷愈悲

桑扈，《庄子》所谓子桑户也。不以，亦不用也。与，数也；历数前世之贤而不用者。

余将董道而不豫兮，固将重昏而终身。

将，谓志若此也。董，正也。不豫，无所迟疑也。重昏，幽闭于南夷荒远之中也。人不足怨，而守正无疑，安于幽废，明己非以黜辱故而生怨。所怨者，君昏国危，如下乱曰所云。

乱曰：鸾鸟凤皇，日以远兮。

言君侧之无贤人。

燕雀鸟鹊，巢堂坛兮。

疾小人之乘权误国。

露申辛夷，死林薄兮。

露申，未详，或即申椒也。草木丛生曰薄。贤人为奸佞所蔽，嘉谋不用。

腥臊并御，芳不得薄兮。

御，进也。薄，与泊同。近也。澹止

阴阳易位，时不当兮。怀信侘傺，忽乎吾将行兮。

君子道消，小人道长，国祚将倾，时过中矣。此所以怀忠信者被窜，而吾不能已于远迁，而国事日非也。

涉江　涉江自汉北而迁于湘沅，绝大江而南也。此述被迁在道之事。山川幽峭，滩碛险远，触目兴怀。首言己志行之贞洁，谋国之远大，而不

见知；次引义命以自安；而终之以君之不明，奸邪误国。此虽欲强自宽抑而有所不能，所怨者非一己之困穷也。

哀郢

皇天之不纯命兮，何百姓之震愆？民离散而相失兮，方仲春而东迁。

纯，常也。言天命之无常，不佑楚也。震，动而不宁也。愆，失其生理也。东迁，顷襄畏秦，弃故都而迁于陈。百姓或迁或否，兄弟昏姻，离散相失。仲春，纪时，且言方东作时。旧说谓东迁为原迁逐者，谬。原迁沅湘，乃西迁，何云东迁？且原以秋冬迫逐南行，《涉江》明言之，非仲春。

去故乡而就远兮，遵江夏以流亡。出国门而轸怀兮，甲之朝吾以行。

写出无知得意之状

发郢都而去闾兮，荒忽其焉极？楫齐扬以容与兮，哀见君而不再得。

一本"荒忽"，上有"怊"字

旧郢一曰丹阳，今枝江也。楚自熊通迁于江陵，亦谓之郢。至是东迁，泛江而下，径江夏、陵阳，由江入淮，以达于陈。江夏者，江汉合流也。汉水方夏，水涨于石首，东溢，合于江，故汉有夏名。其经流至汉阳乃与江合，而汉口亦名夏口。则汉谓之夏，相沿久矣。流亡者，迫于强邻，弃其故都，倾国而行，如逋逃然。甲之朝，启行之日。极，至也，言何所底止也。楫齐扬者，君臣民庶万艇皆发也。民不能尽迁，其留于郢者，永与楚王诀别，不得再见。一时宗庙人民瓦解之哀，于斯极矣。

望长楸而太息兮，涕淫淫其若霰。过夏首而西浮兮，顾龙门而不见。心婵媛而伤怀兮，眇不知其所蹠。顺风波以从流兮，焉洋洋而为客。凌阳侯之氾滥兮，忽翱翔之焉薄？心绝结而不解兮，思蹇产而不释。

楸，梓也；长楸，长林也。夏首，夏口。西浮，西望汉水浮天际也。龙门，郢城东门。蹠，所往也。洋洋，去而不返。阳侯，波神，谓波也。薄，与泊通。绝，系也。蹇产，诘屈也。此上言在途飘泊，追思故都者之情。

将运舟而下浮兮，上洞庭而下江。去终古之所居兮，今逍遥而来东。羌灵魂之欲归兮，何须臾而忘反。背夏浦而西思兮，哀故都之日远。

上则有洞庭，下则有江，滔滔东逝，去而不返也。终古，自先王以来也。逍遥，无知自得之貌。灵魂，犹言梦魂。归故都。夏浦，汉渚也。此上皆追忆郢都之辞。

登大坟以远望兮，聊以舒吾忧心。哀州土之平乐兮，悲江介之遗风。当陵阳之焉至兮，淼南渡之焉如？曾不知夏之为丘兮，孰两东门之可芜？

坟，堤岸也。登者，泊舟而登也。自江汉而下，岸平土沃，可以怡情，而云哀者，所谓信美非吾土也。江介，夹江南北也。遗风，吴之故俗，与楚殊者。陵阳，今宣城。南渡，舟东南行也。焉如，不知所栖泊也。国既东迁，江汉之间人民失次，旧时井疆夷为丘墟，故都城阙草莱荒芜，则州土平乐，又何足以舒忧乎？此叙始至下江而不安之情。

心不怡之长久兮，忧与愁其相接。惟郢路之辽远兮，江与夏之不可涉。忽若不信兮，至今九年而不复。

忧者，忧所迁之不宁；愁者，愁故都之不复。当始迁时，且谓秦难稍平，仍复归郢。至此作赋之时，九年不复，终不可复矣。赋作于九年之后，则前云仲春、甲之朝者，皆追忆始迁而言之。

惨郁郁而不通兮，蹇侘傺而含戚。外承欢之汋约兮，谌荏弱而难持。

承欢，上下相承以相娱也。汋，与绰同；汋约，纵敛自如貌。谌，信然也。前皆叙迁者之情，此以下原自道其忧国忧谗之意。顷襄迁原于江南，其迁都于陈，原不与同迁。寻绎此篇前后之旨，盖原虽不用，然犹可与闻国政。东迁之役，原所不欲。谗人必以沮国大计为原罪而谮之，故重见窜逐。其伤心悲叹者，于此为切。而深憾昏主佞臣，安于新邑，嬉游自得，曾不知国之弱丧不可复持，则虽放逐，忧难自已也。

忠湛湛而愿进兮，妒被离而鄣之。尧舜之抗行兮，瞭杳杳而薄天。众谗人之嫉妒兮，被以不慈之伪名。憎愠愉之修美兮，好夫人之慷慨。众踥蹀而日进兮，美超远而逾迈。

湛，徒感切；湛湛，厚貌。被，音披；被离，侈张貌。瞭，明也。杳杳，高远也。薄天，言德之高峻极于天也。谗人毁正，尧舜传贤，且可被以不慈之名，况其他乎？憎、好，君憎之好之也。愠愉，诚积而不能言也。夫，音扶；夫人，犹言此人，指谗己者。慷慨，巧言无忌也。踥蹀，相踵而进。超越，疏远也。此申上郁郁含戚之意。

乱曰：曼余目以流观兮，冀壹反之何时？鸟飞反故乡兮，狐死必首丘。

曼，延也。壹，决也，决计反都于郢也。乡，与向通。首，音狩。人情怀其故土国君，效死而勿去，此己所湛湛愿进之忠也。

信非吾罪而放逐兮，何日夜而忘之！

虽谏而见放，然愿君西归之心，不能旦夕忘也。

哀郢 哀故都之弃捐，宗社之丘墟，人民之离散，顷襄之不能效死以拒秦，而亡可待也。原之被谗，盖以不欲迁都，而见憎益甚。然且不自哀，而为楚之社稷人民哀。怨悱而不伤，忠臣之极致也。曰"东迁"，曰"楫齐扬"，曰"下浮"，曰"来东"，曰"江介"，曰"陵阳"，曰"夏为丘"，曰"两东门可芜"，曰"九年不复"，其非迁原于沅溆，而为楚之迁陈也明甚。王逸不恤纪事之实，谓迁为原之被放，于《哀郢》之义奚取焉！逸注之错杂鲁莽，大率如此。

抽思

心郁郁之忧思兮，独永叹乎增伤。思蹇产之不释兮，曼遭夜之方长。

怀忧不释，长夜追思，忆往昔纳忠见逐之情，如下文所云，所谓抽绎旧事而思也。

悲秋风之动容兮，何回极之浮浮？数惟荪之多怒兮，伤余心之忧忧。愿摇起而横奔兮，览民尤以自镇。结微情以陈词兮，矫以遗夫美人。

动容，秋风惨烈，变卉木之容也。回极，风之往来，回旋而至也。浮浮，不定也。数，所角反。荪之多怒，谓怀王轻于喜怒，无定情以谋国。摇起横奔，任情离合，贪忮而妄行也。民尤，通国皆知其过也。因秋风之回旋无定，兴怀王之轻喜易怒，摇惑人言，横奔失路，如听张仪而骂齐，割地献秦，请囚张仪之类，人皆知其为过。己愿王察众论以慎于举动，故不容已于正谏。

昔君与我成言兮，曰黄昏以为期。羌中道而回畔兮，反既有此他志。憍吾以其美好兮，览余以其修姱。与余言而不信兮，盖为余而造怒。

回畔，反背也。憍，与骄同。造，在到反，作也。怀王初与己同心谋国，既为奸佞所惑，背己而从异说，反自谓得策，而骄我之不如。余虽与言而不信，顾且怒我之不顺从。此述始谏怀王而不听之情事。

愿承间而自察兮，心震悼而不敢。悲夷犹而冀进兮，心怛伤之憺憺。兹历情以陈辞兮，荪详聋而不闻。固切人之不媚兮，众果以我为患。

自察，自表著也。震悼，君方怒己，惧益见疏也。憺憺，犹言荡荡，动而不宁貌。详，与佯同。切人，切直之言不利于小人也。此述初谏不听，从容再谏，君既不听，因触怒，而谗言所自兴也。

初吾所陈之耿著兮，岂至今其庸亡？何毒药之謇謇兮？愿荪美之可完。 "何毒药"，一本作"何独药斯"。

毒药，攻毒之药，喻直谏也。言己所陈之利害著明，事后验之，一皆合符，岂非扶危定倾有用之言乎？言虽苦口，亦愿君之祈天永命，保完社稷而已。

望三五以为像兮，指彭咸以为仪。夫何极而不至兮，故远闻而难亏。善不由外来兮，名不可以虚作。孰无施而有报兮，孰不实而有获？

三五，旧说以为三王五伯。仪，法也。言己所陈者，稽王伯之成轨，尽彭咸之忠节。使其得用，则何所极而不至？声闻达于四邻，国家保其巩固，皆如施之必报，实之可获，耿然昭著而不诬。而君所饹我以美好者，皆希非望之福，袭无实之名，无利而徒害。余言虽毒，抑岂过哉！

少歌曰：与美人抽怨兮，并日夜而无正。

少歌、倡，皆楚人歌曲之节。追思君与我致怨之故，日夜以思之而不得其理。

饹吾以其美好兮，敖朕辞而不听。

敖，与傲通。己之所言，皆由中出，实而可获者。顾以邪佞之言为美好相骄傲，此所以思之而不得其故也。

倡曰：有鸟自南兮，来集汉北。

此追述怀王不用时事。时楚尚都郢，在汉南。原不用而去国，退居汉北。

好婷佳丽兮，牉独处此异域。既茕独而不群兮，又无良媒在其侧。道逴远而日忘兮，愿自申而不得。望北山而流涕兮，临流水而太息。 "逴"，一作"卓"。

牉，别也。异域，言不在国中。逴，亦远也。日忘，言君不复念己也。北山，襄、邓西北楚塞之山。

望孟夏之短夜兮，何晦明之若岁？惟郢路之辽远兮？魂一夕而九逝。曾不知路之曲直兮，南指月与列星。愿径逝而未得兮，魂识路之营营。

心神惝惚，依于宗国，其情景有如此者。

何灵魂之信直兮，人之心不与吾心同。理弱而媒不通兮，尚不知余之从容。

从容，委曲相就也。己身在外，而心飞鹜于君侧；小人日在左右而情不相系。忠佞之不同若此。乃心离者貌合，心依者身违。君且昵彼而疏我，亦无如之何也。

乱曰：长濑湍流，溯江潭兮。

此作赋时事，其迁窜江南所历之境也。潭水出辰州，入沅。

狂顾南行，聊以娱心兮。轸石崴嵬，蹇吾愿兮。

轸，视也。蹇，语助辞。临流眄石，佯狂四顾以自娱。欲以忘忧，而忧固有不能忘者，如下文所云。

超回志度，行隐进兮。

超，远也。回，回思也。隐，伤也。远忆昔日所秉之志度，欲行而伤于进。是以心终不可得而娱也。

低徊夷犹，宿北姑兮。烦冤瞀容，实沛徂兮。

北姑，地名，未详其处。烦冤，心郁而躁也。追思前事，故迟回旅宿，心烦容瞀。念今此所行，颠沛无聊也。

愁叹苦神，灵遥思兮。

灵，魂也。即上"一夕九逝"之意。

路远处幽，又无行媒兮。

虽神驰君侧，终无能自达。

道思作颂，聊以自救兮。忧心不遂，斯言谁告兮。

道，言也。救，申理也。无能达情志于君，聊自表白始志，及两代见摈、愠于群小之情，以申理烦冤。乃忧国之心不得遂，亦谁能知我而为可告者乎？

抽思 抽，绎也。思情也，原于顷襄之世，迁于江南，道路忧悲，不能自释，追思不得于君、见妒于谗之始，自怀王背己而从邪佞。乃自退居汉北以来，虽遭恶怒，未尝一日忘君。而谗忌益张，嗣君益惑。至于见迁南行，反己无疚，而世无可语，故作此篇以自述其情，冀以抒其愤懑焉。曰"汉北"，曰"南行"，殊时殊地，旧注都所未通，读者当分别观之。

怀沙

滔滔孟夏兮，草木莽莽。伤怀永哀兮，汩徂南土。眴兮杳杳，孔静幽默。郁结纡轸兮，离愍而长鞠。"愍"，一作"慜"。

滔滔，犹言悠悠。孟夏，日长也。莽莽，丛生貌。眴，与瞬同。杳静、幽默，结愁于心，神志衰沮也。舒轸，愁之长也。鞠，穷也。目不欲视，口不欲言，有死之心，无生之气，自沉之志，于斯决矣。

抚情效志兮，冤屈而自抑。刓方以为圆兮，常度未替。易初本迪兮，君子所鄙。章画志墨兮，前图未改。

易，变也。初本迪者，始所立志，本所率由也。画者，匠者墨所画也。志，记也。所画之墨，守之以为直，章明易见，记之以无失尺度也。言欲屈抑徇物，毁方为圆，变易初志，而抚念情志，若改易绳墨，则为君子所鄙，心不能安也。

内厚质正兮，大人所盛。巧倕不斫兮，孰察其揆正？玄文处幽兮，矇瞍谓之不章。离娄微睇兮，瞽以为无明。变白以为黑兮，倒上以为下。凤皇在笯兮，鸡鹜翔舞。同糅玉石兮，一概而相量。夫惟党人之鄙妒兮，羌不知余之所臧。

忠以厚君，直以正事，无巧言之慷慨，孰诚朴之昭质，唯大人为能显其功，犹倕必试之以斫而后知其巧。今党人识既鄙固，又怀嫉忌，国事不审，安危不察，既莫我用，反诬我以所谋不臧而屈抑之。忠直之不达。固已。

任重载盛兮，陷滞而不济。怀瑾握瑜兮，穷不知所示。邑犬之群吠兮，吠所怪也。非俊疑杰兮，固庸态也。"犬之"，一本无"之"字。

党人以匪材而居大任。以致陷覆，然且愎谏自用，使有嘉谋嘉猷者无可告语而反遭疑谤，固庸人之恒态，不足深怪。所恃者，明主能察之而已。

文质疏内兮，众不知余之异采。材朴委积兮，莫知余之所有。重仁袭

义兮，谨厚以为丰。重华不可遻兮，孰知余之从容？

疏内，内通而外不炫也。朴，木质也。委积，所藏者厚也。袭，亦重也。谨，慎于事也。厚，深于谋也。丰，大功所自立也。遻，与晤同，遇也。党人之谋国，忽而狂怒，忽而畏惧。秉仁义而虑深远者，从容自定，贤不肖之辨亦易别矣。乃君非大舜，安从辨之？则群吠之犬，唯所噬害矣。

古固有不并兮，岂知其何故也？汤禹久远兮，邈而不可慕也。惩连改忿兮，抑心而自强。离慜而不迁兮，愿志之有像。一本无二"也"字。

君昏臣妒，自不可与古人并美。而云不知其故者，望之之切而归咎无从也。连，连衡事秦，张仪之邪说也。忿，若怀王骂齐而绝之，割地献秦，求杀张仪，皆一朝之忿，不思而遑。若能抑其小忿，自强以不屈于秦，则何汤禹之不可学乎？怀王不听己言，地割身囚，覆败已有成像。使顷襄能以为鉴，遭悯而思迁，则事犹可为，乃已所深愿而冀其然者。今顾不然，其亡可立而待矣。

进路北次兮，日昧昧其将暮。舒忧娱哀兮，限之以大故。

北，背也，次，所止宿也。大故，死亡也。日既夕矣，犹舍其次舍，冥行不止。国有大忧，舒缓而不恤，先君之哀，娱乐而不愤，死亡之不可逃，天限之矣。原所以不忍见而愿沉湘也。

乱曰：浩浩沅湘，分流汩兮。修路幽蔽，道远忽兮。

汩，音鹬，波流貌。忽，荒忽，不能达也。窜于沅湘，去君日远，谗间蔽之，欲自白而无从。

怀质抱情，独无匹兮。伯乐既没，骥焉程兮？

匹，合也。程，衡量也。抱忠诚以孤立于党人之世，君又无特达之知，终不可以有为而救时艰矣。

万民之生，各有所错兮。安心广志，余何畏惧兮？曾伤爰哀，永叹喟兮。世溷浊莫吾知，人心不可谓兮。

错，仓故切，置也。生死唯天所置，则死不足惧。而伤怀哀叹，不容已者，举国安危乐亡，不可与言也。

知死不可让，愿勿爱兮。明告君子，吾将以为类兮。

安心不惧，归于一死。而犹明告君子，表著己志者，盖欲使有心者超然于祸福之外，抗忠直以匡危乱，勿惩己之放逐，而欲勿与为类也。

怀沙 《怀沙》者，自述其沉湘而陈尸于沙碛之怀，所谓不畏死而勿让也。原不忍与世同污而立视宗国之亡，决意于死，故明其志以告君子。司马迁云："乃作《怀沙》之赋，遂自投汨罗。"盖绝命永诀之言也。故其词迫而不舒，其思幽而不著，繁音促节，特异于他篇云。

思美人

思美人兮，揽涕而伫眙。媒绝路阻兮，言不可结而诒。蹇蹇之烦冤兮，陷滞而不发。申旦以舒中情兮，志沉菀而莫达。

揽涕，挥涕也。结，聚也，聚所欲言而陈之也。发，亦达也。申旦，重复而明也。此总叙其怀忠而不得达之情。

愿寄言于浮云兮，遇丰隆而不将。因归鸟而致辞兮，羌宿高而难当。高辛之灵盛兮，遭玄鸟而致诒。欲变节以从容兮，愧易初而屈志。独历年而离愍兮，羌冯心犹未化。宁隐闵而寿考兮，何变易之可为？ "宿"，一作"迅"。

将，致也。宿高，鸟宿高枝。难当，不相就也。人无可托，欲因飞云归鸟以寄思君之衷而不可得，甚言其穷也。玄鸟诒高辛以传帝命，神者通之。而当今之人曾莫能感，媒绝路阻，终不能达矣。将欲介绍小人，冀致于君，而贞邪异致，道不可屈。故自怀迄襄，历年遭愍，而此心冯依正直，虽有委曲全生之道，非所忍为也。

知前辙之不遂兮，未改此度。车既覆而马颠兮，蹇独怀此异路。

前辙，谓怀王听谗佞而国破身死于秦也。车覆马颠，所行不遂亦明矣。改辙异路，人不知悔，己所不昧也。

忽转以意相承

勒骐骥而更驾兮，造父为我操之。迁逡次而勿驱兮，聊假日以须时。指嶓冢之西隈兮，与纁黄以为期。

操，持辔也。迁，改也。逡次，逡巡，顺路而缓行也。嶓冢，在秦西，秦始封之地。纁黄，日斜色赤黄。时怀王听张仪之邪说，为秦所诱执，如纵辔驰驱，以致倾覆。原愿顷襄惩前败而改辙，己将授以固本保邦、待时而动之策。如操辔徐行，审端正术，则可以自强而待强秦之敝。

秦者，楚不共戴天之仇而不两立之国也。深谋定虑，以西捣其穴，至于嶓
冢，虽未可卒图，而黄昏不为迟暮。此与岳鹏举痛饮黄龙之志同。而君懦
臣奸，忠臣被祸，其不能雪耻以图存一也。

开春发岁兮，白日出之悠悠。吾将荡志而愉乐兮，遵江夏以娱忧。揽

<small>挽回轻安，有力故轻，轻故安。</small>

大薄之芳茝兮，搴长洲之宿莽。惜吾不及古人兮，吾谁与玩此芳草？

初春韶日，喻顷襄初立，且有更新之望。原虽不见任，而犹未罹重
谴，故将集思广谋，揽芳搴美，以有为于国。乃顷襄不可与言，无夏少
康、燕昭王之志。则怀芳自玩，谁与听之？

解萹薄与杂菜兮，备以为交佩。佩缤纷以缭转兮，遂萎绝而离异。

萹，音编，蓄也。杂菜，葽菲之类，恶菜也。缤纷，杂而盛也。缭
转，萦回于左右也。恶草充佩，则芳草萎而不用；众佞盈廷，则哲人怀芳
不试，而与上离。此所以不及古人而无与玩芳也。

吾且僵佪以娱忧兮，观南人之变态。窃快在中心兮，扬厥凭而不竢。
芳与泽其杂糅兮，羌芳华自中出。纷郁郁其远承兮，满内而外扬。情与质
信可保兮，羌居蔽而闻章。"承，"一作"烝"。

泽，污也。身既见逐，处于事外，观党人之所为，见其幸君子去国，
快遂其欲，凭怒曒发，若将不及。唯然，而善恶炳著，公论不泯，贞邪相
形，己之忠贞内满、讦谟外扬者，四邻闻之，万民传之，固不可掩也。

令薜荔以为理兮，惮举趾而缘木。因芙蓉以为媒兮，惮褰裳而濡足。
登高吾不说兮，入下吾不能。固朕形之不服兮，然容与而狐疑。

褰，当作褰。说，与悦同。君不我知，臣不我容，志虽白于天下，而
知我者木杪之薜荔，水际之芙蓉尔，俱不可因之以自白。假四邻之称说，
则疑于外比；听国人之显理，则嫌于沽誉。固我之形势所不可为，且益以
增暗君之疑而只辱矣。

百 转 千 回　　顺 带 出 一 意

广遂前画兮，未改此度也。命则处幽，吾将罢兮，愿及白日之未暮
也。独茕茕而南行兮，思彭咸之故也。

前画，谓当怀王时，所以谋国者。广遂，谓于顷襄时仍用前谋，而更
因变以尽所谋也。罢，止也。白日未暮，国尚未亡也。故，故迹也；谓愤

楚辞通释　65

世沉江，彭咸之故事。己忠不白，国事益非，命己处于幽暗莫伸，则唯及败亡未至之日，一死而已。所以茕茕南行，将沉于湘也。

思美人　此以篇首之语名篇，而述其所为国谋之深远，前后一志，要以固本自强，报秦仇而免于败亡。忠谋章著，而顷襄不察。誓以必死，非婷婷抱愤，乃以己之用舍系国之存亡，不忍见宗邦之沦没，故必死而无疑焉。其曰指嶓冢之西隈，微词也，抑要言也。刘向、王逸之流，惟不知此，故但以不用见逐为怨。使其然，则原亦患失之小丈夫而已，恶足与日月争光哉？

惜往日

惜往日之曾信兮，受命诏以昭诗。奉先功以照下兮，明法度之嫌疑。国富强而法立兮，属贞臣而日娭。秘密事之载心兮，虽过失犹弗治。心纯厖而不泄兮，遭谗人而嫉之。

惜，忆也。曾信，尝为君所信也。昭诗，一作昭时，旧说谓教王以诗，以耀明其志；按原未尝为王傅，自当作“时”。时，是也，即下所云明法度也。先功，先王之功令也。娭，乐也。过失弗治，王许以虽有过失不责治之。厖，厚也。泄，与洩同。《史记》称怀王甚任屈原，使造为宪令，属草稿未定，上官大夫见而欲夺之，原不与，因谗之曰：“原为令，众莫不知。一令出，自伐其功，曰非我莫能为。”此盖追赋其事。

君含怒而待臣兮，不清澄其然否。蔽晦君之聪明兮，虚惑误又以欺。弗参验以考实兮，远迁臣而弗思。信谗谀之溷浊兮，晠气志而过之。何贞臣之无罪兮，被离谤以见尤。惭光景之诚信兮，身幽隐而备之。 “晠”，古“盛”字。“景”，古“影”字。

盛气志，怒也。过，谪也。离谤，谤以离其上下之交也。光景，光辉影迹之外著者也。古之人诚信所孚，光辉外著，上必见信于君，下非小人之所能蔽。今备诚信于幽隐，而光影不昭，俯自悼念，惭回天转日之无功。君子自尽之极致也。

临沅湘之玄渊兮，遂自忍而沉流。卒没身而绝名兮，惜壅君之不昭。君无度而弗察兮，使芳草为薮幽。焉舒情而抽信兮，恬死亡而不聊。独鄣

壅而蔽隐兮，使贞臣为无由。"为无由"，"为"，一作"而"。

焉者，无所望之辞。恬，安也。不聊，心无可慰也。无可奈何，决于一死，死而君可以悟，死可恬也。然而心终莫能自慰者，忠贞不见谅，君终于暗，国终于危，身没而名绝也。

闻百里之为虏兮，伊尹烹于庖厨。吕望屠于朝歌兮，宁戚歌而饭牛。不逢汤武与桓缪兮，世孰云而知之？吴信谗而弗味兮，子胥死而后忧。介子忠而立枯兮，文君寤而追求。封介山为之禁兮，报大德之优游。思久故

点染生色得不滞

之亲身兮，因缟素而哭之。

弗味，不玩味子胥之忠谏也。文君，晋文公。枯，焚死也。寤，觉也。禁，禁火。优游，有余也。久故，谓从亡出外之旧故。亲身，爱己也。言追悔痛哭，知其爱己之德有余，亦无补也。太公、伊尹、宁戚、百里奚虽疏贱，而大功立，则诚信积中，而光景外著矣。若子胥、介子，身死而夫差、晋文始悔，亦奚益乎？此幽隐绝名，虽身死而固无聊者也。

或忠信而死节兮，或訑谩而不疑。弗省察而按实兮，听谗人之虚辞。芳与泽其杂糅兮，孰申旦而别之？何芳草之早夭兮，微霜降而下戒。谅聪不明而蔽壅兮，使谗谀而日得。自前世之嫉贤兮，谓蕙若其不可佩。妒佳冶之芬芳兮，嫫母姣而自好。虽有西施之美容兮，谗妒入以自代。愿陈情以白行兮，得罪过之不意。情冤见之日明兮，如列宿之错置。

訑谩，强不知以为知而欺人也。申旦，重察也。戒，棘也。微霜降，芳草夭，喻己方有为而遽摧折也。前世，谓怀王之世。谗人盘踞，炫嫫母之姣好，虽先王客死，国事日非，而相踵代兴，如近世所谓传衣钵者，坚护门户，终不使贞臣复进，是以顷襄之世，更被谴窜。小人之情，贞人之冤，追惟今昔，皎然易见矣。

乘骐骥而驰骋兮，无辔衔而自载。乘氾泭以下流兮，无舟楫而自备。背法度而心治兮，辟与此其无异。宁溘死而流亡兮，恐祸殃之有再。不毕辞而赴渊兮，惜壅君之不识。

氾，浮也。泭，与桴同，栰也。心治，思治也。辟，与譬同。马逸桴浮，国势危而妄作也。再者，怀王辱死于秦，顷襄将为之继也。小人之情，君子之冤，明白易见，不能觉察。背安全之法度，乃欲希觊功名，此

怀王已覆之舟车，祸将再发。己不忍见，故决意沉湘。然追念受知怀王见任之始，中被谗谤，至于今日，非国之不可为，君之不可痼，而群奸壅闭，以至于斯，则虽死而有余惜。贞臣一以君国为心，所云伊、吕、戚、奚者，惜君之不王不伯，岂以身之不遇为愤怒，如刘向诸人之所叹哉？

惜往日　亦以篇首语名篇。追述初终，感怀王始之信任，而惜功之不遂。谗人张于两世，国势将倾，故决意沉渊，而余怨不已，诚忠臣之极致也。

橘颂

后皇嘉树，橘徕服兮。

徕，与来通。服，谓此南服也。天地所生珍木不偶，喻贤者内美性成，为天所授。

受命不迁，生南国兮。深固难徙，更壹志兮。

更，平声，连"徙"为义，从"徙"字断句，而有余义，下句足之。古人文字多有然者，唐宋人不知耳。难于徙而更易之，其志壹矣。橘不逾淮，喻忠臣生死依于宗国。

绿叶素荣，纷其可喜兮。曾枝剡棘，圜果抟兮。青黄杂糅，文章烂兮。 "圜"，一作"圆"。

素荣，白华也，喻士志行修洁。曾，与层通，枝重叠也。剡，锐也。枝上有棘，与枣棘类，喻贞介与俗相拒。抟，若抟合而成，喻德之纯全。青黄杂糅者，当橘熟时，或青或黄，相杂陆离，喻德之有实，备诸众美。烂，文盛貌。

精色内白，类可任兮。 "可任"，一作"任道"。

内，瓤也。内含精液而清白，类人有精白之心，可托以大任。

纷缊宜修，姱而不丑兮。

纷缊，剖之而香雾霏微也。类人之修能合宜，芳美发见而无恶。

嗟尔幼志，有以异兮。

木之美恶，各从其种。当初生而已为嘉树，喻贞邪各从性生。

独立不迁，岂不可喜兮。深固难徙，廓其无求兮。

橘既长成实，迁之则不实。岂不可喜者，言迁之肥壤，岂不可荣？而植根必固，徙之则瘁。喻君子必不徇俗而同污。廓者，自信已贞，廓然无所回惑也。

苏世独立，横而不流兮。

苏，草也，言生于茝草之中，而贞干独立，不随草靡。喻君子杂处于浊世，而不随横逆以俱流。

闭心自慎，终不过失兮。

皮瓤相裹，周固自护，喻己含忠内韫，不敢轻泄，如上官大夫所潜者。

秉德无私，参天地兮。

内瓤分瓣，均平得理，如君子之德，可以参天地而无私。

愿岁并谢，与长友兮。

橘树冬荣，霜雪不凋，志愿坚贞，与岁相为代谢，友四时而无渝。喻己忠贞不改其操。

淑离不淫，梗其有理兮。

淑，美也。离，丽也。枝叶茂盛，华香果美，而其为木也，坚挺独立，无繁艳婀娜之态。盖梗介自理，志士仁人之节也。

年岁虽少，可师长兮。行比伯夷，置以为像兮。

木之寿者，或数百年。橘非古木，故曰年少。而坚芳有实，可为乔木之师。喻己虽生乎百世之下，然可仰质古人，风示来者。置，植也。以上诸美，坚贞芳洁，可比德于伯夷。故植之园圃，以砺己志，因而颂之。

橘颂 橘者，南方之嘉木也。古产于楚、湘，今盛于闽、粤。按李衡言："江陵有千头木奴。"则楚之宜橘，旧矣。原偶植之，因比物类志，为之颂以自旌焉。

悲回风

悲回风之摇蕙兮，心冤结而内伤。物有微而陨性兮，声有隐而先倡。

回风，大风旋折，所谓焚轮之风也。性，生也。风之初起，生于蘋末，已而狂飙震荡，芳草为之摧折。谗人之在君侧，一倡百和，交荡君心，则国是颠倒，诛逐无忌，贞笃之士，更无可自全之理。故追原祸始，而知己之不可复生也。

夫何彭咸之造忠兮，暨志介而不忘。

暨，与也。己与彭咸同其志介，誓死而必无生之想者何也？下文极言其故。

万变其情岂可盖兮，孰虚伪之可长？

原虽放逐，而群小犹或为羁縻之言。楚已滨危，而目前且未有倾覆之祸，然情形已不可掩，则国之必亡，己之终不容于世亦明矣。

鸟兽鸣以号群兮，草苴比而不芳。鱼葺鳞以自别兮，蛟龙隐其文章。故荼荠不同亩兮，兰茝幽而独芳。

苴，败草。比，聚也。葺，亦比也。荼，苦蓼。荠，甘菜。独芳，人莫知也。鸟兽号群，翕讹相聚也；草苴相比，众恶相长也；葺鳞自别，必与君子异道也；此情变之不可盖者。已明见于人情国势，兰茝必不能登其芳香矣，此万变之情不可隐者。欲不誓死，亦奚待哉？

惟佳人之永都兮，更统世以自贶。眇远志之所及兮，怜浮云之相羊。介眇志之所惑兮，窃赋诗之所明。

佳人，犹言君子。都，美也。统世，周览群情，知其变也。自贶，折中物变，择洁身之道以自予也。君子不与众同污。天下之情伪，汇观而择善以自处，乃己所欲效法也。远志，远大之志，昔所谏君而欲大有为者也。相羊，与倘佯同，萧散不能聚也。介，独也。惑，疑也。眇志，孤志也。己所自贶者，远大之志。君既不用，如浮云之散灭，则孤眇之心，疑祸乱之必再者，唯赋诗见志而已，不能喻诸人也。

惟佳人之独怀兮，折若椒以自处。曾歔欷之嗟嗟兮，独隐伏而思虑。涕泣交而凄凄兮，思不眠以至曙。终长夜之曼曼兮，掩此哀而不去。寤从容以周流兮，聊逍遥以自恃。伤太息之愍怜兮，气于邑而不可止。纠思心以为纕兮，编愁苦以为膺。

若，杜若。椒，申椒。周流，游行也。纕，佩带。膺，胸也。君子独怀芳而不采，宵而不安于寝，旦而不怡于游，终不释于怀抱。原至此不复名言其所愁者何事，而但自道其哽塞迷闷之如此。近死之哀鸣，与他篇抑别矣。

折若木以蔽光兮，随飘风之所仍。存仿佛而不见兮，心踊跃其若汤。

抚佩衽以案志兮，超惘惘而遂行。

仍，风声相袭也。案，抑也。蔽日之光，蔽目不欲视也；任风之发，塞耳不忍听也。目不欲视，耳不忍听，置斯世于若存若亡之表，而忧从中来，倏然而兴，荡魂震魄，不可忍戢。俯仰无聊，惟整衣倘恍，抑志而赴江南。盖虽未赴湘流，而生趣已尽，有若此者。

岁曶曶其若颓兮，时亦冉冉而将至。蘋蘅槁而节离兮，芳以歇而不比。怜思心之不可惩兮，证此言之不可聊。宁逝死而流亡兮，不忍为此常愁。 "不忍为此"，一作"不忍此心之"。

曶，与忽同。颓，坠也。节离，叶离枝也。比，合也；不比，叶落香散也。此言，所言也。聊，赖也。生趣尽，死志决，则形虽存而神已去之，平日志愿，皆为菱歇。愁无可改，言穷而意乱，虽欲弗死，不能忍矣。

忽掉开

孤子吟而抆泪兮，放子出而不还。孰能思而不隐兮，昭彭咸之所闻。 "昭"，一作"照"。

吟，渠饮反，口急不能言也。抆，拭也。隐，痛也。昭彭咸之所闻，见所传闻于彭咸者，正与己类也。臣之于君，犹子之于父母。孤子悲哽，放子长离，彭咸之隐痛，其情亦然，以我例之，正与同也。

登石峦以远望兮，路眇眇之默默。入景响之无应兮，闻省想而不可得。

此以下述被迁以后，不可忍而誓死之情。眇眇，无形。默默，无声。景，古影字。闻，去声，声也。登高山而回瞻故国，省想其声容，不可得而见闻。君臣之恩已绝，宗国之安危不可知，是以郁戚愈不能堪，如下文所云。

空宵之中写此一段实语。非冥心内炯者，其孰能之？

愁郁郁之无快兮，居戚戚而不解。心鞿羁而不形兮，气缭转而自缔。穆眇眇之无垠兮，莽芒芒之无仪。声有隐而相感兮，物有纯而不可为。藐蔓蔓之不可量兮，缥绵绵之不可纡。愁悄悄之常悲兮，翩冥冥之不可娱。凌大波而流风兮，托彭咸之所居。 "形"，一作"开"。

鞿羁不形，困心不释，神结于中而不能泄也。缭转自缔，气随心困，欲舒而若束之也。穆，幽远也。无垠，魂四荡而无所依也。芒芒，无所知貌。无仪，昏瞀不复自持也。声隐相感，不必有声，而若或惕之也。物，事也。纯而不可为，若欲专有所为，而竦然起，己乃知其不可为也。蔓蔓，思绪相引，无事而思，不知首尾也。缥，轻微之色。心神恍惚，若在若无，揽之无端也。翩冥冥者，神已去形。不可娱者，形虽留而不恋也。以上迫写幽忧不可解之情，尽古今思士愁人之自言，无有曲写如此者。情中之景，刻画幽微，如此常愁，其可忍乎？所以凌波随风，决于自沉也。

上高岩之峭岸兮，处雌蜺之标颠。

此下言沉湘以后，精神不泯，游翱天宇之内，脱浊世之汗卑，释离愁之菀结，以一死自靖于先君，逌然自得也。雌蜺，虹外晕也。标，杪也。颠，高顶也。

据青冥而攄虹兮，遂倏忽而扪天。吸湛露之浮源兮，漱凝霜之氛氲。依风穴以自息兮，忽倾寤以婵媛。

青冥，空宇也。攄虹，发气成虹也。风穴，风所自出也。倾寤，敧眠而寤也。婵媛，空游自得也。此想像魂游空际，与霜露风虹相为往来之貌。

冯昆仑以瞰雾兮，隐岷山以清江。惮涌湍之礚礚兮，听波声之汹汹。纷容容之无经兮，罔芒芒之无纪。轧洋洋之无从兮，驰委移之焉止？

瞰，俯视也。隐，读如隐几之隐，亦冯也。岷，与岷同，音民。清江，澄江水使清也。惮，惊也。礚礚，波声。容容，不一容也。芒芒，无定则也；谓翱翔于高山大川，无定往也。轧，凌轹也；言凌轧元气，洋洋八极之内，不由津径。委移，与逶迤同，曲折自如也。此想像魂游四方，俯瞰江山之貌。

漂翻翻其上下兮，翼遥遥其左右。氾潏潏其前后兮，伴张弛之信期。

漂，流动也。翼，飞骛也。氾，与泛通。潏，音决；潏潏，流转貌。上下，天地之间。左右，前后四方也。此总言上文登青冥、历江山之远速。张弛，屈伸也。游魂舒卷，信心而无定期。伴，与泮同，回散而无常之意。

观炎气之相仍兮，窥烟液之所积。悲霜雪之俱下兮，听潮水之相击。借光景以往来兮，施黄棘之枉策。

烟，云也。液，雨也。积者，云屯而雨沛也。此春夏之气也。悲，感也。潮水相击，雪霰杂迟之声，此秋冬之气也。言魂亘寒署、历四时，游于太虚之中，乘气往来，光景不息也。黄棘，未详。枉策，谓策马以回旋也。此上皆言沉湘既死之后，魂爽不昧，煮蒿缊缊于天地之间，驰荡自如，离污浊而释不解之忧。故不忍常愁，而决于一死，乃豫想其浩然之气，不随生死为聚散，而蝹蛇旁薄于两间者如此。盖忠贞纯一之志气，与天地合德，鬼神效灵者，可以自信。屈子之贞魂，至今为烈，岂虚也哉！

求介子之所存兮，见伯夷之故迹。心调度而弗去兮，刻著志之所适。

度，徒雒切。调度，审处也。既已豫念死后之情景，因决自沉之计。调度已审，刻志著意，从子推、伯夷之所适，弗能去此而别有自靖之道也。

日：吾怨往昔之所冀兮，悼来者之愁愁。浮江淮而入海兮，从子胥而

又生一意收

自适。望大河之洲渚兮，悲申徒之抗迹。骤谏君而不听兮，重任石之何益？心纠结而不解兮，思蹇产而不释。

愁愁，贪昧也。大河，黄河。申徒狄谏纣不听，负石自沉于河。任，负也。上既言生不堪愁，庶几一死以神游六合，散其菀滞。此复言子胥死而吴亡，申徒沉而殷灭。屡谏于君者，既不得用，身死之后，盈廷贪昧以趋于危。君不悯己之死而生悔悟，则虽死无益，心终不能自释。盖原爱君忧国之心，不以生死而忘，非但愤世疾邪，婞婞焉决意捐生而已。

悲回风　此章亦以篇首名篇，盖原自沉时永诀之辞也。无所复怨于谗人，无所兴嗟于国事。既悠然以安死，抑恋君而不忘。述己志之孤清，想不亡之灵爽。合幽明于一致，韬哀怨于独知。自非当屈子之时，抱屈子之心，有君父之隐悲，知求生之非据者，不足以知其死而不亡之深念。王逸诸人，纷纭罔测，固其宜已。

《楚辞通释》卷四终

楚辞通释卷五

远游

王逸曰："《远游》者，屈原之所作也。屈原履方直之行，不容于世，上为谗佞所譖毁，下为俗人所困极，章皇山泽，无所告诉。乃深惟元一，修执恬漠。思欲济世，则意中愤然，文采铺发，遂叙妙思，托配仙人，与俱游戏，周历天地，无所不到。然犹怀念楚国，思慕旧故，忠信之笃，仁义之厚也。是以君子珍重其志，而玮其辞焉。"

按原此篇与《卜居》《渔父》，皆怀王时作。故彭咸之志虽夙，而引退存身，以待君悔悟之望，犹迟回而未决。此篇所赋，与《骚经》卒章之旨略同，而畅言之。原之非婞直忘身，亦于斯见矣。

所述游仙之说，已尽学玄者之奥。后世魏伯阳、张平叔所隐秘密传，以诧妙解者，皆已宣泄无余。盖自彭、聃之术兴，习为淌洸之寓言，大率类此。要在求之神意精气之微，而非服食烧炼祷祀及素女淫秽之邪说可乱。故以魏、张之说释之，无不吻合。而王逸所云与仙人游戏者，固未解其说，而徒以其辞尔。若原达生知命，非不习于远害尊生之道，而终不以易其怀贞之死，则轶彭、聃而全其生理，而况汲汲贪生，以希非望者乎？志士仁人，博学多通而不迁其守，于此验矣。

悲时俗之迫厄兮，愿轻举而远游。质菲薄而无因兮，焉托乘而上浮？

厄，与隘通。轻举，轻身高举。远游，远尘而游于旷杳。托乘，乘太清之气也。述己志而自谦，为发端之辞。

遭沉浊而污秽兮，独郁结其谁语？夜耿耿而不寐兮，魂茕茕而至曙。

"茕茕"，一作"营营"。

游仙之志，乃遭世不造，孤清无侣，幽忧有怀，思所寄托而寓意也。

陈子昂本此

惟天地之无穷兮，哀人生之长勤。往者余弗及兮，来者吾不闻。步徙倚而遥思兮，怊惝恍而乖怀。意荒忽而流荡兮，心愁凄而增悲。神倏忽而不反兮，形枯槁而独留。

幽静之中，思无所寄。因念天地之悠悠无涯，前有古人，后有来者，皆非我之所得见。寓形宇内，为时凡几？斯既生人之大哀矣。况素怀不展，与时乖违，愁心苦志，神将去形。枯鱼衔索，亦奚以为？故辗转念之，不如观化颐生，求世外之乐也。

内惟省以端操兮，求正气之所由。漠虚静以恬愉兮，澹无为而自得。

惟，思也。端，审也。操，志也。正气，人所受于天之元气也。元气之所由，生于至虚之中，为万有之始；函于至静之中，为万动之基；冲和淡泊，乃我生之所自得。此玄家所谓先天气也，守此则长生久视之道存矣。盖欲庶几得之，以回枯槁之形，凝倏忽之神，而舒其迫厄之愁也。

闻赤松之清尘兮，愿承风乎遗则。贵真人之休德兮，美往世之登仙。与化去而不见兮，名声著而日延。奇傅说之托辰星兮，羡韩众之得一。

与化去者，蜕形而往，所谓尸解也。不见者，人不得见，出入于有无也。相传傅说上升为星，在箕、尾、心、房之间。心为大辰，故曰辰星。闻古之得仙者，赤松也，傅说也，韩众也，思欲效之。

形穆穆以浸远兮，离人群而遁逸。因气变而遂曾举兮，忽神奔而鬼怪。时仿佛以遥见兮，精皎皎以往来。绝氛埃而淑尤兮，终不返其故都。免众患而不惧兮，世莫知其所如。

穆穆，幽远也。气变，精化气、气化神也。曾，高也；曾举，谓上升也。神奔，神御气以往来。鬼怪，阴魄炼尽，形变不测，所谓太阴炼形也。皎，与皦同；皎皎，炯光莹彻也。淑尤，美之甚也。如，往也。言如彼众仙人者，存神御气以往来于霄汉，则与浊世相离，去故都而不反。斯安危不以怆心，世莫测其所如，则谗邪不能相害，故欲效之以高举焉。

恐天时之代序兮，耀灵晔而西征。微霜降而下沦兮，悼芳草之先零。聊仿佯而逍遥兮，永历年而无成。谁可与玩斯遗芳兮，晨乡风而舒情。高阳邈以远兮，余将焉所程？"晨"，一作"长"。

耀灵，日也。遗芳，列仙之遗迹也。乡，与向通。高阳，古帝，道与天通者。程，法也。志欲游仙以蝉蜕污浊之世，而白日不留，春秋代谢，玩日愒岁，恐终不能成而已衰老，故亟闻道于知者。而古人已邈，无从取法。"重曰"以下，乃言所取程者，唯王乔之明训。

重曰：春秋忽其不淹兮，奚久留此故居？轩辕不可攀援兮，吾将从王乔而娱戏。

故居，沉浊污秽之俗也。相传黄帝鼎成上升，群臣攀援不及。引此者，亦寓怀王不从谏而自陷危亡，无能匡救之意。王乔，或曰周灵王太子晋，未详是否，要古之学仙者也。仙术不一，其最近理者，为炼性保命，王乔之术出于此，如下文所详言者，盖所谓大还，一曰金液还丹是也。

餐六气而饮沆瀣兮，漱正阳而含朝霞。

此学仙之始事，其术所谓炼己也。六气：寒水、湿土、风木、燥金、君相二火也，于人为府藏之真气。餐者，保之于己，不泄用也。沆瀣，北方至阴幽玄之气。念不妄动。养气清微，则息不喘急，从踵而发，生于至阴之地也。漱，涤也。正阳，南方曦明之灵，其光内照者也。朝霞，内照不迷，帝帷晃耀，如霞采因日映云而发。

保神明之清澄兮，精气入而粗秽除。

精气，先天之气，胎息之本也。粗秽，后天之气，妄念狂为之所自生。凝精以除秽，所谓铸剑也。

顺凯风以从游兮，至南巢而壹息。

凯风，南风。南方丹穴，凤所巢处。南风，生物之风；北则杀也。保精除秽，心融气怡；学仙者得此，则暂息以候魂魄之澄定而用之。所谓卯酉沐浴也。

见王子而宿之兮，审壹气之和德。

见王子，谓服王乔之教也。宿，与肃通，敬问也。壹气，老子所谓专气。东魂、西魄、南神、北气、中央意；皆含先天气以存，合同而致一，则与太和长久之德合，所谓三五一也。审者，拣旁门而专求王乔之妙旨。敬案：三五，即《河图》中宫之数。道书云："东三南二还成五，北一西方四共之。"又云："三五一，万事毕。"二与三为五，一与四为五，合中宫之五，所谓三五。

古今要语，一口道破

曰：道可受兮不可传。

曰者，王乔之所授。神气惟意运之，消息持守，心知之而心受之，虽言不亲。故学仙者以为不传之秘，多隐其辞，托为龙虎铅汞交媾之说，使以自悟。

其小无内兮，其大无垠。

小无内者，一身之内，无毫毛非元气之所察。大无垠者，与天地阴阳合体也。

无滑而魂兮，彼将自然。

滑，音骨，乱也。而，汝也。彼，谓魂也。人之有魂，本乎天气，轻圆飞扬而亲乎上，与阴魄相守，则常存不去。若生神生意以外驰，则滑乱纷纭，而不守于身中。所谓魂升于天、魄降于地而死矣。故曰太阳流珠，常欲去人也。以意存神，以神敛魂，使之凝定融洽于魄中，则其飞扬之机息，而自然静存矣。顺之则生人生物，逆之则成仙，此之谓也。

壹气孔神兮，于中夜存。

魂生于气中，水生木也。神生于魂中，木生火也。任其相生而流，则存者寡矣。壹气者，敛魂归气而气盛。孔神者，摄神归魂而不驰于意，则神之存者全也。中夜，所谓冬至，子之半也。阴为气为魄，心清魂定，受一阳自生之机，光映灵枢，此之谓中夜，一谓之活子时，一谓之初生之月，于此存之，所谓火候也。

虚以待之兮，无为之先。

中夜自生之妙，不可以有心先为将迎，惟虚静而俟其至，如初月之受光，日自来映。此金液还丹无功用之秘旨。

庶类以成兮，此德之门。

阳交于阴，就阴之形质体性以发光，而有生有死，惟其顺流不还，则阴之所受有量，而阳无必留之心故也。门者，所从出入者也。顺之则出，逆之则入。反庶类之所自成，函于中无不出，以保命全性，仙者之术尽此矣。故曰火生于木，祸发必克，生无不已，还成乎克，唯不知守兑而慎其门也。

闻至贵而遂徂兮，忽乎吾将行。仍羽人于丹丘兮，留不死之旧乡。

至贵，上所闻之道要也。忽乎，迫欲行之也。既得授修行之术于王乔，遂如其言以行之。下文皆行之之事。仍，效之也。丹丘，南方赤色之丘，神之所存也。留者，止之而不使飞扬也。旧乡，所受于先天最初之元气。

朝濯发于汤谷兮，夕晞余身兮九阳。

汤，与旸通。旸谷，日所出东方，魂所自发也。濯发，荡除其纷结之气。九阳，至阳。九为太，七为少，纯阳无阴者也。身者，魄之宫，阴湿幽寒，非阳不暖。以太阳晞之，则阴受阳光而化为阳，如月在望而光满，有形之质，皆灵通晃煴，光透帘帷矣。

漱飞泉之微液兮，怀琬琰之华英。玉色頯以脕颜兮，精醇粹而始壮。

飞泉，水上涌也。北方坎水，为铅为气。魄金生水，则顺流而易竭。敛气归魂，故为飞泉逆流而上。琬琰，玉色，西方白虎之章。頯，普经切，美貌。脕，音万，华泽也。金魄得飞泉之液，养之纯粹完美，魄乃壮，可以钤魂。

质销铄以汋约兮，神要眇以淫放。

汋，与绰同。要，音邀。要眇，微妙也。魄丽于形质，而为曜灵之所照，通体光莹如圆月，但见其光，不见有质，此金虎化气之象。其光闪烁澹宕，如金熔于冶，绰约而不滞。魄既绰约，神将来处，要眇轻微，自南徂西，化滞为灵，相与淫泆。

嘉南州之炎德兮，丽桂树之冬荣。

神依魄以常存，则魄无幽滞。枯木生花，形皆灵化，如桂树冬荣，无凋瘁矣。神属南方朱鸟，其德炎上，故曰南州。

山萧条而无兽兮，野寂漠其无人。载营魄而登霞兮，掩浮云而上征。

营，魂也。精金在冶，渣滓不留，旷然清虚，人兽绝迹。于是以神气载魂魄，乘云霞，以与天通，轻举之始效也。

命天阍其开关兮，排阊阖而望予。召丰隆使先导兮，问太微之所居。

老子曰："天门开阖。"谓心意识也。望予，内视也。太微，在紫微之南，天市之北，中宫也，为戊己土，乃水火金木之枢，故谓之黄婆。钤魂映魄，专气存神，皆以此之开阖为用，故谓之媒。召丰隆先导，收气以内求心也。

集重阳入帝宫兮，造旬始而观清都。

魂，阳也。魄，阴也。青龙与白虎配合，虎受龙施，化而为阳，曰重阳。帝宫，太微之宫。心意识含光内照，重阳入帝宫矣。旬始，十日之首，甲乙木也。以意存魂，历乎三宫，神、气、魄皆清静不扰，故曰清都。

朝发轫于太仪兮，夕始临乎微闾。"微闾"，一作"于微闾"，一作"微母闾"。"于"字旧注："衍文"。

微，与尾通。尾闾，海水归原之穴，于人为踵息之藏。太仪，天庭，所谓上有黄庭也。以意御四神，周历乎身之上下，上彻至阳之原，下入至阴之府。朝夕，顺阴阳之候也。

屯余车之万乘兮，纷溶与而并驰。驾八龙之婉婉兮，载云旗之逶蛇。

妙于形容

建雄虹之采旄兮，五色杂而炫耀。服偃蹇以伍昂兮，骖连蜷以骄骜。

溶，与容通。逶蛇，音威夷，曲折自如貌。伍，古低字。此皆言心意御神气以行，游历上下，五官百节皆为灵飞之状。并驰，神气合一也。雄虹，对雌蜺而言，苍龙之光采也。五色杂者，东三、南二、北一、西四，与中宫五，合而朝元也。服马，中央土也。骖马，左右金木之精也。低昂、骄骜，壮盛自得也。

骑胶葛以杂乱兮，斑曼衍而方行。

胶葛，缠绵相杂错貌。斑，从行之众列。漫衍，从游众盛貌。学仙之术，凡有数进。前云漱飞泉、怀琬琰、历南州者，乃调气以归魄而钤魂，所谓虎吸龙精也。自此以下，进用黄婆为媒，配龙于虎。故始于句芒，终于玄冥，然后合三、二、一、四于中五，而万事毕也。意之为用，婵媛微至，不沉不掉，周游四宫，如列骑序班从王，雍容而游衍无方焉。方行，始行也。意用方行，以黍米之丹为大还之药，功之始也。

撰余辔而正策兮，吾将过乎句芒。历太皓以右转兮，前飞廉以启路。阳杲杲其未光兮，凌天地以径度。风伯为余先驱兮，氛埃辟而清凉。凤皇

翼其承旗兮，遇蓐收乎西皇。

句芒，东方之神，太皓，一作皞，东方帝也。右转，向西也。飞廉，东南巽风之神。杲杲未光者，西魄之光未圆也。天地，中宫天五地十之全体。自东而西，不复迟回，故曰径度，无劳用意也。辟，与避同。凤翼乘旗，翱翔自得貌。蓐收，西方之神。西皇，西帝少皞。言神复言帝者，天神合一也。此谓以东木之精，注于西金，龙吞虎髓也。始于以魄钤魂而有功用，至此以魂映魄，如日映月，自然圆满，氛埃自辟，清凉自生，无丝毫之翳障矣。

揽彗星以为旍兮，举斗柄以为麾。叛陆离其上下兮，游惊雾之流波。时暧曃其曭莽兮，召玄武而奔属。

叛，散也。暧曃曭莽，北方幽玄之气。玄武，北方之神，真铅之气也。龙虎配合，真铅之气应之，从吾指麾，如惊流波，绷缊惝恍，散于百脉，此刀圭入口之效。

后文昌使掌行兮，选署众神以并毂。路曼曼其修远兮，徐弭节而高厉。左雨师使径侍兮，右雷公以为卫。

文昌六星，在北斗前，天之六府。厉，渡也。大还已成，神游超渡，出有入无，而天地风雷在其掌握矣。

欲度世以忘归兮，意恣睢以担挢。内欣欣而自美兮，聊媮娱以自乐。涉青云以泛滥兮，忽临睨夫旧乡。仆夫怀余心悲兮，边马顾而不行。思旧故以想像兮，长太息而掩涕。泛容与而遐举兮，聊抑志而自弭。 "挢"，一作"矫"。"自乐"，一作"淫乐"。

担，音胆。担挢，高举也。怀，念也。大还已成，刀圭入口，将度世上升，不复游于人间。乃回顾故国，不忍即去。复抑志弭节，迟回于世，以寄其忧国望治之情。益其愤世疾邪，厌时俗之迫厄而思游仙者，弗获己之心。而还念丹成以后，仍有不忍去者，素怀之不昧者也。

指炎神而直驰兮，吾将往乎南疑。览方外之荒忽兮，沛冈象而自浮。 "冈象"，一作"涸溔"。

炎神，南方朱雀真汞之精，则神是也。南疑，神者疑有疑无者也。荒忽，寥廓之谓。言既未遐举上升，栖迟人间，而修炼不辍，又复加进，龙虎既合，而不死之道得。所以养太和而极变化者，则在调伏铅汞。盖魂魄本夫妻，则细缊而构精自易。吸精吞髓，虽无运用而有密功。神至清而气至浊，有无不相为用，而细缊无间，功用全无，自然凑合，乃保合大还之极致也。

祝融戒而还衡兮，腾告鸾鸟迎宓妃。张《咸池》奏《承云》兮，二女御《九韶》歌。使湘灵鼓瑟兮，令海若舞冯夷。玄螭虫象并出进兮，形蟉虬而逶蛇。雌蜺便娟以增挠兮，鸾鸟轩翥而翔飞。

祝融，南方之神，谓真汞也。衡，南岳，炎神之宫。戒而还衡者，神止其宫也。宓，音伏。宓妃，水神，谓真铅气也。气不可施功，唯神存而气自至，故曰迎。玄螭以下，皆言舞态。虫象，未详。象，疑当作豸。或兼小大而言，小如虫，大如象，皆应舞节也。增挠，增高而危挠也。言神常抱一，汞不流而真铅之气自合。祝融不往，宓妃自来，太和细缊，歌舞妙丽，白玉蟾所谓"日日与君花下醉，更愁何处不风流"也。

音乐博衍无终极兮，焉乃逝以俳徊。舒并节以驰骛兮，逴绝垠乎寒门。轶迅风于清源兮，从颛顼乎增冰。

焉乃，犹言于是。俳，与徘同。并节，总辔也。寒门，北方气之府也。颛顼，北帝。增冰，至阴之积，后天之气也。神和而气应，神乃入气之中，而化气为神矣。盖以后天气接先天气者，初时死汞之功；以先天气化后天气者，浑沦自然之极。至此则神运无垠，迅风不足以喻其神速，而颛顼之增冰皆契合乎祝融之炎德。自兹以往，唯用一色真铅，出入天根月窟，而龙虎婴儿皆虚设之名矣。

历玄冥以邪径兮，乘间维以反顾。召黔嬴而见之兮，为余先乎平路。

玄冥，北方之神，气之母也。邪径，犹言枉道。间，上下四方为六间。维，四隅为四维。黔嬴，雷神。天地之间，一气而已，亘古今，通上下，出入有无而常存者也。气化于神，与天合一矣。然仙者既已生而为人，而欲还于天，故必枉道回执天气，以归之于己。乘天之动几，盗其真铅，反顾而自得，《阴符经》所谓"天地，人之盗"，勿任天地盗己而己盗天，还丹之术尽于此矣。造化在我，乃以翱翔于四荒六合而不自丧。雷者，阳出地中，阴中之阳，人之天也，故乘其动几而以袭先天气母。

经营四荒兮，周流六漠。上至列缺兮，降望大壑。

龙虎合，铅汞化，至此而天元之气，轻微杳忽，经营以无所经营，自然周流于上下四方，无有窒碍矣。列缺，电也。至者，电之所至亦至也。大壑，海也。天地之气可至者，神气皆可至，而变化在我也。

下峥嵘而无地兮，上寥廓而无天。视倏忽而无见兮，听惝恍而无闻。超无为以至清兮，与泰初而为邻。

化至阴为重阳，则下之峥嵘者，销镕而无地。盗真铅于在己，而上之寥廓者，非此外之有天。视彻乎倏忽，物本无象也，而何有见？听察乎惝恍，化本无声也，而何有闻？庄生所谓"有真君存焉而不得其朕"者也。无为者，天之所以为天，道之所以道也。超之者，知其无为，而盗之在己，则凡浊皆清，而形质亦为灵化。此重玄之旨，不执有，不堕无，虚无之所以异于寂灭者也。泰初，气之始。其上有太始、太素、太易。但与泰初为邻者，不急翀举，乘元气，御飞龙，而出入有无也。屈子厌秽浊之世，不足有为，故为不得已之极思，怀仙自适，乃言大还既就，不愿飞升，翱翔空际，以俟时之清，慰其幽忧之志，是其忠爱之素，无往而忘者也。及乎顷襄之世，窜徙巫加，国势日蹙，虽欲退处游仙而有所不得。《怀沙》《悲回风》之赋作，而远游之心亦废矣。彼一时，此一时也。此篇之旨，融贯玄宗，魏伯阳以下诸人之说，皆本于此。迹其所由来，盖王乔之遗教乎！

《楚辞通释》卷五终

楚辞通释卷六

卜居

《卜居》者，屈原设为之辞，以章己之独志也。居，处也。君子之所以处躬，信诸心而与天下异趋。澄浊之辩，粲如分流；吉凶之故，轻若飘羽。人莫能为谋，鬼神莫能相易。恐天下后世且以己为过高，而不知俾躬处休之善术，故托为问之蓍龟而詹尹不敢决，以旌己志，因穷弇婀病国之情状，示憎恶焉。而王逸谓其"心迷意惑，不知所为"，"冀闻异策"，其愚甚矣。

屈原既放，三年不得复见。竭知尽忠，而蔽鄣于谗。心烦虑乱，不知所从。

大夫不用，自次于郊以待命，君不赐环，谓之曰放。此盖怀王时，原去位居汉北事。原非无定志；迷于所从者，盖极思辱人贱行之为，不忍从也。

往见太卜郑詹尹曰："余有所疑，愿因先生决之。"詹尹乃端策拂龟，曰："君将何以教之？"

端，整也。拂，拭也。教，命蓍龟之辞。太卜，为国掌卜筮之官，自应不离国中官守，原放在外，何以得见？且卜则不筮，筮则不卜，而兼言端策拂龟，其为托辞明矣。

屈原曰："吾宁悃悃款款，朴以忠乎？将送往劳来，斯无穷乎？

劳，去声。不忠于国，则唯奔走于势要。势盛则趋之，势衰则谢之。环转去来，终身不疲。

"宁诛锄草茅以力耕乎？将游大人以成名乎？

不用则退耕于野，异于当时之游士且秦莫楚，以取卿相。

"宁正言不讳以危身乎？将从俗富贵以媮生乎？宁超然高举以保真乎？将哫訾栗斯，喔咿嚅睍，以事妇人乎？ "栗"，一作"栗"。"嚅睍"，一作"儒倪"。

媮，与偷同。高举，去位远恶人也。真，与贞同，正也。哫，音足。訾，音资。嚅，音儒。睍，音儿。哫訾，言有畏而不敢尽。栗斯，胁肩踢蹜，畏得罪貌。喔咿，媚声。嚅睍，媚辞。妇人，邪佞之人，无远虑而喜人媚己者。

"宁廉洁正直以自清乎？将突梯滑稽，如脂如韦，以洁楹乎？ "洁"，一作"絜"。

犬窦曰突。从突而入，缘梯而登，钻穴踰墙之谓。滑，音骨。滑稽，酒注也；辨言不穷，如倾注也。洁，与絜通。毁方为圆，如匠者絜度楹柱，必欲其圜也。

"宁昂昂若千里之驹乎？将氾氾若水中之凫，与波上下，媮以全吾躯乎？

凫随波上下，以苟避矰弋，不能昂首而行其志。

"宁与骐骥亢轭乎？将随驽马之迹乎？宁与黄鹄比翼乎？将与鸡鹜争食乎？

亢，与伉同，并也。轭，辕端驾马木。与良马同轭相并，则行必齐力。鹄有二音，音斛者，小鸟；音谷者，大鸟，一举千里。君子得志则与伊、吕同功，不得志则与彭咸、伯夷同死。非是则下比小人，与贪利养而已。

"此孰吉孰凶？何去何从？

吉凶因时，去从在己。去从之不审，吉凶乱之也。

"世溷浊而不清。蝉翼为重，千钧为轻。黄钟毁弃，瓦缶雷鸣。谗人高张，贤士无名。吁嗟默默兮，谁知吾之廉贞？"

釜鸣，不祥之声。谗佞之言，为国祸征也。既云疑问，又复自叹，人不能知，求信于鬼神也。

詹尹乃释策而谢曰："夫尺有所短，寸有所长。物有所不足。

蓍龟虽神物，而既不能止浊世之乱，抑不能屈贤者之操。

"智有所不明。

卦之德方以智。而人自决于心者，不能代之谋。

"数有所不逮。

数所可及者，否泰之相乘，祸福之相反而已。天何以不佑君子，不测之变也，非数所可求。

"神有所不通。

蓍之德圆而神。而忠贞笃于天性，神不能通其所穷。

"用君之心，行君之意，龟策诚不能知此事。"

所从既决，自必逢凶。神不导人以凶，而尤不诏人以不义。君子自行其志，亢龙虽有悔而不失其正。鬼神不能与，而况于人乎！

《楚辞通释》卷六终

楚辞通释卷七

渔父　右二十五篇屈子作

《渔父》者，屈原述所遇而赋之。江汉之间，古多高蹈之士，隐于耕钓，若接舆、庄周之流，皆以全身远害为道。渔父盖其类也；悯原之忠贞，将及于祸，而欲以其道易之。原感而述之，以明己非不知此，而休戚与俱，含情难忍；修能已夙，素节难污，未尝不知冥飞蠖屈者之笑己徒劳，而固不能从也。

按：汉水东为沧浪之水，在今均州武当山东南。渔父触景起兴，则此篇为怀王时退居汉北所作可知。《孟子》亦载此歌，盖亦孔子自叶、邓适楚时所闻汉上之风谣也。

屈原既放，游于江潭，行吟泽畔，颜色憔悴，形容枯槁。渔父见而问之曰："子非三闾大夫与？何故至于斯？"

南人通谓大水曰江。潭者，水之深处。

屈原曰："举世皆浊我独清，众人皆醉我独醒，是以见放。"

没于宠利曰浊。瞀于安危曰醉。

渔父曰："圣人不凝滞于物，而能与世推移。世人皆浊，何不淈其泥而扬其波？众人皆醉，何不餔其糟而歠其醨？何故深思高举，令自放为？"

凝者，如冰之停，坚而不释。滞，如水之塞，阻而不通。物，事也，谓己所执持之志事也。推，他回切；推移，随所处而可也。淈，挠乱之也。扬其波者，与之俱流。醨，力支切，浊酒汁也。庄子所谓"彼且为婴儿，吾亦与之为婴儿"，且以远其害也。

屈原曰："吾闻之，新沐者必弹冠，新浴者必振衣。安能以身之察察，受物之汶汶者乎？宁赴湘流，葬于江鱼之腹中。安能以皓皓之白，而蒙世之尘埃乎？"

弹之、振动，皆以去尘，己洁则不欲物污之也。汶，音门；汶汶，昏昏也。

渔父莞尔而笑，鼓枻而去。乃歌曰："沧浪之水清兮，可以濯吾缨。沧浪之水浊兮，可以濯吾足。"遂去，不复与言。

沧浪之水，初夏涨则浊，秋杪水落则清，因时而异。善用者因之，浊亦可以濯足。君子遇有道则行吾志，无道则全吾身，何凝滞之有哉？不复与言，道异不相为谋也，久矣。

《楚辞通释》卷七终

楚辞通释卷八

九辩　<small>九篇</small>

王逸曰："《九辩》者，楚大夫宋玉之所作也。宋玉者，屈原之弟子也。悯惜其师忠而放逐，故作《九辩》以述其志。"

按：九者，乐章之数。凡乐之数，至九而盈。故黄钟九寸，寸有九分。不具十者，乐主乎盈，盈而必反也。舜作《韶》而九成，夏启则《九辩》《九歌》以上宾于天。故屈原《九歌》《九章》，皆仿此以为度。而宋玉感时物以悯忠贞，亦仍其制。辩，犹遍也。一阕谓之一遍。盖亦效夏启《九辩》之名，绍古体为新裁，可以被之管弦。其词激宕淋漓，异于风雅，盖楚声也。后世赋体之兴，皆祖于此。玉虽俯仰昏廷，而深达其师之志，悲愍一于君国，非徒以厄穷为怨尤。故嗣三闾之音者，唯玉一人而已。

<small>古今绝唱在形容之外别有霏微</small>

悲哉秋之为气也！萧瑟兮草木摇落而变衰。憭栗兮若在远行，登山临水兮送将归。

因时而发叹也。人之有秋心，天之有秋气，物之有秋容，三合而怀人之情凄怆不容已矣，故为屈子重悲焉。萧瑟，萧条而索尽也。憭栗，不忍其摇落之情也。草枯木脱，变苍翠为萎黄。登山临水，见其辞枝而孤飞，随风飘坠，若临岐送远，行者迈而居者独也。

沈寥兮天高而气清，寂寥兮收潦而水清。憯悽增欷兮薄寒之中人。

沈寥，高旷貌。寂寥，与寂寥同，波声幽悄也。中，如字，入之深也。气清则天见其高，潦竭而水清以寂。薄寒袭肌，不言悲而孤旷无聊之情在矣。

怆怳忼慷兮去故而就新，坎廪兮贫士失职而志不平。廓落兮羁旅而无友生，惆怅兮而私自怜。

怳，口广切。慷，音朗。坎，洼下也；廪，积高也；高下不平貌。薄寒中人，感萧森而怆怳；天高水清，览旷寂而忼慷。去故就新，江山之容非旧。失职羁旅，离群无友，迁客自怜之情，适与风景相会，益动其悲。玉代为屈子思，而念其憔悴也如此。

燕翩翩其辞归兮，蝉寂漠而无声。雁廱廱而南游兮，鹍鸡啁哳而悲鸣。

廱，与噰通。鹍鸡，当作莎鸡。秋声之形于虫鸟者如此。或寂或鸣，皆增悲切。

一句含无尽

独申旦而不寐兮，哀蟋蟀之宵征。时亹亹而过中兮，蹇淹留而无成。

征，哀吟而将伏也。亹亹，不穷于去也。过中，岁过中也。日月已逝，忠贞不达，勋名不立，如之何弗悲？此章以秋容状逐臣之心，清子相若也，寂漠相若也，惨栗相若，迟暮相若也。《九辩》之哀，此章为最，不待详言所以怨，而怨自深矣。

右一。

悲忧穷戚兮独处廓，有美一人兮心不绎。去乡离家兮徕远客，超逍遥兮今焉薄？

廓，寥廓也。不绎，犹言无绪。徕，一作来。客，寓也，自国都来寓旷野也。薄，与泊通，止也。有美一人，谓屈子。来处于寥廓之野，悲戚无绪，今且不知其何所栖泊。此宋玉思屈子之辞。

专思君兮不可化，君不知兮可奈何？蓄怨兮积思，心烦憺兮忘食事。

此下述屈子忠爱之心而哀之也。化，变。憺，动也。思君之情，历变不渝，而君不知。故当食忘食，临事忘事。其诚悃有如此者。

愿一见兮道余意，君之心兮与余异。车既驾兮朅而归，不得见兮心伤

悲。**倚结轸兮长太息，涕潺湲兮下沾轼。**

竭，去也。结轸，车箱横木。屈子当怀王之世，虽放而不用，退居汉北，然犹一致事之大夫，故可驾车归国，欲见君而陈己志。乃君不悦己，谗人间之，不得召见。故去而旋归，伏轼而涕零，所谓"可奈何"也。

慷慨绝兮不得，中瞀乱兮迷惑。私自怜兮何极，心怦怦兮谅直。

慷慨，谓谗佞之人，言无所忌者。谗人相踵，不可殄绝；君心迷乱，终不己听。谅直之心，自怜而已。归国无期，终于飘泊，今且安所栖止乎？

右二。

皇天平分四时兮，窃独悲此廪秋。

廪、凛通。放逐之臣，危乱之国，其衰飒辽戾，皆与秋而相肖。故《九辩》屡以起兴焉。

白露既下百草兮，奄离披此梧楸。

奄，忽也。离披，叶萎而不振翕，欲脱无聊之状。

实景耳自然寄愁旷远

去白日之昭昭兮，袭长夜之悠悠。

袭，重也。昼恒阴而夜益永也。

离芳蔼之方壮兮，余萎约而悲愁。

壮，盛也。约，少也。余，草木自余也。芳菲蔼茂，所存无几，有愁悴之色焉。

秋先戒以白露兮，冬又申之以严霜。收恢台之孟夏兮，然欲僭而沈藏。

台，音怡。恢台，盛大而润悦也。收，隐而不知所往也。然，若然也，犹言如是。欿，与坎通，陷也。僭，止也。恢台倏而萎约，由衰思盛，由舍思用，追忆而不可复得，若有沈埋而蔽藏之者。

叶菸邑而无色兮，枝烦拿而交横。颜淫溢而将罢兮，柯仿佛而萎黄。萷櫹椮之可哀兮，形销铄而瘀伤。

邑，音邑。菸邑，黯蔽也。烦拿，参差相拒貌。叶落枝横，无复团栾，但见其相撑拒尔。颜，枝叶之容。淫溢，浸渐也。罢，尽也。萷，与梢同，树杪也。櫹椮，无叶孤存而划空貌。销铄者，严霜迫之使耗也。

惟其粉糅而将落兮，恨其失时而无当。

惟，思也。纷糅，败叶衰草相杂委也。当，遇也。因今之已衰，恨昔之未能乘时而玩其芳蔼。

揽骓辔而下节兮，聊逍遥以相佯。

骓，服马。下，按也。节，策也。相佯，与倘佯通。前写秋容，此下乃言游览者之秋怀。

岁忽忽而遒尽兮，恐余寿之弗长。 "长"，一作"将"。

遒，迫也。余，代屈子自称。摧残者不可以久延，如岁之欲暮，过时不用，行将萎折矣。

悼余生之不时兮，逢此世之俇攘。 "俇"，音"匡"；一作"趉"，一作"恇"。"攘"，一作"躟"。

俇攘，与劻勷通，遑遽也。国势日蹙，救亡不逮也。

澹容与而独倚兮，蟋蟀鸣此西堂。心怵惕而震荡兮，何所忧之多方！卬明月而太息兮，步列星而极明。

澹，孤寂也。倚，徙倚于檐楹也。卬，与仰通。主昏国危，如秋欲暮，感此百忧俱集。月明星皎，穷愁炯炯，欲告无从。知屈子之心有如此之耿然者。敬按：极，至也。明，晓也。至于天晓也。

右三。

再以高吟振起

窃悲夫蕙华之曾敷兮，纷旖旎乎都房。何曾华之无实兮，从风雨而飞飏。

都，美也。都房，犹言华屋。陈嘉谟于君，亦既以我为美而欲用之矣，而为谗佞所摇，不复有举行之实。

以为君独服此蕙兮，羌无异于众芳。

屈子之始愿，谓君离群言而用己，与三五同道，则何弗与王霸同功。

闵奇思之不通兮，将去君而高翔。

奇思，曲尽事变之思。不通，君不相喻，有异心也。将，请也，音锵。此谓当怀王时，谏不用而自放于汉北。

心悯怜之惨凄兮，愿一见而有明。重无怨而生离兮，中结轸而增伤。

悯怜：怀王之将陷于危亡也。无怨：无取怨于君之道也。去国之后，情不自已，复思见君而明言祸至之无日。乃日以浸疏，谗人益逞，君无嫌怒之心，而终不得见。

岂不郁陶而思君兮，君之门以九重。猛犬猲猲而迎吠兮，关梁闭而不通。

所以无怨而生离者在此。九重者，言如天之高，不可升也。旧注：天子门有九重，谓关门、远郊门、近郊门、城门、皋门、库门、雉门、应门、路门。

皇天淫泆而秋霖兮，后土何时而得漧。块独守此无泽兮，仰浮云而永叹。

谗佞益张，敌谋益狡，国势漂摇，四顾而无宁土，一如秋霖之泞淖矣。乃块然困处于荒芜沮泽之中，不知自拔。浮云无开霁之期，曾不悔过，而犹纵吠犬以阻忠告，所为结轸而增伤也。漧，古乾湿字。无，芜通。

右四。

何时俗之工巧兮，
自诧工巧尔。

抽出三折

背绳墨而改错。却骐骥而不乘兮，策驽骀而取路。当世岂无骐骥兮，诚莫之能善御。见执辔者非其人兮，故骈跳而远去。

骈跳，横奔而去也。非无贤而不用，古今败亡之通轨。怀王父子以之。

凫雁皆唼夫梁藻兮，凤愈飘翔而高举。圜凿而方枘兮，吾固知其钼铻而难入。

凿，在到切，钼铻，如锯齿之相拒也。小人营私利，则君子必退。君喜邪佞，则法言自不相入。此骐骥之所以必远也。

众鸟皆有所登栖兮，凤独遑遑而无所集。愿衔枚而无言兮，尝被君之渥洽。

遑遑无集，去位而飘泊于野也。所以致此者，以直言尽辞，愠于群小，而见恶于君。夫岂不知默以取容？怀恩不忍也。屈子初为怀王倚任，将用其谋，故《骚经》云"黄昏以为期"，君臣之初洽可知已。

太公九十乃显荣兮，诚未遇其匹合。

九十者，太公封齐之年。早不遇者，避纣也。言已知不用而必言者，今虽不用，冀有见用之日。

谓骐骥兮安归？谓凤皇兮安栖？

时人怪屈子之违众而不安于其位，故诘其无以自处。

变古易俗兮世衰，今之相者兮举肥。骐骥伏匿而不见兮，凤皇高飞而不下。鸟兽犹知怀德兮，何云贤士之不处？"怀"，一作"褱"。怀，思也。褱，抱也。

相者举肥，谓世俗所喜夸诈施张之游士，如相者但称扬肥泽之人，不论其骨法之清浊。此答诘已安归者，言君子不求容悦，无德可怀则去之，何云贤士之乐于退隐而不处其廷哉？前言感知遇而不能默，此抑云非德可怀则不处。盖原退而自废于汉北之时，心在君国，而身不屈，其两难之怀如此，故反复互明之。

骥不骤进而求服兮，凤亦不贪喂而妄食。君弃远而不察兮，虽愿忠其焉得？喂，于伪反。

喂，饲也。去国之后，日以疏远。君终不察，义不可以干禄，则愿处位以纳忠，不可得矣。

欲寂漠而绝端兮，窃不敢忘初之厚德。独悲愁其伤人兮，冯郁郁其何极！

绝端，谓一意隐遁，不思复进，念不萌而事无望也。冯，情所依也。又言然虽退远，不求再用，乃渥洽之恩，终不忍忘，故雅意以怀仙，究沉忧而誓死。此章来回辗转，曲写屈子两端之情，辞若复而意自属，非宋玉相知之深，未能深体而形容之如此。洪兴祖本连下至"未达乎从容"为一章。今依旧本。

右五。

霜露惨凄而交下兮，心尚幸其弗济。霰雪雰糅其增加兮，乃知遭命之将至。

㚤，古幸字。济，成也。谓祸之已成，如草木之已成乎凋落也。雰，雪下貌。雪既雰而又杂糅以霰，寒极而陨落无余也。此言楚国垂危，憭不知畏，逮及祸之已深，救患无术，贤士虽欲挽回而不可得矣。

愿侥幸而有待兮，泊莽莽与野草同死。

泊，疑洎字之误，及也。旧注：止也。坐而偷安，日就危蹙，幸不可侥，势终萎败，此楚君臣平日苟且之情也。

愿自往而径游兮，路壅绝而不通。

径，邪径也。祸之将至，忿而思逞。欲以孤力而抗强邻，坚不可拔，退而自穷。此临事债起之情也。

欲循道而平驱兮，又未知其所从。

屈子初约齐、楚之交以御秦难，张仪以连衡破之，屈子以此见黜。及齐交已绝，邻国不亲，虽欲循其道而不能矣。

然中路而迷惑兮，自压桉而学诵。

然，惟然也。桉，与按同，抑也。偷安不能，独力不任，合从无从，歧路迷惑，大命将倾，道谋嚅喍。如童子之学诵，不审所谓也。

性愚陋以褊浅兮，信未达乎从容。

有贤不用，愚陋也。忿疾狂逞而不念危亡，褊浅也。从容者，忧之于闲暇而早为固本自强之术也；无他，得贤而任之，使安危有可凭而已。未达于此，时世之不固审矣。此言楚之昏昧。下乃述屈子忠直之志。

窃美申包胥之气盛兮，恐时世之不固。"盛"，一作"晟"。

时世，当时之国势也。包胥存楚，必死之气壮也；以国之不固为忧，故忘其死。今屈子慕其风而同其情，洞见国事之非，而早为之虑。

何时俗之工巧兮，灭规矩而改凿。

凿，在到反，相函持之路也。时势之不固，邪佞之狂悖为之。

独耿介而不随兮，愿慕先圣之遗教。处浊世而显荣兮，非余心之所乐。与其无义而有名兮，宁穷此而守高。食不媮而为饱兮，衣不苟而为温。窃慕诗人之遗风兮，愿托志乎素餐。

独，屈子独也。名，位也。媮，与偷同。诗人，《伐檀》之诗，托志素餐，以素餐为耻。此明屈子之志，与先圣之心合辙，不骛于富贵，唯守义以行，可贫可贱，固可生而可死。其情固，其气盛，是无愧于申胥之美，而可恃以存楚者也。

蹇充倔而无端兮，泊莽莽而无垠。

倔，与诎通。《礼·儒行》："不充诎于富贵。"言自满而心志诎，不复更有他图也。泊，无定向也。言楚之君臣，偷安侥幸，莽罔妄行，不念初终，无可倚恃。仅一屈子，而奈何不急用之？

危词

无衣裘以御冬兮，恐溘死不得见乎阳春。

衣裘以御冬，贞臣以御难。故申胥者，楚昭之以御寒也。屈子之慕先圣、谨名义，怀王父子之以御寒也。褫而冻死，尚谁怜之？

靓杪秋之遥夜兮，心缭悷而有哀。

承上而言。贞臣废弃，国无与立，秋尽宵长，哀悼不容自已，如下文所云。洪兴祖本自此以下别为一章，今从旧本。

春秋逴逴而日高兮，然惆怅而自悲。四时递来而卒岁兮，阴阳不可与俪偕，白日晼晚其将入兮，明月销铄而减毁。岁忽忽而遒尽兮，老冉冉而愈弛。

逴逴，行愈远也。春秋日高，老也。然，惆然也。春夏为阳，秋冬为阴。四时无并盛之理，阳尽则阴生。衰王相乘，日中则仄，月满则亏，人壮则老，国久则必危，危则必亡。楚自熊绎以来，由盛而衰，由衰而亡之期将至。谗佞行而忠贞弃，尤趋于必亡之势矣。而心愈纵弛，改绳墨以施枘凿，弃衣裘以御祁寒。静夜思之，彼不自哀，而能勿为之哀乎？

心摇悦而日幸兮，然怊怅而无冀。

当其偶无危逼，或乍获小利，或甘言见诱，则摇惑而自据为悦，以幸苟安。惆然，而祸不可掩，猝闻衅难，则怊怅不知所出。怀王听张仪而受秦欺，无非初悦而终忧。亡国人情，大率如此。不如此，不足以亡。老而愈弛，小喜误之也。

中憯恻之凄怆兮，长太息而增欷。年洋洋以日往兮，老㠵廓而无处。

㠵，与寥通。处，侣也。国势日衰，盈廷皆卖国之人，无可与处者。所谓不信仁贤，则国空虚者也。猝有昭王之难，谁为申胥？能勿为之太息乎？

事亹亹而觊进兮，蹇淹留而踌躇。

亹亹，进而不已也。国日望东而迁，敌日乘虚而进，秦不覆楚不止。奄奄之息，仅留一线，踌躇待尽而已。忠贞斥逐，孰为申胥，救诸丧败之余乎？大命将至，亦末如之何也。此章宋玉体屈子之志，不但为屈子放逐哀，抑为楚之危亡哀。而为屈子哀者，正在于此。

右六。

何氾滥之浮云兮，焱壅蔽此明月。忠昭昭而愿见兮，然霿暗而莫达。愿皓日之显行兮，云蒙蒙而蔽之。窃不自聊而愿忠兮，或黕点而污之。

霿，当作霿，与阴同。聊，止也。黕，滓垢也。点，墨染白也，若靳尚谮屈子泄国宪于人之类。计当日之诬污者非一端，后不传耳。

尧舜之抗行兮，瞭冥冥而薄天。何险巇之嫉妒兮，被以不慈之伪名。彼日月之照明兮，向黯黮而有瑕。

瞭，明也。瞭冥冥，无幽不烛也。黮，音啖。黯黮，暗影也。日有暗虚，月有疏影，俗谓桂树蟾兔者是也。虽甚盛德，不能无瑕之可指。

亢爽以收之

何况一国之事兮，亦多端而胶加。

屈子入奉讽议，出参大政，应对诸侯，掌辑三族。事既胶附相加，不能无小疏失，且小屈大伸，略彼全此，皆可为媒孽之端。谗人乘之，言之有故。自非明主曲谅忠贞而专大节，宜其不察也。此章申理屈子被诬之故。

右七。

形容妙

被荷裯之晏晏兮，然潢洋而不可带。

裯，音刀；只裯，短衣也。晏晏，色盛可观貌。潢洋，音晃养，披散不着体貌。带，束也。以荷叶为衣而服之，非不晏晏，而侈张脆薄，束之则裂。辩言乱政，亦足诱人，而责之以实，则灭裂有似乎此。

既骄美而伐武兮，负左右之耿介。憎愠愉之修美兮，好夫人之慷慨。众踥蹀而日进兮，美超远而逾迈。

武，勇也。负，矜炫自负也。愠愉，含畜深思也。夫人，谓左右之臣。慷慨，大言无惭也。美，谓贤士。超远，引身远去也。言君既骄伐不受善，而左右之臣又饰不忠为忠，自负耿介，大言无忌，若慷慨任事而无难。故屈子恻悱深至之美，不能敌其夸毗。所以佞人日进，而屈子斥远也。

农夫辍耕而容与兮，恐田野之芜秽。

茂草之悲，农夫知之，而同昏之君臣不知。

事绵绵而多私兮，窃悼后之危败。

绵绵，前后相续也。多私，党人恤利而忘君也。亡国之臣，亦有渊源。吕惠卿之奸，传于蔡京。一小人不足以戕数十传之国家，靳尚之续，复为靳尚，是以危败不可瘳，古今一辙也。

世雷同而炫曜兮，何毁誉之昧昧。今修饰而窥镜兮，后尚可以窜藏。愿寄言夫流星兮，羌倏忽而难当。卒壅蔽此浮云兮，下暗漠而无光。

前后相续，既师承以延恶；一时交煽，又聚党以文奸。颠倒忠邪，无所顾忌。使其饰容临镜，照其不逞之须眉，祸中国家，身将焉往？其尚可以窜藏乎？飞廉之所以戮于周，宰嚭之所以斫于越也。愿寄语小人，其奸谀闪烁，中人倏忽，如流星之炫曜，徒不念光景乍起而旋灭乎？乃既以病国，还以危身，如浮云之蔽日月，徒令下土暗漠，何为者邪？

尧舜皆有所举任兮，故高枕而自适。谅无怨于天下兮，心焉取此怵惕？乘骐骥之浏浏兮，驭安用夫强策？

浏，音柳。浏浏，犹溜溜，顺行无阻貌。强策，马策之劲直者。谗人畏屈子之用，不利于己，必欲排去之以自安。其谮之之辞，必有不利社稷之语，以厚君之疑，而激其怒。夫人心苟无愧，则何所忧疑，而必攻异己？人君苟能任贤，则逸于求治，亦何用赫然之怒，施于宗臣以示威哉？《九辩》之言若此类者，婉至深切，曲尽流俗之情伪，而善诱庸主以警悟。宋玉非徒藻悦之士也，岂王褒、王逸之得与哉！

谅城郭之不足恃兮，虽重介之何益。

介，甲也。贤不用而失保国之图，城郭之固，兵甲之坚，奚足恃邪？

遭翼翼而无终兮，忳惛惛而愁约。生天地之若过兮，功不成而无效。

由前所言，忠邪之辨，安危之分，章明易见。乃屈子尽其忠谋，诚楚国之干城。而始有黄昏之期，终被放流之谪，成效不收，以至穷约。翼翼之小心，反逢疑忌。是岂乱世之天，宜小人之得势，而君子生于其时，为造化之过误邪？

愿沉滞而不见兮，尚欲布名乎天下。然潢洋而不遇兮，直怐愗而自苦。

愿，所愿也。不见，君不见知也。潢洋，不相附也。怐愗，音寇茂，心愤乱也。既已不见知而无成效，尚欲白其情以告通国，冀贤奸之别白，俟君他日之悔悟。乃终无以自通，徒怀愤乱。是何屈子之忠无已，而楚人之迷不复也？

莽洋洋而无极兮，忽翱翔之焉薄？国有骥而不知乘兮，焉皇皇而更索？

薄，与泊同。舍贤不用，冥行于荒莽之野，不知栖泊。举国昏迷，无图存之策。岂无可乘之骥哉，而唯奸邪之策是求邪？

宁戚讴于车下兮，桓公闻而知之。无伯乐之善相兮，今谁使乎誉之？

君无桓公之明，则谗人高张，虽知有屈子之忠者，亦不敢显言荐誉，而孤危亦甚矣。则祸始于君之骄美伐武，恃城郭甲兵而昧于保国之道。

罔流涕以聊虑兮，惟著意而得之。纷纯纯之愿忠兮，妒被离而鄣之。

"纯"，一作"忳"。

罔，与惘同。著，音酌，专而切也。纷，不一而足也。被，音披。被离，杂遝也。言君子怅惘流涕，聊舒所虑以尽忠谋，惟明主专意体之，乃能得其情理。若雷同炫曜之小人，披荷潢洋之暗主，疑忌胶加，必障蔽而不得通。则丘墟蔓草，自贻之而奚救邪？此章言人之所以云亡，邦之所以殄瘁，皆楚君臣自取之咎，以伸屈子之志，与《小雅》怨诽词旨略同，非宋玉莫能作也。

右八。

愿赐不肖之躯而别离兮，放游志乎云中。

此代屈子之言也。游志云中，怀仙也。既不见用，退而隐处，离尘孤游于方之外。盖因《远游》之旨而申言之。

乘精气之抟抟兮，骛诸神之湛湛。

抟，合也。精汞气铅，合而成丹。

骖白霓之习习兮，历群灵之丰丰。

习习，数飞貌。白霓，太素之气。群灵，水火木金之精。历，遍历其宫也。丰丰，各足其灵也。

左朱雀之茇茇兮，右苍龙之跃跃。

茇，音旆。茇茇，华盛貌。跃跃，行貌。神发光内照，则魂周营于身中。前朱雀，南方神也。右苍龙，东方魂也。

属雷师之阗阗兮，通飞廉之衙衙。

衙，音圉。衙衙，从容周行貌。飞廉，或云雷师，或云风伯。此乃言风也。《震》《巽》位东，魂之府也。此承上"苍龙跃跃"而广言之。

前轻辌之锵锵兮，后辎乘之从从。

轻辌，轻车，喻神。辎，重车，喻气。从从，相随以行也。神御气而行乎形中，形随以灵也。

载云旗之委蛇兮，扈屯骑之容容。

扈，护行也。御神而游于太清，五官百骸从令而从容，此丹已就而仙也。

计专专之不可化兮，愿遂推而为臧。

专专，愎而不知通也。道成升举，而还念及君，不能已于忠爱，庶几有灵感之妙用，推移此专专不可化之君，变易其心以为善，盖亦不得已之极思也。

赖皇天之厚德兮，还及君之无恙。

国势垂危，恐不及待，故仰祝皇天，使楚祚得延。已仙成而归，犹及施其推移之力。不然，城郭是而人民非，虽仙而不免于怨也。《九辩》作于原初去国退居汉北之时，故《怀沙》之怨不形；而《招魂》作于顷襄之世，原且誓死，而宋玉欲扳留之，故词旨各异焉。

右九。

《楚辞通释》卷八终

楚辞通释卷九

招魂　右宋玉作

王逸曰："《招魂》者，宋玉之所作也。宋玉哀怜屈原忠而斥弃，愁懑山泽，魂魄放逸，厥命将落，故作《招魂》，欲以复其精神，延其年寿，外陈四方之恶，内崇楚国之美，以讽谏怀王，冀其觉悟而还之也。"

按原当怀王之世，虽忧国疾邪，而犹赋《远游》，从巫咸之告。故玉作《九辩》，亦于其时，有及君无恙之想。及怀王客死，国仇不报，顷襄迁窜原于江南，原乃无生之气，魂魄离散，正在斯时。则此篇定作于顷襄。而王逸讽谏怀王之说，非其实矣。

朕幼清以廉洁兮，身服义而未沬。主此盛德兮，牵于俗而芜秽。上无所考此盛德兮，长离殃而愁苦。

朕，代屈子自称也。沬，已也。牵，曳也，曳之不得行也。主，意所专注也。芜秽，菀塞而蔫蔽也。考，成也。离，罹也。此言屈子以忠直遭妒，志折气菀，魂将离也。《大招》达其所志之道于篇终，《招魂》述其所秉之正于篇端，故虽华曼而不靡，其意寓于微言，一也。论者曲分优劣，过矣。

帝告巫阳曰："有人在下，我欲辅之。魂魄离散，女筮予之！"

巫阳，古之神巫。托言上帝者，人无能念屈子之忠，冀上天悔祸，辅使遂志，誓死之心，可使乐生也。筮者，占其魂之所往于上下四方。

简　炼

巫阳对曰："掌梦。上帝其难从。若必筮予之，恐后之谢，不能复用巫阳焉。" "其难从"，一本作"其命难从"，一本作"命其难从。"

掌梦，未详，旧说掌招魂者。巫阳呼而告之，与上言"对曰"不相通。后，谓于事已缓，不能及时。谢，萎落也。言待筮而予，恐于期已后，魂已萎谢而无从招，虽巫阳亦无能为也。意谓屈子怀忠而见摧于谗佞者两世，沉湘之志已决。天若令楚悔祸，当急召归阙，不然，必不能隐忍久生，以待异日之追悔。以下极言声色居处饮食游观之盛，盖人君待贤之礼，自当极致其丰。贤者所志虽不在此，而君欲补前过以礼贤，不可以不曲尽。故言招之不容稍缓，而夸陈丽美，无妨辞之已溢，而不必如《大招》之明言尚贤发政，雄雄穆穆也。词赋之体，长言讽谏，有出于是者。盖亦《豳风》"兖衣""笾豆"之义，庶几《国风》好色不淫之意与！

乃下招曰：魂兮归来！去君之恒干，何为乎四方些？

干，如《周书》"尚宁干止"之干。恒，所有事也。身者，魂所有事。些，苏个反，楚人歌曲之余声。

舍君之乐处，而离彼不祥些。

离，罹也。乐处，谓楚。夫上下四方，岂必楚为乐处哉？代马北风，越鸟南枝。人苟失其宗邦，则君非我君，友非我友，且抑天非我天，地非我地，皆不祥之区也。

魂兮归来，东方不可以托些。长人千仞，唯魂是索些。十日代出，流金铄石些。彼皆习之，魂往必释些。归来兮，不可以托些。 "归来兮"，一作"归来归来"下同。

托，寓也。《山海经》：东海大荒之外，有大人之国。千仞，极言之尔。彼，谓彼土之人。习者，相与惯习，不畏炎灼。释，销镕也。

魂兮归来，南方不可以止些。雕题黑齿，得人肉以祀，以其骨为醢些。蝮蛇蓁蓁，封狐千里些。雄虺九首，往来倏忽，吞人以益其心些。归来兮，不可以久淫些。

题，额也。雕题，刺刻其额，以墨涅之为花卉，今琼南黎人尚然。蝮蛇，身短如椎，螫人立死。蓁蓁，聚而盛也。封，大也。千里，能为妖

楚辞通释　　101

怪，倏忽千里也。雄虺，大虺。益心，饱也。淫，游也。

魂兮归来，西方之害，流沙千里些。旋入雷渊，靡散而不可止些。幸而得脱，其外旷宇些。赤蚁若象，玄蜂若壶些。五谷不生，藜莒是食些。其土烂人，求水无所得些。彷徉无所倚，广大无所极些。归来兮，恐自遗贼些。

雷渊，西海。旋，去声。旋入，飞沙卷人随风而去也。靡散，风沙所裂，形体烂也。壶，瓠也。烂人，燥气灼人，筋骨糜裂也。彷徉，广大，旷杳而无可栖泊之意。贼，害也。

魂兮归来，北方不可以止些。增冰峨峨，飞雪千里些。归来兮，不可以久些。

增，与层通。峨峨，积叠高耸貌。今沙漠之外，唯夏秋之间见流水，余日皆冰。

魂兮归来，君无上天些。虎豹九关，啄害下人些。一夫九首，拔木九千些。豺狼从目，往来侁侁些。悬人以嬉，投之深渊些。致命于帝，然后得瞑些。魂兮归来，往恐危身些。

九关，九天之关。拔木九千者，力能拔九千木而不倦也。豺狼从目，言此九首之夫，纵目直视如豺狼。侁侁，往来疾也。瞑，死而瞑目也。投入九渊，而以其神异，能令人不死，反告之帝，然后瞑目，谓求死而不得也。

魂兮归来，君无下此幽都些。土伯九约，其角觺觺些。敦脄血拇，逐人駓駓些。参目虎首，其身若牛些。此皆甘人，归来归来，恐自遗灾些。

幽都，地下也。土伯，土神。约，屈也，身屈折也。敦脄，背顽厚也。血拇，以指攫人，血常染拇也。极言上下四方之不可往，以宽其必死之志。而广索之六合，无有定向，所谓不待筮予也。盖屈子忠愤内结，不忍见君与党人之所为，而耻与同归，怅惘游心，若舍此恶俗而皆安处，初非有所慕而愿去。故身未死而魂先离者，泮涣于两间，荡泆无定，招之者不可以方隅求也。

魂兮归来，入修门些。工祝招君，背行先些。秦篝齐缕，郑绵络些。招具该备，永啸呼些。

修，长也。修门，深邃之门也。背行，却行。先，导也。篝，未详。以绵缕络篝，工祝执之以招魂者，其制不可考，所谓招具也，疑竿幡之类。《周礼》：复，以竿裹衣。楚俗或异。啸，蹙口出声。呼，号也。

魂兮归来，反故居些。天地四方，多贼奸些。

申前意而约言之。

像设君室，静闲安些。高堂邃宇，槛层轩些。层台累榭，临高山些。网户朱缀，刻方连些。冬有突厦，夏室寒些。

像设者，以意想像而设言之。自此至末"反故居些"，皆像设之辞，谓拟所以待其归者如此。盖楚之君臣不能以此待贤者，而苟其悔过自新，则必豫拟一尊养极致之像如此，然后屈子可以死而生，去而反也。堂，室基也。宇，屋四垂。槛，阑盾。轩，堂前檐敞也。筑土石曰台，构木曰榭，如今江岸悬楼也。网户，户上承檐，以铜丝纽网御燕雀。缀，户楣上板。刻方连者，雕缀作四方相连，如今卐字。突，与窔通，深密可以御寒。此上言堂室之美。

川谷径复，流潺湲些。光风转蕙，氾崇兰些。

径，直也。复，回抱也。前直达而三周回抱也。涧水纤流，鸣声幽细，前临爽敞，风日交美，蕙兰之香，时飘庭所。此言所居川原之美。

经堂入奥，朱尘筵些。砥室翠翘，挂曲琼些。翡翠珠被，烂齐光些。蒻阿拂壁，罗帱张些。纂组绮缟，结琦璜些。室中之观，多珍怪些。

奥，室西南隅，古人布衽席于此。筵，席上承衾者。朱尘，言缘筵之饰，朱采轻若尘也。砥室，室砌平整，敷筵其上。"翠翘"连下"曲琼"为文。翘，杙著壁上，所以悬钩。翠，黛饰也。曲琼，玉钩，所悬帱帐者。被，壁衣也。珠翠缀于壁衣之上，其光烂然竞采。蒻，当作弱，纤也。阿，阿锡，轻縠也，所以为壁衣者。纤阿而用罗为帱，覆上为承尘也。结缕纯赤曰纂，五色杂曰组，素练曰缟，文缯曰绮。纂组缀于阿罗缟绮之帱幛，而系以琦璜，盖流苏之类也。此言室中张设之美。

兰膏明烛，华容备些。二八侍宿，射递代些。九侯淑女，多迅众些。盛鬋不同制，实满宫些。容态好比，顺弥代些。弱颜固植，謇其有意些。姱容修态，絙洞房些。蛾盾曼睩，目腾光些。靡颜腻理，遗视矊些。

兰膏，以兰草炼膏使香而灌烛也。古无巨胜、蔓菁、柏油，皆灌羊牛豕之膏，于稿然之。膏气腥臊，兰草之香去臊，故以炼膏。华容，谓美人。备，列侍也。二八，十六岁。射，音亦，厌也。二八女侍不一，厌此则彼代，各当夕也。九侯，纣诸侯，进女于纣者，女不喜淫，言美人贞静似之也。迅，迭相更代，不稽缓也。鬎，鬓也。比，合也。弥代，犹言盖世；好合柔顺，世无与匹也。弱颜，含羞之意。固植，不为淫媚之态。謇，贞直也。有意，能自持也。絚，犹竟也；谓禁步洞房，行不逾阃也。曼，长也。睩，目也。腾光，顾眄有光采也。遗视，犹言留眄。睼，从容有意貌。此言妾媵之美。

离榭修幕，侍君之闲些。翡帷翠帐，饰高堂些。红壁沙版，玄玉梁

些。仰观刻桷，画龙蛇些。坐堂伏槛，临曲池些。芙蓉始发，杂菱荷些。紫茎屏风，文缘波些。"玄玉梁"，一作"玄玉之梁。"

离榭，别馆之榭。修幕，长廊而施之幕也。闲，闲暇往游也。翡翠，碧色如翠羽。红壁，红涂壁；沙，与砂同；以丹砂涂户版。玄玉，黝漆光如玉也。菱，菱。荷，芙蓉叶。屏风，旧说以为凫葵。文者，菱荷凫葵，华叶相间之色。缘，犹衣之缘，四布沼边也。此言别馆堂沼之美。

文异豹饰，侍陂陁些。轩辌既低，步骑罗些，兰薄户树，琼木篱些。

文异，服饰奇玮也，步骑从游者之饰也。水堰侧岸曰陂。陁，与池同。侍从步骑先伫立于陂池之下，待其至也。轩辌，轻车。低，谓已至解驾，车前低也。薄，丛也。户，与扈通。树，荣木也。琼木，木槿花如琼玉，树之如篱，谢灵运诗所谓"插槿当列援"也。此言侍从游观之美。

魂兮归来，何远为些！

何远为，言何用远去为也。文长，姑结言之。

室家遂宗，食多方些。稻粱穱麦，挐黄粱些。大苦咸酸，辛甘行些。肥牛之腱，臑若芳些。和酸若苦，陈吴羹些。胹鳖炮羔，有柘浆些。鹄酸臇凫，煎鸿鸧些。露鸡臛蠵，厉而不爽些。粔籹蜜饵，有餦餭些。

宗，当作崇，富也。粱，稷也。稻，稻田种麦，其实肥美者。挐，杂也。大，味之正也，苦、酸、咸、辛、甘五味备也。腱，筋也。臑，而兖切，熟烂也。若芳，犹言而芳。若苦，犹言与苦。和，以和羹者。胹，熟烹。炮，以泥涂而火燹之，去其皽。柘，与蔗通。臇，子兖切，小切而少汁煮之。凫，鹄鸧。臛，煮肉少汁者。鹄酸、露鸡，古人食品之异，其法未闻。蠵，大龟。厉，香酷烈也。爽，失其本味也。粔籹，米面和煎者。

饵，糕也。蜜饵，以蜜和粉作糕。张惶，饧也。此上言食品之美。

瑶浆蜜勺，实羽觞些。挫糟冻饮，酎清凉些。华酌既陈，有琼浆些。 "蜜"，作"蠿"。

皆言酒也。瑶，其色也。蜜，其味也。勺，与酌通。羽觞，翠羽饰爵也。挫，压也，压去其糟为清酒。冻饮，以冰和酒，暑月饮之。春酿夏熟曰酎。酌，斟酒斗；华，其饰也。陈，实管中以待斟。琼浆，玄酒，方诸所取之明水，色莹如玉。

归来反室，敬而无妨些。

以酒将敬，醉而无妨也。文长，以此参差，姑结之。

肴羞未通，女乐罗些。陈钟按鼓，造新歌些。《涉江》《采菱》，发《扬荷》些。美人既醉，朱颜酡些。娭光眇视，目曾波些。被文服纤，丽而不奇些。长发曼鬋，艳陆离些。二八齐容，起郑舞些。衽若交竿，抚案下些。竽瑟狂会，搷鸣鼓些。宫庭震惊，发《激楚》些。吴歈蔡讴，奏大吕些。士女杂坐，乱而不分些。放陈组缨，班其相纷些。郑卫妖玩，来杂陈些。《激楚》之结，独秀先些。

通，遍设也。按，按节而击也。《扬荷》，当作《阳阿》，与《涉江》《采菱》，皆曲名。美人，舞女。娭光，流目送光。眇视，微眄也。曾波，目若含水，波纹重叠之状。不奇，靓好也。二八，八人为列，两人竞起也。衽若交竿，连袂一直貌。案，抑也。皆舞态。狂会，竞奏也。搷，与填通，鼓声。《激楚》，曲名。班，相次也。相纷，男女缨带相杂，风飘而互结也。结，曲尾也。独秀先者，曲终而奏《激楚》，独秀于先作之乐也。此言歌舞之美。

菎蔽象棋，有六博些。分曹并进，遒相迫些。成枭而牟，呼五白些。晋制犀比，费白日些。

菎蔽、犀比，未详。象棋，谓围棋，象阴阳及周天之度。六博，博戏，十二棋，人得其六。分曹，两人相竞。遒，急也。相迫，互争胜也。此言棋也。枭，博采。两未有伤曰牟。呼五白者，两者成牟，复呼令成纯采取胜。此言博也。费白日者，犹言消日。此饮酣赛戏以行酒也。旧注：箟，竹名。箟字从竹，博箸也。晋制犀比，谓晋国工比集犀角，以为雕饰。

铿钟摇簴，揳梓瑟些。娱酒不废，沉日夜些。兰膏明烛，华灯错些。

结撰至思，兰芳假些。人有所极，同心赋些。酎饮尽欢，乐先故些。

摇簴，钟声震摇，簴为之动，《考工记》所谓若自其簴鸣也。揳，古八切，拣也。言酒已阑而未阕也。结者，结其篇章；撰，其词句。至思，极思也。兰芳假者，藻思中发，若兰蕙之芳相假借也。极，思所至也。人各尽其思之所至，相竞美也。谓酒阑分题作赋，以纪胜会也。先故，故旧也。自"瑶浆蜜勺"以下至此，皆言燕饮之乐。

魂兮归来，反故居些。

统结上文。

乱曰：献岁发春兮汨吾南征，菉蘋齐叶兮白芷生。路贯庐江兮左长薄，倚沼畦瀛兮遥望博。

献，始也。汨，于笔切，聿也。南征，南游也。庐江，旧以为出陵阳者，非是。襄汉之间有中庐水，疑即此水。长薄，山林亘望皆丛薄也。右江左林，葢沿汉南江北而东游云梦之薮也。沼，小水如池。瀛，大水如海。畦，界也。博，远也。草木勇荣，春水满泽，此言江界春游之乐。

青骊结驷兮齐千乘，悬火延起兮玄颜烝。步及骤处兮诱骋先，抑骛若通兮引车右还。与王趋梦兮课后先，君王亲发兮惮青兕。朱明承夜兮时不可以选无此字淹，皋兰被径兮斯路渐。

此言从王田猎之乐也，悬，犹飞也。火，焚林以田也，玄颜，玄天指容。烝，火气上熏，天色若炊。气轮结也。步及骤处，徒卒追及车骤之处也。诱骋，驱逆之车诱禽使向驰骋之处。先，前行也。抑骛，车行之节。若通，顺道也。右还，逐禽左也。惮，当作殚，尽也。未明，夏也，承夜，昼夜相承而改序也。皋兰，皋岸之兰。被径，盛长也。渐，平声，淹也。言及春以畋于江南之梦泽，及时为欢；恐淹留至夏，则江水潒漫，梦泽为湖，不可复游矣。梦，音蒙，在今岳州华容县。

湛湛江水兮上有枫，目极千里兮伤春心。魂兮归来兮哀江南。

《楚辞通释》卷九终

楚辞通释卷十

大招 右景差作

王逸曰："《大招》者，屈原之所作也。或曰景差，疑不能明也。"今按此篇亦招魂之辞，略言魂而系之以大，盖亦因宋玉之作而广之。其意以《招魂》盛称服食居游声色之美，而不及王伯之道，未足以慰贤士之心，故仍其旨而广之，则为绍玉之作，非屈子倡而玉和明矣。景差与宋玉齿，均为楚之词客，颉颃踵赋，互相扬榷。而昭、屈、景为楚三族，屈子旧所掌理，受教而知深，哀其誓死而欲招之，宜矣。则景差之说为长。洪兴祖曰："屈原赋二十五篇，《渔父》以上是也，《大招》恐非原作。"

青春受谢，白日昭只。春气奋发，万物遽只。冥凌浃行，魂无逃只。魂兮归徕，无远遥只。

受谢，谓前岁已谢，而今岁受之也。只，余声。遽，与渠通，言如渠奋发也。冥，玄冥，冬气。凌，冰也。浃，皆也。徕，与来同。方春之始，天宇开明，阳气发生，万物寒栗阴冽之气尽矣，可以安魂安魄，戒无远逝。此因时起兴，喻阴邪已远，国势向荣，则君子改其去国之心而来归。当时非能如此，特述屈子属望之意，而讽谏暗君，言能远阴幽之小人，开昭苏之盛治，则忠臣返驾，相助为理矣。

魂乎归徕，无东、无西、无南、无北只。

提纲言之。

东有大海，溺水浟浟只。蟂龙并流，上下悠悠只。雾雨淫淫，白皓胶只。魂乎无东，汤谷寂只。一本"寂"下有"寥"字。

溺，与弱通，水无力，不能浮物也。浟浟，迅流貌。悠悠，上下游行貌。雾雨，海气上烝，如雾如雨。胶，浊而凝也。汤，与旸通。海气苍莽，但见白雾昏塞，胶固不解，所谓旸谷者不知何在，无从迎日出之光也。

魂乎无南。南有炎火千里，蝮蛇蜒只。山林险隘，虎豹蜿只。鰅鳙短狐，王虺骞只。魂乎无南，蜮伤躬只。

蜿、蜒，皆蟠踞之意。鰅鳙，怪鱼，旧说以为状如犁牛，未详是否，盖鳄类尔。短狐，即蜮，含沙射人成创，今南人谓之水箭。王，大也。骞，迅行也。

魂乎无西。西方流沙，漭洋洋只。豕首纵目，被发鬤只。长爪踞牙，诶笑狂只。魂乎无西，多害伤只。诶，音嬉。

漭洋洋者，浩荡无涯之意。鬤，发乱貌。踞，与锯同。"豕首纵目"以下，皆言狒狒之属，似人豕首，执人则笑，爪其血而饮，今川西有之。

魂乎无北。北有寒山，逴龙赩只。代水不可涉，深不可测只。天白颢颢，寒凝凝只。魂乎无往，盈北极只。

逴龙，洪兴祖以为即烛龙。《山海经》言西北海外章尾山，烛龙人面蛇身而赤，是烛九阴。代水，未详。楚南去并、代遥远，或闻桑乾、呕夷之水如此尔。天白颢颢，冰雪照炫也。凝凝，不释也。盈北极者，言直至北极，寒冰充满无际也。

魂魄归来，闲以静只。自恣荆楚，安以定只。逞志究欲，心意安只。穷身永乐，年寿延只。魂乎归徕，乐不可言只。

身无怔营曰闲，言无纷呶曰静。自恣，任意所便。安以定者，安居无播迁也。究，穷也。自此以下皆逞志究欲安心之事。穷身，终身也。楚能改过养贤，绌喧呶嚛沓之言，固本保邦而不播迁，则可释屈子穷愁誓死之心，而与同乐。当时必不能然，设言之以慰屈子之志，而讽谏顷襄焉。

五谷六仞，设菰粱只。鼎臑盈望，和致芳只。内鸧鸽鹄，味豺羹只。魂乎归徕，恣所尝只。

六仭，言仓廪之积高也。设者，拣其美而进之。菰米，雕胡，似蒲，结实为饭香美。臑，熟烹也。和致芳者，调和以尽香美也。内，鼎内所有也。鸧，仓庚。鸧，鹁鸠。鹄，黄鹄，小鸟。味，犹和也。豺，瘦不堪食，于文抑不协，字或误。

鲜蠵甘鸡，和楚酪只。醢豚苦狗，脍苴蓴只。吴酸蒿蒌，不沾薄只。魂兮归徕，恣所择只。"蠵"，一作"蠵"，大龟也。

蠵，与蠵同。甘，肥美也。酪，酢浆。苦，苦酒，亦酢也。脍，连上而言，豚狗脍也。苴蓴，蘘荷。蒿，香蒿。蒌，蒌蒿。吴酸，吴人善腌诸菜，若蘘荷蒌蒿之属，皆盐藏令酸，用以和脍。沾，古添字，浓也。不沾薄者，浓淡皆宜。择，择所嗜而食之。

炙鸹烝凫，煔鹑陈只。煎鰿膗雀，遽爽存只。魂乎归徕，丽以先只。

鸹，鸹鸧。煔，音潜，与燖同，沸汤沦也。鹑，鹌属。鰿，今作鲫。遽，与渠同，犹言如许也。爽，食之有异味，今俗言味佳者为爽口。存，犹在也。丽，美也。此言诸美品先进之以爽口也。

四酎并孰，不涩嗌只。清馨冻歠，不歠役只。吴醴白蘖，和楚沥只。魂乎归徕，不遽惕只。"歠"一作"饮"，一作"歜"。

四酎，未详。嗌，音厄，喉也。涩嗌，苦涩滞咽也。役，用也。不歠役者，言甘滑随口而下，不用歠也。蘖，谷芽，以造醴者。沥亦醴，盖今之饧汁。不遽惕者，言饮之和柔，不致醉而心惕惕然。此言饮食之美。旧注：酎，三重酿酒。此云四酎，四重酿也。

代秦郑卫，鸣竽张只。《伏戏》《驾辩》，楚《劳商》只。讴和《阳

补句

阿》，赵箫倡只。魂乎归徕，定空桑只。

代，赵北地。伏戏，旧作伏羲。今按伏羲时未有传乐，当读如字，与《驾辩》皆舞名，盖代秦郑卫之舞也。《劳商》，亦舞名，楚舞也。和者，箫倡而讴和之也。空桑，瑟名。定，整理其弦柱而鼓之。

二八接舞，投诗赋只。叩钟调磬，娱人乱只。四上竞气，极声变只。魂乎归徕，听歌撰只。"舞"，一作"武"。

二八，八人为列，凡二行也。接，相接成缀兆也。投诗赋者，如《春秋传》赋某诗之类，授诗命工歌之也。乱，曲终也，歌竟而人娱也。上，时掌切。四上，上声四韵相叶；古乐府有《上声歌》，盖平浊上清，声之清者也。竞气，引气竞入于高渺，声之变也。撰，具也，言八音与歌相叶，皆备具也。此上言歌舞音乐之美。

朱唇皓齿，嫭以姱只。比德好闲，习以都只。丰肉微骨，调以娱只。魂乎归徕，安以舒只。

比德，同心。好闲，性情温静不佻也。都，雅也；言其风度醇雅，不妖媚也。调，和也，言其和蔼善娱人也。安舒，与处而心志适也。

嫭目宜笑，娥眉曼只。容则秀雅，稚朱颜只。魂乎归徕，静以安只。

嫭，美目貌。曼，长也。稚朱颜者，肌肉滑润，如婴稚也。

姱修滂浩，丽以佳只。曾颊倚耳，曲眉规只。滂心绰态，姣丽施只。小腰秀颈，若鲜卑只。魂乎归徕，恩怨移只。

姱，修饰也。滂，浩荡也。言修饰尽致，兼众美也。曾，丰也。颊，口旁腮肉。倚耳，耳向后若倚，不哆张也。曲眉规者，眉曲如半规。滂心，情有余。绰态，斲笑语默，含情不尽也。施，发于容止也。鲜卑，未详，王逸以为"裦带头。言腰肢细少，颈锐细长，若以鲜卑之带约而束之。"按带名鲜卑者，因鲜卑东胡之制而立名。东胡别为鲜卑，在秦汉之际。逸说未是。鲜，或音藓，少也，微也；卑，敛约也；细腰柔屈之意。思怨移者，言与昵处而相思之怨移也。

易中利心，以动作只。粉白黛黑，施芳泽只。长袂拂面，善留客只。魂乎归徕，以娱昔只。

易中，和易其中。利心，巧慧其心。动作，有事于承顺也。粉以涂面。黛以画眉。芳泽，香膏，以涂发。昔，夕也。

青色直眉，美目媔只。靥辅奇牙，宜笑嘕只。丰肉微骨，体便娟只。魂乎归徕，恣所便只。

直，当也。美目，当眉之下，上映青蛾之色。媔，音绵，长而美也。靥辅，两颊笑而有圆陷也。奇牙，齿白殊异也。嘕，笑而媚也。再言"丰肉微骨"，疑有衍文。便娟，轻好貌。便，与相狎也。此上言姜媵之美。

夏屋广大，沙堂秀只。南房小坛，观绝溜只。曲屋步壛，宜扰畜只。腾驾步游，猎春囿只。琼轂错衡，英华假只。茝兰桂树，郁弥路只。魂乎归徕，恣志虑只。

室南曰堂。沙堂，以丹砂涂堂之楹楣也。房，堂左右侧室。南房，户向南也。小坛，房前筑土与堂齐，而别为砌也。观，去声，楼也。绝溜者，檐有承溜绝水，今之笕也。塯，与檐同。步塯，步廊也。扰，读如饶，驯也。步廊外通厩皁，宜驯养马也。步，行也。因厩马而言游观之乐，顺文及之，谓驾所驯畜，宜于行猎。春囿者，方春草长兔肥之时。琼毂，以丹涂毂若赤玉。错衡，以金饰衡也。英华，车饰之美如花。假，大也，盛也。恣志虑者，放意游观也。

孔雀盈园，畜鸾皇只。鹍鸿群晨，杂鶖鸧只。鸿鹄代游，曼鹔鹴只。魂乎归徕，凤皇翔只。

盈园，统下诸禽而言。群晨，晨而群飞也。鶖，似鹤而嘴距黑，尾短。鸿鹄，大鹄。代游，相代飞翥。曼，延也。群飞相曼延也。鹔鹴，似雁，长颈绿身。其言畜鸾翔凤者，谓众鸟集于春囿，瑞禽将自至也。此上言居室游观之美。

曼泽怡面，血气盛只。永宜厥身，保寿命只。室家盈廷，爵禄盛只。魂乎归徕，居室定只。

曼，长也。泽，丰润也。谓归而备诸奉养，心康体适，以永寿命，无复枯槁憔悴、愤世捐生之心也。室家，兄弟也。盈廷，皆列位于朝廷；爵禄之盛，施及宗族也。此上言君与共富贵而志得身安，殊异放逐之苦。此下乃言道行功立之事，以明贤者所乐，非徒富贵。其体屈子之心而风谏顷襄以用贤则兴之意，切矣。先儒谓《大招》愈于《招魂》，以此。然词赋之体，有显有微，未可执一论也。

接径千里，出若云只。三圭重侯，听类神只。察笃夭隐，孤寡存只。魂乎归徕，正始昆只。

接径，谓巡行之车，接迹于路也。出若云者，扈从众也。三圭，桓也、信也、躬也。子、男执璧不言者，略文。重侯，熊侯、豺侯，天子大射重设之。类，巡狩祭天神之名。察，省视也。笃，厚也。夭，幼也。隐，疾痛可隐恤者。存，问而安之也。正始，兴王之始造。昆，大也。言楚行王道，统一天下，行巡狩之礼。诸侯执玉而观，与于大射，听命以助祭。于是省问孤寡，施之恩泽，与三王受命正统，同其昌大，屈子归而从君以行也。

田邑千畛，人阜昌只。美冒众流，德泽章只。先威后文，善美明只。魂乎归徕，赏罚当只。

四井为邑。畛，田上道。千畛，言千畛如一也。冒，覆庇也。众流，群类。恩泽及人，施于鸟兽草木，皆咸若也。威，武也。诛强秦，平五国，先之以武；经天下，兴礼乐，继之以文。政简刑清，赏罚允当，治之盛也。

名声若日。照四海只。德誉配天，万民理只。北至幽陵，南交阯只。西薄羊肠，东穷海只。魂乎归徕，尚贤士只。

羊肠，陇坂。穷海，极于海滨也。贤士赞襄王业，天下莫不尊尚之。

发政献行，禁苛暴只。举杰压陛，诛讥罢只。直赢在位，近禹麾只。豪杰执政，流泽施只。魂乎徕归，国家为只。

献，进也。献行，进用德行之士也。压，镇也。贤者立于庭陛，镇抚国家，奸佞不敢干也。诛讥罢者，不用罚谪，顽谗自息也。赢，余也。直赢，直有余者。麾，意指也；禹拜昌言，举用直谏，与同意指也。国家为者，举国家而任之，听其所为也。

雄雄赫赫，天德明只。三公穆穆，登降堂只。诸侯毕极，立九卿只。昭质既设，大侯张只。执弓挟矢，揖辞让只。魂乎徕归，尚三王只。

雄雄，高也。赫赫，明也。登降堂者，出入殿陛以议大政。极，至也。质，泽宫所射之椹质，明示可见之质也。诸侯咸宾，公卿在列，文治毕敷，贯革射息，故射椹质于泽宫，或射大侯于路寝，武偃文兴，德上配于三王，魂而来归，乐观其盛矣。此上极言治功化理之美，一皆屈子所志，而楚之君臣不能用者。故幻设一郅隆之象，以慰其幽怨，而诱之使归。所为曲达忠贞之隐愿，且以见非是则泽畔离魂，犯四方之不祥，虽靡烂而不反。其言愈博，其志愈悲矣。

《楚辞通释》卷十终

楚辞通释卷十一

惜誓　　*右贾生作*

　　王逸曰："《惜誓》者，不知谁作也。或曰贾谊，疑不能明也。"今按贾谊渡湘水，为文以吊屈原，其词旨略与此同。谊书若《陈时政疏》《新书》，出入互见，而辞有详略。盖谊所著作，不嫌复出类如此，则其为谊作审矣。

　　《惜誓》者，惜屈子之誓死而不知变计也。谊意以为原之忠贞既竭，君不能用，即当高举远引，洁处山林，从松乔之游。而依恋昏主，迭遭谗毁，致为顷襄所窜徙，乃愤不可惩，自沉汨罗，非君子远害全身之道，故为致惜焉。谊所言者，君子进退之常经。而原以同姓宗臣，且始受怀王非常之宠任，则国势垂亡，而欲引身以避患，诚有所不能忍。其悱恻自喻之至性，有非贾生所知者。则《惜誓》之言，岂足以曲达幽忠，"匪舌是出"，九死不迁之郁曲哉？顾其文词瑰玮激昂，得屈宋之遗风，异于东方朔、严夫子、王褒、刘向、王逸之茸阘无情。且所以惜原者，珍重贤者而扳留之，亦有合于君子爱惜人才之道。故今所存去，尽删《七谏》《九怀》以下诸篇，而独存《惜誓》。

惜余年老而日衰兮，岁忽忽而不反。

　　余，代屈子自余也。推屈子《远游》之志，亦尝念年岁之不可延，而志在超举游仙，如下文所云。

登苍天而高举兮，历众山而日远。观江河之纤曲兮，离四海之沾濡。

众山苍莽而无际，江河纤曲而日下，四海沾濡于垢浊。历览人间，不足淹留，思欲离之以高举。

攀北极而一息兮，吸沆瀣以充虚。

以下皆玄修之旨，与《远游》相彷。沆瀣，北方清气。充虚者，冲寂之气实于内而不外泄，筑基之始功也。

飞朱鸟使先驱兮，驾太一之象舆。

朱鸟，南方真汞。太一，神之枢也。中央戊土，意为黄婆，总摄四方，故曰太一。驾象舆者，意御神以周行三垂，火本生土，而神随意动，逆之者仙也。

苍龙蚴虬于左骖兮，白虎骋而为右騑。

苍龙，日精，魂也。白虎，月华，魄也。騑，服马。魄主载，在内为服。魂主动，在外为骖。蚴虬，读酉九。

建日月以为盖兮，载玉女于后车。

日月，东西坎离之精，即龙虎也。建为盖者，月映日而合光，并建以覆照乎周度也。玉女，姹女也；位北方玄武，故曰后车，载之往配婴儿。

驰骛于杳冥之中兮，休息乎昆仑之墟。

杳冥，无形之形，无象之象。休息，沐浴也。昆仑，兼山之极，艮止之象。

乐穷极而不厌兮，愿从容乎神明。

道得身轻，逍遥自乐，神明淡泊，与天为徒。

涉丹水而驼骋兮，右大夏之遗风。

丹水，出仑昆西南，坤维地户也。大夏，在九州之外，西北之殡，乾亥之方，天门也。出至阴而登至阳也。

黄鹄之一举兮，知山川之纤曲。再举兮，睹天地之圜方。

道成神举，则融结之气，唯其麾使，清宁之理，测其神妙矣。

临中国之众人兮，托回飙乎尚羊。

自高视下曰临。萧条远寄，迥出人上，泠然御风，浊世不足以测其往来矣。尚羊，与徜徉同。

乃至少原之野兮，赤松王乔皆在旁。二子拥瑟而调均兮，余因称乎清商。

少原，未详；旧注谓仙人所居。均，乐器，似瑟，三十六弦。称，奏也。清商，商声之清者。盖商七十二而用其半也。世人不足与处，从松乔而唱和，足以自适也。

澹然而自乐兮，吸众气而翱翔。念我长生而久仙兮，不如反余之故乡。

如上所称游仙之事，岂不澹然自乐，呼吸六气以翱翔乎？而奈之何眷恋故国，不忍弃此同昏之君臣邪？

黄鹄后时而寄处兮，鹍枭群而制之。神龙失水而陆居兮，为蝼蚁之所

高响遏云

裁。夫黄鹄神龙犹如此兮，况贤者之逢乱世哉！

后时，不早去也。蝼，蝼蛄，一名土狗。裁，亦制也。知远游之乐，而依依故国，不能早去，为谗佞所制，所为可惜者此也。

寿冉冉而日衰兮，固僝回而不息。俗流从而不止兮，众枉聚而矫直。

僝，与邅同。僝回，运转也。从，子用切，放也。人寿日衰，岁月驰运而不住；流俗日下，邪枉放纵而不可回。安能以有尽之年，殉波流之世哉？

或偷合而苟进兮，或隐居而深藏。若称量之不审兮，同权概而就衡。

衡，平也。执权以称，执概以量，则枉直分而得其平。昏庸之主不审，贤奸混同，谗人日进，忠臣日隐，流俗放纵而不止，何足与较重轻乎！

或推迻而苟容兮，或直言之谔谔。伤诚是之不察兮，并纫茅丝以为索。

迻，与移同。推迻，随顺君欲，无定说也。诚是，是非之实也。茅丝并纫，茅必伤丝；贤佞并进，佞必害贤矣。

方世俗之幽昏兮，眩白黑之美恶。放山渊之龟玉兮，相与贵夫砾石。

龟，宝龟，大蔡。砾，小石。埋玉于山，沉龟于渊，谗人兴而忠贞必斥矣。

梅伯数谏而致醢兮，来革顺志而用国。悲仁人之尽节兮，反为小人之

所贼。比干忠谏而剖心兮，箕子被发而佯狂。水背流而源竭兮，木去根而不长。

来革，恶来也。小人进，君子伤，乃至殒命捐躯，古有之矣。盖臣之有君，水木之本源也。君反道绝理，贤人无恃以滋长，则摧残阻塞，势所必然。若眷恋故乡而不远引，是挽逆流而抱枯枝矣。何如全身殒命之得也。

非重躯以虑难兮，惜伤身之无功。

且吾所为惜屈子而欲其远引者，非畏祸难而偷生也。梅，比死而殷亡，屈子沉而楚灭，无救于国，徒陨其躯，亦何益邪？

已矣哉！独不见夫鸾凤之高翔兮，乃集大皇之野。循四极而回周兮，见盛德而后下。

皇亦大也。大皇之野，广远无人之地。非有德而不仪其庭，岂以身殉浊世哉！

卓　然

彼圣人之神德兮，远浊世而自藏。使麒麟可得羁而系兮，又何以异乎犬羊？

圣人远屈伸以利用，无道则隐。屈子远游之志不终，自投于渊，无救于楚，徒以轻生，谊所为致惜也。其哀屈子至矣，其为屈子谋周矣，然以为知屈子，则未也。

《楚辞通释》卷十一终

楚辞通释卷十二

招隐士 *右淮南小山作*

王逸曰："《招隐士》者，淮南小山之所作也。昔淮南王安，博雅好古，招怀天下俊伟之士。自八公之徒，咸慕其德而归其仁，各竭才智，著作篇章，分造辞赋，以类相从，故或称小山，或称大山。其义犹《诗》有《小雅》《大雅》也。小山之徒，悯伤屈原，又怪其文升天乘云，役使百神，似若仙者，虽身沉没，名德显闻，与隐处山泽无异。故作《招隐士》之赋，以章其志。"

今按：此篇义尽于招隐，为淮南召致山谷潜伏之士，绝无悯屈子而章之之意。其可以类附《离骚》之后者，以音节局度，浏漓昂激，绍《楚辞》之余韵，非他词赋之比。虽志事各殊，自可嗣音屈宋。而《七谏》以下无病呻吟、蹇涩肤鄙之篇，虽托屈子为言，其漠不相知，徒劳学步，正使湘累有灵，实应且憎，曾不如此篇事异词同之步余芳于别径也。故附之《惜誓》之后，以广三楚之遗风焉。若王逸曲为之说，以相牵附，固非达于文旨者所取也。

桂树生兮山之幽，偃蹇连蜷兮枝相缭。

桂树，南方之珍木也。其叶三脊而冬荣，其枝甘辛而香烈，非深山邃谷不生，故贤者以比德焉，而乐游其下。繁枝交荫，山益以幽矣。

山气巃嵷兮石嵯峨，溪谷崭岩兮水曾波。猿狖群啸兮虎豹嗥，攀援桂枝兮聊淹留。

峻谷绝涧，猿虎交鸣，险恶如斯。而隐士耽桂枝之幽芳，淹留不出，何也？

何与于情而关情自切

王孙游兮不归，春草生兮萋萋。岁暮兮不自聊，蟪蛄鸣兮啾啾。

王孙，隐士也。秦、汉以上，士皆王侯之裔，故称王孙。蟪蛄，寒螀也，似蝉而小。王孙往游山谷，秉不返之志，春草漫生，秋螀悲鸣，岁往如驰，不我肯顾，怀思之切，不自聊赖。此述招者之情，而下极言山中不可淹留之状，以劝其来也。

㘩兮轧，山曲岪，心淹留兮恫慌忽。罔兮沕，憭兮栗，虎豹穴，丛薄深林兮人上栗。

㘩，乌朗切。㘩轧，山气郁蒸之貌。岪，盘曲也。山纡曲则岚雾郁而不散，久处而心为迷乱也。罔沕，疑也。憭栗，惧也。游行经虎豹之穴，心疑惧也。草丛曰薄。树丛曰林。草木蒙茸，孤游自栗，目困而心怵也。

嶔岑碕礒兮，碅磳磈硊。 <small>硊，恢上声；硊，危上声；石貌。</small>

碅，音倾，山高石危，如坠而压然。

树轮相纠兮，林木茷骫。 <small>骫，音委。</small>

茷，音废。耸生曰树，旁山团聚曰轮。茷，枝叶盛貌。骫，柔条下垂貌。林下纠结，森寒相迫也。

青莎杂树兮，薠草靃靡。 <small>靃，息委切。</small>

树，植立也。莎草方秋而直条挺上，故曰树。靃靡，凌杂覆道貌。草卉弥漫，径路绝也。

白鹿麏麚兮，或腾或倚。状皃崟崟兮峨峨，凄凄兮漇漇。

麏，獐。麚，牡鹿。腾，走。倚，立也。皃，古貌字。崟崟、峨峨，伎足亭立貌。凄凄、漇漇，毛色濡泽貌。禽兽纵横，不避人而行立自如，以相逼也。

双 引 妙

弥猴兮熊罴，慕类兮以悲。攀援桂枝兮聊淹留。

兽离群而悲鸣，然则士子处于山中，能无人间之想乎？如之何其尚淹留也？

虎豹斗兮熊罴咆，禽兽骇兮亡其曹。

曹，类也。禽兽闻熊虎之怒号，失群而走，不敢安居。况君子而可以久处此乎？

王孙兮归来，山中兮不可以久留！

不言我所以待士者何如，不言士之来归而志行者何如，但于空山岑寂孤危之情景，三致意焉。盖深体贤士不得已之情，而恻然为之恤念所由，与汉高帝"从我游者吾能尊显之"说相径庭，用意深厚。士之所以乐为淮南死者，诚有以动之也。且其辞致磅礴弘肆，而意唯一致，真得骚人之遗韵，以视朔、褒、向、逸之庞杂，尤为度越。艺林之士诚泳泆焉，丽则而不淫，其亦知所津逮矣。

《楚辞通释》卷十二终

楚辞通释卷十三

山中楚辞　四篇

小山《招隐》而后，骚体中绝，有如《七谏》《哀时命》《九叹》《九怀》《九思》诸篇，俱不足附屈宋之清尘，论之详矣。梁江淹工于拟似，与刘谢之徒自谓学古制今，触类而广之，作《山中楚辞》。其用意幼眇，言有绪而不靡，特足绍嗣余风。余故删汉人无病呻吟之剿说，而登江作。夫辞以文言，言以舒意，意从象触，象与心迁，出内橐括之中，含心千古，非研思合度，末由动人哀乐，固矣。此江氏所以轶汉人而直上也。

青春素景兮，白日出之蔼蔼。

素景，日色昭鲜也。蔼蔼，温和之貌。

吾将弭节于江夏，见杜若之始大。结雕鳞以成车，悬杂羽而为盖。

雕鳞，薜荔若鳞。杂羽，群花，山中之饰也。

草色绿而马声悲，歃沿袖以流带。

歃歔出涕，沿流于袖带间，不待明言所悲者云何，而情自远矣。

右一。

予将礼于太一，乃雄剑兮玉钩。

剑有雄雌，干将、莫邪之类是也。玉钩，佩剑环。

日华粲于芳阁，月金披于翠楼。

月金，月色如白金。披，与被通。此言承祀自晨至暮祠宫之丽景。

舞燕赵之上色，激河淇之名讴。荐西海之异品，倾东岳之庶羞。乘文鱼兮锦质，要灵人兮中洲。

激，戾气使清高也。灵人，神人也。此仿《九歌》之作，但言所以要神者歌舞品物之美，则己内美之修洁、中诚之恳至，自在言表矣。

右二。

入橘浦兮容与，心憪惘兮迷所识，视烟霞如一色。

憪惘，茫昧貌。橘浦，种橘江干。古称江陵橘洲，今临江夹岸皆柑橘，足知橘之宜于浦矣。橘叶丛生，弥望幽郁，心怀耿忧者，对之欲迷。树杪烟平，落霞迥亘，尤足乱人远思。

深林窈以亏天，上列星之所极。

极，至也。浦橘方秋，枝叶益繁，蔽天隐星，蒙茏常暗，以此思愁，愁可知矣。

桂之生兮山之幽，纷可爱兮何团团！溪崎嵝兮石架阻，飑飑飕兮水道寒。烟色闭兮乔木桡，岚气暗兮幽篁难。

石架，石梁也。飑飑，阴风。飕，风声。桡，音闹，曲也。溪风阴咽，硐道增寒，烟暝横空，树杪半藏，岚气幽篁，浓阴黯黫。山中岑寂，离人何以胜此哉！

忌蟋蛄之早吟，惜王孙之晚还。信于邑兮白露，方夭病兮秋兰。

白露降而秋兰萎，诚可为鸣咽者也。此仿《招隐士》而广之，悲放逐之士归国无期，空山抱怨之情。

右三。

石筵筵兮蔽泉。

硐石横立，水流出于其下。

雪叠叠兮薄树。

薄，栖也。

车萧条兮山逼，舟容与兮水路。

山逼，山径逼侧之所。

愍晨夜之摧挫，感春秋之欲暮。

日夜不留，摧折令人易老。志有不伸，功有不遂，俯念飘遥，困舟车于危石寒冰之下，屈宋所悲，将无有同情乎！

征夫辍而在旁，御者蹰而载顾。

征夫，从行者。迁客不忍离君而去，迟回欲止。行路之难，不徒在山水也。

右四。

《楚辞通释》卷十三终

楚辞通释卷十四

爱远山　右江文通作

《爱远山》，亦江淹之所作也。淹放黜为闽山长史，待罪三载，究识烟霞之状，笔墨之势，聊为斯文。其云郢路辽远，则依屈子之心以自旌。而文笔沉郁，意指蕴藉，不忍忘君之意，溢于尺幅，非但如汉人怨怼之辞，徒寄恨于怀才不试也，故嘉其志而录之。

高唱

伯鸾兮已远，名山兮不返。

伯鸾，汉梁鸿字，伤时作《五噫之歌》，东适吴越，入名山以终老。淹引此以自况。

逮绀草之可结，及朱华之未晚。缧余马于椒阿，漾余舟于沙衍。

绀草，草芽方出，微红色也。山顶曰椒。

临星胐兮树暗，看日烁兮霞浅。

方夕星出而树增幽，始旦日升而霞渐散。

浅霞兮驳云，一合兮一分。映壑兮为色，缀涧兮成文。碧色兮婉转，丹秀兮菳菳。

驳，杂也。云霞相杂，合离不一，以成文章。菳菳，音芬温，回合增盛貌。此山中云物之可玩者。

楚辞通释　123

深林寂以窈窈，上猿狄之所群。群猿兮聒山，大林兮蔽天。

聒山，啼声喧也。此山中孤幽之可感者。

枫岫兮筠岭，兰畹兮芝田。紫蒲兮光水，红荷兮艳泉。香枝兮嫩叶，翡累兮翠叠。

芝，覃也；所生之地，恒当春而生，故谓之田。其品有芳香者。紫蒲，蒲槌老而色紫也。枝叶，蒲荷之茎叶。累、叠，相积也。此山中草木之可悦者，以上备言山中之胜。乃有心不泯，则玩者无可玩，悦者无可悦，感者益深其感，虽曰爱山，亦寄焉而已。

非郢路之辽远，实寸忧之相接。歆美人于心底，愿山与川之可涉。

梁都建康，而云郢路者，以己情同屈子，故即楚事以自况也。美人，谓君也。身在江湖而心存魏阙，非己不见知之为闷，而惟君是思。淹之拟骚，异于汉人之怨尤远矣。

若溘死于汀潭，哀时命而自惬。

不得于君，亦时命之适然，岂敢以怨怼君父哉？属文之道，以意为主；其情私者，其词必鄙，其气戾者，其言必倍。屈子忠贞笃于至性，忧国而忘生，故轮囷洁伟于山川，粲烂比容于日月。而汉人以热衷宠禄之心，欲相仿佛，婢怒猖狂，言同诅咒，清湘一曲，起泥淖之波，非但无病呻吟，如昔人所讥已也。淹生千岁之后，独能曲达其情，念系于君，而不与鸡鹜争粒粟之宠辱，故夕秀初含，朝华已启，庶几温柔宽厚之旨，旷百世而嗣音矣。

《楚辞通释》卷十四终

楚辞通释卷末

九昭　右王船山作

　　有明王夫之，生于屈子之乡，而遭悯戡志，有过于屈者，爰作《九昭》而叙之曰：仆以为抱独心者，岂复存于形埒之知哉！故言以奠声，声以出意，相逮而各有体。声意或留，而不肖者多矣，况敛事征华于经纬者乎！故以宋玉之亲承音旨，刘向之旷世同情，而可绍者言，难述者意。意有疆畛，则声有判合。相勤以貌悲，而幽夐之情不宣。无病之讥，所为空群于千古也。聊为《九昭》，以旌三闾之志。

　　发江山之芊萰兮，回风被乎嘉卉。青春脉其将兰兮，羌何情而愉此！

　　发，始就道也。萰，力甸切。芊萰，卉木盛貌。脉，征动于不觉也。春物可愉悦，而愁人不为之欣赏。

　　凌巴丘之濒洞兮，余甫阅乎南条之荒大。

　　巴丘，今岳州，其南为洞庭。甫，始也。自巴丘而南，山自黔中东来为南条，崇山复岭，重溪叠涧，风日卉木，与湖北迥异。屈子生长郢都，被窜而来，始识湖南山川之色，窅宎绵延，不知涯际，举目之悲，触物难已矣。

　　骇哀吟之宵鼯兮，郁薄霄乎夕霭。虹半隐于丛薄兮，雨中岫而善淫。

　　此巴丘以南荒大之景也。薄霄，迫天也。夕霭，暮云。中岫，雨止于山半。善淫，易雨而难霁也。

即灵媛之前思兮，悯南狩之所寻。

灵媛，谓舜二妃。南狩，舜南巡。山川荒远，二妃不知舜之所在。望君不见，今古同情。

绵修林之茸阂兮，窔洞壑之纷疑。答空响之森寒兮，合嶂沓其如规。耳迥寂其无闻兮，目改观于异色。

茸阂，草木蒙茸而幽蔽也。纷疑，洞壑屈曲不知涯际也。答空响者，空谷传声相答。沓，亦合也。山色四围，仰窥天如规圆。湘沅之间，西连辰酉，其荒大有如此者。人踪绝而音响寂，但触目苍茫而已。

讵侘傺之足捐兮，悄不知迢递之何极。

去国已遥，山河间之，伫立含愁，安能忘邪！

[**泹征**] 述屈子始迁于江南，览河山之异而兴悲，忧菀积中，更无从而明言所怨。深于怨者，言自穷也。

青林白水敞兰风兮，理前心而益炯。

良时清适，偶然息虑，追惟往事，井井不忘。

既服药之春气兮；蘋又申余以秋颖。谓白日之匪鲜兮，岂苍天之莫正。

姱修既洁，矢心抑靖，可自信不欺者。谗人可毁白日之无光，而苍天岂可罔哉！

拊《云门》之清瑟兮，悼倾耳之独忧。改繁声以申悲兮，介师延而相将。匪将者之为劳兮，邈夷庚于羊肠。

追思进谏之初，举要而约信之，则忽而不察。欲谲谏因机以进，乃言愈长而愈相猜疑。我坦衷直致，而君终惑于险波之说，不我从也。

衮九州于寻尺兮，亘千岁于昏旦。恢画画以申猷兮，悔曩辞其犹未半。

所谏者，括天下得失之几，尽古今兴亡之理，规恢而条悉之，非不至也。然及今思之，未即追原祸本，以攻发谗佞，不能无悔。盖均之取怨于人，不如直揭其奸匿，如下文所云。

斥气珥于禹中兮，堙洪流于冀野。涉潀洑而濡首兮，洵犹贤夫今者。

禹中，巳位，近天之中，喻君侧左右。冀州首受大河，喻津要为藏奸之主。靳尚之邪，郑袖之煽，悔未直攻之，虽受其摧伤，犹令其奸邪露见而不敢违。

逸征鸟以翾翾兮，溯颛穸而莫执。回风飘而陨获兮，怅行野其何及。

征鸟，题肩，鹞也。不即执奸佞而显诛之，使其犹翱翔于君侧，反乘势以空善类，自悔无及矣。

进不可与期兮，退不可与息。旷嘉会以韬愁兮，谁予俯而自戚。

逸奸佞而未申明其罪，既必不能改而从我，且必求毁我之成谋以误国。早念及此，谁止予而姑容之，能无追悔乎？怀王之初，信任屈子甚至，乘其时而与靳尚辈争死生于一日，事尚可为。如其不克，以身殉之可尔。投鼠忌器，而留祸本以使蔓延，想屈子沉湘之日，必怀此遗憾，故为代白之。

［**申理**］达屈子未言之情而表著之，想其忠爱愤激之心，追沉湘之日，申念往事，必有如是者。清君侧之恶，虽非人臣所敢专，而宗臣之义，与国存亡，知无不为，言无不尽，故管蔡可诛，昌邑可废，况张仪靳尚之区区者乎！辄为追惜，无嫌悁烈也。

凌漳澨兮及晨，邀余目兮天末。

漳，南漳水，入汉，合于江。楚之东迁，自荆北至宜城，浮汉而下，回望郢都，如在天末。

骖骐崭屼兮，纡荆门之缥渺。滂溏濞次兮，遂江流以虭发。骐，床咸切，屼，吾官切，高锐貌。滂，普郎切。溏，音唐。濞，音避。次，音派。

山自夔巫西来，至荆门而展，所谓"群山万壑赴荆门"也。江水为山所束，下夷陵而迅流浩荡。此言郢都山川形胜有如此者。

相九州而洵美兮，承灵祚而奄处。

立国之固，自熊绎而始，至熊通而盛，奄有江山，踞九州之形胜。

崇台婠妠以诣天兮，下睨乎广陌之鳞聚。兰春被乎平皋兮，都人怀芳而从之。被罗袿之袨服兮，尚不改乎此容也。袿，音规。

婠妠，同绰妠，亭立貌。登高台，视广陌，人物之盛，虽经丧乱而不损，皆先君生聚之积也。

华灯烜于永夜兮，羽盖飘而阴昼。夫何姣好之婵媛兮，抑雄风之蟉虬。

文物既盛，而武威尤雄长于上国。

吞冥厄以无外兮，卷河鼓而浮天街。旅北斗使挹桂酒兮，固谁昔之所怀。

冥厄，楚塞。河鼓，牵牛星，北方宿。天街，昂毕之间，西方辰度。言北卷中原而收秦也。旋北斗，挹桂酒，代周受命，楚先君之志事如此，岂一郢之不保哉！

逮鸣鶪之未闻兮，芳草荣其如昨。逞余望以流观兮，恣含情之广托。

当未迁之时，江山如故，人物如故，顾瞻佳图，犹可壮王居而规远大。

物无废而不兴兮，羌聊谢夫送目。顾美人之倦游兮，曾不临高以旁瞩！

今之废者，固昔之兴者也。何不可再兴而遽弃之！目送江山，徒留余惜。使顷襄能凭高而回望，其能忍两东门之遽芜乎！

［违郢］

夕弭榜兮中洲，澹淫淫兮安流。蘋风欻兮缘波，明月影兮不留。静不可长愉兮情善疑，怵若危兮落叶之辞枝。苍天幕幕兮四垂，朕何为兮数离？

江次飘零，月明人静，孤危忽警，旧怨难忘。忽尔兴思，幻成良遇，如下文所云。

若有期兮新欢，折琼茅兮赠言。维中庭兮妒者，迥相遇兮旷野。申旦旦以及今兮，涕零零而交下。

若思若梦之间，与君邂近。避妒者于中庭，别订欢于巷遇。悔前非而申后誓，感极而继以泣。冥思幻成，忘非其真也。

来无踪兮去无秉，思心发兮遗光景。猿啼林兮惝恍，鱼惊波兮溟滓。江上之寂历兮梦梦，悄余眷兮精相从。孰寓形之淘然兮，覆魂投之靡通。

梦，平声。梦梦，无所见也。非有之境，恍惚形成。猿啸鱼跳，惊失所遇。虽形终子处，而精魄相从，则不信幻成之非实也。

幸旷古兮良夜，轻千里兮命驾。结兰佩兮揽罗祛，驰芳皋兮驱驷马。夫杳霭奚其不可亲兮，几神会之无假。

精魄相遇，随君反阙，倏尔思成，安得遂如此时之心境，而非徒幻想哉？

［引怀］不得已之极思，意中生象。其与君相遇之幻景，固笃志者情中必有之情也。为屈子曲引之。

悲孤绪之独荣兮，旷千秋而无与。晋谋古而不获兮，奚凡今之可诉？

古人于我，或事同而志异，或志同而事异，尚不可谋，况今之悠悠者。屈子之孤忠所为无耦也。

二士行歌于首山兮，未夙谟夫商邑。百里望哭于殽釜兮，追虞谏其何及。剖比干于一丘兮，待殷殄而始封。抉子胥于吴门兮，盼于越之凌江。言虽售而志残兮，要忘亲而逯怨。引愤毒于黄泉兮，操余言以为券。诚弥缝其终窭兮，轨有偾而必由。陨萧艾于繁霜兮，匪芳桂之所求。

夷齐避纣而不为谋，百里奚哭秦师而不谏虞公，皆先事之未尽者。比干之墓，受封于周，非比干之荣也。子胥悬眼以望越兵，愈违其初志矣。然则屈子身死言验而楚亡，郑袖脣姐已之诛，靳尚蒙宰嚭之戮，岂其所愿乎！乃至采薇行歌，终饿西山，亦非己所欲。此古人所不可与谋者也。

鸟将飞而遗音兮，顾青林而息羽。

策士谋臣，知楚之不可有为，则去而之他国已耳。

鱼沉冥以响沫兮，憺忘情于洲渚。

若庄周、荀卿之流，皆楚人也。全身远害，退隐已耳。渔父鼓枻之歌，且欲己之置安危于罔恤。

丰草靡于江干兮，怀零露之新滋。

昔日芳草，今为萧艾，且附奸佞以求荣矣。

乔木荣于崇丘兮，冀雾霰之后时。

故家旧臣，侥幸苟安，不能远虑。凡此皆今人之不可诉者也。

高天广陌之复复兮，玄冬闭而不泄。谅俯印之无与酬兮，韬郁陶以永世。

印与仰同。上下相蒙，幽闭无复生之气。己独有心，谁可与相告语？埋忧地下，随逝水以东流而已。

[**扃志**] 扃，闭也。孤情自述，不与古人同调，而举国无同心之侣。缄闭幽贞之志，千古而下，犹有谓其忠而过者，谁与发屈子之扃乎？

耿元夜之穆清兮，今者愔愔而寤余。邈登天其无畔兮，嘉余魂之安驱。

寒夜萧清，一念忽兴。神驰楚塞之外，而所以雪耻振威西吞殽函者，皆若惟我之驱驰而得志者然。

余储奇服以遴征兮，纷仿佛而袭之。左葳蕤之翠羽兮，右离褷之星施。

张楚破秦之策，凤所位置，若在目前。

发丹阳之故宫兮，首商于而问道。夏旌旟旖旎而前征兮，余又申之以鹭翾。介三青鸟以先鸣兮，诛凤皇于西母。诡逢迎而中变兮，余怒叱夫蠽廉之蚴蟉。

此下言兴师讨秦之次第也。诛凤皇于西母，诘怀王不返之故，使自服罪。意秦人多诈，必伪请和以诱我，叱风伯使勿迟回。不听其甘言，而决于致死，乃可以逞志。

升密云其未半兮，彗荧荧而西弛。觊太乙之婉存兮，责余驾之不驶。

以誓死之气，与秦争存亡。兵甫交而秦可破。夺武关，临渭水，秦且西溃。逮怀王之未死，迎之以归，当喜极而嗔，怨其不速也。

两龙抃而南回兮，顾丰隆之未怠。

怀王虽返，秦罪未足以惩，则怒不容于中止。

惩蓐收之善淫兮，霁九嵏之晻霭。涤三危之宿疅兮，憩崆峒而息辔。

蓐收，西方神。九嵏山在武功。三危在肃州。崆峒在固原，秦极西境也。秦人积怨于天下，如秋霖之害良稼。诛其君，吊其民，息天下之祸，如涤阴翳而睹青天，讫于西极而后已。

容成嬗以徕下兮，唁余劳之已艾。

容成，崆峒之仙者。设为相劝之辞，言用兵之已勤。

日浮云不可为期兮，白日中其易倾。龙虬螑其且蛰兮，凤翩翩而不宁。排霄路之缤纷兮，又安得夫玉山之嘉颖。"螑"，许救切。虬螑，龙伸颈低昂貌。

颖，禾穗也。或以胜不可久恃，欲罢兵而退保成功。廓清大定，惟天所授而不可遽望。相为劝止，盖亦物论之有然者。而积愤初申，固难自抑，如下文所云。

余填膺而申答兮，怀万年而一逞。鸾族凤以孪生兮，枭屡攫而永慹。指昊天以奋飞兮，惧日月之我迟。"孪"，音恋。

己与楚为同姓之亲臣，秦人之怨，辱及宗祧，特憾日月之不速，岂患虔刘之已过哉！

轻蹇产之云遗兮，愤间关之梁辀。骛飙风而凌浮焰兮，夫何倒景之足忧！

志苟能遂，何谋远之恐不逮而功高之足危哉！愤之已深，筹之已夙，故其静念而若将为之者如此。

[**荡愤**] 楚之势不两立者，秦也。百相欺百相夺者，秦也。怀王客死不共戴天者，秦也。屈子初合齐以图秦，为张仪靳尚所阻，愤不得申。放窜之余，念大仇之未复，夙志之不舒，西望秦关，与争一旦之命，岂须臾忘哉！事虽没世不成，而静夜思之，炯然不昧，若蹀血咸阳，饮马泾渭，无难旦夕必为者。聊为达其志，以荡其愤焉。

献岁发春兮，荃茸茸其始稚，抽盈盈之微荣兮，孰飘风之可试。

顷襄冲弱嗣立，国家多难。念其孤昧，可为寒心。

皇天不仁兮，白日淹而西颓。夕月孤清兮，怛浮云之群飞。

怀王西客咸阳而不返，国无生气。小人复群聚于嗣君之侧，必欲拥孤月而蔽之。

遭茕茕其驰荡兮，脉亭亭其谁诉。美人岂其无俦兮，介良媒而屡误。

国势孤危，无有忧恤之者。夫岂无人之可任哉？所求非贤，则舍西施而聘嫫母矣。

蕙托荃以同畦兮，蒡与稿之相连。戒秋霜之凛冽兮，誓嘉会于百年。

唯己与君，恩属一本，荣枯与共。故切危亡之忧，而思保国以长存。

鸥鹗轻戾于阴雨兮，吟公且于东国。五子悲讴于洛汭兮，悋有求而弗获。或流哀而必动兮，或皇皇而弗庸。余雅不谋夫判合兮，维灵修之梦梦。 <small>悋，鸥昭切，怅恨也。梦，平声。</small>

周公作《鸥鹗》而成王悔悟，五子歌洛汭而太康终迷。然则忠言不用，国必危亡。余岂以用舍为忧，君不悟而无救正之者，是足伤也。

夙密逑于兰皋兮，且搴芳而夕进。回曼睐其犹荧兮，矧千里之迷津！

当怀王之世，日在君侧，忠言日告，且荧眩于邪佞，今远窜千里之外，君孤迷于上，更孰与诏之？

飘女桑之季叶兮，哀弱丧之便娟。下临浩汗之无地兮，上黝黮而无天。怵不可以终夕兮，吾将奚望以久延？

季，稚也。冲人孤立，盈廷昏昧，念其悄忧无托，阽危无辅之惨，终不足以图存，而亦奚以生为也。

[悼乱] 悼君侧之无人也。虽被迁窜，而所隐省者惟君。《七谏》以下忿怀才不试而诋君者，固不足以知屈子之心矣；若夺禄位，罹厄穷，而悻悻自沉于渊，则岂非好勇疾贫之乱人哉！

承荣光于有绪兮，卬玄黉而善容。傛妎媚其无与仇兮，遄婞忌而始工。

身为世胄宗臣，且内美修能之可表见，若持禄容身，岂患不得君而显，奚必与人竞是非以希得志乎？

亮兹情之莫蔽兮，素与黝其不相凌。荃同芳其犹迷兮，又奚况夫背憎。

君子不待排小人而始显，此皎然易知者。如黑能污白，白不妨黑。乃怀王既知任己，终且见疑，则背憎之奸，疑忌而攻击之，抑且如之何也。

药与菔之争荧兮，辂栈车之相触。玉抵砥其必毁兮，熠耀固掩乎华烛。捐盛年之煌扈兮，殉奄息于既耄。辱干将以剚石兮，夫唯灵修之悼也。剚，音弗。

熠耀，鬼火磷也。煌扈，壮盛貌。奄息，奄奄之息。君子固不屑与小人争，争必为小人所伤。夫岂不知远引以避其毒哉？大谋不定，君且身危国削，悼君之陷溺，故辱玉以抵砥，知祸及而不避。

少师諴而随延兮，恫皇天之不遄怒。箕子狂而辛殄兮，凄行歌以何补。

能早殄奸人，则楚尚可延，故不惜与竞而受祸。如其不然，佯狂以免咎，虽他日哀歌麦秀，亦无救于灭亡，则爱身全道之说，固非心所安也。

企汉东而眕申息兮，鼯狚昼啼于丛薄。高台夷以成蹊兮，憪不满朝鞠人之溪壑。羌自瘵而庸违兮，审债踣之必谌。眕，音眕，目所止也。

日蹙百里，故邑丘墟。奸佞之欲，尚不知厌。自亡自毁，知其必然矣。

已矣夫！方将之不可念兮，聊息乎长夜之曾阴。

旋踵之覆败，不堪回念，唯决从彭咸，赴江流，俾不见闻已尔。

[惩悔] 君心邪正之分，社稷存亡之介，虽不屑与匪人争，而触权奸以死，无所悔也。

洞庭之南兮，湘流瀺瀺。危岑屧巇兮，青冥无极。悲风飒兮枫林幽，夕雨亘兮秋草积。瀺，古伯切。屧巇，音追彝！

沅湘之南，山川景物之惨淡有如此者。幽魂往来于其间，益增凄怆。

敞苍天之穹窿兮，魂渺渺其谁寄。引万年于无终兮，幂四表而焉至。

沉湘之后，神无所栖，能无飘散无归之怨乎！

日长逝而不留兮，固荡散其匪今。就沆瀣于穷北兮，邀归云而复南。神与魄之不相守兮。光与容违。仅耿耿之若存兮，畴昔相知。

虽当未死之日，而忧国怨深，忘生志定，神去魄而心目之光不著于形体，久矣。唯此耿耿若存之心，不随消散，则沉湘以后，神魂飘忽于往来，心知其亦如此而已。

营飘飘其莫羁兮，精湡弱其不固。愤连蜷以轮困兮，恐伤余之雅度。

湡，音戈。

营，魂也。老子曰：载营魄。家国之怨，郁而不散，将为白虹，将为青珥，而素心淡漠，不欲其然，则亦从容闿缓于两间耳。

白日夕沉兮，星汉高寒。谁竢余兮，神导余以漫漫。言不可理兮，心不可将。胧胧其若有明兮，指郢路之苍茫。辽戾澒濛兮，荡斥八埏。谁与旋归兮，娱美人之暮年？

清宵寒夜，耿耿若存者，既离物孤游，唯不昧之忠忱，犹依宗国。念已长辞君所，则谁为悯乱忧倾，辅君于式微者？死而不忘者此尔。

刿志今夕兮，逝无与迁。郁勃欲以愤兴兮，遗孤炯之流连。

决志一死，无所复待，遗此孤忠，长依君侧。君虽莫我能知，而矢志于泉壤者固然，此屈子之所以为屈子也与！

〔**遗愍**〕此绝命之遗音也。自言既死以后，其神爽有如此者。故安死自靖，怨诽而不伤。

《楚辞通释》卷末终

《楚辞通释》全书终

诗

译

诗 译

一

　　王仲淹氏之续经，见废于先儒，旧矣。续而僭者，《七制》之诏策也。仲淹不任删，《七制》之主臣尤不足述也。《春秋》者，衰世之事，圣人之刑书也。平、桓之天子，齐、晋之诸侯，荆、吴、徐、越之僭伪，其视六代、十六国，相去无几，事不必废也，而诗亦如之。卫宣、陈灵，下逮乎《溱洧》之士女，《葛屦》之公子，亦奚必贤于曹、刘、沈、谢乎？仲淹之删，非圣人之删也，而何损于采风之旨邪？故汉、魏以还之比兴，可上通于《风雅》；桧、曹而上之条理，可近译以三唐。元韵之机，兆在人心，流连泆宕，一出一入，均此情之哀乐，必永于言者也。故艺苑之士，不原本于《三百篇》之律度，则为刻木之桃李；释经之儒，不证合于汉、魏、唐、宋之正变，抑为株守之兔罝。陶冶性情，别有风旨，不可以典册、简牍、训诂之学与焉也。随举两端，可通三隅。

二

　　"《诗》可以兴，可以观，可以群，可以怨。"尽矣。辨汉、魏、唐、宋之雅俗得失以此，读《三百篇》者必此也。"可以"云者，随所"以"

而皆"可"也。于所兴而可观，其兴也深；于所观而可兴，其观也审。以其群者而怨，怨愈不忘；以其怨者而群，群乃益挚。出于四情之外，以生起四情；游于四情之中，情无所窒。作者用一致之思，读者各以其情而自得。故《关雎》，兴也；康王晏朝，而即为冰鉴。"讦谟定命，远猷辰告。"观也。谢安欣赏，而增其遐心。人情之游也无涯，而各以其情遇，斯所贵于有诗。是故延年不如康乐，而宋、唐之所由升降也。谢叠山、虞道园之说诗，井画而根掘之，恶足知此！

三

"采采芣苢"意在言先，亦在言后，从容涵泳，自然生其气象。即五言中，《十九首》犹有得此意者，陶令差能仿佛，下此绝矣。"采菊东篱下，悠然见南山"，"众鸟欣有托，吾亦爱吾庐"，非韦应物"兵卫森画戟，燕寝凝清香"所得而问津也。

四

"昔我往矣，杨柳依依；今我来思，雨雪霏霏。"以乐景写哀，以哀景写乐，一倍增其哀乐。知此，则"影静千官里，心苏七校前"，与"唯有终南山色在，晴明依旧满长安"，情之深浅宏隘见矣。况孟郊之乍笑而心迷，乍啼而魂丧者乎！

五

唐人《少年行》云："白马金鞍从武皇，旌旗十万猎长杨。楼头少妇鸣筝坐，遥见飞尘入建章。"想知少妇遥望之情，以自矜得意，此善于取影者也。"春日迟迟，卉木萋萋；仓庚喈喈，采蘩祁祁。执讯获丑，薄言还归。赫赫南仲，玁狁于夷。"其妙正在此。训诂家不能领悟，谓妇方采蘩而见归师，旨趣索然矣。建旌旗，举矛戟，车马喧阗，凯乐竞奏之下，仓庚何能不惊飞，而尚闻其喈喈？六师在道，虽曰勿扰，采蘩之妇亦何事暴面于三军之侧邪？征人归矣，度其妇方采蘩，而闻归师之凯旋，故迟迟之日，萋萋之草，鸟鸣之和，皆为助喜。而南仲之功，震于闺阁。室家之欣幸，遥想其然，而征人之意得可知矣。乃以此而称南仲，又影中取影，曲尽人情之极至者也。

六

始而欲得其欢，已而称颂之，终乃有所求焉：细人必出于此。《鹿鸣》之一章曰："示我周行。"二章曰："示民不恌，君子是则是效。"三章曰："以燕乐嘉宾之心。"异于彼矣。此之谓大音希声。希声，不如其始之勤勤也。杜子美之于韦左丞，亦尝知此乎？

七

"庭燎有辉"，乡晨之景，莫妙于此。晨色渐明，赤光杂烟而靉靆，但以"有辉"二字写之。唐人《除夕》诗"殿庭银烛上熏天"之句，写除夜之景，与此仿佛，而简至不逮远矣。"花迎剑佩"四字，差为晓色朦胧传神；而又云"星初落"，则痕迹露尽。益叹《三百篇》之不可及也。

八

苏子瞻谓"桑之未落，其叶沃若"，体物之工，非"沃若"不足以言桑，非桑不足以当"沃若"，固也。然得物态，未得物理。"桃之夭夭，其叶蓁蓁"，"灼灼其华"，"有蕡其实"，乃穷物理。夭夭者，桃之稚者也。桃至拱把以上，则液流蠹结，花不荣，叶不盛，实不蕃。小树弱枝，婀娜妍茂为有加耳。

九

"子之不淑，云如之何""胡然我念之""亦可怀也"，皆意藏篇中。杜子美"故国平居有所思"，上下七首，于此维系，其源出此。俗笔必于篇终结锁，不然则迎头便喝。

十

句绝而语不绝，韵变而意不变，此诗家必不容昧之几也。"天命玄鸟，降而生商。"降者，玄鸟降也，句可绝而语未终也。"薄污我私，薄浣我衣。害浣害否，归宁父母。"意相承而韵移也。尽古今作者，未有不率由乎此；不然，气绝神散，如断蛇剖瓜矣。近有吴中顾梦麟者，以帖括塾师之识说诗，遇转则割裂，别立一意；不以诗解诗，而以学究之陋解诗，令古人雅度微言，不相比附。陋于学诗，其弊必至于此。

十一

知"池塘生春草""胡蝶飞南园"之妙，则知"杨柳依依""零雨其蒙"之圣于诗：司空表圣所谓"规以象外，得之圜中"者也。

十二

"赐名大国虢与秦"，与"美孟姜矣""美孟弋矣""美孟庸矣"一辙，古有不讳之言也，乃《国风》之怨而诽、直而绞者也。夫子存而弗删，以见卫之政散民离，人诬其上；而子美以得"诗史"之誉。夫诗之不可以史为，若口与目之不相为代也，久矣。《鲁颂》，鲁风也；《商颂》，宋风也：以其用天子之礼乐，故仍其名曰"颂"。其郊禘之升歌也，乃文之无惭，佾心形焉。"鼓咽咽，醉言归，于胥乐兮。"与《铙吹》《白纻》同其管急弦繁之度，杂霸之风也，鲍昭、李白、曹邺以之。

十三

"女也不爽，士贰其行，士也罔极，二三其德。"语似排偶，而下三语与上一语相匹。李白"剑阁重开蜀北门，上皇车马若云屯。少帝长安开紫极，双悬日月照乾坤"。窃取此法而逆用之。盖从无截然四方八段之风雅也。

十四

谢灵运一意回旋往复，以尽思理，吟之使人卞躁之意消。《小宛》抑不仅此，情相若，理尤居胜也。王敬美谓"诗有妙悟，非关理也"。非理抑将何悟？

十五

用复字者，亦形容之意，"河水洋洋"一章是也。"青青河畔草，郁郁园中柳"，顾用之以骈宕。善学诗者，何必有所规画以取材？

十六

兴在有意无意之间，比亦不容雕刻。关情者景，自与情相为珀芥也。情景虽有在心在物之分，而景生情，情生景，哀乐之触，荣悴之迎，互藏其宅。天情物理，可哀而可乐，用之无穷，流而不滞；穷且滞者不知尔。"吴楚东南坼，乾坤日夜浮。"乍读之若雄豪，然而适与"亲朋无一字，老病有孤舟"相为融浃。当知"倬彼云汉"，颂作人者增其辉光，忧旱甚者益其炎赫，无适而无不适也。唐末人不能及此，为"玉合底盖"之说，孟郊、温庭筠分为二垒。天与物其能为尔阉分乎？

《诗译》终

夕堂永日绪论

序

　　《周礼》大司乐以乐德、乐语教国子，成童而习之，迨圣德已成，而学《韶》者三月。上以迪士，君子以自成，一惟于此。盖涵泳淫泆，引性情以入微，而超事功之烦黩，其用神矣。

　　世教沦夷，乐崩而降于优俳。乃天机不可式遏，旁出而生学士之心，乐语孤传为《诗》。《诗》抑不足以尽乐德之形容，又旁出而为经义。经义虽无音律，而比次成章，才以舒，情以导，亦所谓言之不足而长言之，则固乐语之流也。二者一以心之元声为至。舍固有之心，受陈人之束，则其卑陋不灵，病相若也。韵以之谐，度以之雅，微以之发，远以之致，有宣昭而无掩蔼，有淡宕而无犷戾；明于乐者，可以论《诗》，可以论经义矣。

　　余自束发受业经义，十六而学韵语，阅古今人所作诗不下十万，经义亦数万首。既乘山中孤寂之暇，有所点定，因论其大约如此。可言者，言及之；有不可言者，谁其知之？

　　庚午补天穿日，船山老夫叙。

夕堂永日绪论内编

一

兴、观、群、怨，诗尽于是矣。经生家析《鹿鸣》、《嘉鱼》为群，《柏舟》、《小弁》为怨，小人一往之喜怒耳，何足以言《诗》？"可以"云者，随所"以"而皆"可"也。《诗三百篇》而下，唯《十九首》能然。李、杜亦仿佛遇之，然其能俾人随触而皆可，亦不数数也。又下或一可焉，或无一可者。故许浑允为恶诗，王僧孺、庾肩吾及宋人皆尔。

二

无论诗歌与长行文字，俱以意为主。意犹帅也。无帅之兵，谓之乌合。李、杜所以称大家者，无意之诗十不得一二也。烟云泉石，花鸟苔林，金铺锦帐，寓意则灵。若齐、梁绮语，宋人捭合成句之出处，宋人论诗，字字求出处。役心向彼搜索，而不恤己情之所自发，此之谓小家数，总在圈缋中求活计也。

三

把定一题、一人、一事、一物，于其上求形模，求比似，求词采，求故实，如钝斧子劈栎柞，皮屑粉霏，何尝动得一丝纹理？以意为主，势次之。势者，意中之神理也。唯谢康乐为能取势，宛转屈伸，以求尽其意；意已尽则止，殆无剩语；夭矫连蜷，烟云缭绕，乃真龙非画龙也。

四

"池塘生春草"，"胡蝶飞南园"，"明月照积雪"，皆心中目中与相融浃，一出语时，即得珠圆玉润，要亦各视其所怀来而与景相迎者也。"日暮天无云，春风散微和"，想见陶令当时胸次，岂夹杂铅汞人能作此语？程子谓见濂溪一月坐春风中。非程子不能知濂溪如此，非陶令不能自知如此也。

五

"僧敲月下门"，只是妄想揣摩，如说他人梦，纵令形容酷似，何尝毫发关心？知然者，以其沉吟"推""敲"二字，就他作想也。若即景会心，则或推或敲，必居其一，因景因情，自然灵妙，何劳拟议哉？"长河落日圆"，初无定景；"隔水问樵夫"，初非想得：则禅家所谓现量也。

六

诗文俱有主宾。无主之宾，谓之乌合。俗论以比为宾，以赋为主；以反为宾，以正为主，皆塾师赚童子死法耳。立一主以待宾，宾无非主之宾者，乃俱有情而相浃洽。若夫"秋风吹渭水，落叶满长安"，于贾岛何与？"湘潭云尽暮烟出，巴蜀雪消春水来"，于许浑奚涉？皆乌合也。"影静千官里，心苏七校前"，得主矣，尚有痕迹。"花迎剑佩星初落"，则宾主历然，镕合一片。

七

身之所历，目之所见，是铁门限。即极写大景，如"阴晴众壑殊"、"乾坤日夜浮"，亦必不逾此限。非按舆地图便可云"平野入青徐"也，抑登楼所见者耳。隔垣听演杂剧，可闻其歌，不见其舞；更远则但闻鼓声，而可云所演何出乎？前有齐、梁，后有晚唐及宋人，皆欺心以炫巧。

八

一诗止于一时一事，自《十九首》至陶、谢皆然。"夔府孤城落日斜"，继以"月映荻花"，亦自日斜至月出诗乃成耳。若杜陵长篇，有历数月日事者，合为一章。《大雅》有此体。后唯《焦仲卿》《木兰》二诗为然。要以从旁追叙，非言情之章也，为歌行则合，五言固不宜尔。

九

古诗无定体，似可任笔为之，不知自有天然不可越之榘镬。故李于鳞谓唐无五古诗，言亦近是；无即不无，但百不得一二而已。所谓榘镬者，意不枝，词不荡，曲折而无痕，戍削而不竞之谓。若于鳞所云无古诗，又唯无其形埒字句与其粗豪之气耳。不尔，则"子房未虎啸"及《玉华宫》二诗，乃李、杜集中霸气灭尽和平温厚之意者，何以独入其选中？

十

古诗及歌行换韵者，必须韵、意不双转。自《三百篇》以至庾、鲍七言，皆不待钩锁，自然蝉连不绝。此法可通于时文，使股法相承，股中换气。近有顾梦麟者，作《诗经塾讲》，以转韵立界限，划断意旨。劣经生桎梏古人，可恶孰甚焉！晋《清商》《三洲》曲及唐人所作，有长篇拆开可作数绝句者，皆蠹虫相续成一青蛇之陋习也。

十一

以神理相取，在远近之间。才着手便煞，一放手又飘忽去，如"物在人亡无见期"，捉煞了也。如宋人咏河鲀云："春洲生荻芽，春岸飞杨花。"饶他有理，终是于河鲀没交涉。"青青河畔草"与"绵绵思远道"，何以相因依，相含吐？神理凑合时，自然恰得。

十二

太白胸中浩渺之致，汉人皆有之，特以微言点出，包举自宏。太白乐府歌行，则倾囊而出耳。如射者引弓极满，或即发矢，或迟审久之，能忍不能忍，其力之大小可知已。要至于太白，止矣。一失而为白乐天，本无浩渺之才，如决池水，旋踵而涸。再失而为苏子瞻，菱花败叶，随流而漾。胸次局促，乱节狂兴所必然也。

十三

"海暗三山雨"接"此乡多宝玉"不得，迤逦说到"花明五岭春"，然后彼句可来，又岂尝无法哉？非皎然、高棅之法耳。若果足为法，乌容破之？非法之法，则破之不尽，终不得法。诗之有皎然、虞伯生，经义之有茅鹿门、汤宾尹、袁了凡，皆画地成牢以陷人者，有死法也。死法之立，总缘识量狭小。如演杂剧，在方丈台上，故有花样步位，稍移一步则错乱。若驰骋康庄，取途千里，而用此步法。虽至愚者不为也。

十四

情景名为二，而实不可离。神于诗者，妙合无垠。巧者则有情中景，景中情。景中情者，如"长安一片月"，自然是孤栖忆远之情；"影静千官里"，自然是喜达行在之情。情中景尤难曲写，如"诗成珠玉在挥毫"，写出才人翰墨淋漓，自心欣赏之景。凡此类，知者遇之；非然，亦鹘突看过，作等闲语耳。

十五

"更喜年芳人睿才"与"诗成珠玉在挥毫"，可称双绝。不知者以"人"字"在"字为用字之巧，不知渠自顺手凑著。

十六

"欲投人处宿，隔水问樵夫。"则山之辽廓荒远可知，与上六句初无异致，且得宾主分明，非独头意识悬相描摹也。"亲朋无一字，老病有孤舟。"自然是登岳阳楼诗。尝试设身作杜陵，凭轩远望观，则心目中二语居然出现，此亦情中景也。孟浩然以"舟楫""垂钓"钩锁合题，却自全无干涉。

十七

近体中二联，一情一景，一法也。"云霞出海曙，梅柳渡江春。淑气催黄鸟，晴光转绿蘋"，"云飞北阙轻阴散，雨歇南山积翠来。御柳已争梅信发，林花不待晓风开"，皆景也，何者为情？若四句俱情，而无景语者，尤不可胜数。其得谓之非法乎？夫景以情合，情以景生，初不相离，唯意所适。截分两橛，则情不足兴，而景非其景。且如"九月寒砧催木叶"，二句之中，情景作对；"片石孤云窥色相"四句，情景双收，更从何处分析？陋人标陋格，乃谓"吴楚东南坼"四句，上景下情，为律诗宪典，不顾杜陵九原大笑。愚不可瘳，亦孰与疗之？

十八

起承转收，一法也。试取初盛唐律验之，谁必株守此法者？法莫要于成章；立此四法，则不成章矣。且道"卢家少妇"一诗作何解？是何章法？又如"火树银花合"，浑然一气；"亦知成不返"，曲折无端。其他或平铺六句，以二语括之；或六七句意已无余，末句用飞白法扬开，义趣超远，起不必起，收不必收，乃使生气灵通，成章而达。至若"故国平居有所思"，"有所"二字虚笼喝起，以下曲江、蓬莱、昆明、紫阁，皆所思者，此自《大雅》来；谢客五言长篇，用为章法；杜更藏锋不露，抟合无垠，何起何收？何承何转？陋人之法，乌足展骐骥之足哉！近世唯杨用修辨之甚悉。用修工于用法，唯其能破陋人之法也。

十九

起承转收以论诗，用教幕客作应酬或可。其或可者，八句自为一首尾也。塾师乃以此作经义法，一篇之中，四起四收，非蠹虫相衔成青竹蛇而何？两间万物之生，无有尻下出头，枝末生根之理。不谓之不通，其可得乎？

二十

《乐记》云："凡音之起，从人心生也。"固当以穆耳协心为音律之准。"一三五不论，二四六分明"之说，不可恃为典要。"昔闻洞庭水"，"闻"、"庭"二字俱平，正尔振起。若"今上岳阳楼"，易第三字为平声，云"今上巴陵楼"，则语塞而戾于听矣。"八月湖水平"，"月""水"二字皆仄，自可；若"涵虚混太清"易作"混虚涵太清"，为泥磬土鼓而已。又如"太清上初日"，音律自可；若云"太清初上日"，以求合于粘，则情文索然，不复能成佳句。又如杨用修警句云："谁起东山谢安石，为君谈笑净烽烟。"若谓"安"字失粘，更云"谁起东山谢太傅"，拖沓便不成响。足见凡言法者，皆非法也。释氏有言："法尚应舍，何况非法？"艺文家知此，思过半矣。

二十一

作诗亦须识字。如"思""应""教""令""吹""烧"之类，有平仄二声，音别则义亦异。若粘与押韵，于此鹘突，则荒谬止堪嗤笑。唐人不寻出处，不夸字学，而犯此者百无一二。宋人以博核见长，偏于此多误。杜陵以鄡侯，"鄡"字作"才何切"，平声粘，缘《史》《汉》注自有两说，非不识字也。至廉颇音"婆"，相如音"湘"，则考据精切矣。苏子瞻不知《轩辕弥明诗序》"长颈高结"，"结"字作"洁"音，稚子之所耻为，而孟浪若此！近见有和人韵者，以"葑菲"作"芳菲"字音押，虽不足道，亦可为不学人永鉴。

二十二

唯孟浩然"气蒸云梦泽"，不知"云土梦作乂"，"梦"本音"蒙"；"青阳逼岁除"，不知"日月其除"，"除"本音"住"。浩然山人之雄长，时有秀句；而轻飘短味，不得与高、岑、王、储齿。近世文征仲轻秀与相颉颃，而思致密赡，骎骎欲度其前。

二十三

王子敬作一笔草书，遂欲跨右军而上。字各有形埒，不相因仍，尚以一笔为妙境，何况诗文本相承递邪！一时一事一意，约之止一两句；长言永叹，以写缠绵悱恻之情，诗本教也。《十九首》及《上山采蘼芜》等篇，止以一笔入圣证。自潘岳以凌杂之心作芜乱之调，而后元声几熄。唐以后间有能此者，多得之绝句耳。一意中但取一句，"松下问童子"是已。如"怪来妆阁闭"，又止半句，愈入化境。近世郭奎"多病文园渴未消"一绝，仿佛得之。刘伯温、杨用修、汤义仍、徐文长有纯净者，亦无歇笔。至若晚唐馂凑，宋人支离，俱令生气顿绝。"承恩不在貌，教妾若为容？风暖鸟声碎，日高花影重。"医家名为关格，死不治。

二十四

不能作景语，又何能作情语邪？古人绝唱句多景语，如"高台多悲风"，"胡蝶飞南园"，"池塘生春草"，"亭皋木叶下"，"芙蓉露下落"，皆是也，而情寓其中矣。以写景之心理言情，则身心中独喻之微，轻安拈出。谢太傅于《毛诗》取"讦谟定命，远猷辰告"，以此八字如一串珠，将大臣经营国事之心曲，写出次第；故与"昔我往矣，杨柳依依；今我来思，雨雪霏霏"同一达情之妙。

二十五

有大景，有小景，有大景中小景。"柳叶开时任好风"，"花覆千官淑景移"，及"风正一帆悬"，"青霭入看无"，皆以小景传大景之神。若"江流天地外，山色有无中"，"江山如有待，花柳更无私"，张皇使大，反令落拓不亲。宋人所喜，偏在此而不在彼。近唯文征仲《斋宿》等诗，能解此妙。

二十六

情语能以转折为含蓄者，唯杜陵居胜，"清渭无情极，愁时独向东"，"柔橹轻鸥外，含凄觉汝贤"之类是也。此又与"忽闻歌古调，归思欲沾巾"更进一格，益使风力遒上。

二十七

含情而能达，会景而生心，体物而得神，则自有灵通之句，参化工之妙。若但于句求巧，则性情先为外荡，生意索然矣。松陵体永堕小乘者，以无句不巧也。然皮、陆二子差有兴会，犹堪讽咏。若韩退之以险韵、奇字、古句、方言矜其饾辏之巧，巧诚巧矣，而于心情兴会一无所涉，适可为酒令而已。黄鲁直、米元章益堕此障中。近则王谑庵承其下游，不恤才情，别寻蹊径，良可惜也。

二十八

对偶有极巧者，亦是偶然凑手，如"金吾""玉漏""寻常""七十"

之类，初不以此碍于理趣。求巧则适足取笑而已。贾岛诗："高人烧药罢，下马此林间。"以"下马"对"高人"，噫，是何言与？

二十九

一解弈者，以诲人弈为游资。后遇一高手，与对弈至十数子，辄揶揄之曰："此教师棋耳！"诗文立门庭使人学己，人一学即似者，自诩为"大家"，为"才子"，亦艺苑教师而已。高廷礼、李献吉、何大复、李于鳞、王元美、钟伯敬、谭友夏，所尚异科，其归一也。才立一门庭，则但有其局格，更无性情，更无兴会，更无思致；自缚缚人，谁为之解者？昭代风雅，自不属此数公。若刘伯温之思理，高季迪之韵度，刘彦昺之高华，贝廷琚之俊逸，汤义仍之灵警，绝壁孤骞，无可攀躐，人因望洋而返；而后以其亭亭岳岳之风神，与古人相辉映。次则孙仲衍之畅适，周履道之萧清，徐昌谷之密赡，高子业之戌削，李宾之之流丽，徐文长之豪迈，各擅胜场，沉酣自得。正以不悬牌开肆，充风雅牙行，要使光焰熊熊，莫能掩抑，岂与碌碌余子争市易之场哉？李文饶有云："好驴马不逐队行。"立门庭与依傍门庭者，皆逐队者也。

三十

建立门庭，自建安始。曹子建铺排整饰，立阶级以赚人升堂，用此致诸趋赴之客，容易成名，伸纸挥毫，雷同一律。子桓精思逸韵，以绝人攀跻，故人不乐从，反为所掩。子建以是压倒阿兄，夺其名誉。实则子桓天才骏发，岂子建所能压倒邪？故嗣是而兴者，如郭景纯、阮嗣宗、谢客、陶公乃至左太冲、张景阳，皆不屑染指建安之羹鼎，视子建蔑如矣。降而萧梁宫体，降而王、杨、卢、骆，降而大历十才子，降而温、李、杨、刘，降而江西宗派，降而北地、信阳、琅邪、历下，降而竟陵，所翕然从之者，皆一时和哄汉耳。宫体盛时，即有庾子山之歌行，健笔纵横，不屑烟花簇凑。唐初比偶，即有陈子昂、张子寿挹扬大雅。继以李、杜代兴，杯酒论文，雅称同调，而李不袭杜，杜不谋李，未尝党同伐异，画疆墨守。沿及宋人，始争疆垒。欧阳永叔亟反杨亿、刘筠之靡丽，而矫枉已迫，还入于枉，遂使一代无诗，掇拾夸新，殆同觞令。胡元浮艳，又以矫宋为工，蛮触之争，要于兴观群怨丝毫未有当也。伯温、季迪以和缓受之，不与元人竞胜，而自问风雅之津。故洪武间诗教中兴，洗四百年三变之陋，是知立"才子"之目，标一成之法，扇动庸才，且仿而夕肖者，原不足以羁络骐骥。唯世无伯乐，则驾盐车上太行者，自鸣骏足耳。

三十一

所以门庭一立，举世称为"才子"、为"名家"者，有故。如欲作李、何、王、李门下厮养，但买得《韵府群玉》《诗学大成》《万姓统宗》《广舆记》四书置案头，遇题查凑，即无不足。若欲吮竟陵之唾液，则不更须尔；但就措大家所诵时文"之""于""其""以""静""澹""归""怀"熟活字句凑泊将去，即已居然词客。如源休一收图籍，即自谓酆侯，何得不向白华殿拥戴朱泚邪？为朱泚者，遂褒然自以为天子矣。举世悠悠，才不敏，学不充，思不精，情不属者，十姓百家而皆是。有此开方便门大功德主，谁能舍之而去？又其下，更有皎然《诗式》一派下游，印纸门神待填朱绿者，亦号为诗。庄子曰："人莫悲于心死。"心死矣，何不可图度予雄邪？

三十二

曹子建之于子桓，有仙凡之隔。而人称子建，不知有子桓，俗论太抵如此。王敬美风神蕴藉，高出元美上者数等。而俗所归依，独在元美。元美如吴夫差，倚豪气以争执牛耳，势之所凌灼，亦且如之何哉？敬美论诗，大有玄微之旨。其云河下佣者，阿兄即是。挥毫落纸，非云非烟，为五里雾耳。如送蔡子木诗："一去蔡邕谁倒屣，可怜王粲独登楼。"恰好安排，一呼即集，非河下佣而何？

三十三

元美末年以苏子瞻自任，时人亦誉为"长公再来"。子瞻诗文虽多灭裂，而以元美拟之，则辱子瞻太甚。子瞻野狐禅也，元美则吹螺摇铃、演《梁皇忏》一应付僧耳。"为报邻鸡莫惊觉，更容残梦到江南。"元美竭尽生平，能作此两句不？

三十四

立门庭者必饾饤，非饾饤不可以立门庭。盖心灵人所自有，而不相贷，无从开方便法门，任陋人支借也。人讥西昆体为獭祭鱼，苏子瞻、黄鲁直亦獭耳。彼所祭者肥油江豚，此所祭者吹沙跳浪之鲦鲨也：除却书本子，则更无诗。如刘彦昺诗："山围晓气蟠龙虎，台枕东风忆凤凰。"贝廷琚诗："我别语儿溪上宅，月当二十四回新。如何万国尚戎马，只恐四邻无故人。"用事不用事，总以曲写心灵，动人兴观群怨，却使陋人无从支借。唯其不可支借，故无有推建门庭者，而独起四百年之衰。

三十五

"落日照大旗，马鸣风萧萧"，岂以"萧萧马鸣，悠悠旆旌"为出处邪？用意别，则悲愉之景原不相贷。出语时偶然凑合耳。必求出处，宋人之陋也。其尤酸迂不通者，既于诗求出处，抑以诗为出处考证事理。杜诗："我欲相就沽斗酒，恰有三百青铜钱。"遂据以为唐时酒价。崔国辅诗："与沽一斗酒，恰用十千钱。"就杜陵沽处贩酒，向崔国辅卖，岂不三十倍获息钱邪？求出处者，其可笑类如此。

三十六

一部杜诗，为刘会孟埋塞者十之五，为《千家注》沉埋者十之七，为谢叠山、虞伯生污蔑更无一字矣。开卷《龙门奉先寺》诗："天阙象纬逼，云卧衣裳冷。"尽人解一"卧"字不得，只作人卧云中，故于"阙"字生许多胡猜乱度。此等下字法，乃子美早年未醇处，从阴铿、何逊来，向后脱卸乃尽，岂黄鲁直所知邪？至"沙上凫雏傍母眠"，诬为嘲诮杨贵妃、安禄山。则市井恶少造谣歌诮邻人闺阃恶习，施之君父，罪不容于死矣。

三十七

《小雅·鹤鸣》之诗，全用比体，不道破一句，《三百篇》中创调也。要以俯仰物理而咏叹之，用见理随物显，唯人所感，皆可类通；初非有所指斥一人一事，不敢明言，而姑为隐语也。若他诗有所指斥，则皇父、尹氏、暴公，不惮直斥其名，历数其慝，而且自显其为家父，为寺人孟子，无所规避。《诗》教虽云温厚，然光昭之志，无畏于天，无恤于人，揭日月而行，岂女子小人半含不吐之态乎？《离骚》虽多引喻，而直言处亦无所讳。宋人骑两头马，欲博忠直之名，又畏祸及，多作影子语，巧相弹射，然以此受祸者不少。既示人以可疑之端，则虽无所诽诮，亦可加以罗织。观苏子瞻乌台诗案，其远谪穷荒，诚自取之矣。而抑不能昂首舒吭以一鸣，三木加身，则曰"圣主如天万物春"，可耻孰甚焉！近人多效此者，不知轻薄圆头恶习，君子所不屑久矣。

三十八

近体，梁、陈已有，至杜审言而始叶于度。歌行，鲍、庾初制，至李太白而后极其致。盖创作犹鱼之初漾于洲渚，继起者乃泳游自恣，情舒而鳞鬣始展也。七言绝句，初盛唐既饶有之，稍以郑重，故损其风神。至刘梦得，而后宏放出于天然，于以扬扢性情，驱娑景物，无不宛尔成章，诚小诗之圣证矣。此体一以才情为主。言简者最忌局促，局促则必有滞累；苟无滞累，又萧索无余。非有红垆点雪之襟宇，则方欲驰骋，忽尔蹇踬；意在矜庄，只成疲苶。以此求之，知率笔口占之难，倍于按律合辙也。梦得而后，唯天分高朗者，能步其芳尘，白乐天、苏子瞻皆有合作，近则汤义仍、徐文长、袁中郎往往能居胜地，无不以梦得为活谱。才与无才，情与无情，唯此体可以验之。不能作五言古诗，不足入风雅之室；不能作七言绝句，直是不当作诗。区区近体中觅好对语，一四六幕客而已。

三十九

七言绝句，唯王江宁能无疵颣；储光义、崔国辅其次者。至若"秦时明月汉时关"，句非不炼，格非不高，但可作律诗起句；施之小诗，未免有头重之病。若"永尽南天不见云""永和三日荡轻舟""囊无一物献尊亲""玉帐分弓射房营"，皆所谓滞累，以有衬字故也。其免于滞累者，如"只今唯有西江月，曾照吴王宫里人"，"黄鹤楼中吹玉笛，江城五月落梅花"，"此夜曲中闻《折柳》，何人不起故园情"，则又疲苶无生气，似欲匆匆结煞。

四十

作诗但求好句，已落下乘。况绝句只此数语，拆开作一俊语，岂复成诗？"百战方夷项，三章且易秦；功归萧相国，气尽戚夫人。"恰似一汉高帝谜子；掷开成四片，全不相关通。如此作诗，所谓"佛出世也救不得"也。

四十一

建立门庭，已绝望风雅。然其中有本无才情，以此为安身立命之本者，如高廷礼、何大复、王元美、钟伯敬是也。有才情固自足用，而以立门庭故自桎梏者，李献吉是也。其次则谭友夏亦有牙后慧，使不与钟为徒，几可分文征仲一席，当于其五、七言绝句验之。

四十二

论画者曰:"咫尺有万里之势。"一"势"字宜着眼。若不论势,则缩万里于咫尺,直是《广舆记》前一天下图耳。五言绝句,以此为落想时第一义。唯盛唐人能得其妙,如"君家住何处?妾住在横塘。停船暂借问,或恐是同乡"。墨气所射,四表无穷,无字处皆其意也。李献吉诗:"浩浩长江水,黄州若个边?岸回山一转,船到堞楼前。"固自不失此风味。

四十三

五言绝句自五言古诗来,七言绝句自歌行来,此二体本在律诗之前;律诗从此出,演令充畅耳。有云绝句者截取律诗一半,或绝前四句,或绝后四句,或绝首尾各二句,或绝中两联。审尔,断头刖足,为刑人而已。不知谁作此说,戕人生理!自五言古诗来者,就一意中圆净成章,字外含远神,以使人思。自歌行来者,就一气中骀宕灵通,句中有余韵,以感人情。修短虽殊,而不可杂冗滞累则一也。五言绝句有平铺两联者,亦阴铿、何逊古诗之支裔。七言绝句有对偶,如"故乡今夜思千里,霜鬓明朝又一年",亦流动不羁,终不可作"江间波浪兼天涌,塞上风云接地阴"平实语。足知绝律四句之说,牙行赚客语,皮下有血人不受他和哄。

四十四

《大雅》中理语造极精微,除是周公道得,汉以下无人能嗣其响。陈正字、张曲江始倡《感遇》之作,虽所诣不深,而本地风光,骀宕人性情,以引名教之乐者,风雅源流,于斯不昧矣。朱子和陈、张之作,亦旷世而一遇。此后唯陈白沙为能以风韵写天真,使读之者如脱钩而游杜蘅之沚。王伯安厉声吆喝:"个个人心有仲尼。"乃游食髡徒夜敲木板叫街语,骄横鲁莽,以鸣其"蠢动含灵皆有佛性"之说,志荒而气因之躁,陋矣哉!

四十五

门庭之外，更有数种恶诗：有似妇人者，有似衲子者，有似乡塾师者，有似游食客者，妇人、衲子，非无小慧。塾师、游客，亦侈高谈。但其识量不出针线、蔬笋、数米、量盐、抽丰、告贷之中，古今上下，哀乐了不相关；即令揣度言之，亦粤人咏雪，但言白冷而已。然此数者，亦有所自来，以为依据。似妇人者，仿《国风》而失其不淫之度。晋、宋以后，柔曼移于壮夫；近则王辰玉、谭友夏中之。似衲子者，其源自东晋来。钟嵘谓陶令为隐逸诗人之宗，亦以其量不弘而气不胜，下此者可知已。自是而贾岛固其本色；陈无己刻意冥搜，止堕齐盐窠臼；近则钟伯敬通身陷入；陈仲醇纵饶绮语，亦宋初九僧之流亚耳。似塾师、游客者，《卫风·北门》实为作俑。彼所谓政散民流，诬上行私而不可止者，夫子录之，以著卫为狄灭之因耳。陶公"饥来驱我去"，误堕其中。杜陵不审，鼓其余波。嗣后啼饥号寒、望门求索之子，奉为羔雉，至陈昂、宋登春而丑秽极矣。学诗者一染此数家之习，白练受污，终不可复白，尚戒之哉！

四十六

艳诗有述欢好者，有述怨情者，《三百篇》亦所不废。顾皆流览而达其定情，非沉迷不反，以身为妖冶之媒也。嗣是作者，如"荷叶罗裙一色裁"，"昨夜风开露井桃"，皆艳极而有所止。至如太白《乌栖曲》诸篇，则又寓意高远，尤为雅奏。其述怨情者，在汉人则有"青青河畔草，郁郁园中柳"，唐人则"闺中少妇不知愁"，"西宫夜静百花香"，婉娈中自矜风轨。迨元、白起，而后将身化作妖冶女子，备述衾裯中丑态；杜牧之恶其蛊人心，败风俗，欲施以典刑，非已甚也。近则汤义仍屡为泚笔，而固不失雅步。唯谭友夏浑作青楼淫咬，须眉尽丧；潘之恒辈又无论已。《清商曲》起自晋、宋，盖里巷淫哇，初非文人所作，犹今之《劈破玉》《银纽丝》耳。操觚者即不惜廉隅，亦何至作《懊侬歌》《子夜》《读曲》？

四十七

前所列诸恶诗，极矣；更有猥贱于此者，则诗佣是也。诗佣者，衰腐广文，应上官之征索；望门幕客，受主人之雇托也。彼皆不得已而为之。而宗子相一流，得已不已，间则翻书以求之，迫则倾腹以出之，攒眉叉手，自苦何为？其法：姓氏、官爵、邑里、山川、寒暄、庆吊，各以类从；移易故实，就其腔壳；千篇一律，代人悲欢；迎头便喝，结煞无余；一起一伏，一虚一实，自诧全体无瑕，不知透心全死。风雅下游，至此而浊秽无加矣。宋以上未尝有也。高廷礼作俑于先，宗子相承其衣钵。凡为佣者，得此以摛埴而行，而天下之言诗者车载斗量矣。此可为风雅痛哭者也。

四十八

咏物诗，齐、梁始多有之。其标格高下，犹画之有匠作，有士气。征故实，写色泽，广比譬，虽极镂绘之工，皆匠气也。又其卑者，饾凑成篇，谜也，非诗也。李峤称"大手笔"，咏物尤其属意之作，裁剪整齐，而生意索然，亦匠笔耳。至盛唐以后，始有即物达情之作。"自是寝园春荐后，非关御苑鸟衔残"，贴切樱桃，而句皆有意，所谓"正在阿堵中"也。"黄莺弄不足，含入未央宫"，断不可移咏梅、桃、李、杏，而超然玄远，如九转还丹，仙胎自孕矣。宋人于此茫然，愈工愈拙，非但"认桃无绿叶，辨杏有青枝"为可姗笑已也。嗣是作者，益趋匠画；里耳喧传，非俗不尝。袁凯以《白燕》得名，而"月明汉水初无影，雪满梁园尚未归"，按字求之，总成室碍。高季迪《梅花》，非无雅韵，世所传诵者，偏在"雪满山中""月明林下"之句。徐文长、袁中郎皆以此炫巧。要之，文心不属，何巧之有哉？杜陵《白小》诸篇，蹋踔自寻别路，虽风韵不足，而如黄大痴写景，苍莽不群。作者去彼取此，不犹善乎？禅家有三量，唯现量发光，为依佛性；比量稍有不审，便入非量。况直从非量中施朱而赤，施粉而白，勺水洗之，无盐之色败露无余，明眼人岂为所欺邪？

《夕堂永日绪论》内编终

夕堂永日绪论外编

一

程子与学者说《诗经》，止添数字，就本文吟咏再三，而精义自见。作经义者能尔，洵为最上一乘文字，自非与圣经贤传融液吻合，如自胸中流出者不能。先辈间有此意，知之者鲜。自"四大家"之名立，各有蹊径，强经文以就己规格，而此风荡然矣。

二

艺苑品题有"大家"之目，自论诗者推崇李、杜始。李、杜允此令名者，抑良有故。齐、梁以来，自命为作者，皆有蹊径，有阶级；意不逮辞，气不充体，于事理情志全无干涉，依样相仍，就中而组织之，如廛居栉比，三间五架，门庑厨厕，仅取容身，茅茨金碧，华俭小异，而大体实同，拙匠婆人仿造，即不相远：此谓小家。李、杜则内极才情，外周物理，言必有意，意必由衷；或雕或率，或丽或清，或放或敛，兼该驰骋，唯意所适，而神气随御以行，如未央、建章，千门万户，玲珑轩豁，无所窒碍：此谓大家。而论经义者以推王守溪为大家之宗。守溪止能排当停匀，为三间五架，一衙官廨宇耳；但令依仿，即得不甚相远；大义微言，皆所不遑研究：此正束缚天下文人学者一徽纆而已。陋儒喜其有墙可循以走，翕然以"大家"归之，三百余年，如出一口，能不令后人笑一代无有眼人乎！

三

钱鹤滩与守溪齐名，谓之曰"钱、王两大家"。所传"恶不仁者"，谓"不使加身，如避蛇蝎按：此字音"褐"，其螫人之"蝎"字从"歇"。字尚不识，何况文理？"。不使不仁加身者，是何宁静严密工夫，而堪此躁戾恶语也？恶如蛇蝎，乃陈仲子出哇鶂肉，忿戾之气，正是不仁。以此称"大家"者，缘国初人文字止用平淡点缀，初学小生无能仿佛。钱、王出，以钝斧劈坚木手笔，用俗情腐词，着死力讲题面，陋人始有津济，翕然推奉，誉为"大家"，而一代制作，至成、弘而扫地矣。鹤滩自时文外，无他表见，唯传《吴骚》淫俗词曲数出，与梁伯龙、陈大声一流狭邪小人竞长。如此人者，可使引申经传之微言乎？

四

下劣文字，好作反语，亦其天良不容掩处。人能言其所知，不能言其所不知。凡反语，皆不善、不勤、不慎之愬。今人昼之所行，夜之所思，耳之所闻，目之所见，特此数者，终日习熟，故自写供招，痛快无窒涩处。若令于圣贤大义微言从正面上体会，教从何处下口？无怪乎反之不已，一正便托开也。

五

无法无脉，不复成文字。特世所谓"成、弘法脉"者，法非法，脉非脉耳。夫谓之法者，如一王所制刑政之章，使人奉之。奉法者必有所受；吏受法于时王，经义固受法于题。故必以法从题，不可以题从法。以法从题者，如因情因理，得其平允。以题从法者，豫拟一法，截割题理而入其中，如舞文之吏，俾民手足无措。且法者，合一事之始终，而俾成条贯也。一篇之中为数小幅，一扬则又一抑，一伏则又一起，各自为法，而析之成局，合之异致，是为乱法而已矣。滑之脉者，如人身之有十二脉，发于趾端，达于颠顶，藏于肌肉之中，督任冲带，互相为宅，萦绕周回，微动而流转不穷，合为一人之生理。若一呼一诺，一挑一缴，前后相钩，拽之使合，是傀儡之丝，无生气而但凭牵纵，讵可谓之脉邪？四家中，唯瞿文懿能无束湿之法而有法，无分析钩锁之脉而有脉，其余非所知也。

六

钩略点缀以达微言，上也。其次则疏通条达，使立言之旨晓然易见，俾学者有所从入。又其次则搜索幽隐，启人思致，或旁辑古今，用征定理。三者之外，无经义矣。大要在实其虚以发微，虚其实而不窒。若以填砌还实，而虚处止凭衰弱之气姑为摇曳，则题之奴隶也。四家中，亦唯昆湖免此。

七

填砌最陋。填砌浓词固恶，填砌虚字愈阑珊可憎。作文无他法，唯勿贱使字耳。王、杨、卢、骆，唯滥故贱。学八大家者，"之""而""其""以"，层累相叠，如刘草茅，无所择而缚为一束，又如半死蚓，沓拖不耐，皆贱也。古人修辞立诚，下一字即关生死。曾子固、张文潜何足效哉！

八

非有吞云梦者八九之气，不能用两三叠实字；非有轻燕受风、翩翩自得之妙，不能叠用三数虚字。然一虚一实，相配成句，则又俗不可耐。故造语之难，非嵇川南、赵梦白、汤义仍、黄石斋，尟不堕者。

九

对偶语出于诗赋，然西汉、盛唐皆以意为主，灵活不滞。唯沈约、许浑一流人，以取青妃白，自矜整炼，大手笔所不屑也。宋人则又集古句为对偶，要亦就彼法中改头换面，其陋一尔。况经义以引申圣贤意立，言初非幕客四六之比。邱仲深自诧博雅，而以"被发左衽""弱肉强食"两偶句推奖守溪，此七岁童子村塾散学课耳。况以韩文对经语，其心目中止知有一韩退之，谓可与尼山并驾。陋措大不知好恶，乃至于此！

十

钩锁之法，守溪开其端，尚未尽露痕迹；至荆川而以为秘密藏。茅鹿门所批点八大家，全恃此以为法，正与皎然《诗式》同一陋耳。本非异体，何用环纽？摇头掉尾，生气既已索然，并将圣贤大义微言，拘牵割裂，止求傀儡之线牵曳得动，不知用此何为？

十一

一篇载一意，一意则自一气，首尾顺成，谓之成章；诗赋、杂文、经义有合辙者，此也。以此鉴古今人文字，醇疵自见。有皎然《诗式》而后无诗，有《八大家文钞》而后无文。立此法者，自谓善诱童蒙；不知引童蒙入荆棘，正在于此。

十二

贾生《治安策》偶用缴回语，亦缘"痛哭""流涕""长太息"说得骇人，故须申明，以见其实然耳。苏、曾效之，便成厌物。经义有云"其一则云云"，有云"其云云者此其一"；耳不聩，目不盲，止两三段文字，何用唱筹历数？凡此类，皆《文钞》引之入荆棘也。

十三

司马、班氏，史笔也；韩、欧序记，杂文也：皆与经义不相涉。经义竖两义以引伸经文，发其立言之旨，岂容以史与序记法搀入？一段必与一篇相称，一句必与一段相称。截割彼体，生入此中，岂复成体？要之，文章必有体。体者，自体也。妇人而髯，童子而有巨人之指掌，以此谓之某体某体，不亦傎乎？

十四

试取曹子桓《典论·论文》、范蔚宗《后汉书引语》、张思光《自序》读之，古人作文字，研虑以悦心，精严如此。而欲据一"虚起实承""反起正倒""前钩后锁"之死法，填腔换字，自诧宗工，何其易也！

十五

四大家未立门庭以前，作者不无滞拙，而词旨温厚，不徇词以失意。守溪起，既标格局，抑专以遒劲为雄，怒张之气，由此而滥觞焉。及《文钞》盛行，周莱峰、王荆石始一以苏、曾为衣被，成片抄袭，有文字而无意义；至陈栎傅夏器而极矣。隆、万之际，一变而愈之于弱靡，以语录代古文，以填词为实讲，以杜撰为清新，以俚语为调度，以挑撮为工巧。若黄贞父、许子逊之流，吟舌娇涩，如鹧鸪学语，古今来无此文字，遂以湮塞文人之心者数十年。语录者，先儒随口应问，通俗易晓之语，其门人不欲润色失真，非自以为可传之章句也。以为文，而更以浮屠半吞不吐之语参之，求文之不芜秽也得乎？文凡三变，而其依傍以立户牖，已心不属，则一而已矣。万历之季，李愚公始以坚苍驱软媚，方孟旋始以流宕散俗冗，稍复雅正之音，于先正冲穆之度未遑领取。而其变也，亦足以起久病之尪矣。

十六

当万历中年，俚调横行之下，有张君一以诚，虽入理未深，而独存雅度。君一与许子逊同时。昧心之作，至子逊而极。其《乐则生矣》一段文字，开讲处有数"乐"字，鸟语班阑，不知音"岳"音"雏"，犹可谓肉团心有一针孔乎？

十七

承嘉靖末苏、曾泛滥之余，当万历初俚调咿嚘之始，顾泾阳先生独以博大弘通之才，竖大义，析微言，屹然岳立。有制艺以来无可匹敌。夺王、唐"大家"之名以推毂先生，虽阅百世，不能易吾言也。但以无可跻攀，为流俗所不歆羡耳。黄蕴生欲问津焉，而见地不彻，能放而不能收。自非实有得于道要而淹贯古今，舍糟粕而吸精液，恶能不望崖而返？

十八

钱受之谓黄蕴生嗣归熙甫，非也。熙甫但能摆落纤弱，以亢爽居胜地耳，其实外腴中枯，静扣之，无一语出自赤心。蕴生言皆有意，非熙甫所可匹敌；但为史所困，又染指韩、苏，未能卓立耳。然蕴生当天步将倾之日，外则辽左祸逼，内则流寇蜂起，黄扉则有温、周、杨、薛之奸，中涓则有张彝宪、曹化淳之蠹，忧愤填胸，一寓之经义，抒其忠悃。传之异代，论世者所必不能废也。

十九

陈大士史而横，金正希禅而曲。若其离此二者，别寻理际，独至处自成一家，固贤于归熙甫之徒矜规格也。若经义正宗，在先辈则嵇川南，在后代则黄石斋、凌茗柯、罗文止，剔发精微，为经传传神，抑恶用鹿门、震川铺排局阵为也？先辈中若诸理斋、孙月峰、汤若士、赵侪鹤，后起如沈去疑、倪伯屏、金道隐、杜南谷、章大力、韦孝忍克济，黄冈人、姜如须垠，山东人，亦各亭亭独立，分作者一席。释氏有言："从门入者，不是家珍。"特以无门可入，绝陋人攀援之径，故人不知玄赏耳。

二十

孙月峰以纤笔，引申摇动言中之意，安详有度，自雅作也。乃其晚年论文，批点《考工》《檀弓》《公》《谷》诸书，剔出殊异语以为奇峭，使学者目眩而心荧。则所损者大矣。万历中年杜撰娇涩之恶习，未必不缘此而起。《考工记》乃制度式样册子，上令士大夫习之，勾考工程，而下可令工匠解了，故删去文词，务求精核，其中奇字，乃三代时方言俗语，愚贱通知者，非此不足以定物料规制之准，非放为简僻也。《檀弓》则摘取口中片语，如后世《世说新语》之类，初非成章文字。《公》《谷》二传，先儒固以为师弟子问答之言，非如《左氏》勒为成书，原自不成尺幅。以此思之，三书者，亦何奇峭之有，而欲效法之邪？文字至琢字而陋甚；以古人文其固陋，具眼人自和哄不得。

二十一

文字至撮弄字面，而秽极矣。黄葵阳已启其端，至万历壬辰而益滥。陈懿典《宪章文武》出题云："国宪王章，本朝为重；阐文绎武，昭代为尊。"此是何等语，而一时传诵为警句？嗣后效之以不通者三十余年。崇祯间诸名人力为洗涤，然犹有云："天无子，人之圣者为其子；海无内，人之圣者居其内。""德为圣人"四句会墨。如此迷惑丧心之语，犹拔作南宫首卷，文字安得不陋，士习安得不偷邪？

二十二

良知之说充塞天下，人以读书穷理为戒。故隆庆戊辰会试，"知之为知之，不知为不知"文，以不用《集注》，由此而求之一转。取士教不先而率不谨，人士皆束书不观；无可见长，则以撮弄字句为巧，娇吟蹇吃，耻笑俱忘。如"战战兢兢，如履薄冰"，而撮云"冰兢"；"念终始典于学"，而撮云"念典"。乃至市井之谈，俗医星相之语，如"精神""命脉""遭际""探讨""总之""大抵""不过"，是何污目聒耳之秽词，皆入圣贤口中，而不知其可耻。此嘉靖乙丑以前，虽不雅驯者，亦不至是。汤宾尹以淫媚小人，益鼓其焰，而燎原之火，卒不可扑，实则田一儁、黄洪宪倡之于早也。

二十三

有代字法，诗赋用之，如月曰"望舒"，星曰"玉绳"之类，或以点染生色，其佳者正尔含情，然汉人及李、杜、高、岑犹不屑也。施之景物，已落第二义，况字本活而以死句代之乎！如敬则是敬，更无字可代，而所敬与所以敬正自随所指而异；用代字者，以"钦翼""兢惕"代之，或以"怠荒""戏渝"反之，直是不识"敬"字，支吾抵塞耳。信曰"悖笃"，仁曰"慈祥"，学曰"敏求"，思曰"覃精"，善曰"纯粹"，治曰"经理"，皆代字也。先辈中亦有此病，自吴季子小注来。有胸有心者，不应染指。

二十四

叠字不可析用，如诗赋"悠悠"而云"悠"，"迢迢"而云"迢"，"渺渺"而云"渺"，皆不成语。"兢兢业业"，旧有此文，亦不甚雅。"业业"云者，如筍虡上崇牙，两两相次，龃龉不相安之象。时文绝去一字，而云"兢业"，不知单一"业"字，则止是功业，连"兢"字如何得成文理？此病先辈亦有。若嵇川南、赵侪鹤诸公，则必不作此生活。

二十五

欲除俗陋，必多读古人文字，以沐浴而膏润之。然读古人文字，以心入古文中，则得其精髓；若以古文填入心中，而亟求吐出，则所谓道听而途说者耳。

二十六

经义固必以《章句集注》为准，但不可背戾以浸淫于异端。若《注》所未备，补为发明，正先儒所乐得者。如尤公瑛"寡人之于国也"章文，以制产、重农、救荒分三事，而以末段归重汰兽食、发仓廪，为目前应迫救荒之先务，救荒而后待来年以重农，然后徐及制产，乃令孟子之敷施调理，井然有序。又如金正希"侍于君子有三愆"文，谓人有愆而不自知，唯侍君子乃知有之，而惭惶思改，见人之不可不就正于君子；陈大士"欲仁而得仁"文，谓欲取于民者，薄敛而缓征之，仁者之政也，则所得者，民皆乐奉而怀恩，固仁者之得也，如此乃与不贪相应。诸若此类，注所未及，讵可以非注所有而谓为异说乎？困死俗陋讲章中者，自不足以语此。

二十七

以酸寒嚣竞之心说孔、孟行藏，言之无怍，且矜快笔，世教焉得而不陵夷哉？圣贤虽以拨乱反正安天下为志，然乘六龙以御天，潜亢飞跃，无不可乐之天，无不可安之土。而作经者，非取鲁、卫、齐、梁之君臣痛骂以泄其忿，则悲歌流涕若无以自容，其丑甚矣。"榜前潜下泪，众里却藏身"，孟郊之所以为郊也。"愁中天屡阴"，谭元春之所以为元春也。而使君子如此其龌龊乎？愚尝判韩退之为不知道，与扬雄等，以《进学解》《送穷文》悻悻然怒，潜潜然泣；此处不分明，则其云"尧、舜、禹、汤相传"者，何尝梦见所传何事！经义害道，莫此为甚，反不如诗赋之翛然于春花秋月间也。

二十八

抬一官样字作题目，拈一扼要字作眼目，自谓"名家"，实则先儒所谓"只好隔壁听"者耳。官样字者，如"老者安之"三句。张受先以"王道"二字笼罩。不知夫子言志时，但就面前说去，初未尝言以此治平天下。若论其至处，则虽王者亦待必世后仁之余，方渐与此相应。若行王道者，何敢易言及此？张之使大，正局之使小耳。又如"哀公问政"章，以法祖为旨者，亦官样话也。经文明言人存而后政可举，亡其人，则政虽布在方策而必息，故必极学问思辨之力，以果能好学力行知耻，而修仁义礼之人道，然后可以治天下国家，非但依样葫芦，遽言法祖，如王莽之效周公也。凡此类，皆大言无当，徒使浅学陋人有所倚之巴鼻而已。扼要字者，如程子教学者以主敬，乃立本以起用，非知有此事便休，更不须加功修治之谓。如"止至善"章，学修恂栗，威仪内外交尽，德乃盛，善乃至；仁敬、孝慈、亲贤、乐利、天德、王道之全，岂一"敬"字遽足以该括之？又如"道千乘之国"章，言"敬事"者，但于事言敬，初非主一无适之谓，与"居敬"言居者抑别，固该括下四者不得。圣贤之学，原无扼要；乘龙御天，无所不用其极。扼要之法，乃浮屠所谓"佛法无多子"者，孟子谓之"执一贼道"。宋末诸儒，虽朱门人士，皆暗用象山心法，拈一字为主，武断圣贤之言，苟趋捷径。而作经义者，依据以塞责。万历以后，恶习熺然，流及百年，余焰不熄，诚无如之何也。

二十九

古者字极简。秦程邈作隶书，尚止三千字。许慎《说文》，亦不逮今字十之二三。字简则取义自广，统此一字，随所用而别；熟绎上下文，涵泳以求其立言之指，则差别毕见矣。如均一"心"字，有以虚灵知觉而言者，"心之官则思"之类是也；有以所存之志而言者，"先正其心"是也；有以所发之意而言者，"从心所欲"是也；有以函仁义为体，为人所独有，异于禽兽而言者，"求放心"及"操则存，舍则亡"者是也；有统性情而言者，四端之心是也；有性为实体，心为虚用，与性分言者，"尽心知性"与张子所云"性不知简其心"是也。凡言"天"言"道"皆然，随所指而立义。彼此相袭，则言之成章，而必淫于异端；言之无据而不成章，则浮辞充幅，而不知其所谓。《大全》小注诸家杂乱于前，讲章之毒盈天下，而否塞晦蒙，更无分晓。不能解书，何从下笔？宜乎为君子儒者之贱之也。

三十

陋人以钩锁呼应法论文，因而以钩锁呼应法解书，岂古先圣贤亦从茅鹿门受八大家衣钵邪？如"哀公问政"章，于"知仁勇"之仁，钩上"仁义礼"之仁；"不动心"章，以"勿求于心"之心，钩上"不动"之心：但困死呼应法中，更不使孔、孟文理得通，何况精义！魔法流行，其弊遂至于此。

三十一

王子敬作一笔草书，世称"墨妙"。然一帖之中，语虽连贯，而字形向背各殊，必于一笔，未免有拗折牵连之病。若经义，一题自一理，一篇自一意，岂容有二笔邪？既必一笔，何用钩锁？止缘陋人气不能长，如老病喘促，必须歇息，方更接续。故钩锁之法一立，而天下翕然从之，为独参汤以延残喘。

三十二

非此字不足以尽此意，则不避其险；用此字已足尽此义，则不厌其熟。言必曲畅而伸，则长言而非有余；意可约略而传，则芟繁从简而非不足。稽川南、汤义仍诸老所为独绝也。避险用熟，而意不宣，如扣朽木；厌熟用险，而语成棘，如学鸟吟；意止此而以虚浮学苏、曾，是折腰之蛇；义未尽而以迫促仿时调，如短项之蛙。才立门庭，即趋魔道，四者之病，其能免乎？

三十三

有意之词，虽重亦轻，词皆意也。无意而着词，才有点染，即如蹇驴负重，四蹄周章，无复有能行之势。故作者必须慎重拣择，勿以俗尚而轻泚笔。至若泾阳先生，以龙跃虎踞之才，左宜右有，随手合辙，意至而词随，更不劳其拣择，非读书见道者，未许涉其津涘。

三十四

不博极古今四部书，则虽有思致，为俗软活套所淹杀，止可求售于俗吏，而牵带泥水，不堪挹取。乃一行涉猎，便随笔涌出，心灵不发，但矜遒劲，或务曲折，或夸饶美，不但入理不真，且接缝处古调今腔，两相粘合，自尔不相浃洽，纵令抟成，必多败笔。赵侪鹤、汤义仍、罗文止何尝一笔仿古？而时俗软套，脱尽无余，其读书用意处别也。

三十五

以“外腴中枯”评归熙甫，自信为允。其摆脱软美，踸厉而行，亦自费尽心力。乃徒务间架，而于题理全无体认，则固不能为有无也。且其接缝处矫虔无自然之度，固当在许石城、张小越之下。熙甫子子慕，变矫厉为轻安，不失为儒者之言，度越其父远甚。人言殊不然，所谓相者举肥也。

三十六

自李贽以佞舌惑天下，袁中郎、焦弱侯不揣而推戴之，于是以信笔扫抹为文字，而诮含叶精微、锻炼高卓者为“咬姜呷醋”。故万历壬辰以后，文之俗陋，亘古未有。如必不经思维者而后为自然之文，则夫子所云草创、讨论、修饰、润色，费尔许斟酌，亦“咬姜呷醋”邪？比阅陶石篑文集，其序、记、书、铭，用虚字如蛛丝罥蝶，用实字如屐齿粘泥，合古今雅俗，堆砌成篇，无一字从心坎中过，真庄子所谓“出言如哇”者，不数行即令人头重。盖当时所尚如此，启、祯间始洗涤之。而艾千子犹以“莽莽苍苍”论文，“苍”字上声，误读为仓。不知“莽莽苍苍”者，即俗所谓“莽撞"，孟子所云"茅塞"也。

三十七

昔人谓书法至颜鲁公而坏，以其着力太急，失晋人风度也。文章本静业，故曰"仁者之言蔼如也"，学术风俗皆于此判别。着力急者心气粗，则一发不禁，其落笔必重，皆嚣陵竞乱之征也。俗称欧、苏等为"大家"，试取欧阳公文与苏明允并观，其静躁、雅俗、贞淫，昭然可见。心粗笔重，则必以纵横、名法两家之言为宗主，而心术坏，世教陵夷矣。明允其明验也。启、祯诸公欲挽万历俗靡之习，而竞躁之心胜，其落笔皆如椎击，刻画愈极，得理愈浅；虽有才人，无可胜澄清之任。就中唯沈去疑、杜南谷为有超然之致，犹未醇也，其他勿论已。代圣贤以引伸至理，而赪面张拳，奚足哉？胡元诗人如贯云石、萨天锡、冯子振，欲矫宋诗之衰，而膻气乘之；启、祯文多类此，意者亦天实为之邪？

三十八

学苏明允，猖狂谲躁，如健讼人强辞夺理。学曾子固，如听村老判事，止此没要紧话，扳今掉古，牵曳不休，令人不耐。学王介甫，如拙子弟效官腔，转折烦难，而精神不属。八家中，唯欧阳永叔无此三病，而无能学之者。要之，更有向上一路在。

三十九

谭友夏论诗云："一篇之朴，以养一句之灵；一句之灵，能回一篇之朴。"呓语尔。以朴养灵，将置子弟子牧童樵竖中，而望其升孝、秀之选乎？灵能回朴，村坞间茅苫土壁，塑一关壮缪，衮冕执圭，席地而坐，望其灵之如响，为嗤笑而已。庆、历中，经义以一句争胜。皆此说成之。曹大章"大哉尧之为君也"章，承头一句云："甚矣，帝尧之德天德也。"袁黄赞其压倒万人。许獬"畏圣人之言"起比一句云："圣言亦庸言耳。"场中以此定为南宫第一。如实思之，有何意味？如口给人说酒令，适资一笑而已。

四十

闻之论弈者曰："得理为上，取势次之，最下者著。"文之有警句，犹棋谱中所注妙著也。妙著者，求活不得，欲杀无从，投隙以解困厄，拙棋之争胜负者在此。若两俱善弈，全局皆居胜地，无可用此妙着矣。非谓句不宜工，要当如一片白地光明锦，不容有一疵颣；自始至终，合以成章；意不尽于句中，孰为警句，孰为不警之句哉？求工于句者，有廓落语，如"圣人一天也"及"非甚盛德谁能当此，而王者又上观千世，下观千世"之类。有陡顿语，如"甚矣帝尧之德天德也"之类。有钩牵语，如"畏圣人之言"而云"知所畏者也"之类。有排对语，如"被发左衽，弱肉强食"之类。其下则有蔓延语，如抄袭《檀弓》"不出而图吾君，苟出而图吾君"之类。浮枵语，如"又进而加详焉，然后浩乎其有得"之类。含糊语，如"悠然其可思"之类。答话语，如"大抵不离乎""云云者近是"之类。肥腻语，摄《必读古文》中俗艳为句。懵懂语，如道德、仁义、礼乐、诗书等字凑手便用。俗讲语，"殊不知""继之""大抵"之类。卖弄语，如"入梦之姬公易逝，病诸之尧舜难酬"之类。市井语，烟花语，招承语，小题文多此三者。门面语，如"天不变道亦不变""虽天子必有父，诸侯必有兄"之类。滑利语，如"君子之仕也"文云："践其土而食其毛，谁非臣子者。"出口快甚，然岂贩夫牧竖亦须求仕乎？娇媚语，如"我浮沉之人也与哉"及"性也而情在其中矣"之类。黄贞父好为短句、短比，快转以求媚。近则包长明亦中此病。凡此类，始则偶一作者意与凑合，不妨用之。陋人惊为好句，相袭而不知其秽，皆于句求工之拙法启之也。

四十一

有所谓"开门见山"者，言见远山耳，固以缥缈遥映为胜；若一山壁立，当门而峙，与面墙奚异？曹子建有"面山背墼"之语。彼生长谯、许，已居邺城，未尝有山，恨不逼近危崖。若使果有此室，岂不是倒架屋？劣文字起处即着一斗顿语说煞，谓之开门见山，不知向后更从何处下笔？此弊从"仕宦而至将相，富贵而归故乡"来，彼作法于凉，重复申说，一篇已成两橛，何足法也？若"环滁皆山也"，语虽卓立，正似远山遥映耳。陋人自为文既尔，又且以解圣贤文字。如"哀公问政"章，扼定"文武之政"四字，通章萦饶，更不恤下文云何；"诚意"章，以"毋自欺也"，"也"字应上"者"字，一语说煞，后复支离。皆当门一山，遮断遥天远景。岂知古人立言，迤逦说去，要归正在结煞处哉！

四十二

抑有反此者，以虚冒笼起，至一二百字始见题面，此从苏、曾得来，韩、柳、欧阳尚不尽然。然苏、曾但以施之章、疏、序、记，抒己意者。经义自有立言端委。如人家族谱，但叙本姓源流，何用自从混沌初开盘古出说起也？昔人谓之为"寿星头"，洵然。

四十三

薛方山每于起冒下急出本文，此科场论式也。论取题而推广言之，故可揭过经史本文，重抒己意。经义体圣贤之言而绸绎之，语尽则止。一句急出，则如喉间骨鲠，吞吐皆难。一篇之中，分为两截，势必更端说起，项下安头。此法利于塾师教劣子弟，使易收归本科，段段着想。遂翕然称之为大家；不虞之誉，引人入坑堑如此！

四十四

罗长源论字学云："胸中无数千卷书，日用无忠信之行，则虽虿尾银钩，八法备举，求其落玉垂金，流奕清举者，乃至一点亦不可得。"尝服膺此言，以为论文之善，莫过于是。而茅鹿门云："吾作文时，屋瓦皆为动摇。"说得恁謇謈可畏，想讼魁代人作诉牒时，当如此下笔。

四十五

看《章句集注》，须理会先儒云何而作此语；非可一抹窜入训诂中，瞑烟缭绕，正使云山莫辨。如"子在川上"注川流"与道为体"，恐学者将川流与道判作二事，以水为借譬，划断天人，失太极浑沦之本体，故下此语，初非为逝者不舍昼夜作注。读者但识得此意，则言水即以言道，自合程子之意；不可于夫子意中增此四字，反使本旨不得畅白。又如"鸢飞戾天"一段，《章句》有"活泼泼"语，乃以赞子思立言教人之妙，使人随处见道，无所执碍，以反失当几之省察，故又云"其要在慎独"。若子思言此，初非以鸢飞鱼跃为活泼泼物事，骀宕圆融，如浮屠"水流花开"之狂解。若不解此，谓鱼鸟化机，流动无恒，则正程子所谓"弄精魂"者。故作经义者，当置"活泼泼"三字不须插入，但实从道之全体大用、充周溥遍上着讲。此处不分明，引金屑入目，宜其文之茫茫白雾也。

四十六

陈大士自云三月而遍读《廿一史》，目力之胜可知。乃其"天之高也"一节文字，于历法粗率且未晓了，出语便成差异。想其读史时，于历志无能晓处，便掷向一壁去。先辈于所未知，约略说过，却无背戾，惟不欲夸博敏。大士以博敏自雄，故乱道。以此推之，大士于史，凡地理、职官、兵刑、赋役等志，俱不蒙其晅睐。若但取列传草草看过，于可喜可恨事，或为击节，或为按剑，则一部《凤洲纲鉴》足矣，何必九十日工夫，翻此充栋册子邪？黄蕴生《易》经义说历法较无舛讹，其读史视大士为能详审，自不以三月夸速了。乃所言历法，又晋、宋以降何承天、虞𠠐、一行、郭守敬所定岁差，定朔等精密之法；孔子作《易系传》，止据夏、周之历，何尝有此？蕴生知解而不知用，亦欲夸博敏之失也。近人争读《近思录》资时文之用，且问渠"太极"是何物事，"清虚一大"是何形状，"主一无适"何以用功？若止记取册子上语句，搭得上辄与抄写，则《近思录》岂《诗学大成》《四六类函》供汝道听途说者乎？此之谓不知耻。

四十七

通身倒入古人怀中，王莽学周公，且供笑骂，况诵桀之言者乎？周莱峰、王荆石学苏氏，止取法其语言气势，至说理处，自循正大之矩。至陈卧子、陈大士，将身化作苏明允，开口便说权说势。权势二字，乃明允谲诈残忍，以商鞅、韩非、尉缭为师，贼道殃民之大恶，读孔、孟书者何忍效之？大士以文人自命者，不足深责。卧子严气正性，大节凛然，而斯言之玷不可磨，能弗为之惋惜？

四十八

妖孽作而妖言兴，周延儒是已。万历后作小题文字，有谐谑失度，浮艳不雅者，然未至如延儒；以一代典制文字引伸圣言者，而作"岂不尔思""逾东家墙"等淫秽之词，其无所忌惮如此。伏法之后，闺门狼藉不足道，乃令神州陆沉而不可挽，悲夫！

四十九

经义之设，本以扬榷大义，剔发微言；或且推广事理，以宣昭实用。小题无当于此数者，斯不足以传世。其有截头缩脚，以善巧脱卸吸引为工，要亦就文句上求语气，于理固无多也。守溪作此，以剪裁尺幅为式，义味亦复索然，特不似后人作诨语耳。若荆川则已开诨语一路，如"曾子养曾皙"一段文，谓以余食与人，为春风沂水高致。其所与者，特家中卑幼耳。三家村老翁妪，以卮酒片肉饲幼子童孙，亦嘐嘐之狂士乎？诨则必鄙倍可笑，类如此。此风一染笔性，浪子插科打诨，与优人无别。有司乃以此求士，可谓之举国如狂矣。唯有一种说事说物单句语，于义无与，亦无所碍，可以灵隽之思致，写令生活。此当以唐人小文字为影本。刘蜕、孙樵、白居易、段成式集中短篇，洁净中含静光远致，聊拟其笔意以骀宕心灵，亦文人之乐事也。汤义仍、赵侪鹤、王谑庵所得在此，刘同人亦往往近之，余皆不足比数。

五十

逆恶顽夫语，覆载不容，而为之引伸，心先丧矣。俗劣有司以命题试士，无行止措大因习为之，备极凶悖。如"孰谓鄹人之子知礼乎""谟盖都君咸我绩"之类，何忍把笔长言？"汉儿学得胡儿语，又替胡儿骂汉人"，骂汉人且不忍闻，何况射天笞地？

五十一

横截数语乃至数十语，不顾问答条理；甚则割裂上章，连下章极不相蒙之文，但取字迹相似者以命题，谓之"巧搭"，万历以前无此文字。自新学横行，以挑剔字影、弄机锋、下转语为妙悟，以破句断章，随拈即是为宗风，于科场命题亦不成章句。如"邦畿千里"二节，绝去"可以人而不如鸟乎"；"孟懿子问孝"章，绝去"子曰生事之以礼"三句；"行己有耻，使于四方"，绝去"不辱君命"：皆所谓搭题也。命题如此，而求有典有则之文，其可得乎？唐人选士，命作《幽兰赋》，举子傲岸不肯作，主司为改《渥洼马赋》，乃曰较可。古人奖进人才如此。而以功令束人，使相效以趋于卑陋，侮圣言而莫敢违之，经义之不足传，非此等使然与？

五十二

人各占一经，已小足以待通儒。乃于所占之经，视为续貂之狗尾。塾课先习浮烂之词，文场取塞终篇之责。五经大指，已属面墙；先圣精微，永随茅塞。《诗》则采辑诗赋四六中最下俗艳语，用为无盐之粉黛；咏叹淫泆之意，百无一存。《春秋》则以俗吏爱书、讼魁牒状丑诋之词，取已往之君臣，恣其诟厉。数百年来，能免此者，千无一二。近世名人略为洗涤：《诗》则黄石斋、凌茗柯，《春秋》则刘同人及路君朝阳，逸群遒上，庶几不负"明经"之目。至若《周易》，广大精微，以六虚尽天人之理数。而作经义者限之以君臣出处，苟为位置，若有一姓六名二之相，建元九五之君，或得或失，被以褒嘉，施以诮责，加之劝勉，曲为诘问；象占时位，罔所闻知，黑风吹堕，莫能拔出者久矣。《书》唯典、谟有论道之言，誓、诰乃论臣民之作。典、谟辞显而意深，自为一体。誓、诰则杂以方言，使人易晓。辞不通今，若有僻奥，而大指所归，示生人之利害。作经义者一以"危微精一"强相附会，将与介胄之夫、田野之氓、反侧之子谈心性乎？迷而不反者二百余年。启、祯以来，后起诸公虽或不雅驯，而穷经得归趣者间出焉；方之庆、历以前，自觉积薪居上。

五十三

科场文字之寠劣，无足深责者。名利热衷，神不清，气不昌，莫能引心气以入理而快出之，固也。况法制严酷，几如罪人之待鞫乎？汉、晋以上，惟不以文字为仕进之羔雉，故各随所至，而卓然为一家言。隋、唐以诗赋取士，文场之赋无一传者，诗唯"曲终人不见，江上数峰青"一律而已。燕、许、高、岑、李、杜、储、王所传诗，皆仕宦后所作，阅物多，得景大，取精宏，寄意远，自非局促名场者所及。经义本儒者分内事，而一行作吏，则置之如隔年历，间有作者，只为子弟作嫁衣裳：陈启新诮为"敲门砖子"，非诬也。唯杨贞复宧稿借经义讲学，其意良善，乃又为姚江之学所赚，非徒见地诐淫，文气亦迫促衰弱，深可惜也。

五十四

为一代文人而不遇者多矣，则胶庠之下，自应有伟人杰作，睥睨今古。乃嘉、隆以前无一传者。后乃有徐文长渭、漏仲容坦之、张子延大复数首行世，亦无甚超绝处。天启后，社稿充斥，终不脱揣摩蹊径。若钱吉士、顾麟士辈，欲矫时趋，而本领既薄，指趣自卑。因忆昔与黄冈熊渭公烝、李云田以默作一种文字，不犯一时下圆熟语，复不生入古人字句，取精炼液，以静光达微言。所业未竟，而天倾文丧，生死契阔，念及只为哽塞。

《夕堂永日绪论》外编终

《夕堂永日绪论》全书终

南窗漫记

南窗漫记引

　　物必有不可复阳者，而况仆乎？颓然任之而已。顾有难于自已者：自早岁侍庭闱，洎出承先生长者之席隅，及与士友周旋，即闭颠当之户于穹谷，不乏跫然之音，数年来俱以一泪而绝。近则两耳皆聩，杜鹃啼屋后树，亦不复闻。然且寸心犹昔，将何措而可哉？

　　生无记持性。人往往谓不然。此亦何庸欺者？尝读《太极图说》至三百巡，隔夕而忘。畴昔所辱赠示之作，如张别山先生、刘端星中丞湘客、金道隐黄门堡、刘浣松太史明遇及上湘龙季霞孔蒸、余杭姚梦峡湘，皆苦思索不得一章，其他可知也。病中仿佛所忆，仅保残数章句，凄然已。乃还自哂：人且哀余，余何庸为诸逝者哀？虽然，人亦谁且哀余者？余固不可不拾零香，拈碎玉，为畴昔哀也。亦各如其情也已。

　　戊辰天中日，南窗记。

南窗漫记

一

　　先征君受学于伍学父讳定相先生。先生诗文为南楚领袖。先征君与仲父牧石翁杖履周旋，时相唱和；未年敛意深静，不复属意。夫之幼曾见一笺，为释复支和先君韵者，今忘之矣；唯于卷尾得见《过应山绝顶》一绝句："原草青青入望新，归云将雨润轻尘。只今江北春将尽，渺渺江南愁杀人。"戊辰春作也。

二

　　牧石翁有诗数百首，乱后无一存者。忆得《三十六湾》一首："千里平湖水，支分六六湾。风横帆影乱，壑断舻声间。南北迷乡望，纡回滞客颜。湘灵愁倚瑟，徙倚碧云间。"

三

　　梁东铭先生志仁，上元人，早受学于吾乡曾舜征先生凤仪，以乡举宰衡阳，清执不合于上官，左调罗田，甲戌流寇陷城，死之。莅官繁冗，不废吟咏。曾见其书扇一绝二句云："再来只恐无寻处，好记悬崖一古松。"可谓清绝。又《入觐道中寄家兄叔稽》近体四首中一联云："渡江十日酒，遮屋五更霜。"置之薛许昌集中，亦为拔萃矣。

四

亡友文小勇之勇有句云："人谁从问字，风不可开门。"于江西宗派体中，自居胜地；而其荒凉寒苦之状，简傲绝俗之致，亦概可见矣。小勇所居，僦郊外一破屋，每旦待籴而炊，而长日一卷，啸傲自如。斯人亡后，戚戚忧贫，未壮而气衰者，成乎风俗，不复知此风味矣。

五

揭偶句于门庑柱壁，盖春帖之变体也，以简故，益不易工。己卯自鄂归，至城陵矶，风厉樯折，幸得登陆，步自矶上，走岳阳，小憩岳侯祠，见王澄川先生讳永祚题祠柱云："为臣死忠，为子死孝，大丈夫当如此矣。南人归南，北人归北，小朝廷岂求活邪？"允为警切矣。庚寅秋，与郑子遗中丞遇于韶州，子遗问黄鹤楼柱帖谁佳，余未有以对，子遗云："祢衡洲上千年恨。崔颢楼头一首诗。'岂非独步？"子遗名古爱，江夏人。

六

壬午初秋，黄冈王又沂讳源曾，熊渭公讳会同人于黄鹤楼，与者百人，各拈韵赋诗。渭公作四言，末章云："试望木末，好花翩翩。清明佳气，勃发楹前。"渭公以禫制不与秋试，为同人祝也，命意不落凡近。清明者，岂科名足以当之？渭公笃志正学，有《与李文孙论致知书》，破姚江之僻。为余序诗，以眉山、淮海为戒。著《纬恤》一帙，皆四言也，有云："帝命元老，黄屋左纛。黄屋左纛，命之莫保。"以追刺武陵相荆襄偾事而死也。

七

壬午残腊，小艇泊南昌城下，寒雪透篷窗不可忍。时张都御史凤翔方履江抚之任，自扬州驾大官舫，已登陆，舟停水次，因僦之度岁。其中窗间有题句云："行人莫上长堤望，枫叶芦花处处愁。"似是古句，墨迹尚新。于时天下方将乱，事无不可悲者，见此令增惨淡。凤翔以监司贿致节钺，志意已满，当不知有此语。或其幕客所书，则亦一有心人也。

八

南昌城北龙沙，四围素沙环拥，如银城雪岛。中平敞，为禅室，有汤义仍手书门联云："池开沙月白，门对杏榆清。"数十年矣，褚墨未损，悠然想见其挥毫之顷。

九

滕王阁连甍市廛，名不称实，徒以王勃一序，脍炙今古。求所谓飞阁流丹、飞云卷雨者，何有也？吴下管元心正传令永新，作一绝书版悬阁上，末句云："争传画栋珠帘句，江上颠风笑杀人。"

十

高汇旃先生选士于濂溪书院课习之，省试后，慰诸不第者以诗，一联云："鸟自嘤乔木，鱼无羡武昌。"敦友谊，薄荣名，人师之语也。

十一

"河山无地求弓剑，臣子何心饱稻粳。""灭绝耳根犹有恨，破除心事倍多情。"章文毅公守湘阴时作也，见之巴陵李天玉兴玮扇头。天玉，公门人，摄临武令，城陷死之。

十二

堵牧游先生游南岳，问余兄弟避寇处，于方广道中有句云："双溪溅水鸣丝竹，一壁初晴负画图。"

十三

牧游先生于德庆舟中授余军谣十首，令传之，其题则《月家乡》《马儿女》《雨浆洗》《风晒晾》《笔先锋》《口打仗》《报疟疾》《棋金丹》《血筵席》《营十殿》，备丧乱艰危之状；天下之不支，公心之徒苦，俱于此乎传之。流离中遽失其稿，唯忆其《营十殿》云："乌云覆眼血牙红，九殿不及十殿凶。九殿披枷还带索，十殿披毛更戴角。生生死死九殿中，慎勿吃他犬豕药。"

十四

上湘洪伯修_{业嘉}与同邑龙季霞_{孔蒸}以吟咏相尚，摆脱凡近，往往得霜鹤唳空之致。丙戌，开楚闱于衡阳，伯修落第，归径岳后，赋诗六章，寄意弘远，视唐人"榜前潜下泪，众里却嫌身"，如鳖欬耳。如云"峒云无故常飞雨，蕙帐何心独嗜兰"，既俯仰卓然矣；至云"雕弓白马三军客，碧杜青蘅一港风"，忧世之心，视杜陵为尤蕴藉。又云："自有古今皆作客，河山相看不相知。曹刘呫呫三分耳，孙阮仙仙一啸时。"此岂经生心肾中所能有此种性者？未几为乱兵所害。何从更得斯人，与游大雅哉？

十五

季霞与王山长_岱夜话诗云："窃听谁窗外，琅然动壁琴。"盖季霞欲与湖上作者矫竟陵纤弱之习，追踪大雅，而有志无时，与伯修同时遇害，悲夫！

十六

丁亥春，余以穷愁客上湘，日与伯修、季霞、欧阳予私_淑、江陵李广生芳_先痛饮忘昏晓。一夕渡涟水，就宿僧舍，斜月未沉，碧波流映。余举杨大年以"镜中人似面前人"对"水底月如天上月"，语犯合掌，而意味短浅。季霞曰："何似'鬓边霜作镜中霜'？"余代云："梦中身是故乡身。"

十七

刘杜三_{自晔}虽早托胎于竟陵，而不全堕彼法，往往有深秀之句。其将入闽应召，径衡，有夜宿前溪_{去郡三十里}见寄诗："飘零吾久矣，离乱欲何之？愁绝遥天暮，哀余斫地时。南音同在耳，西爽独支颐。相见情无限，何能尽所思。"固自恻恻，警人不昧。

十八

杜三后有寄予山中诗，亦足增人怆然之怀："病鹤无枝带箭飞，经年芜秽惜渔矶。绕床行脚同香饭，哀筑当筵仍故衣。筑室喜闻名士并，望门真被酒佣非。一蛇雾隐南天远，绵上何人问割腓。"

十九

丙戌屯师湖上，未能前进一尺，而赋敛之重十倍。少司马天门郭公_{都贤}《咏雪》诗云："四望郊寒连岛瘦，一天白起奈萧何。"督使闻之怒甚，嗾悍帅害之，会溃败不果。公卒以文字取祸，卒于江陵。倪文正公赠公诗云"爱他风骨耐他粗"，善于言公者也。

二十

僧诗本不足拊于桧、曹之末。唐宋诸名髡，技止此耳，况今日哉！识量止于其域，大无能摄，微无能入也。余所见者僧法智一绝有云："一步一花无别意，香来熏透破袈裟。"差为蔬笋之雄。

二十一

郭季林有《涉园草》一帙，竟陵体也。其有意致者，良自洒然，为摘录之："性情皆有托，不但得为人。即如彼风雨，孰知非周亲？至德不碍己，岂复以等伦？"《观赛》。"天山不可名，云气与之平。暑退石苔润，凉生树叶轻。细听蝉翼寂，遥感雁来声。澹尔平林际，深黄半熟橙。"《秋雨》。"万山环列一茅亭，兀立横空出杳冥。闻说高人长饮此，只堪独醉不堪醒。"《过刘子参山亭》。

二十二

"岂非天下士，所重世间名。令我南原上，长吟忆耦耕。"此季林见怀诗也。余度岭孤心，虽未能见谅；然季林自率其退静之情，殷勤以相规正，固自不忍忘之。季林名凤延。

二十三

东莞张太史家玉，谥文烈。以全发起义，兵败坠马而卒。家人刻其军中遗稿，有诗近百首，唯记其一联云："真同丧狗生无赖，纵比流萤死有光。"

二十四

太傅山阴严公，于端州行宫阁内书芭蕉叶云："臣节唯知怀一冷，王言不敢亵双温。"于时有卿贰蒙温旨者，但得一褒语，因诋公不知典故，票拟失辞，云"九卿例得双温"，盖竞躁之妄言耳。故公书此以见意。黄冈晏云章奉常需明作排律二十韵，以《内阁芭蕉》为题，余和之，今皆忘矣。唯记晏作一联云："天情垂湛露，海气避严霜。"余亦有句云："甘露忧多变，绿云望已长。"

二十五

"挑灯说鬼亦无聊，饱食长眠未易消。云压江心天浑噩，虮居豕背地宽饶。祸来只有胶投漆，病在生憎蝶与鲦。劣得狂朋争一笑，虚舟虚谷尽逍遥。"金卫公堡诏狱后足折卧舟中，余往省之，书此见示。时余拜疏忤群小怒，亦将谢病入山矣。

二十六

太傅瞿公筑别馆于桂林东岸，宫詹张公题春帖云："当阶古树思尧叟，隔岸江山忆伏波。"桂林道上松，宋陈尧叟所种；桂林东门外有伏波试剑石，故云。二忠遗笔，流传人间，自有传之者，此亦吉光片羽。

二十七

芋岩李敬公国相遗稿，属余订定，今录其佳句云："春流一道飞蒙茸，嫩柳柔黄间新红。轻鸥点点飞掠水，夹岸桃花笑春风。春风度水摇青练，溪上落花如飞霰。初阳掩映白云间，唯有白云光一片。"《春日溪上有寄》。"频年寒食山之陲，柳绵扑人今者悲。春草漫生满芳甸，春风飘落桃李枝。桃李花飞春欲晚，溪流东逐长江远。白云飞去还飞来，飞尽白云人未远。"《寒食山中怀人》。"绝壑愁难托，遑知自有身。因之征旅况，能不念伊人？日月无私照，山川有异垠。怀哉于役者，落落听风尘。"《怀管冶仲百粤》。"孤槎沦荒域，生离一梦悭。问天孤雁字，无地钓鱼湾。挂剑情谁寄，焚琴恨未删。苍梧有舜迹，君志在其间。"《哭夏叔直九疑》。

二十八

"蝎来祁连风，雁行吹忽断。南北各天涯，惊魂落空弹。沙漠严寒难久客，遥望衡阳孤岫隔。洞庭秋水眇愁余，日落长汀芦花白。欲望从之烟水迷，谁向深林送飞帛？开函读之泪横流，一别二十有八秋。鸿飞冥冥千仞外，稻粱满野非所求。孤雁孤飞孤自哀，多君兄弟共裴回。独我此心无可语，深秋梦逐雁峰来。"嘉鱼李雨苍占解己酉寄余此诗，云欲涉湖相访，时年七十矣。阅两岁遂长逝，不果所至。雨苍，大崖先生裔孙，国亡后不应公车。唐须竹为余过其家省之，萧清户庭，犹楚云台风味也。楚云台，白沙筑于岭南，以馆大崖者。

二十九

方密之阁学逃禅洁己，授觉浪记莂，主青原，屡招余将有所授，诵"人各有心"之诗以答之；意乃愈迫，书示吉水刘安士诗，以寓从臾之至。余终不能从，而不忍忘其缱绻，因录于此："药铛□□一炉煎，霜雪堆头纸信传。松叶到春原堕地，竹花再种更参天。纵游泉石知同好，踏过刀枪亦偶然。何不翻身行别路，瓠落出没五湖烟？"

三十

小筑如拳之室，戏作数诗，或和之，唯芋岩一首深为枯木撒花："躯壳为谁留，相看已白头。从人嗤倔强，责自备《春秋》。寒尽鸿声断，春归草色柔。余霞擎晚照，峰翠逐人流。"

三十一

"凤凰集阿阁，麋鹿游山樊。物性固有常，甘苦能并存。偶思远尘嚣，随意寻桃源。自怡得间旷，临江启柴门。江光散白云，高枕清心魂。形骸已渐忘，涕泪声久吞。徒欲愤韩仇，深负国士恩。材与不材间，愿共达者论。"此云壑于普市见寄诗。余之交于云壑以此。人无知云壑者，勿望其更知余也。"君归耽石室，余亦泛星槎。自度桃源境，频寻洞口花。江清一雁远，天碧数峰斜。云水苍茫际，相思路转赊。"云壑介弟联珵寄余作也。

三十二

蒙圣功给事正发《欸乃声》九十首，曾授余订之。其警句则有："片帆影挂前川月，透枕霜清五夜钟。""药市藏名嫌有价，鸥群不乱信忘机。""荆台不乐呼先辈，高阁从来束腐儒。""千里孤身分两地，一天雪意酿同云。""潭经积雪波增力，树过重阳叶尽凋。""更拟卜居迁赤甲，遥怜知己在丹霞。"丹霞，澹归所居。澹归者，金道隐堡。"尽简图书藏一叶，并装风雨过三门。""临流苍壁沾衣翠，隔岸悬崖当画看。""高峰影浸寒潭黑，绝壁光生晚照红。""明犀照水终嫌逼。宝剑沉渊免再探。""小桨不惊浴鸳稳，回潭时积落花深。"讵可不谓句意双到？

《南窗漫记》终

龙舟会杂剧

龙舟会杂剧

鹦鹉洲游人拆字　龙舟会烈女报冤

楔子

（旦儿扮谢小娥上）［如梦令］点点芦花飞去，还似春风柳絮；再也不回头，远趁沙汀雁渚。无据，无据，目断云中烟树。妾身谢小娥，幼而失母，更无兄弟，可怜俺爹爹谢皇恩鞠养成人，招赘平江段不降，经今三载。今年春初，收拾些资本，往苏杭贸易，单留下个老嬷嬷子伴妾身在家。前四月末，这巴陵城中有相识的客，从下面捎一书信来，说生意颇好，兑些细软之货，已将到江州，只为江州城中有些客帐，催完方回。日日江头凝望，不觉已是暮秋，更无消息。（悲介）咳！我那爹爹和段郎，多管是凶多吉少，教我怎生是好！今日倚楼而望，又早晚也。红日西沉，金风渐紧，只得掩上门向阁子里去也。咳！我的天那！

　　［赏花时］（旦唱）过尽千帆总是间，恰好似流水东奔去不还。红日已衔山，凝眸渐懒，风紧暮天寒。

　　［幺］段郎呵！便做道白酒青鱼醉客颜，更偎着红烛高烧拥翠鬟。我那爹爹衰鬓染霜斑。秋江向晚，可也回首望乡关！

　　呀！忽然一阵冷风，透窗而入。好倦也，且靠着这小榻儿磕睡片时者。（睡介）

第一折

（茶旦扮小孤神女，花冠璎珞，侍女捧印剑，鬼使持幡随上。）万派东流赴海门，中流一柱砥乾坤。大唐国里忘忠孝，指点裙钗与报冤。吾神奉上帝之命，镇住这小孤山，受下民香火。万顷沧波，一峰独峙，拦住了海门潮，不教他横吞楚塞，疏通着两湖水，恰好使曲绕吴山。既清水国之波，还察人间之事。忠直的求子息，保风波，不用他挂纸烧钱。奸邪的宰猪羊，还袍幡，只好哄木雕泥塑。不学那巫山云雨，弄得个楚襄王东窜西奔。生怜那河上篜篧，但教他霍里妻悲歌恸哭。这几夜，祠门外有两个孤魂，号哭呼冤。俺天眼观来，知他是巴陵商客谢皇恩、段不降，被贼人劫杀。这贼徒姓名，怎瞒得我过？有谢皇恩女儿小娥，虽巾帼之流，有丈夫之气，不似大唐国一伙骗纱帽的小乞儿，挤着他贞元皇帝投奔无路。则他可以替他父亲丈夫报冤，则索隐用天机，叫这孤魂托梦与小娥知道。巡江的，你带这孤魂来见我。

（鬼使应诺入内，带正末李见魂上。）

（末）娘娘！好冤也！

（茶旦）你二人的冤，我尽知道了。你那谢小娥乃贞烈之女，必能为你报仇。今叫巡河的引你到家，梦中说与他去。

（末）禀娘娘，那贼叫什名字？

（茶旦）谢皇恩！杀你的是车中猴，门东草。段不降！杀你的是田中走，一日夫。

（末）这是哑谜儿，望娘娘直说。

（茶旦）这是天机之妙。我若直说与你，你阴魂便去寻他，死于暗昧。一则未能明正天诛，一刀还他一刀；一则显不得你女儿谢小娥孝烈，替大唐国留一点生人之气。你只记着这话去。难道普天下没一个识字的秀才，为你女儿分解？

（末李叩头介）谢娘娘天恩！

（茶旦）做贼称雄也枉然。不见安禄山，建国号称天，到头只是刀头死，只羞杀王维与郑虔！（下）

（鬼使引末李行介，合唱。）

［仙吕点绛唇］鼍吼洪涛，酸风射脑刀瘢燥；杳杳滔滔，何处是巴陵道？

［混江龙］则忆得离家春正早，稳乘着春波水暖泛轻舠；长千里，听彻了碧箫象板；西子湖，看遍了绿柳红桃。旧牙行，喜相迎，问湖湘米价何时减；

同帮客，相向说这浒墅抽分不易逃。买就了头水绵，一丝丝云堆鹤氅；还撺得飞花布，一段段雪缉鸿毛。交兑了雪花银，可包回换；打迭下碧油单，护着鏖糟。正乘潮，几声画鼓；稳随风，一棹轻桡。早离了分叉客路青枫浦，巴不到三径吾庐翠竹梢。一团头烧灯谈客梦，三口儿剥蟹饮春醪。谁知道船头买水，不提防暗里藏刀。一霎时好似乌云罩，莽吆喝轰雷震耳，猛回头溅血沾袍！

使者！引咱那里去？

（鬼使）西南上随风去。（作盘旋飞走介）

（合唱）

〔油胡卢〕雾涌云腾，把不住酸疼脚。还只怕一点悄魂儿被风吹散了。听不彻芦汀渔唱闹清宵，瞧不真荒丘戍火明衰草，望不见云中古树苍烟绕。这敢是马当口，散花洲？这敢是黄鹄矶，华容道？猛凝眸，早则是高楼百尺临城峭。（哭介）天那！这是我旧家门，那些个归来好。

（旦从内潜出睡介）

（末）一直闯入门来。残灯闪闪，孤榻萧萧，兀的不是我女儿也！

（李）兀的不是我娘子也！

〔天下乐〕（末哭唱）小娥儿呀！怎不与我设三尺灵帏剪纸招，香烧，把浆水浇？想只是漫无消息，直到今朝，尚兀自倚江楼眺望，遥对斜阳，泪雨双抛，还只望，秋水雁云归棹。

则索向前唤起他者。儿！我和段郎回来了。

（旦惊起介）参参，段郎好！你回来了。谢天谢地。（做近前冲倒，鬼使扶起，作法苏醒介。）参参！段郎！你是人是鬼？这个好怕人的脸儿，是什么人？

〔那吒令〕（末李合唱）道俺是鬼呵，一灵儿全未消；是人呵，血肉饱馋蛟。我含冤，你如何得分晓？小孤娘差这使者呵，特引我诉根苗。

（旦）这等说，你受害了？难道两个都没了？

（末）几曾见破巢中完卵全？两口儿只一霎同销缴！

（旦哭问）是几时也？

（末）正春残，暮霭萧萧。

（旦）你受害在那地方？

（末唱）

〔六幺序〕江州城便是我离魂道。

（旦）还是坏了船，还是遇贼人？

（末）五两风飘，稳泛棠桡，日落江皋，还要趁星光，买酒平桥。那贼呵，哨风尖舞棹如飞鸐，一挠钩搭住船梢。短支腮，双眼铜铃耀。霜刀在手，板斧横腰。俺两个胆销，魂摇，尽着他把细布轻绡，风卷归巢，还来解下丝绦，反缚连腰。则喝道："快将来金蒜银条，蚁命方饶。"天那！我没字儿方才哀告。板斧呵！飞光耀脑。（悲介）我儿呀！我二人好苦也！但只见颈脖子雪喷寒潮，心坎里猛火油浇，昏惨惨更无分晓；一灵儿向江天飘渺，长夜悲号。感动了小孤娘娘，引魂幡引此来寻告，教伊知我呵，魂沉黑海，骨冷江皋。

娘娘吩咐道："你那谢小娥，虽为女子，却有丈夫之气。你说与他，叫他寻着贼人，杀了报仇。"

〔寄生草〕他道你怀贞彻骨贞，尽孝钻心孝。针线厢包藏着黄公略，青鸾尾胜戴着兜牟帽，女孤星待把挼枪扫；填完了一双魂血洒水红花，不教你天高月黑，伴着孤鸿叫。

（旦哭问）那贼知是什人，教我寻谁报仇？

（末）杀我的是车中猴，门东草。

（李）杀我的是田中走，一日夫。

（合唱）

〔幺篇〕这天机不漏泄，付与伊牢记着。则要你耐奔波，遍访高人教。那贼呵恶名儿已注定天曹稿，定盘星不爽丝毫报。这机关不怕没人参，有心人瞥眼能分晓。

（末）小娥儿，你紧记着。恐怕你疑梦非真，我洒几点血，在你小榻前，为个凭据。（悲介）儿！我今去也！

（李）娘子！我今去也！

（末唱）

〔赚煞尾〕早钟鸣，荒鸡叫，更一点明星报晓。儿呀！我难向人间厮恋着，早随风散云飘。只教伊哭声渐高，更怒气血潮奔脑。我呵，再不能勾向岳阳楼畔看秋涛。今宵一别，到天荒地老。只这几点血踪儿，杀尽冤仇始得消。

（鬼使催督，打哨，盘旋舞下。）

（旦醒哭介）好吓杀人也！好痛杀人也！参爹，段郎，你在那里去也？呀！分明梦中来诉道为贼人杀害，吩咐四句话，说是贼人姓名，教我遍走江湖，寻高人说破，寻着那贼杀了，与他报仇。恐我疑梦非真，说洒了几点血在小槅前为据，待我点个亮来看。（虚下点灯上）呀！真个鲜红淋淋的血点在此。（哭介）我那爹爹、段郎，好苦也！（拍手跳介）谢小娥死也不教这贼活着哩。呀！天已明了，不免将家缘家计，付与老嬷嬷子，叫他带着干儿子在此过活，我自带几两盘缠，有爹爹海船上买一把倭剌随身，向江湖寻取高人，拆此字谜去。待俺记来：车中猴，门东草；田中走，一日夫。可也一字不错。生离死别已经春，枉杀高楼望远人。若访得那贼呵，任你钢头铁额，也教他成齑粉，只难得个会读书的识字真。（下）

第二折

（卜儿扮老汉上）年老无儿两口单，却无婚嫁放心间。南来北往经过客，尽道风波险似山。自家汉阳城中一个有名的张搬古老儿便是。近日上司新修晴川阁，访知我为人仔细稳重，委我看守屋宇，迎候游人。每月官支米一石，更官长游客，为他开门扫地，也送个包封儿，两口儿尽好过得。则旧年冬月，一个妇人从巴陵来，送个人事，认俺婆婆做干娘，在此寄寓。一片纸写着十二个字，粘在阁柱上，要人猜。经今数月，这汉阳许多大摇大摆夸饱学的相公，只眼睁睁着，且自随他。我看这妇人，到也好生决烈，只夜半三更，吞声啼哭，不知为甚。且看他后来如何。昨日马头上湾下一座船，阻风在此，必是一位官长。他恐今日上来游玩，且扫净了地伺候着者。（扫地介）

（末泥孤扮李公佐冠带从人随上）〔昭君怨〕汉水中分楚塞，回首秦关天外，北斗帝城边，几点烟。为问大江东去，六代繁华何处？谢傅旧风流，定神州。下官李公佐，乃淮南王神通九世裔孙，绪出天家，名登蕊榜。先世家住长安，因天宝之乱，侨居西蜀。近者贞元皇帝为逆贼所逼，驾幸梁州，四海无一隅之安，但倚江南为根本。有俺三从叔讳锜字的，为江南观察使，因此行在授俺观察判官，督发江南兵马钱粮，接济关中。受命而行，非同小可。社稷安危，劳心蒿目。顺汉水而下，已出大江。奈这两日石尤风紧，只得淹留在此，好生闷损。晴川阁在望，且往登眺，以舒愁绪。来此已是阁前，叫看守的开门。

（卜儿开门叩见介）

（末）是好景也。鹦矶东峙，汉水西来，淼淼清波，迢迢烟树，不枉了称正平挥毫作赋，庾元规见月登楼也。正是：春长荻芽色色齐，一团绿玉浸玻璃；芳洲作赋人何在，惟有新莺隔岸啼。

［越调斗鹌鹑］渺渺芳洲，桃波微皱；碧草如油，红芽初透。问春色如斯，为何人撋就？吊古含愁，古人知否？

由来楚国先贤，名留青史。则今日呵，

［紫花儿序］弄笔尖的把丹青画饼，持牙筹的将斛斗量沙，拥旌旄的似昼锦冠猴；空目断长堤垂柳，古渡扁舟，波流，一任乾坤日夜浮。问谁是：吊北渚灵均哀郢，祝东风周郎顾曲，望长安王粲登楼？

凭高北望，极目中原，好伤感人也！

［金蕉叶］颤巍巍卢龙塞，卖却田畴；去滔滔清汴水，割断鸿沟。更那堪向呜呜古凉州，笛悲折柳；只留得个石头城，二水分洲。

这壁间有许多留题在上，待下官看来。

［小桃红］凌云庾信已千秋，问伊谁，披夕秀？（笑介）元来都是这等样诗，止不过崔颢残膏来润口，漫悠悠望乡关，学几句闲僝僽；为你含羞，亏伊出手，倒不如渔唱樵讴。

呀！这柱上粘着片纸，写上几个字，待俺看者。车中猴，门东草，田中走，一日夫。这个还是灯谜儿，还是白头帖，暗中人的？若论此四句，有何难解处！

［大净纱］分明是芳皋九畹香幽；分明是东风柳暖花柔；分明是斜日未曾加西。没转语外孙楗臼，何劳细问杨修！

叫看守的，这字儿是谁粘上在此？

（卜儿）禀老爷。巴陵来个妇人，寄居在厢房里，写粘在此。请过往官人猜着。

（末）你与我唤那妇人来。

（卜儿）干女儿！这位老爷看见柱上的字，唤你问哩。

（旦上）天网恢恢，想是这位官人。参透了待我向前相见哩。（拜见介）

（末）那妇人！你写此几句话，是甚意思？敢是两个人的姓名，你要知道？

（旦）是两个人名，望老爷分示。

［调笑令］（末）藏钩，有甚费推求？申属猴，车字去了上下两横，中间是个申字。门下束字，上加草头，是个兰字。田字中间一竖，走上走下，也是申字。一字加夫字，又加日字，是春字。明明是申兰申春两个人姓名。若论六书正法呵，屯下日，却道是凤鸾俦；门下束，误拟作苍龙宿。问普天谁识得《三苍》古籀，糊涂且把糊涂究。（笑介）这取名字的，想也是不识字的先生，晕朱儿混束脩。

我且问你，要知道这申兰申春怎么？

［秃厮儿］莫不是有宿分，觅为婚媾？

（旦）不是

（末唱）

莫不是失金珠向彼追求？

（旦）不是

（末唱）

既不呵，稠人似海，鱼鳖混江游，又何劳辨鲤尾，认鳊头，独下金钩？

（旦）请屏左右，待奴家诉来。（从人退介）

（旦）奴家谢小娥，父亲谢皇恩，丈夫段不降，经商在浔阳江上，被强贼杀害了。小孤
娘娘有灵，引两个孤魂来江楼托梦，说此四句，道是贼人姓名，洒上血痕为信，教奴拜访高
贤，参透报冤。今幸蒙恩指示，果然不错，便好找寻这两个贼徒，与他拼命去。

（末唱）

［圣药王］听说罢，替伊愁，这愿儿好难酬。那贼呵，漫天瞥地翻筋斗，
要追求，向何州？你漂零四海一沙鸥，况裙钗非敌手！

你若访出这贼的当，不如赴所在衙门告理。

（旦）老爷！这使不得。如今做官长的，谁得似老爷清正！只寻那有想头无干系事去推
敲。这没头盗案，况奴家是个单身妇人，谁待准你？风声张了，那贼人反断送奴家性命。死
不要紧，更谁与父亲丈夫报冤？

（正末唱）

［麻儿郎］你道做官的糊盆搅面稠，惭愧也，我也银鱼叨绿绶。也难怪你说，
没金钱先输朝右，怎能勾剖铜符，做列土诸侯！咳！真个丑！谁锁住闹天宫六
耳猕猴？待何时春回北斗？只落得柳凋霜后！笔酣墨饱，纵横如意。

既然你立志已坚，我与你想个计来。

［绵搭絮］你系长裙，行缓缓，梳松鬈，发飕飕，虽则是铁心肠，不怕
污，必竟呵，青闺面，半含羞。你须把妆楼远望，一笔儿勾，做一个吴市吹箫
佩䪐缑。待访得贼人呵，就里翻身，方好做鹰隼击高秋。

（旦）谢老爷教训。如今便寻两件衣服，裹一顶头巾，雨伞衣包，做佣工的，沿江找去。

（末唱）

［拙鲁速］则愿你青虹吐，剑光浮；喷寒辉，射斗牛；蓦山撞水，向楚
尾吴头。恶草呵，当门锄尽；狂夫呵，一日干休。焚香酹酒，祭告江流，双

按髑髅，则问道，你父亲丈夫呵，与他前生有甚仇？

还有一件：你若杀了那贼，恐无凭据。左右取纸笔来。

（杂捧笔砚上）

（末）下官批一字与你，那时把地方官看。（写念介）杀谢皇恩者申兰，杀段不降者申春，神告分明，谢小娥持此报冤为照。贞元十二年二月判江南军事李公佐批。

（旦拜谢介）

（末）此生有缘。他日与你重会，结证这一段公案，你好珍重去也！

[看花回]江流骤断云横岫。

（杂）转了南风，请老爷登舟。

（末唱）

从今去，要相逢，重相问，亲相助，几时能勾！孤负了我做大丈夫的，挽苍虬，带吴钩，无力相援，只待听雌龙夜吼。

[尾声]今朝话，待他年后，早把天机参透。遍人间自有有人，（叹介）只我李十二，一点丹心没处剖。

第三折

（旦男妆上）[一剪梅]屈原江水子胥潮，自古难消，今日须消。如霜一把报仇刀，生在今朝，死在今朝。皇天纵得贼徒骄，一向妆乔，莫再妆乔。骷髅粉碎首悬标，你不轻饶，谁肯轻饶！俺谢小娥，自从得李判官大人指示，换了男妆，起个名儿，叫李小乙。谢苍天见怜，头面手脚，都泼皮了。一路访来，到这江州西门外，挨河僻巷里，果有申兰这贼。那申春却包着个老婆，在对江。恰好这贼当败，粘个帖儿在门上，雁人佣工，我便投入他家。经今三载，尽心儿里外照管，街坊上不容易与人说句话，家中一丝也不疏失，更兼整治酒食，曲称他意。这贼十分欢喜，做歹事的套数，一毫也不瞒我。俺在包裹里寻出俺爹爹段郎两件汗衫儿，只为有血点儿，丢在没用处，和包货的粗布上，有爹爹名字印记，俺都藏下。几次忍不住要下手，奈他聚散无常，恐怕走了申春。今日端阳佳节，昨日把二两银子叫俺买办酒食，合伙儿过节。喜撞着北客带来有堆花干烧酒，俺闻着便醉的，买了三十多斤，蒸烂两个大猪头，四只肥鹅，炸了十斤大鱼，捣一盆大蒜，等这贼看龙船回，弄他嘡个大醉，好一齐斩草除根。如今尚早，俺且关上门，寻出血衣印记在手边，以为证据；并备办一方搭头首帕、两件女衣应用。（恨介）贼呵！不怕你今日不死在俺手里也！

（关门入内持衣上唱）

[南宫一枝花]则提起血痕斑两领汗衫儿，（悲介）回想着临别时灯前那一霎！拈针密密缝，泪滴交襟下，叮咛道：遇冷须加，还要紧系着秋罗帕。怎知道，寒江风冷伴鱼虾，染刀腥白骨如霜，向狂波一丝不挂！

我想爹爹段郎英魂不远，且望空祝告他者。

[梁州第七]你则解梦魂中殷勤哭诉，谅孤魂原不在海角天涯。我为你含羞更忍恨，向三焦下宽松了罗襕，解散了堆鸦，陪欢侍酒，强笑传茶；只为你浸寒涛肉冷汀洲，不顾得软苗条试猛虎撩牙。则愿你借江上千顷雄风，吹散他魂坠泥沙，做一个乌江夜泣乌骓马；俺如今生和死，钢刀一把，拼得个凛冽寒霜淬剑华，斩尽秋瓜。

俺且祷告小孤娘娘者。（跪介）娘娘！你既引孤魂教我报冤，只争今日助我一灵儿！

[牧羊关]娘娘呵！你澄波清海雾，浴日洗东华；怎忍见小裙钗，怨气结青霞？也不烦雷部双轮，也不消天丁六甲，则教我青锋随手下，一线没争差，酬赏了哭春江彻骨冤，不枉了絮春宵埋头话。

这咱，那贼徒敢回来也。

（内打龙船鼓，随意喊唱扒船歌介。）

（旦）江头锣鼓正喧，料且未回。我虽带有随身倭刺，不中砍斫。贼家尽有好刀，拣一口来用。（向内取刀出，作砍势介。）

[哭皇天]刀呵，你随贼徒害良善，无休暇；也须要趁今朝，洗垢除瑕；闲着时粗胳膊似汤浇雪，当着时黑脖腮似风飘瓦，好与我支分节剐，才显得赛龙渊，宝气掩丹霞。但这一伙贼徒呵，不分真假，有甚嗟呀！

此时贼徒将回了，待我再向厨下收拾整齐者。（持盘壶收拾介）

[乌夜啼]（唱）一般般次第安排下，待他回抿嘴磨牙。这香喷喷迷魂汤，肥咄咄人油鲊，甘美无加；更不消曲按琵琶，陪几曲歪膀调，哩落莲花；管教他圆睁眼笑得没丝罅，横吞呷，无休煞，游鱼儿上我钩，醉猩猩随他骂。

[隔尾]填万丈的深冤，只在须臾下。谁待学蠢张良错打了博浪沙！长休饭，且放你些时假，正好撑达，何须挣扎。且看你杀害我爹爹段郎的贼胆呵，和膏带血，真个有若干大！

（李扮申兰，杂扮申春，同四贼笑诨上。）龙舟队队逞英豪，擂鼓摇旗荸叫号，咱若有这些闲气力，则教李官家穿不稳衮龙袍。咱家申兰，与侄儿申春，和这钱孙赵李一班好兄弟，在浔阳江上做那把刀儿，也得彩。今日一同看龙船回。昨日吩咐李小乙买办酒肴，这咱想齐备了，且回去尽量欢饮。来到门首，这门撺了。李小乙可也仔细，免教人张破我的行径，不免教他开门。（叫介）

（旦应开门介）

（李）小乙！酒肴齐备了么？

（旦）齐备了。

（李）快搬来，肚将次饥了。

（摆酒肴译饮介）

（旦）爹！恐怕烹调不中口哩。

（李）好！好！兄弟们尽着吃。

（旦）这酒可也吃得？

（李）好呈头，好呈头。只可惜不曾叫个小侑唱曲送酒。

（旦）这早晚，想大户人家都叫去了。爹们若不嫌，小乙也曾学得腔调，胡乱编个曲儿，服侍爹们，只休取笑。

（杂）好！好！小乙哥，你只多了那把刀儿，到也像个妇人。

（旦背云）教你认得有这把刀儿的好男子！

（旦唱杂取三叉板译上介）

［寄生草］榴花儿红似火，菖蒲儿抽新翠；蜈蚣蛇龟相吞制，龙舟龟鼓争轻利，天师灵篆诛妖魅。尽鲸吞一吸猛烧刀，如今不饮何时醉？

（李）唱得好，满斟酒来一齐干。你还把咱兄弟们聚义意思唱来！

（旦唱）

［幺］亲生底未是亲，结义呵真忠义。有酒呵，堆花酽酿齐醺醉；有肉呵，堆盘大碗皆肥腻；有衣呵，堆纱绣锦挨身系；更有那开通元宝百来堆，松纹大锭鹅毛细。

（李）唱得好！大家吃发财酒一碗，干！小乙，你是心上人，这巷里又没邻舍，可将咱们替天行道本事唱来！

（旦唱）

［幺］论财爻总是天，便天也随人意。恰风高月黑天连水，牲牢神福梢公醉，思乡客倦舻舠睡，轻轻抽了缆桅帮，到江心插翅也难回避。

（李）好！好！吃个流水杯。一个催，一个干。

（旦唱）

［幺］鹅舸儿，破浪来；小划子，分波去；一挠钩找住蓬缆系，一番身好赛呆鹰翅，一声呼惊醒天蓬睡；快将来，留得你六阳魁；再俄延，好吃我板刀馄饨咸酸味！

（李）唱得好！连斟三碗，齐干，再唱来。

（旦唱）

［幺］做官的逞威风，做客的夸伶俐，榔头大板催常例，长夫书帕趋权贵，低银假货欺童稚。我是个抽丰破散好亲朋，不用你纸封袄裹红笺馈。

（李）唱得更妙。咱们得些儿也不枉了。换大碗儿齐干。

（旦唱）

［幺］弓兵们是我小偻偬；捕盗官是我亲翁婿；大花押，金几个擒拿字；纸甘当，填一个全无弊；黄白米，已送入在靴州里，有时露着一些些，只教那地邻保长臀皮替。

（众醉诨介）

（李）荡好酒来，再唱再饮。

（旦背云）你看这贼，自要取死，找上了一碗堆花的烧刀，不怕他不倒。（取酒诨劝杂吐介）

（旦唱）

［幺］秃厮儿说因果，倘秀才夸仁义，则兀那孔夫子受尽了东陵气，释迦佛吃勾了天魔累，西王母守不稳蟠桃会，只李博士一句说分明，而今世上皆吾类。

（众跌倒压睡介）

（旦）爹们！再请一碗！

（李）合眼叫吃吃介

（旦背云）醉便醉了，恐怕还挣扎得。待我唱个曲儿讥诮他，看知道不知道者。

［幺］黄水獭吃勾了鱼，穿山甲舔尽了蚁，粉蛾儿终撞入灯油里，蚊虫儿早挂着蛛丝系，猛毛虫恰遇着翻身猬。冤家狭路遇冤家。焰摩天上难回避。

爹听我唱请酒

（李）扒起喊好好，复跌介

（旦）醉便十分了，恐怕还动弹得。我再唱一曲，说出本事，看他懂不懂。

（众軒呼介）

（旦唱）

[幺]俺是个母丁香，药性烈；你则道公槟榔，能消气。雌木兰暂卸下盘龙髻，秦女休不怕你盘蛇刺，高辛女权混入盘瓠队；看咱脱却皂头巾，恰是个活拿小鬼钟馗妹。

全然不醒，果然醉泥了。（做捍耳捏鼻，喊叫醒来吃酒，众不知介）这一伙都不省人事，及今不下手，更待何时？（入内取刀，先杀孛，众惊起，爬跌追赶，尽斫杀介）贼子冤仇已报，俺且除下这头巾，换了女衣，割下申兰申春两颗头，望空浇酒，祭告爹爹段郎者。换衣哭拜云爹爹！段郎！小娥为你杀贼报冤。你知道不知道？

[骂玉郎]虽则是根苗铲尽没牵挂，劣脑袋与分花，不辜负孤魂千里伤心话。（哭介）只我那爹爹段郎呵，骨已冷寒潭下，怎能勾蝶飞春家，挂一陌纸钱花！

祭告已毕，不免提这两颗贼头与血衣印记真藏，到前街叫动地方，同向江州首告去。（行介）街方保甲，我巴陵谢小娥，千里寻贼报仇，惊动众位，今往官府首告去。

（杂扮保长同众上）好惊死人也！一个妇人杀了两个猛汉，这妇人好像申家李小乙。

（旦）奴家正是。这杀的便是申兰申春。俺改换男妆，在此三年，才杀尽一伙强贼。

（众）申大郎笑面儿和气，用银也松泛，难道是贼？

（杂）你怎知道！手松脸笑的正是大王哩！

（众拥旦行介）

（卜儿扮刺史上）十载寒斋罢苦吟，辛勤博得带腰金；读书也识清廉好，待不爬来痒不禁。吾乃江州刺史钱为宝是也。今日天中佳节，正好在内衙饮酒，外面击鼓喧闹，说甚妇人杀贼报仇。这事有甚想头滋味！但是典守者不能辞其责，且出去问他。（开门介，众拥旦上）

（卜儿）那妇人，清平世界，为甚杀人，可一一供来！

（旦唱）

[恋皇恩]楚塞吾家，来到此浔阳江下。妇人谢小娥。父亲谢皇恩，丈夫段不降，经商过此，这贼申兰申春，一伙劫财害命，抛骨江水中。妇人有不共戴天之恨，誓以一死，求报冤仇。因此上，卸钗镮，囊短剑，来觅冤家；将身投入申兰家为佣，得见了真赃无假，更有这血染衣纱；趁今日龙舟耍；赚醉了眼生花，才能勾探月窟，

斩妖蟆。

（卜儿）你父亲丈夫既被杀了，没踪影，你怎知是这伙人，没一毫差错？

（旦唱）

　　［红芍药］梦里分明说不差，说下几句字谜儿，教俺访高贤，遍走天涯。当夜洒着几点血在榻前为据，因此写着四句，到晴川阁粘壁以问，幸遇江南观察判官李大人参透了道：门东春草是根芽，指点儿家向江州细访查，暗藏身不敢喧哗。

（卜）你如何不来告理？

（旦唱）

　　则怕呵财爻暗动，变了空亡卦。

（卜将扇掩口，从人喝介）

（旦）

　　因此上投入蓼儿洼。

（卜）这妇人好一刁哩。我且问你：人命关天，你有甚凭据，杀许多人，却来说鬼说梦？

（旦）有李判官大人批照在此。

（卜取看念介）元来他有墙壁，难为他不得。也罢！我如今表奏当今，说你孝烈，旌表可好？

（旦）谢老爷费心！俺却不屑弄这虚脾，把性命换浮华。

　　［玉交枝］虚名是假，反惹高人笑骂。俺呵，姜椒入口钻心辣，生和死看作浮槎。元是他女孩儿三从做浑家，待干休，怎忍干休罢！到如今，折戟沉沙，谁更问铜台片瓦！一声声晨钟发，一通通暮鼓挝，回首夕阳西下。扑灭了断头香，看透了破镜花，向空门云封石径苔，月冷松棚架；任灰心草线灰，待参话风幡话。只一件：寸心未死，为李判官大人呵，他指迷津的恩波未报答。

（卜背云）一来这妇人硬帮不好惹；二来李判官是上司参佐；三来不行申报，那贼家中赃物便入官。

（转身介）叫保长。他既有赃据，着地方将贼人尸首掷入江中去。一面差人收查贼赃入官。这妇人不消羁管，任他去罢。正是：开门收得窗前月，一任梅花到处飞。（下）

　　［煞尾］（旦）这贼呵，仗凶威自占了浔阳一霸，杀将来全不消八阵六花，

轻轻的扫尽妖氛刚半霎，定不争差，何须惊诧！列位看官们，你休道俺假男儿洗不净妆阁旧铅华，则你那戴须眉的男儿元来是假！

第四折

（旦僧帽禅衣，杂扮知客随上）看官，还认得我么？那浔阳江杀贼报仇的谢小娥，与这江陵瓦官寺大比邱尼湛定大师会下西堂妙寂，还是一个还是两个？咳！纵然识破，鹞子依旧过新罗去也。俺自从杀贼徒，披缁行脚，不觉又已三年。今春参访到此，蒙本师一言相契，领了西堂一席。既得他恶水泼人，不难向悬崖撒手。只为李十二恩官大恩未报，为他诵一大藏《金刚般若经》，祝他福慧双增。留下一卷未完，等他萍水重逢，完这愿力，便好向船子清波，飘然一叶。如今本师应供宜城去了，命俺暂领丛林。值此江天雪景，怕有游人随喜。知客师，你便回复他，此是比邱尼院，本师暂出，不便请入，只外面澄江楼可以游览，引他那边玩赏去。

（杂）晓得。

（旦下）

（末浩然巾，便服，丝绦，杂扮奚童执鞭随上）〔集唐〕万户伤心生野烟，何人倚剑白云天！愁窥白发羞微禄，则做个罢钓归来不系船。俺李十二参判江南，淹留六载，只承望俺那族叔同心戮力，共匡王室。目今驾已回京，俺那族叔却听奸人之言，生不轨之志。俺几度直言谏正，无奈谗口之高张；不得已密疏上闻，又被中涓之阻隔。既然无救于当时，怎肯陷身于逆党！告病归休，幸蒙许允；才离虎口，将返蚕丛。到此换船西上，又值风雪横天，旅舍凄然，难于消遣。这江陵地面，琵琶多于饭甑，非所忍闻；措大多于鲫鱼，无堪共语。闻得城外江干有个瓦官寺，雪景颇佳，不免骑上驴儿，带这奚童，往彼游玩者。（跨驴行介）你看万瓦含晶，长天倒影，丽谯悬百尺之琅玕，野径有未雕之璞玉。迤逦行来，已到寺门也。门上站的可是知客，待俺向前礼者。（下驴拱拱手）阿师，请了！

（杂）老居士，莫是随喜么？本师远出应供，这是比邱尼院，不便请登堂。前面澄江楼可以临江玩雪，就引到那里随喜者。

（末）好哩。（登楼介）

〔双调新水令〕倚危阑，脉脉望江天；倒清光，看透了镜中人面；冰丝萦水曲，飞雪覆渔船；不如他罢钓高眠，看足了散天花，把琼瑶碎剪。

［驻马听］碧海云连，空凝望孤飞白雁传书怨；寒梅香浅，只高吟槎枒枯树寄愁篇。江山满目，都是愁人处也。乾坤何处不烽烟！哀哀寡妇诛求遍！只一个陆九学士，也不免岭海之行，纵好谁怜，夕鸟归飞倦！

（内鸣磬介）

［万花方三叠］金磬清喧，把闲愁唤转；任回风飞雪舞回旋，柳外楼边，知落谁家院？虽是如此说来，却也怎生忘得。看金猊一绺残烟，尚兀自曲萦香篆，怎忘却三生幽愿！

（旦上）正在枯木堂逻堂，忽然心动，要往澄江楼一看，不知有甚机缘？（闯见末介）元来有游人在此呀！这位官人好生面熟也，待我记来。呀！敢是李十二恩官，则早白了几茎须也。知客师，可问那居士可是姓李，讳公佐，任江南观判的么？

（杂问，奚对是介）（杂）西堂师，正是也。

（旦）既然是了，待我向前顶礼者。恩官，妙寂稽首！（拜介）［长相思］山重重，水重重，云水悠悠阻断鸿，相期一梦中。祝相逢，喜相逢，海岳恩深顶戴浓，心空愿不空。

（末）俺与阿师平生素昧，何劳如此？

（旦）恩官，便不认得我了？我是晴川阁上猜字谜的谢小娥。

（末）是也。你几时披缁在此？

（旦）自别恩官，换了男妆，捏个名字叫李小乙，抓寻到江州，果有申兰申春二人，名姓不错。

（末）果不错么！你却怎生？

（旦）俺便投入他家佣工，尽心承奉他三年，却寻着父亲丈夫血衣和印记包单，一心杀他，未得其便。

（末）是难！是难！

（旦）恰遇端阳佳节，两个贼徒引四个偻㑩，一堆儿饮酒。俺小意儿劝他醉倒了，只消一把刀，送了这孽障，报了这冤。

（末喜大叫云）好庆快也！

（旦）地方官见恩官手笔，要与表奏求旌表，妙寂苦辞免了，放俺宁家。俺不忍归乡，削了发行脚，幸遇本师，留在这里做西堂。妙寂难忘大恩，诵一藏《金刚般若经》，为恩官祝赞，留下一卷，待有缘相见日回向。不意今日幸遇，结正了晴川阁一段机缘，故此特申叩谢。

（末）好庆快也好！英雄也！李公佐敬拜下风矣，合当一拜。（拜介）〔长相思〕去东吴，返东吴，长忆晴川女丈夫，冤仇报得无？恨贼徒，斩贼徒，愧我丹心一点孤，飘零在五湖！

〔雁儿落〕亏杀你，走天涯，不怕虎豹喧；亏杀你洗残妆，忍耐娇羞面；亏杀你入虎穴，阁泪假殷勤；亏杀你按龙泉，抵死争鏖战。

莫说你妆阁女流，便俺士大夫夸文章节义的，

〔得胜令〕王右丞称觞在凝碧池，源少卿拜舞在白华殿。破船儿没舵随风转，棘钩藤逢人便待牵。羞天花，颜面愁人见；叩头虫，腰肢软似绵。堪怜！翻飞巷陌乌衣燕；依然，富贵扬州跨鹤仙。

〔收江南〕呀！笑得人眼丝没缝呵！太古来鳌项怕蚊钻，粉髑髅且唱个相夫怜。便饶他情坚，便饶他意坚，也只好一笑送黄泉。

〔醉也摩娑〕总无聊，奈何也么天！总无聊，奈何也么天！若办得藕断丝连，水滴石穿，更不怕折么杀人也么天！

你不要地方官上表旌奖，更高更高。

〔风流体〕闹烘烘，闹烘烘，金字匾；絮叨叨，絮叨叨，列女传；看将来，看将来，值甚钱！水牯牛，水牯牛，谁受鼻绳串！

〔乱柳叶〕却叹咱半生、半生问天，空熬得鬓边、鬓边霜练。眼对着江山、江山如颤，似落叶依苔、依苔藓。庭院归燕，衔不起残红片。

（旦）请问恩官，此行何往？

（末）我抒忠无路，且自归休。

〔太平令〕俺如今上三峡看黄牛暮见，听古木清夜啼猿，百花潭黄鹂低啭，待诉与长安日远。

（旦）恩官去后，妙寂恩冤两成梦幻，亦不久恋人间了。

（末唱）

问龙天有缘，向西乾种莲，把恩冤荡然，驾一扁铁船，重与你晴川阁拈谜儿把残灯剪。

〔清江引〕莽乾坤，只有个间钗钏，剑气飞霜霰。蟒玉锦征袍，花柳琼林宴。（叹介）大唐家九叶圣神孙，只养得一伙脂花贱！

音释

脚古效切。略力吊切。着直诏切。宿音秀。袜孚怕切。甲居讶切。煞所驾切。达丁花切。札侧驾切。食时利切。辣郎假切。答丁把切。

"末泥孤",番话,此云官人。凡北曲之末,即南曲之生。卜儿本女脚,但与南丑脚同,故可借作男扮。孛儿即南曲之净。茶旦,南曲小旦,宫词所谓"十三娇小唤茶茶"也。

《龙舟会杂剧》终

王船山丛书校勘记

征仪刘毓崧撰

校勘记自序

衡阳王氏船山丛书，其目录可考者七十五种，稿本访得者六十一种。湘乡爵相及介弟爵帅捐俸授梓，自甲子春至丙寅夏，刻成五十三种。此三年中，延致诸同人，或校稿本，或校写本，或校刻本，毓崧亦在局中，专司覆校稿本。合计已刻未刻各书，除未经覆校者六种，《说文广义》《相宗络索》《夕堂八代诗选》《四唐诗选》《明诗选》《词选》。余五十五种，皆检其所引原书、所用故实，为之校勘。就中似误非误者，固不当增改删移。《书经稗疏》卷二解黑水云："以黑水在肃州，而雍之西界应在亦集乃。"今按：亦集乃系海子之名，并无脱误。亦毋庸疏通解释，若夫旧刻本有臆改之误。《诗经稗疏》卷一云："《广雅》谓之牛茎。牛茎，牛唇之转也。"据《广雅》，两'茎'字皆'茎'字之讹。茎音迟。唇、迟一声之转。阅者知茎有跌音，不知有迟音，疑其与唇音不近，遂臆改为茎耳。《诗广传》卷三云："文饶无犬戎之饵，则吉、闵之机不发。"据《史》《鉴》，文饶乃李德裕之字，吉、闵即李逢吉、李宗闵。德裕官兵部尚书时，杜悰与宗闵为隐语，目为大戎，欲饵以御史大夫之职。犬戎乃大戎之讹。至于唐时，吐蕃虽有犬戎之称，然维州渠帅自愿来降，并非赞普以此饵唐，且使果指争维州之事，亦不当舍牛僧孺而言逢吉、宗闵。此必阅者疑"大"字为误，臆改为"犬"耳。新钞本有传写之误。《春秋家说》卷三上云："童子之手持黍，莫与批之，固不可得而夺矣。""黍"乃"黍"之讹。手持黍，谓手持持黍。犹《记》言手弓《传》言手剑。此兼用弃百金取持黍及葛伯要夺童子黍肉也。《宋论》卷七云："七年而始降木征。"又云："以不相侵于木征之降。"未与未皆木字之讹。木征乃西羌青唐首长，熙宁七年降于王韶者也。王氏原本有检阅之误。《春秋稗疏》卷上云：贯，"范宁注音古乱反。"又云：厉，"公羊注音赖是已。"今按：何、范皆无音切。范宁注当作《谷梁释文》，公羊注当作《公羊释文》。此因注疏与释文合刻，检阅时误采书名也。亦有记忆之误，《周易外传》卷六云："杨亿披缁而辱逮于死。"杨亿乃王旦之误。《尚书引义》卷三云："若夫陆子静、杨诚斋、王伯安之为言也。"诚斋乃慈湖之误。《诗广传》卷三云："刘裕终广固之役，建业虽虚，甫旋兵而孙恩已溃。"孙恩乃卢循之误。《读四书大全说》卷四云："道安立雪断臂。"道安乃慧可之误。《读通鉴论》卷四云："况仇士良之以家奴而门生天子乎！"仇士良乃杨复恭之误。卷二十八云："李山甫、李振之流皆以不第而生其怨毒。"山甫乃巨川之误。卷末云："李存勖三垂冈之叹。"存勖乃克用之误。《姜斋文集》卷三《读陈书书后》云："鲁悉达之言违于俄顷，玄武之溃应如鼓钟。"鲁悉达乃萧摩诃之误，玄武乃朱雀之误。初拟悉仍其旧而胪列于《校勘记》中，同人有谓词义显然不必存疑者，于是刻本内此等遂多改易。惟误处须引证而后明，以及改之有碍于上下文者，则未尝改。爰即此类次第编辑，成《校勘记》二卷。诸同人按语，就其签记之存者，并为录焉。

　　前此新化邹叔绩汉勋校刻丛书，于经书《稗疏》五种多所点窜，就中能订抄本之讹者，固宜择善而从，《周易稗疏》卷四引《史记·龟筴传》校本改筮为笑。《诗经稗疏》卷二引《集传》云："姚崇遣使捕蝗，夜中投火，火边掘坑。"校本改投为设。惟原稿间有引证颇疏而邹改较密者，《书经稗疏》卷四下解"锾"字云："孔氏六两之说为得其中，然又不知其所本。"邹刻改末句为："盖本于《尚书大传》一锾六两之文也。"虽补苴罅漏，不为无功，然断鹤续凫，究非庐山真面。《春秋稗疏》卷上解"公次于滑"云："盖今大名之滑县，纪在鲁东南。"邹刻改为滑亭，在睢州西北，纪在鲁东北，固属有据。然下文云："帅师以西，次于曹、郑之间"；又云："郑之东向纪也，亦不北径于滑"；下条解"纪郱"云："纪国在齐、莒东南，今日照、安东之间。"是王氏之意，固以纪为齐东南，不以为在齐东北也；固以滑为大名滑县，不以为睢州滑亭也。邹刻删去"郑之南向纪也"二句，改"曹、郑之间"为"宋、郑之间"，改"齐、莒东南"为"齐东莒北"、"日照、安东"为"寿光、临淄"，虽考订较密，然非王氏真本矣。且有既经增改转不及原本者；《春秋稗疏》卷上云："晋文登有莘之墟乃伊尹所耕之地，在河濮之间，汉为阳平县，今东昌之莘县是。"邹刻于"汉"上增"在今陈留东北，卫杀公子仮之地"十三字，意谓莘墟在陈留。其说虽非无本，然晋文登有莘之墟在城濮战前一日，贾注、杜注皆谓城濮为卫地，则莘墟自当相近，故王氏以为在东昌莘县，即公子仮被杀之地，以视指城濮在濮州、莘墟在曹县者，持论虽异，亦可存参。若郑邑陈留，则距城濮太遥，于时地不合。如谓城濮亦系郑地，则与子玉怒从晋师，晋师退避三舍，事迹更不相符。盖晋文伐卫入曹之后，仍屯曹、卫之间，但拘宛春于卫，并不进兵救宋，子玉自由宋进兵，会前此救卫之师以逼晋。及楚师既败，然后晋师临郑，盟于衡雍耳。有另改他说，与原本迥异者;《四书稗疏》解长府为泉府,邹刻改为僭王者之府。今考《读四书大全说》卷六云:"为长府,改钱法也,详《稗疏》。"似此者,万无改理。有设为问答之说,一似原本自难自解者;《书经稗疏》卷四上言:"《金縢》一篇可疑者十三,今为胪辨之如右方。"邹刻改为:"《金縢》一篇,解者瞀惑,故多召疑,今就疑者之辞而为之申释如右方。"有别立一说,反指原本为或说者;《诗经稗疏》《取厉取锻》《锡尔介圭》两条。《四书稗疏》《葬于鲁》条,邹刻所谓"或说",据原本,即王氏之说。有袭取诸儒之说羼入原本者;《周易稗疏》解《坚多心》为多刺,暗用《挈经室集》;《书经稗疏》斥孔传为伪,暗用《古文尚书疏证》;《诗经稗疏》谓纪即杞、棠即棠,暗用《经义述闻》;又言太原即今固原州,暗用《日知录》;《春秋稗疏》引《水经注》"谓之举洲",改"洲"为"口",暗用戴氏校本;《四书稗疏》言"狼藉"乃"落错"叠韵,暗用焦氏《孟子正义》;皆原本所无,邹刻所增。就中亭林、潜邱与王氏同时,然未经相见,未必曾见其书,即使果见其书,亦断不肯袭取。有改从近时地名为原本所不应有者;《春秋稗疏》卷三云:"敖者,敖山也。在今河阴县。"邹刻改河阴为荥泽,下文两河阴亦改荥泽。今按敖山本在河阴县境,乾隆二十九年裁河阴并入荥泽。王氏卒于康熙三十一年,下距裁并之岁七十二年,安得豫知其事?此与《书传》托名孔安国所作而中有昭帝时金城郡名何异?凡此之类,定从原稿,不参以邹氏之言。邹氏凤称绩学之士,而箸述不传。与邹氏厚善者,能就五种《稗疏》中录其自抒己见之说,选择付刊,仍还其名于邹氏。亦复可传。所谓离之则双美也。《校勘记》亦不逐条声明,以省繁冗。

　　至于王氏原稿最精者,确凿不磨,足以接武昔贤,为来者先路之导。邓氏显鹤《船山著述目录》附识云:"诸家所著,有据为新义,辄为先生所已言者,《四库总目》于《春秋稗疏》曾之。以余所见,尤非一事,盖未见其书也。"而卷帙既广,利钝互陈,间有叙述参差,由于考订未确;李邺侯居相位时,陆宣公方居母忧,《读通鉴论》卷二十四言邺侯不荐宣公,又言宣公不进言,盖未核其年月也。种氏为将者,放之从子世衡,从孙诂、谔、谊,从曾孙师道、师中,皆在放后。自放以前,未尝为将。《宋论》卷三言放世为边将,起家阀阅,盖未核其家世也。注解率易,由于意见有偏。《檀弓》之申祥,即《孟子》之申详,自来皆以为子张之子,《礼记章句》以为子张门人。《乐记》之子夏,自来皆谓退老西河,寿逾百岁,《礼记章句》谓文侯所师之子夏,必非圣门之卜子,以字同而流传失之。此撰述繁富者之常情,无须深讶。更有不满于前人,然实为明人而发;张孚敬之议大礼,妄拟于欧阳文忠。光时亨之沮迁都,窃附于李忠定。王氏不满于文忠,为孚敬发也;不满于忠定,为时亨发也。不孚乎公论,而非其定论所存。《姜斋诗集》《五十自定稿》有《为晋宁诸子说春秋口占》诗云："腹借征南库，灯邀汉寿光。"据此，知书中于关侯有疑词者，皆未定之论也。《书经稗疏》卷二云："熙丰间，王安石倡为回河之邪说，而始终力主顺河自流之议者，惟苏氏兄弟也。洛闽诸贤迁蜀党之怒，暗中安石之毒而不察。"《读通鉴论》云："无罪可加，而苏轼以文词取祸。"《宋论》卷七云："苏子瞻海外初还，欣然就道，夫固有不可忍于君臣之际者。知其有不可恃而欣跃以从，亦君子宅心之厚与！"据此三条，知书中于东坡多毁词者，皆有激之言也。

此特一时感慨于衷，借论古以发抒独见，而立言之大指，未尝强天下以必从，犹赋诗者断章取义，说易者无事达占，故不自讳其矛盾之词，以明未尝执一。《读通鉴论》卷末《叙论》云："宁为无定之言，不敢执一以贼道；有自相跐盭者矣，无强天下以必从其独见者也。"是在阅者尚论作者之世，心知其意而弗泥于寓言。凡别有寄托者，置之不议，斯则善体也。故举其大略，以质世之读是书者。

同治丙寅夏四月仪征刘毓崧识。

王船山丛书校勘记卷一

周易内传

卷二下

颐

虎视耽耽　　耽耽，垂耳貌。虎怒，耳竖耽耽，顺而有求也。

耽耽，本作"眈眈"，从"目"非从"耳"。释为垂耳者，盖沿俗本之误。

周易稗疏

卷二

涣

涣奔其杌　　杌者，伐木不尽之茎干。

各本《周易》皆作"机"，无作"杌"者。船山《周易内传》正文亦作"机"。注云：或作"杌"者，伐木而留其本也。未知何据。此条上文云，程传以“杌”为“机”，似所据者，即朱子本义。然本义亦作“机”。其或作“杌”者，乃坊刻之误。俞氏《集说》作“杌”，注云尊者所凭之物，亦机之误。

周易外传

卷二

蛊

则且有伪周已革，而张说之涕犹零。

以《新、旧唐书》及《通鉴》考之，中宗复辟后，武后迁居上阳宫，群臣中呜咽流涕者，乃姚崇，非张说。是时崇正知政事，说流于钦州，尚未还京也。《春秋世论》卷二：武曌已革，而张说泣。张说亦当作姚崇，皆记忆之误。阳湖周梦渔世澄曰：世论下文云：流及其子，且戴巨贼以快心于唐之子孙，则谓说子均、垍受安禄山之伪职也。

书经稗疏

卷一

尧典

妫汭　《汉郡国志》云：南流者妫，北流者汭，异源同归，混流西注，而入于河。

按：《汉郡国志》无此文。南流者妫，北流者汭，二语本于《史记正义·引〈地记〉》。《地记》：妫上汭下，皆有水字。异源同归以下，本于《水经·河水篇注》。《水经注》无而字。盖误合两书为一书耳。

卷四下

召诰

牛二　　郑康成以谶纬释经，析为二，谓：禘为祭天皇大帝，主北辰而配以喾郊，为祭耀魄宝等之五帝而配以稷。

按：康成礼注谓：耀魄宝，即天皇大帝在五帝之上灵威仰，为周家感生帝，列五帝之首。邹叔绩校刻本"耀魄宝"作"灵威仰"是也。

尚书引义

卷一

大禹谟一

拖雷北返，而似道奏功。

拖雷，乃元世祖之父，追尊为睿宗者。以《宋史》《元史》及各书考之，宋理宗开庆景定之间，元世祖以皇太弟督兵攻鄂，闻宪宗之讣，班师北返，贾似道虚报大捷。其时睿宗之殁已久。拖雷，当作忽必烈。

卷六

文侯之命

录文侯之命，于书以东周之不王下，有不肖之子，而平王已尽乎人。

上文云延及桓王，又云此桓王之所以不王。此处所云不肖，即指桓王。然桓王乃平王之孙，子当作孙，下文坏于子而功不得就子，亦当作孙。

诗经稗疏

卷一

召南

委蛇　《后汉书》：委蛇大如车轮，亦谓大蛇也。

《文选》张平子《东京赋》：斩蜲蛇。注善曰：《庄子》蜲蛇，其长若辕。蜲与委通用。长若辕与大如车轮语亦相近。特《后汉书·张衡传》未载此赋耳。

邶风

荼　而韩保升言：香蓼宿根重生可为生菜。苏颂谓：春初，以壶卢盛子水浸透，挂火上使暖生红牙，取为蔬，以备五辛。

以《本草》考之，苏颂当作寇宗奭，《纲目》列寇说于苏说之后，引用时未细检耳。

郑风

勺药　则是今花似牡丹，根堪入药之芍药。钱惟演为之作谱者也。

钱惟演，当作孔武仲惟演，尝为牡丹谱，未尝为芍药谱也。

豳风

斯螽莎鸡蟋蟀　若莎鸡，唯在豆叶上者，为红娘子；在王不留行者，为王不留行；虫在葛上者，为葛上亭；长在芫花叶上者，为芫青；其翅具杂采者，为蟹蝥。

以诸家《本草》核之，在豆叶上背色黄黑者，为蟹蝥；在樗树上翅具五色杂采者，为红娘子。当前后互异。

鸤鹦　自郭璞以鸤鹦为鸤类。《禽经注》又误以为伯劳。

《禽经注》当作遯斋间览此。因《本草纲目》并列二说，致有误引。

《禽经注》以鸱鸮为鸺鹠，此条下文始引集传鸱鸮鸺鹠之说。故知此处书名误，而伯劳二字不误。

卷二

小雅

漆沮　《水经》所谓北洛水出北地直路县，东过冯翊祋祤北，东入于河，是已然沮水过祋祤而不径入河。则《水经》之疏也。

据《水经》两河字并当作洛。然下文云"禹贡言谓东过漆沮入河，是漆沮合渭，而后入河，则原稿固作河也。

坻　刘熙曰：小沚曰泜。

据《释名》：泜，当作坻。然上文云：若水中高地曰泜，从水从氏，与坻字不同。下文云：水中小小洲渚平薄无几，则原稿固作泜也。

卷三

大雅

堇荼如饴　盖草之名。堇者，其类不一也至乌头苗五也，一名孩儿菊。

据木草，孩儿当作鸳鸯。

黄流在中　按《说文》：郁，芳草也。十叶为贯，二十贯为筑。筑者，二百叶也。

南汇张啸山文虎曰：《说文》本云十叶为贯，百廿贯筑以煮之为郁。《周礼》：郁人注百二十贯下衍为字，贾公彦遂以筑字属上为句。然云不知所出。又云筑鬯见肆师职注。盖亦疑之。今检彼注云：筑郁草煮之则为字衍，而筑字下属可决。《段氏说文》注中纠之，又云十叶当作千叶，引百字解十百为贯，以证甚确此。云十叶为贯，二十贯为筑，筑者二百叶也。

又误中之误，然上下相应，自是王氏元文非脱百字。下又引煮百草之英，二百叶以成郁，亦非许氏文而仍作二百叶，知王氏意如此。不必从邹刻本补，盖即如邹本补仍误也。下文引诗含神雾曰：郁，二百叶，钞本百下衍十字。邹本改二百为百二十。疑元稿仍作二百，否则自相矛盾矣。

其菑其翳　　与周礼弊田仪礼弊旌之弊同。

周礼大司马述四时田猎之法，有火弊、车弊、罗弊等语。此弊田二字，所本至于仪礼乡射有偃旌。坐东面偃旌兴而俟举旌以宫偃旌以商。无弊旌，当是记忆之误。

钩膺镂锡　　臧哀伯曰：锡鸾和铃昭其鸣也。

据《左传》：鸣，当作声。然下文云锡，盖铃属动则鸣者。又云则是以器假人而鸣不昭矣，似原稿固作鸣也。

卷四

周颂

鳣　　《续汉书》及干宝《搜神记》：鳣，误作鳝云云。鳝，本音徐林切。《后汉书》注云，口在颔下，大者长七八尺，则鳝即今之鲟字。郭璞、陆玑所云者，鳝也非鳣也。

《续汉书》《搜神记》述鹳雀衔鱼之事，皆作鳝；然鳝字与鲟字迥别，自来并无徐林切之音。《后汉书·马融传》云：魴鲟鳣鳊章怀注云：鳣，音徐林反，口在颔下大者，长七八尺，盖船山所见《后汉书》，误鳣为鳝也。

商颂

天命玄鸟　　故《天问》亦曰："简狄在台，喾何宜？玄鸟致胎，女何喜？"

张啸山曰：邹刻本胎作诒，与《天问》合。然下文言致云者，若或致之而非燕卵之为胎元也，则元文固作胎矣。

诗广传

卷三

小雅

祭遵之以雅歌殪也。

据《后汉书》及《通鉴》等书，遵征隗嚣时以疾薨于沘营，并非伤亡。此盖误记，同时将帅岑彭来歙遇刺客之事属之于遵也。

礼记章句

卷三十一

中庸

素富贵行乎富贵，素贫贱行乎贫贱，素夷狄行乎夷狄，素患难行乎患难。君子无入而不自得焉。若富贵无忧勤之心，患难无冰渊之戒，夷狄无羞恶之志，忻然自得，则亦小人而无忌惮矣。

钱塘汤衣谷 绂 曰：本文四层并列。船山衍释，断不遗去贫贱一层。"富贵无忧勤之心"下当有脱句。

春秋稗疏

卷上

庄公

郿　　按《尔雅》：水草交曰郿，通谷者，微微之为地，下临济水。盖泽薮也，则微郿互称有自来矣。

归安杨见山 岘 曰：《尔雅》释水曰郿，作为湄。

僖公

缘陵　　缘陵，营陵也。而薛瓒曰：营邱，即临淄营陵，非是。

《汉书》北海郡营陵，或曰营邱。瓒注曰：营邱，即临淄也。营陵，《春秋》谓之缘陵，是薛氏未尝合营邱、营陵为一也。然邹刻本径改为营邱，与营陵本二地。瓒说是也。则与船山之本意不符矣。

梁　　梁国所在，杜氏失注。

杜氏注：桓九年传梁伯云：梁国在冯翊夏阳县，故此后梁国不更注，非失注也。然邹刻本径引杜注，而不标明桓九年，传一若即此僖十八年，传注则又误矣。

卷下

襄公

邢邱　　杜氏于"宣六年，赤狄伐晋，围怀及邢邱"。注云：今平皋是已乃又以为郑地之邢亭至何杜氏之不审而无定论也。

此条次第在莒人灭邿之后，已亥同盟于戏之前。所释邢邱、盖即襄八年、传之会于邢邱。杜氏已注于宣六年，故是年不注，未尝言郑地邢亭。邹刻本以郑地邢亭之说归诸说文于引证则得矣。然非船山之指也。

哀公

句绎　　《汉书》东海下邳县注云：峄山在西。《后汉书》谓之葛峄山云本峄阳山。

《汉书·地理志》下邳县自注：峄上有葛字，与《续汉志》同。船山所见《汉书》脱去葛字耳。

春秋家说

卷一下

僖公

厚吴之亡而赵鞅惋恨于莫恤。

此条论齐桓会江黄而以赵简子会吴黄池为证。据《左传》：越围吴时，简子已卒，惋恨于莫恤者，乃襄子无恤也。

献公卒克奔郑，未尝立于二孺子之庭^至是以正里克之弑，而不得以出亡辞。

《春秋传》《史记》等书无里克奔郑之事。

卷二上

文公

晋襄在位十有三年，而秦晋之兵争也八春秋，举之无遗词^至河曲以后，秦之所有事者，不数见于《春秋》。

晋文公以鲁僖三十二年十二月薨。襄公以次年即位。僖三十三年。至鲁文公十二年，秦晋战于河曲，兵争者九。僖三十三年，晋败秦于殽文。二年春，战于彭衙。冬，晋人伐秦。三年，秦人伐晋。四年，晋侯伐秦。七年，战于令狐。八年，秦人伐晋。十年，秦伐晋。十二年，战于河曲。只言八者，盖以文八年，秦人伐晋，不书于经也。然襄公薨于文六年，其在位仅七年，与秦兵争仅五次，至于后六年中三战，则是灵公在位时事。

卷二下

成公

宋许同之^{云云}，则宋许因是而不忌^{云云}，宋许不忌^{云云}。

此条论成十二年传：宋华元克合晋楚之成，晋士燮会楚公子，罢许偃，盟于宋西门之外。是时，与会者有宋，无许。杜注云：二子，楚大夫。据宣十二年传：许偃御右广，则偃确系楚大夫，非许大夫也。

春秋世论

卷三

宣公

幸哉，盾之速亡，而林父兴受其败，犹知悛也，故收功于狄。

据《左传宣八年》晋郤缺为政，盖赵盾实卒于是年矣。十一年，会狄于欑函，犹是郤缺为政十二年，邲之役，荀林父始为政，故楚伍参谓晋之从政者，新是继盾执政者，为缺，非林父也。上文言灵公死，后盾争郑者四。两盟诸侯实则前之争郑者二。宣三年，晋侯伐郑。五年，晋荀林父救郑。盟诸侯者一，七年，盟于黑壤。在盾执政时后之争郑者二。八年，晋陈缺帅师救郑。十年，晋宋卫曹伐郑。盟诸侯者一，晋宋卫郑曹会子扈。则缺执政时矣。

卷五

昭公

顿胡沈之仅有其国云云。**请命于晋，而晋无能也，于是三国遂亡**云云。**楚安坐而收其国**云云。

三国之中，顿胡为楚所灭，晋不能救，若沈为蔡所灭，则因不会于召陵，晋人使蔡伐而灭之，非楚灭之也。下文论定公时，召陵之会，亦云首祸于沈，晋启其衅以授蔡，此条偶未审耳。

续春秋左氏传博议

卷下

弗获已而遏于其流，若李晟之立斩术士犹庶几也。

李西平拒参佐宾介荧惑退舍之说，固未尝斩人，亦与术士无涉。若奏原桑道茂系不斩术士，非立斩术士也。至于斥丁琼狡兔三窟之说，曰尔安得不祥之言，执以闻然琼之所言近于蒯通之说。韩信乃策士，而非术士，且亦未尝斩也。

四书考异

诶予之足　诶，尺氏切，别也，多之字，诶予之手当同。

《说文》：诶下云离别也。_{船山删去离字者，盖考异各条虽根据《说文》然与注释说文有间，故，或櫽括大义，或约举其词，非一字不增损也。}读若《论语》：跂予之足。段注云：跂，当是启，误。或曰当作哆予之足。哆，犹开也。今按：跂字为《说文》所无诶字，训离别，哆字训张口，皆可引申为开，然究非本义。潜研堂答问谓：启即启予足之启，最为精确。盖启训省视较启开为尤切近，当是正字，许君所见《论语》或有作哆之本，亦系假借。后之传写者改"哆"为"跂"。船山所见之本，又讹跂为哆耳。

读四书大全说

卷四

为政篇

况如子张者，高明而无实故，终身不仕，而一传后流为庄周。

自来皆言庄周师田子方，子方师子夏，是一传之后流为庄周者，系子夏，非子张也。

公治长篇

其对宣公之词曰：见无礼于君者，诛之，如鹰鹯之逐鸟雀也。又曰：于舜之功二十之一。

上系季文子语，下系史克语。此一概以为文子语，盖蒙上而未加分析也。

卷五

述而篇

陈氏所谓万里明澈至万里明澈则乐有片云点染，便觉闷顿。

陈氏原文云：欲知乐之实须到万理明彻，则里当作理，澈当作彻。船山盖据误本，因以"万里明澈"与"片云点染"相对立论。下文云：若必万里明澈而乃以得乐，则且厌风云憎雷雨若将浼焉，亦此意也。

卷六

子路篇

辄逃而君卫者，犹有灵公之嫡孙疾在而不必郢，此中子之所以君孤竹也。

据《左传》：疾乃辄之子，于灵公为曾孙，非嫡孙，辄果逃则疾亦义不容立矣。船山盖误记"疾"为"辄"之昆弟也。

卷七

阳货篇

好勇而不好学，如刘穆之、王融，只是勇于有为，便不复顾名节，故其蔽乱。此刚勇之别，体用各异，不可紊也。

乱下原本当论"好刚而不好学，其蔽也狂"，亦引史传古人为证，传写脱去耳。

卷八

公孙丑上篇

内里有个义作骨子。义即缩也，故曰义以直内。

周梦渔曰："《易》文言敬以直内，义以方外。"此作"义以直内，"殆记忆之误。

滕文公上篇

虎虽匪人，然其面诋齐侯而辞其禄。

据《左传》，面诋齐侯，似鼠乃不与田，系臧武仲事，非阳虎事。

卷十

告子上篇

《集注》已未免堕在《北溪》，更添上一段描画至正《北溪》所谓："亡不是无，只是走作逐物去也。"

亡，不是无，只是走作逐物去。系朱子语，非《北溪》语。

《王船山丛书校勘记》卷一终

王船山丛书校勘记卷二

读通鉴论

卷二

汉文帝

仁宗之宽厚，李祭酒之刚直，且荷校而不能引退。

李时勉官祭酒而荷校国学门在英宗时。此言宽厚，则是仁宗，非英宗矣。然仁宗朝时，勉虽尝下狱，且为金瓜扑折胁骨而无荷校之事，且彼时以翰林改御史，尚未为大司成也。

卷五

汉平帝

张说之泣武曌。

张说当作姚崇。详见卷一《周易外传》。卷二十一唐中宗条内云：武氏迁于上宫，姚元之涕泗鸣咽。元之即崇之改名可证。船山偶然误记。

卷十二

晋惠帝

刘渊虽挟桀骜不逞之材至**渊匪茹而逞不再世，而子孙宗族及其种类骈死于冉闵，无孑遗焉。**

刘渊之族至刘粲时，大半为靳准所杀。其仅存者，至刘熙时，复为石虎所杀。靡有孑遗，非骈死于冉闵也。冉闵所杀者，石虎之子孙宗族。

卷十七

梁武帝

睿以景宗之下已而让使先己告捷，景宗乃以睿之不伐而变卢雉以自抑。

湘潭欧阳晓岑兆熊曰：掷卢作簺系韦睿事篇中，属景宗误。

卷十九

隋炀帝

杨广之不道，而见弑于宇文化及，许善心、张仲琰亢贼以死。

与善心同抗化及而死者，乃仲琰之弟琮，非仲琰也。仲琰殉难于上洛，其兄季珣殉难于箕山，弟琮殉难于江都。兄弟三人，皆隋之忠臣义士，特殉难之时地不同耳。

卷二十一

唐中宗

高宗在位三十四年，尚书令、仆左右、相侍中、同平章事，皆辅相之。任为国心膂者也，而乍进乍退尸其位者，四十三人。

按下文所数人名共得四十有三：长孙无忌、褚遂良、于志宁、高季辅、张行成、李绩、韩瑗、来济、杜正伦、刘仁轨、上官仪、刘祥道、李义府、许敬宗、宇文节、柳奭、崔敦礼、辛茂将、许圉师、窦德玄、乐彦玮、孙处约、姜恪、阎立本、陆敦信、杨弘武、戴至德、李安期、张文瓘、赵仁本、郝处俊、来恒、薛元超、高智周、张大安、崔知温、王德真、郭待举、岑长倩、魏玄同、裴炎、刘景先、郭正一。然唐高宗朝宰相征诸《唐书·高宗纪宰相表》并《资治通鉴》，除所数之外，尚有任雅相、卢承庆、李敬元、李义琰四人。此未言及者，盖检阅之误。

卷二十二

唐睿宗

姜皎与诛逆之功，玄宗闻宋璟之谏，放之归田，下制曰：南阳故人以优闲自保其于刘幽求钟绍京胥此，道也徇国，亦为其所可为者而已，过此未有不召憎恶于明主者。

欧阳晓岑曰："道也下徇国"上疑有脱误。

卷二十四

唐德宗

高帝斩丁公光武，诛彭宠之奴，岂不念于我有功哉？

光武封彭宠之奴为不义侯，虽以不义寓贬词，然既封为侯，则不但不诛，而且加重赏，宜权文公议其失也。此言诛者，盖因窦建德曾诛王轨之奴。误记为光武事耳。

为德宗谋，为敬舆谋，固未可遽相敬舆也至董晋、窦参、苗晋卿所不敢，相排以相夺者徒邠侯耳。

晋卿卒于代宗永泰初，不及事德宗。至于邠侯宣公之为相，更不及见此。必因宣公曾为晋卿及其诸子辨明诬谤，遂误记为晋卿犹在也。

卷二十六

唐穆宗

李德裕自以门荫起家至其知贡举榜发、而有相将"白日上青天"之誉，

追其贬窜而有八百孤寒齐下泪之思。

据《新、旧唐书》及唐《摭言》等书，杜悰曾劝李宗闵以德裕知贡举而未果，其所以致"八百孤寒"之感者，则因当国数年，颇为孤寒开登进之路耳。至于相将"白日上青天"之诗作于李逢吉知贡举之时，与德裕无涉。

李逢吉之恶夫人而恶之德裕不与协比正也，而忽引所深恶之牛僧孺于端揆，而睽于僧孺无定情矣。

欧阳晓岑曰：李德裕无引牛僧孺于端揆事篇，内疑有误。

按《通鉴》云：时僧孺与李德裕皆有入相之望，德裕出为浙西观察使八年不迁，以为李逢吉排己引僧孺为相，由是牛李之怨愈深。此言逢吉引僧孺于端揆，非言德裕引僧孺于端揆。船山误会其意，故移逢吉之事于德裕，此检阅之疏也。

卷二十七

唐懿宗

传及僖宗，侯昌业、孟昭图、张道古皆死焉。

据史鉴，张道古在昭宗时官左拾遗，乾宁四年上疏称国家有五危二乱，贬施州司户。据《北梦琐言》，道古后入蜀为王建所害，非死于僖宗时也。周梦渔曰：僖宗杀三谏臣侯昌业、孟昭图、常浚也。张道古乃常浚之误。

唐僖宗

故言乡团保甲者，皆唐僖宗、韦保衡之徒也。

此即上文所言，天下乡村各置弓刀鼓板也。事在僖宗乾符三年正月。其时宰相乃郑畋、卢携、李蔚、崔彦昭等人。若韦保衡已于懿宗咸通十四年十月赐自尽。是岁七月，僖宗即位。其时保衡摄冢宰至九月，即罢相贬官下距置弓刀鼓板之事二载有余。此记忆之误。

卷二十八

五代上

女真之陷汴，张珏、郭药师之使之也。蒙古之灭宋，吕文焕、刘整之使之也。

张珏虽反覆于辽金之间，然降宋之后，因金人索取，宋人斩首送金至陷汴之时。珏死已久，其末路与郭药师、吕文焕、刘整判然不同。此误记赵良嗣之事为珏事也。

卷二十九

五代中

李从珂屏侍臣于便殿，与冯赟、卢文纪密谈而敬瑭速反。

冯赟系离间从珂之人，闵帝时为安从进所杀，未及见从珂即位。《通鉴》叙便殿召对宰相之事，在清泰二年七月。彼时与卢文纪同相者有姚凯、张延朗，无冯赟也。

卷三十

五代下

李升于是而几于道矣，当其时，石敬瑭虽不竞至即令幸胜石氏而北，受契丹之劻敌，东启钱之乘虚南召马殷之争起。

此系论南唐不伐石晋之事，彼时吴越王为钱元瓘，楚王为马希范，镠与殷皆已没矣。

刘崇方挟契丹以入至德光且留不去。

北汉王刘崇挟契丹与周战于高平之时，德光久殂。契丹主乃兀欲也。

宋论

卷六

神宗

王莽进汉宫而言周公。

"宫"当作"公"。进汉公，谓进爵安汉公。彼时即有省安字，而但称汉公者如《杨子法言·孝治篇》云：周公以来，未有汉公之懿也。宋咸注云：汉公王莽也是其证矣。

卷十四

理宗

而贾似道之罪不可胜诛，非但其纳款拖雷而背之召寇也。

拖雷，当作忽必烈。说详卷一《尚书引义》。

卷十五

度宗

夫以韩魏公之公忠而两朝定策引退不遑，岂可望之史贾之流者乎？孝宗嗣而娄寅亮、张焘之赏不行，小人怀惠而天下随倾亦烈矣。

上下文皆言贾似道诬张定策之功。所谓小人，即指似道。盖以孝宗比例度宗，而以娄寅亮、张焘针对似道绎其词意，不行之下、小人之上当有数句转折，传写者脱去耳。

莲峰志

卷二

沿革

自唐大历，韩子登南岳，望蓝岭挥涕焉。

昌黎生于大历三年，至大历末年，年甫十二岁，其时无登南岳之事。大历当作元和。

卷三

名游

乾道丁亥至洪觉范在峰。

洪觉范即惠洪，一名德洪，系北宋末年僧人。南宋建炎中卒。乾道丁亥上距建炎末年庚戌已三十七年，觉范焉得尚在此？传闻之误。

文敏公讳贞吉。

上文言赵文敏。据《明史》赵贞吉谥文肃，此作文敏，盖传闻异词。《船山明诗选》亦作文肃。

五十自定稿

六言

咏史

堕泪曲江秋燕，白头小范　黄花。变雅三年破斧，续骚一部《怀沙》。
此诗以张曲江秋燕诗比《楚骚》《怀沙》。范希文西征元昊比东山破斧。然黄花晚节香之语，本于韩稚珪。此误记韩事为范事也。

郗鉴生怜逆子，沈充死愧贤孙。桂蠹何伤芳树，兰芽不染浦根。

郗愔乃郗超之父，不知其子之恶。沈劲系沈充之子，不盖其父之愆。此以愔为鉴。鉴，乃愔之父超之子。又以劲为充孙，皆记忆之误。

遣兴诗

直方莫打龟山谱，西席逢迎只蔡京。

据史传及宋人笔记，蔡京家西席劝京荐用杨龟山者，姓张名觿，字柔直，非字直方也。

鼓棹初集

贺新郎 用韵寄题翠涛山居

画骏不临松雪谱，自宝思陵鹰爪。

自注云：翠涛家藏宣和画鹰。宣和系徽宗年号，然徽宗称佑陵，若思陵乃高宗也。

《王船山丛书校勘记》卷二终

《王船山丛书校勘记》终

传记十种（增补）

大行府君行述　王敔

亡考船山府君，讳夫之，字而农，别号姜斋；中岁称一瓠道人，更名壶；晚岁仍用旧名。居于湘西蒸左之石船山，自为之记。蒸、湘人士莫传其学，间有就而问字者，称为船山先生。所评选有汉、魏、六朝诗一帙，四唐诗一帙，明诗一帙，古文一帙；绪论一帙，皆驳时尚而辨伪体，名曰《夕堂永日》。人士之赠答者，又称夕堂先生焉。

王氏系出太原。元至正以前，失谱不详。十一世祖讳仲一，扬州高邮人，从明太祖定天下，以功授千户。生轻车公讳成，永乐初以翊戴功升衡州卫指挥同知，遂籍于衡阳。七世祖护军公讳纲，从都御史秦公金平郴、韶贼，载王凤洲《皇明世法录》。以功晋骠骑将军上护军。大父武夷公讳朝聘，字修侯，以天启辛酉副榜授迪功郎，弃官隐居，受学于邑大儒伍学父先生，讳定相。究极天性物理；以武夷为朱子会心之地，志游焉以题书壁，学者称武夷先生。

祖母谭氏孺人，生亡考于万历四十七岁己未九月初一日子时。年十四，督学王闻修先生讳志坚拔入学。其后宁波水向若先生 佳胤。昆山王澄川先生 永祚 皆鉴识首拔焉。崇祯十五年壬午，以《春秋》魁与伯父石崖先生同登乡榜。大主考为太史吉水郭公 之奇，谏议大兴孙公 承泽，方师则安福欧阳方然先生 介 也。华亭章公 讳旷、江门蔡公 讳道宪，是科俱为分考。时国势渐不可支，出场后遂共引为知己，以志节相砥砺。是冬上计偕，行至南昌，道梗，欧阳先生谕以归养。明年癸未，张献忠陷武昌。逮陷衡州，绅士多反面纳款；其不降者，贼投之湘水。亡考匿南岳双髻峰，大父为伪吏所得，挟质以召伯父与亡考。大父迫欲自裁，亡考哀窘，匿伯父，直刺身作重创，傅以毒药，舁至贼所。贼不能屈，得脱于难，复返岳峰。

甲申五月，闻北都之变，数日不食，作《悲愤》一百韵。后四续其韵。

乙酉以还，湖广兵烽塞野，大旱赤地。督师贵池何公 讳腾蛟 屯湖南，制相宜兴堵公 讳胤锡 屯湖北。李自成死九官山，余党以降为名，蹂躏潜、汉，号忠贞营。二公安置无术，而不相协。亡考知湖上之败必由此，走湘阴，上书于司马华亭章公 旷，指画兵食，且谏其调和南北，以防溃变。公报以本无异同，不必过滤。亡考塞默而退。堵公檄辟两及，亡考卧耒阳不往。其后以民豢贼，肆掠惨毒，人心解体；章公幽愤而卒，何、堵二公前后遭悯。亡考先事之虑，如左券焉。

皇清顺治四年丁亥，收湖南。是冬王父弃世。亡考营葬岳后，且夕悲号，膺难西走。时前大学士瞿公 讳式耜 留守桂林，特章引荐。亡考疏乞终丧，得旨云："具见孝思，足征恬品。着服阕另议。"已而叹曰："此非严光、魏野时也。违母远出，以君为命，死生以之尔。"终制，就行人司行人介子之职。

时粤仅一隅，而国命所系，则瞿公与少傅严公 讳启恒 实砥柱焉。行阙驻肇庆，纪纲大坏，骄帅外讧，宦竖内恣，视江、闽之覆辙而更甚，赖给谏公 堡 同丁公 时魁、刘公 湘客、袁公 彭年、蒙公 正发 等主持振刷，而内阁王化澄、悍帅陈邦传、内竖夏国祥等交害之，指为五虎，交煽中官，逮狱廷杖，将置之死。亡考邀同榜中舍管公 讳嗣裘 走诉严公曰："诸君弃坟墓，捐妻子，从王于刀剑之下，而党人假不测之威而杀之，则君臣义绝而三纲斁，虽欲效南宋之亡，明白慷慨，谁与共之？"劝公匍匐为诸君请命。缇骑掠诸君舟，仆妾惊泣，亡考正色诃止之。继诸君以严公哀请得不死，而党人雷得复诬参严公。亡考抗疏指内阁王化澄结奸误国，疏凡三上。化澄恚甚，嗾私人吴贞毓、万翱、许玉凤辈交攻亡考，将构不测。亡考愤激咯血，因求解职。有忠贞营降帅高必正慕义解救之，乃得给假。高必正者，原名一功，闯营所称制将军者是也。时傍论遂有假必正兵力奉严君以清君侧者，亡考亟止之，且以其人国仇也，不以私恩释愤，终不往见。返桂林，依瞿公馆焉，闻谭太孺人病，间道归衡，而太母已殁。亡考衔恤忘生，风波百出，贫窘万状，卒以礼合葬于岳后。

两载以后，瞿公殉于桂林，严公受害于南宁，亡考念余生无可以酬知己，遂决计于林泉以没齿矣。严公以力阻孙可望秦王之封，为可望所戕，明统如线，寄命盗臣。数载后，可望遣李定国入粤，遂入衡。中舍管公将托之以身殉故主，约亡考偕行。亡考筮之，两得《暌》之《归妹》，因念定国之暌孤终凶，而可望之虚筐旡攸利也，作《章灵赋》以见志。其乱曰："天昧冥迁，美无耽兮。方焕为虐，已日霾兮。凿秕孔劳，矧怀婪兮。督非我经，雌不堪兮。专伏以需，师翰音兮。幽兆千里，翼余忧兮。仓恍写贞，疾烦心兮。贤仁无贪，怨何寻兮？"遂深避于岳之莲花峰。孙、李互乖，扈主诸臣卒尽罹咒水之难。管公不知所终，亡考尝南望而悲忆之。迄壬寅，缅甸变闻，或贻亡考札云："送旧已毕，初服宜变，可以出游。"亡考答曰："某虽冗散微臣，无足重轻，业已出身事主，不得更忘所事。茹荼饮药，吾自安之，不安者不忍出也。"

自此随地托迹，或在浯，或在郴，或在耒，或在晋宁，或在涟、邵。所寓之处，人士俱极依慕。亡考不久留，辄辞去。最后自岳阴迁船山，筑土室名观生居，遂以地之僻而久藏焉。前后有和庚子山咏怀诗，拟《古诗十九首》，拟阮诗八十一首。又效时体成《夕堂戏墨》之九，皆扃志抽思以旷写其情，而戹词渺寄者也。

亡考慨明统之坠也，自正、嘉以降，世教早衰，因以发明正学为已事，效设难作折；尤其于二氏之书，入其藏而探之，所著有《老子衍》《相宗》《论赞》，以为如彼之说，而彼之非自见也。山中时著道冠，歌愚鼓。又时藉浮屠往来，以与澹归大师 前金黄门堡、补山堂行者 前司马郭公都贤、药地极丸老人 前大学士方公以智、茹蘖和尚 壬午云南同榜、俗姓张，相为唱和。《遣兴诗》和澹归，《洞庭秋》《落花诗》《雁字诗》俱和补山堂些翁，余赠答载稿中。至于守正道以屏邪说，则参伍于濂、洛、关、闽，以辟象山、阳明之谬，斥钱、王、罗、里之妄，作《思问录内外篇》，明人道以为实学，欲尽废古今虚妙之说而返之实。自入山以来，启瓮牖，秉孤灯，读十三经、廿一史及朱、张遗书，玩索研究，虽饿寒交迫、生死当前而不变。迄于暮年，体羸多病，腕不胜砚，指不胜笔，尤时置楮墨于卧榻之旁，力疾而纂注。颜于堂曰："六经责我开生面，七尺从天乞活埋。"于《四书》及《易》《诗》《书》《春秋》，各有《稗疏》，悉考订草木鱼虫山川器服，以及制度同异、字句参差，为前贤所疏略者。盖亡考自少喜从人间问四方事，至于江山险要，士马食货，典制沿革，皆极意研究。读史读注疏，于书志年表，考驳同异，人之所忽，必详慎搜阅之，而更以闻见证之，以是参驳古今，共成若干卷。至于敷宣精义，羽翼微言，《四书》则有《读大全说》；《周易》则有《内传》《外传》《大象解》；《诗》则有《广传》；《尚书》则有《引义》；《春秋》则有《世论》《家说》；《左氏传》则有《续博议》；《礼记》则谓陈氏之书应科举者也，更为《章句》，其中《大学》《中庸》则仍朱子《章句》而衍之。末年作《读通鉴论》三十卷，《宋论》十五卷，以上下古今兴亡得失之故，制作轻重倚伏之原。诸种卷帙繁重，一一皆楷书手录。贫无书籍纸笔，多假之故人门生，书成因以授之，其藏于家与子孙言者无几焉。又以文章之变化莫妙于《南华》，词赋之源流莫高于屈、宋，《南华》去其《外篇》《杂篇》呵斥圣门之讹妄，其见道尚在狂简之列；屈子以哀怨沉湘，抱今古忠贞之恸，其隐情莫有传者，又俱为之注，名曰《老子衍》《楚词通释》。更别作《庄子通》，以引漆园之旨于正。自作《九昭》，以旌三闾之志。又谓张子之学切实高明，《正蒙》一书，人莫能读，因详释其义，与《思问录内外篇》互相发明。此亡考自辛卯迄辛未，四十年赍志不隳，用力不懈，尝自署其楹，以为"吾生有事"者也。

其他则《淮南子》有旁注，《吕览》有释，刘复愚集有评，李、杜诗有评，《近思录》有释，皆发从来之所未及，而衷订其旨。诗集则有《自定稿》三编，《忆得》一卷，《后稿》一卷；诗余有《船山鼓棹》二卷；诗出有《龙舟会》一卷；《文集》一编；杂著有《家世节录》《黄书》《俟解》《噩梦》《识小录》《南窗漫记》各一卷。字学有《说文广义》四卷，《订正诗韵》一卷。

亡考天性肫挚，见机明决，时有不测之险，则致命而处之恬然，偶近于名，则亟避之。常曰："释氏以死生为大事。死生，天事也，于人何预？行藏者，吾之生死也。"仿陈白沙、罗一峰、庄定山诗，作《柳岸吟》成帙，多自道其行藏焉。

吴三桂之抗命也，一时伪将招延，亡考坚避不出，或泛舟渌、湘间，访故人以避之。及三桂僭号衡州，伪僚有属亡考作劝进表者。亡考直答曰："我安能作此天不盖、地不载语耶！"其人大愕。亡考徐曰："某先朝遗臣，誓不出仕，素不畏死。今何用不祥之人，发不祥之语耶？"其人耆缩而退。僭号在戊午，春尽也，其日亡考长啸山中，作《祓禊赋》，略曰："谓今日兮令辰，翔芳皋兮兰津。羌有事兮江干，畴冯兹兮不欢。思芳春兮迢遥，谁与娱兮今晃。意不属兮情不生，予踌躇兮倚空山而萧清。阒山中兮无人，蹇谁将兮望春？"又《山楼雨枕》诗："江城二月催寒雨，山客三更梦领云。青镜分明知鹤发，宝刀畴昔偃龙文。援毫犹记趣南史，誓墓还谁起右军？飞鸟云边游随去住，清猿无事忆离群。"时与前谏议试蒙公 正发 酬答颇多，而二作明言其情，要之白不受点，抗献忠，远必正，遁定国，避三桂，异事同情，初终一致也。

三桂兵无纪律，昼掠夜劫，搜及穷谷。值华亭章司马次公子 有谋 南游阻道，亡考延入山中，昼共食蕨，夜共然藜，以所注《礼记》授之，夜谈至鸡鸣为常。游兵之为盗者窃听而异之，相戒无犯焉。

三桂死，世璠受讨。衡州地当战冲，人民逃死。亡考避入万山中，尤携陶诗日评论以示敫，又和陶《饮酒》诗。逃兵掠野，砲震林木，亡考处之泊如也。烽息，仍返船山。大中丞郑公 讳端 抚湖南时，遣馈米帛，属明府崔公 讳鸣鷟 嘱以渔艇野服，相晤于岳麓，并索所著述刊行之。亡考病不能往，且不欲违其素心，受米返帛，投南岳遗民名函谢焉。

年七十三，冬尽，于炉间成律诗二首。其一曰："荒郊三径绝，亡国一臣孤。霜雪留双鬓，飘零忆五湖。差是酬清夜，人间一字无。"此亡考绝笔也。久病喘嗽，而吟诵不辍。次年元日，尚衣冠谒家庙。二日清晨，起坐不怿，指先大父行状、墓铭付长孙若曰："汝慎藏之。"谓敫曰："勿为吾立私谥也。"良久，命整衾。时方辰，遂就箦，正衾甫毕而逝，享寿七十有四。遗命禁用僧道。自题铭旌曰："亡国孤臣船山王氏之柩。"自题遗像曰："把镜相看认不来，问人云此是姜斋。龟于朽后随人卜，梦未圆时莫浪猜。谁笔仗，此形骸，闲愁输汝两眉开。铅华未落君还在，我自从天乞活埋。"葬于衡阳西乡金兰都高节里之大罗山，自志其墓曰："明遗臣行人王夫之字而农葬于此，其左则襄阳郑氏之所祔也。"铭曰："抱刘越石之孤终而命无从致，希张横渠之正学而力不能企。幸全归于兹丘，固衔恤以永世。"

亡考忠义激烈，而接人温恭，恂恂如不欲语；及与人言为善，导引譬谕，终日不倦。责人至无可容身，而事过时移，坦如也。行与世违，言骇众听，莫不敬而信之。饥寒不名一钱，而嫁娶伏腊必行家礼。诗歌盈帙，不以形诸怨词。尝谓杜子美之残冷悲辛，鄙也；陶靖节之冥报相贻，傲也；鄙与傲非雅人之音也。资敏而心甚细，一目十行，一字不遗。于卜筮星葬之说俱通，而惜京房、郭璞之流于技也。于居岳时，求历法，取刘歆、洛下闳至郭守敬之书，且夕布算，两载得其要领，已而曰："山中无历日，安用此？"遂不复研。医理精讨岐、黄所说，而病必求医。常曰："儒者不可谈医，亦不可谈兵；识不足而胆张，适以杀人。吾尝出入戎马间，顾通禽遁，而绝口不言兵，亦尤是也。"

亡考同产三人。伯父石崖先生 讳介之，字石子，壬午同榜，同隐于山，年八十一而终，亡考作《孤鸿赋》纪哀。仲父硜斋先生 讳参之，字叔稽，选拔明经，早世，以孝友称，载郡志。亡考其季也。子二，长敉，次敔。元配陶孺人生敉，继配郑孺人生敔。孙五人：若、兹、苍、薼，范。敉通《诗》学，后府君十二年亡。若、兹、苍、薼，敉出也；范，敔出也。

哀哉！亡考之逝，今十有四年矣。值光天之宽大，不替逸民；蒙太史之采风，时诹故老。不孝敔 伊蔚虚生，采菽不似，于志复不可企，于学茫无所窥，哀述梗概，稍次本来，仰乞大君子仁人于俗论之不亟取者而取之，于逸民之不欲传者而传之，表忠发微，阐之如椽之笔，不异揖九原之灵而询虞、夏，起九泉之献而问云鸟，非 不孝敔 之所敢私恳而轻干也。不胜匍匐哀栗而待命。

先子自撰墓铭，且云："石可不作，狗汝兄弟为之，止此不可增损一字。行状原为请志铭而设；既有铭，可不赘作。若汝兄弟老而好学，可不以誉我者毁我，略纪以示后人可耳。"今先人之逝十有四年，伯兄亦没。敔不肖 于今康熙甲申从学院宜兴潘书原老师，详询先子始末，为立传以贻史馆。敔 不敢辞命，因叙述如右。潘老师并允绅衿"乡贤"之请；同入祠者，为伯父崖、邹年伯艮崖、管年伯霍宗、李年伯茅崖。潘师清望为六十年来所未有。敔 念此二举虽非先人之志，然没齿不敢忘潘师之明德也。时康熙乙酉孟冬，不孝 敔 泣记。

《传》载邑志，《谱》不重刻。

上系原《谱》敔公所作行状，照抄无讹。兰于民国丁巳纂辑《五修族谱》既竣，嗣于竹花园古箧内觅得老谱敬公所刊原牒；为乞潘师作传，述事最详。阅之，与道、同后续谱中校对，删节去其大半。妄易改删，概难枚举。如脱难复匿岳峰，明怀殒祚，悲愤不食；百计调和南北，而堵、何不协，料败如神：阙而不录。其最甚者，自"终制就行人司行人介子之职"下即接"自此随地托迹"，删去原本七百余字，正是船祖从君肇庆，疏奸护国，一片孤忠，及事无济而濒于危，免死解职，闻母病没，衔恤忘生。忠与孝有抱憾之孤苦，淋漓笔端。且原本说至瞿君殉节，严公因阻孙可望秦王之封受害，后可望遣李定国入粤，遂入衡招迎，公作《章灵赋》志，有见几之明。迨闻缅甸变而无复望，遂不欲出，乃接"自此随地托迹"，承接一气。被污改决断，文气文理，割裂不通。又如"衷订其旨"下接作《祓禊赋》，中删三百字。《祓禊赋》为避吴三桂属作劝进表而作，删除事实，不惟淹没节义，即赋词何以生根？"相戒无犯"下，有避兵山中，烽息返船山，却巡抚粟帛，投逸民函致谢：是婉词以处当路，不亏名节，不为势利所动。于此处节删二百余字。凡所节去，皆公忠义名教所关。删易中仅录文学事，尽弃德行言，何其冒昧不测至此耶？前已作污改割裂文以申其罪，又恐原《谱》日久腐败，遗事莫详，故此抄写永存，以贻后此续修，仍照刊入，庶知先人忠孝节义、德行文学，后世允推儒宗，良有以也。更得子孙有贤能，知诵读《船山遗书》，先取此篇玩索研究，大致既得，若纲在纲，自迎刃而解，庶知景仰前徽，以勿坠先人之文翰家声也者。

《家谱》本行述 原载王之春《船山公年谱》

亡考船山大人，讳夫之，字而农，别号姜斋，中岁称一瓠道人，更名壶，晚岁仍用旧名。居于湘西蒸左之石船山，自为之《记》。蒸、湘人士莫传其学，间有就而问字者，称为船山先生。所评选有汉、魏、六朝诗一帙，四唐诗一帙，古文一帙，绪论一帙，皆驳时尚而辨伪体，名曰《夕堂永日》。人士之赠答者，又称夕堂先生焉。

王氏系出太原。元至正以前，失谱不详。十一世祖讳仲一，扬州高邮人，以功授千户。生轻车公讳成，以翊戴功升衡州卫指挥同知，遂籍于衡阳。七世祖护军公讳纲，从都御史秦公金平郴、韶贼，以功晋骠骑将军上护军。祖武夷公讳朝聘，字修侯。以天启辛酉副榜授迪功郎，壹志潜修，受学于邑大儒伍学父先生定相，究其天性物理，以武夷为朱子会心之地，志游焉以题书壁，学者称武夷先生。

祖母谭孺人，生亡考于万历四十七年己未九月初一日子时。年十四，督学王闻修先生志坚拔入学。其后，宁波水向若先生佳膺，昆山王澄川先生永祚，皆鉴识首拔。崇祯十五年壬午，以《春秋》魁与伯父石崖先生同登乡榜。大主考为太史吉水郭公之祥，副主考谏议大兴孙公承泽，房师则安福欧阳方然先生介也。华亭章公旷，江门蔡公道宪，是科俱为分考，时国势渐不可支，出场后遂引为知己，互相砥砺。是冬上计偕，行至南昌，道梗，欧阳先生谕以归养。明年癸未，张献忠陷武昌，递陷衡州，绅士多反面纳款；其不降者，贼投之湘水。亡考匿南岳双髻峰，祖为伪吏所得，挟质以召伯父与亡考。祖迫欲自裁，亡考哀窘，匿伯父，自刺身作重创，傅以毒药，舁至贼所。贼不能屈，得免于难，复返岳峰。

于丁亥收湖南。是冬，祖弃世。亡考营葬岳后，旦夕悲号，膺难西走。时前大学士瞿公式耜留守桂林，特章引荐。亡考疏乞终丧，得旨云："具见孝思，足徵恬品。著服阙另议。"制终，就行人司行人介子之职。自此随地托迹，或在浯，或在郴，或在耒，或在晋宁，或在涟、邵。所寓之处，人士俱极依慕。亡考不久留，辄辞去。最后自岳阴迁船山，筑土室名观生居，遂以地之僻而久藏焉。

至于守正道以屏邪说，则参伍于濂、洛、关、闽，以辟象山、阳明之谬，斥钱、王、罗、李之妄，作《思问录内外篇》，明人道以为实学，欲尽废古今虚妙之说而返之实。自潜修以来，启翁牖，秉孤灯，读十三经、廿一史及朱、张遗书，玩索研究，虽饿寒交迫，生死当前而不变。迄暮年，体羸多病，腕不胜砚，指不胜笔，尤时置楮墨于卧榻之旁，力疾而纂注。颜于堂曰："六经责我开生面，七尺从天乞活埋。"于《四书》及《易》《诗》《书》《春秋》，各有《稗疏》，悉考订草木鱼虫山川器服，以及制度同异，字句参差，为前贤所疏略者。盖亡考自少喜从人间问四方事，至于江山险要，士马食货，典制沿革，皆极意研究。读史注疏，于书志年表，考驳同异，人之所忽，必详慎搜阅之，而更以闻见证之，以是参驳古今，共成若干卷。至于敷宣精义，羽翼微言，《四书》则有《读大全说》《详解》《授义》；《周易》则有《内传》《外传》《大象解》；《诗》则有《广传》；《尚书》则有《引义》；《春秋》则有《世论》《家说》；《左传》则有《续博议》；《礼记》则谓陈氏之书应科举者也，更为《章句》，其中《大学》《中庸》则仍朱子《章句》而衍之。末年作《读通鉴论》三十卷，《宋论》十五卷，以上下古今兴亡得失之故，制作轻重之原。诸种卷帙繁重，一一皆楷书手录。贫无书籍纸笔，多假之故人门生，书成因以授之，其藏于家与子孙言者无几焉。又以文章之变化莫妙于《南华》，词赋之源莫高于屈、宋，《南华》去其《外篇》《杂篇》诃斥圣门之伪妄，屈子以哀怨沉湘，抱今古忠贞之恸，其隐情莫有传者，因俱为之注，名曰《庄子衍》《楚词通释》。又谓张子之学切实高明，《正蒙》一书，人莫能读，因详释其义，与《思问录内外篇》互相发明。此亡考自辛卯迄辛未，四十年赍志不瞮，用力不懈，尝自署其椠，以为"吾生有事"者也。其他则《淮南子》有旁注，《吕览》有释，刘复愚有评，李、杜诗有评，《近思录》有释，皆发从来之所未及，而衷订其旨。

维时长啸一室，作《祓禊赋》曰："谓今日兮令辰，翔芳皋兮兰津。羌有事兮江干，畴凭兹兮不欢。思芳春兮迢遥，谁与娱兮今朝。意不属兮情不生，予踟蹰兮倚空山而萧清。阒山中兮无人，蹇谁将兮望春？"又《山楼雨》诗曰："江城二月催寒雨，山客三更梦岭云。青镜分明知鹤发，宝刀畴昔偃龙文。援毫尤记趋南史，誓墓还将起右军。飞鸟云边随去住，清猿无事忆离群。"时值华亭章司马次子有谟南游阻道，亡考延入，昼共食蕨，夜共然藜，以所注《礼记》授之，夜谈至鸡鸣为常。游兵之为盗者窃听而异之，相戒无犯焉。

年七十三，久病喘嗽，而吟诵不辍。次年元旦，尚衣冠谒家庙。二日清晨，起坐不怿。指先祖行状、墓铭付长孙若曰："汝慎藏之。"谓敔曰："勿为吾立私谥也。"良久，命整衾。时方辰，遂就箦，正衾甫毕而逝，享寿七十有四。遗命禁用僧道。自题遗像曰："把镜相看认不来，问人云此是姜斋。龟于朽后随人卜，梦未圆时莫浪猜。谁笔仗，此形骸，闲愁输汝两眉开。铅华未落君还在，我自从天乞活埋。"其铭末句云："幸全归于兹邱，固衔恤以永世。"

哀哉！亡考之逝，今十有四年矣。值圣朝之宽大，蒙太史之采风，不孝敔伊蔚虚生，采荄不似，于志夐不可企，于学茫无所窥，哀述梗概，稍次本末，仰乞大君子于俗论之不亟取者而取之，于人间之不欲传者而传之，曷胜匍匐哀栗而待。

王船山先生传　余廷燦

先生姓王氏，名夫之，字而农，号姜斋，先世本扬州高邮人，明永乐初有官衡州卫者，遂为衡州衡阳人，家世以军功显。父字武夷，始以文学知名，中天启辛酉副榜，先生即其季子也。明既亡，隐于湘西之石船山，学者称船山先生。

先生少负隽才，读书十行俱下，一字不遗，年二十四，与其兄介之同举崇祯壬午乡试。以道梗不赴会试。明年，张献忠陷衡州，设伪官招降士绅。其不屈者，缚而投诸湘江。先生走匿南岳双髻峰下，贼执其父以为质，先生引刀自刺其肢体，舁往易父。贼见其遍创也，免之，父子俱得脱。

甲申，李自成陷北京，怀宗徇社稷，先生涕泣不食者数日，作《悲愤诗》。

乙酉，我师下金陵。当是时，我朝既得两京，天下云集响应。而明之藩封庶孽，奔窜于湖、湘、滇、黔、粤、闽间者，往往始称监国，既假位号，以恢复为名。先生少遭丧乱，未见柄用，及是顾念累朝养士深恩，痛悯宗社颠覆，诚知时势万不可为，尤且奋不顾身，慨然一出而图之。明藩有称隆武年号者，使其督师何腾蛟屯湖南，制相堵允锡屯湖北。两湖兵燹塞野，又岁大旱。时李自成死于九宫山，余党降者号为忠贞营，尚复蹂躏潜、汉间，汹汹有反侧之势。堵、何两人本措置无术，又相持不相能。先生忧其必败也，亟上书于司马章旷，请调和南北两军，以防溃变。司马不听，先生默而退。卒之贼党猖獗，司马以忧愤死，堵、何二人遭悯凶，而势不可支矣。

丁亥，我师下湖南，先生南走桂林。大学士瞿式耜用疏特荐，先生以丁父忧请终制。既服阕，即起就行人司行人。是时桂藩驻肇庆，国命所系，则瞿式耜与其少傅严起恒，然纪纲已大坏。独给谏金堡、丁时魁、刘湘客、袁彭年、蒙正发五人者，志在振刷，而内阁王化澄、悍帅陈邦传、内竖夏国祥等为奸邪巨魁，深嫉此五人，目为宫庭"五虎"，逮系狱中，将置之死。先生约中舍管嗣裘走告严起恒曰："诸君弃坟墓，捐妻子，壹意从王于刀剑中，而党人杀之，则志士解体，虽欲效赵氏之明白慷慨以亡国，谁与共亡者？"起恒感其言，力请于廷。化澄党参起恒，先生亦三上疏参化澄。化澄恚甚，必欲杀先生。会有降帅高必正者救之，得不死。返桂林，复依瞿式耜。闻母病，间道归衡，至则母已殁。其后瞿式耜殉节于桂林，严起恒受害于南宁。先生知势愈不可为，遂决计老牖下矣。

壬寅，闻缅甸亦覆没，明之藩封庶孽称监国、假位号者，至此殄尽，先生遂浪游于浯溪、郴州、耒阳、晋宁、涟、邵间。所至人士慕从者辄益众，先生辄辞去。最后归衡阳之石船山，筑土室，名曰观生居，晨夕杜门，萧然自得。乃著《四书读大全说》《周易内传》《外传》《大象解》《诗广传》《尚书引义》《春秋世论》《家说》《左氏传续博议》《礼记章句》，并诸经《稗疏》各若干卷。作《通鉴论》三十卷，《宋论》十五卷，《庄子解》《庄子通》《楚词通释》《搔首问》《俟解》《噩梦》各种。又注释《老子》《吕览》《淮南》，评选古今诗，各若干卷。

自明统绝祀，先生著书凡四十年。其学深博无涯涘，而原本渊源，尤神契《正蒙》一书，于清处一大之旨，阴阳法象之状，往乘原反之故，靡不有以显微抉幽，晰其奥突。其《自序》曰：

谓之"正蒙"者，养蒙以圣功之正也。圣功久矣，大矣，而正之惟其始。蒙者，知之始也。或疑之曰："古之大学，造之以《诗》《书》《礼》《乐》，迪之以三德六行，皆日用易知简能之理。而《正蒙》推极夫穷神知化，达天德之蕴，则疑与大学异。"则请释之曰：大学之教，先王所以广教天下而纳之轨物，使贤者即以之上达，而中人以之寡过。先王不能望天下以皆圣，故德其成人，造其小子，不强之以圣功而俟其自得，非有吝也。抑古之为士者，秀而未离乎其朴，下之无记诵词章以取爵禄之科，次之无权谋功利苟且以就功名之术。其尤正者，无狂思陋测，荡天理、灭彝伦而自矜独悟，如老聃、浮屠之邪说，以诱聪明果毅之士而生其逸获神圣之心，则但习于人伦物理之当然，而性命之正自不言而喻。至于东周，而邪慝作矣。故夫子赞《易》而阐形而上之道，以显诸仁而藏诸用，而孟子推生物一本之理，以极恻隐、羞恶、辞让、是非之所由生。故夫子曰："吾十有五而志于学。"所志者，知命、耳顺、不逾之矩也。知其然者，志不及之，则虽圣人未有得之于志外者也。故孟子曰："大匠不为拙工改废绳墨，羿不为拙射变其彀率。"宜若登天而不可使逸获于企及也。特在孟子之世，杨、墨虽盈天下，而儒者犹不屑曲吾道以证其邪，故可引而不发，以需其自得。而自汉、魏以降，儒者无所不淫，苟不抉其跃如之藏，则志之摇摇者，差之黍米而已背之霄壤矣，此《正蒙》之所由不得不异也。

宋自周子出，而始发明圣道之所由，一出于太极阴阳、人道生化之终始，二程子引而申之，而实之以静一诚敬之功。然游、谢之徒，且歧出以趋于浮屠之蹊径。故朱子以格物穷理为始教，而檃括学者于显道之中。乃其一再传而后，流为双峰、勿轩诸儒，逐迹蹑影，沉溺于训诂。故白沙起而厌弃之，然而遂启姚江王氏阳儒阴释，诬圣之邪说。其究也，为刑戮之民，为阉贼之党，皆争附焉，而以充其无善无恶、圆融理事之狂妄，流害以相激而成，则中道不立、矫枉过正有以启之也。

人之生也，君子而极乎圣，小人而极乎禽兽，苟不知所以生，不知所以死，则为善为恶，皆非性分之所固有，职分之所当为。下焉者何弗荡弃彝伦，以遂其苟且私利之欲；其稍有耻之心而厌焉者，则见为寄生两间，去来无准，恶为赘疣，善亦弁髦，生无所从，而名义皆属沤瀑，以求异于逐而不返之顽鄙。乃其究也不可以终日，则又必佚出猖狂，为无缚无碍之邪说，终归于无忌惮。自非究吾之所始与其所终，神之所化，鬼之所归，效天地之正，而不容不惧以终始，恶能释其惑而使信于学！故《正蒙》特揭阴阳之固有，屈伸之必然，以立中道，而至当百顺之大经，皆率此以成，故曰"率性之谓道"。天之外无道，气之外无神，神之外无化。死不足忧，而生不可罔。一瞬一息，一宵一昼，一言一动，赫然在出王游衍之中，善吾伸者以善吾屈。然后知圣人之存神尽性，反经精义，皆性所必有之良能，而为职分之所当修，非可以见闻所及而限为有，不见不闻而疑其无，偷用其蓦然之聪明，或穷大而失居，或卑近而自蔽之可以希觊圣功也。

呜呼！张子之学，上承孔、孟之志，下救来兹之失，如皎日丽天，无幽不烛，圣人复起，未有能易焉者也。惟其门人未有殆庶者。而当时钜公耆儒，如富、文、司马诸公，张子皆以素位隐居，而末由相为羽翼，是以其道之行，曾不得与邵康节之数学相与颉颃，而世之信从者寡，道之诚然者不著。是以不百年而陆子静之异说兴，又二百年而王伯安之邪说熺。其以朱子格物、道问学之教争贞胜者，犹水胜火，一盈一虚而莫适有定。使张子之学晓然大明，以正童蒙之志于始，则浮屠生死之狂惑，不折而自摧；陆子静、王伯安之蓑然者，亦恶能傲君子以所独知，而为浮屠作率兽食人之伥乎！

《周易》者，天道之显也，性之藏也，圣功之牖也，阴阳、动静、幽明、屈伸，诚有之而神行焉，礼乐之精微存焉，鬼神之化裁出焉，仁义之大用兴焉，治乱、吉凶、生死之数准焉，故夫子曰"弥纶天下之道，以崇德而广业"者也。张子言无非《易》，立天、立地、立人，反经研几，精义存神，以纲维三才，贞生而安死，则往圣之传，非张子其孰与归！是故《正蒙》者，匠者之绳墨也，射者之彀率也。虽力之未逮，养之未熟，见为登天之难，不可企及，而志于是则可至焉，不志于是，未有能至者也。养蒙以是为圣功之所自定，而邪说之淫蛊不足以乱之矣，故曰《正蒙》也。

戊午春，吴逆僭号于衡，伪僚有以劝进表相属者。先生曰："某本亡国遗臣，所欠一死耳。今汝亦安用此不祥之人哉！"遂逃入深山，作《祓禊赋》。吴逆既平，湖南中丞郑公端闻而嘉之，属郡守某馈粟帛请见。先生以病辞，受其粟，反其帛。未几，卒于石船山，葬大乐山之高节里。自题其墓曰："明遗臣王夫之之墓。"自铭曰："抱刘越石之孤忠而命无从致，希张横渠之正学而力不能企。幸全归于兹邱，固衔恤以永世。"

子二人：攽、敔。敔字虎止，能绍其家学者。先生家故贫，著书笔札多取给于故友及门人家，书成因授之，不自收拾，藏于家者盖无几焉。

赞曰：先生可谓笃信好学、蒙难而能正其志者。方明之亡，先生非不知事不可为。然且穷老尽气，奔窜于荒岩绝徼间，发谠论，攻憸邪，终摈不用，而始隐伏著书，其志可哀也矣。若横渠以《礼》为堂，以《易》为室，所称四先生之学、柱立不挑者；而著《正蒙》一书，尤穷天地之奥，达性命之原，反经精义，存神达化，朱子亦谓其广大精深，未易窥测。先生究察于天人之故，通夫昼夜幽明之原，即是书畅演精绎，与自著《思问录》内外二篇，皆本隐之显，原始要终，朗然如揭日月。至其扶树道教，剖析数千年学术源流分合同异，《自序》中罗罗指掌，尤可想见先生素业。虽其逃名用晦，遁迹知稀，从游盖寡，而视真西山、魏了翁以降，姚、许、欧、吴诸名儒，仅仅拾洛、闽之糟粕以称理学，其立志存心，浅深本末相距何如也？学使宜兴潘太史宗洛称先生为"前明之遗臣，我朝之贞士"，是固然也。而其立文苑儒林之极，阐微言绝学之传，则又有待于后学之推阐先生者矣。

国史儒林传稿

《儒林传稿凡例》云："今查湖南王夫之，前明举人，在桂王时曾为行人司行人；浙江黄宗羲，前明布衣，鲁王时曾授左佥都御史。明亡入我朝，皆未仕，著书以老。所著之书，皆蒙收入《四库》，列为国朝之书。《四库全书提要》内多褒其书，以为精核。今列于《儒林传》中，而据实书其在明事绩者，据历代史传及钦定《续通志》例也。"

王夫之，字而农，又字姜斋，衡阳人，前明崇祯壬午举人。《四库提要》误刊以为汉阳人，今改正。张献忠陷衡州，设伪官，招夫之。夫之走匿南岳。贼执其父以为质。夫之引刀自刺肢体，舁往易父。贼见其遍创也，免之，父子俱得脱。明桂藩在肇庆，瞿式耜荐之为行人司行人。旋以母病归衡山，居石船山，杜门著书。神契张载《正蒙》之说，演为《思问录》内外二篇。余廷燦《船山先生传》。又其所著书有《周易稗疏》五卷、《书经稗疏》四卷。其言《易》，不信陈抟之学，亦不信京房之术，于《先天》诸图、纬书杂说，皆排之甚力，而亦不空谈玄妙，附合老、庄之旨。故言必征实，义必切理，于近时说《易》之家，为最有根据。其说《尚书》，诠释经文，亦多出新义，有失之太凿者，然辞有根据，不同游谈，虽醇疵互见，而可取者多。其说《诗》，辨正名物训诂，以补传笺诸说之遗，皆确有依据，不为臆断。又《叶韵辨》一篇，持论名通，足解诸家之缪辖。夫之又著《尚书引义》《春秋稗疏》《春秋家说》。《四库提要》。康熙间，吴逆在衡、湘，夫之又逃入深山。吴逆平，巡抚嘉之，馈粟帛请见，夫之病，辞帛受粟。未几，卒。余廷燦《传》。

国史儒林传·王夫之传

王夫之，湖南衡阳人，明举人。流贼张献忠陷衡州，设伪官，招夫之，夫之走匿南岳。贼执其父为质。夫之引刀自刺肢体，舁往易父。贼见其创也，免之，父子俱得脱归。居石船山，杜门著书，神契张载《正蒙》之说，演为《思问录》内外二篇，所著书有《周易稗疏》《书经稗疏》《尚书引义》《诗经稗疏》《春秋稗疏》《春秋家说》。其言《易》，不信陈抟之学，亦不信京房之术，于《先天》诸图及纬书杂说，排之甚力，而亦不空谈玄妙，附会老、庄之旨，故言必征实，义必切理。其说《尚书》，诠释经文，多出新义，然词有根据，不同游谈。其说《诗》，辨正名物训诂，以补传笺诸说之遗，皆确有依据，不为臆断。又辨《叶韵》一篇，持论明通，足解诸家之缪辀。康熙间，吴逆在衡、湘，夫之又逃入深山。吴逆平，巡抚嘉之，馈粟帛请见，夫之受帛辞粟。未几，卒。

清史列传·王夫之

　　王夫之，字而农，湖南衡阳人。兄介之，邃于经学；明亡，匿不复出，著有《周易本义质》四卷，《诗经尊序》十卷，《春秋四传质》十二卷。

　　夫之少负俊才，读书十行俱下，与兄介之同举崇祯十五年乡试。流贼张献忠陷衡州，设伪官招夫之，夫之走匿。贼执其父为质，夫之引刀自刺肢体，舁往易父。贼见其创也，免之，父子俱得脱归。既而何腾蛟屯湖南，堵允锡屯湖北，不相能。夫之上书章旷，请调和两军，旷不能用。顺治四年，大兵下湖南，夫之入桂林依大学士瞿式耜。尝三上疏劾王化澄，化澄欲杀之，会有救者，得不死。闻母病，乃间道归，筑土室石船山，名曰观生居，杜门著述。

　　其学深博无涯涘，以汉儒为门户，以宋五子为堂奥。所作《大学衍》《中庸衍》，皆力辟致良知之说，以羽翼朱子。而于《正蒙》一书，尤有神契，精绎而畅衍之，为《正蒙注》九卷，《思问录内外篇》各一卷，以为张子之学，上承孔、孟之志，下救来兹之失，如皎日丽天，无幽不烛，圣人复起，未之能易，惟其门人未有殆庶，世之信从者寡，道之诚然者不著，是以不百年而异说兴，又不二百年而邪说炽，因推本阴阳法象之状，往来原反之故，反复辩论，所以归咎上蔡、象山、姚江者甚峻。

　　所著诸经有《易》《书》《诗》《春秋稗疏》，共十四卷。其说《易》，不信陈抟之学，亦不信京房之术，于《先天》诸图及纬书杂说，排之甚力，而亦不空谈玄妙，附合老、庄之旨。其说《尚书》，诠释经文，多出新意，驳苏轼《传》及蔡《传》之失，大都辞有根据，不同游谈。其说《诗》，辨正名物训诂，以补传笺诸说之遗，不为臆断；《辨叶韵》一篇，持论明通，足解诸家之镠轕。其说《春秋》，考证地理，多可以纠杜《注》

之失。国朝经学继起者无虑百十家。然诸家所著，有辄为夫之所已言者，如子纠为齐襄公子之说，梁锡玙据为新义；羣不书族，定姒非谥之说，叶酉亦据为新义；皆未见其书也。

他著有《周易内外传》《大象解》,《尚书引义》,《诗广传》,《礼记章句》,《春秋家说》《世论》,《续左氏传博议》,《四书稗疏》《训义》《详解》,《读四书大全说》,《诸经考异》,《说文广义》,《读通鉴论》,《宋论》,《永历实录》,及注释《老》《庄》《吕览》《淮南》《楚辞》《姜斋诗文集》等书，凡三百余卷。后人汇刊之为《船山遗书》。

康熙间，吴逆在衡、湘，夫之又逃入深山。吴逆平，巡抚郑端嘉之，馈粟帛请见。夫之以病辞，受粟反帛。三十一年卒，年七十四。时海内儒硕，推余姚黄宗羲、昆山顾炎武。夫之多闻博学，志节皎然，世谓相亚云。

夫之同时，又有郴州喻国人、辰溪米元偁，衡山谭琼英、刘宗源，皆以明亡不仕，讲学衡、湘间，著书授徒，成就甚众。

清史稿·王夫之 _{兄介之}

　　王夫之，字而农，衡阳人。与兄介之同举明崇祯壬午乡试。张献忠陷衡州，夫之匿南岳，贼执其父以为质。夫之自引刀遍刺肢体，舁往易父。贼见其重创，免之，与父俱归。明王驻桂林，大学士瞿式耜荐之，授行人。时国势阽危，诸臣仍日相水火。夫之说严起恒救金堡等，又三劾王化澄，化澄欲杀之。闻母病，间道归。明亡，益自韬晦。归衡阳之石船山，筑土室曰观生居，晨夕杜门，学者称船山先生。所著书三百二十卷，其著录于《四库》者，曰《周易稗疏》《考异》，《尚书稗疏》，《诗稗疏》《考异》，《春秋稗疏》。存目者，曰《尚书引义》《春秋家说》。

　　夫之论学，以汉儒为门户，以宋五子为堂奥。其所作《大学衍》《中庸衍》，皆力辟致良知之说，以羽翼朱子。于张子《正蒙》一书，尤有神契，谓张子之学上承孔、孟，而以布衣贞隐，无钜公资其羽翼；其道之行，曾不逮邵康节，是以不百年而异说兴。夫之乃究观天人之故，推本阴阳法象之原，就《正蒙》精绎而畅衍之，与自著《思问录》二篇，皆本隐之显，原始要终，炳然如揭日月。至其扶树道教，辨上蔡、象山、姚江之误，或疑其言稍过，然议论精严，粹然皆轨于正也。

　　康熙十八年，吴三桂僭号于衡州，有以劝进表相属者，夫之曰："亡国遗臣，所欠一死耳，今安用此不祥之人哉！"遂逃入深山，作《祓禊赋》以示意。三桂平，大吏闻而嘉之，嘱郡守馈粟帛请见，夫之以疾辞。未几，卒，葬大乐山之高节里，自题墓碣曰：明遗臣王某之墓。

　　当是时，海内硕儒，推容城、蕺屋、余姚、昆山。夫之刻苦似二曲，贞晦过夏峰，多闻博学，志节皎然，不愧黄、顾两君子。然诸人肥遁自甘，声望益炳，虽荐辟皆以死拒，而公卿交口，天子动容，其著述易行于世。惟夫之窜身猺峒，声影不出林莽，遂得完发以没。身后四十年，其子敬抱遗书上之督学宜兴潘宗洛，因缘得入《四库》，上史馆，立传《儒林》，而其书仍不传。同治二年，曾国荃刻于江南，海内学者始得见其全书焉。

兄介之，字石子。国变，隐不出。先夫之卒。

王夫之　邓显鹤　原载《楚宝》道光九年重刊本

　　王夫之字而农，号姜斋，先世高邮人。明永乐初有官衡州卫者，遂为衡阳人。父朝聘，副贡生，以文学知名。夫之少负隽才，读书十行俱下。年二十四，与兄介之同举崇祯十五年乡试，以道梗不赴会试。明年，张献忠陷衡州，士类多污伪命，其不屈者缚而投诸湘江。夫之走匿南岳双髻峰下，贼执其父以为质，夫之自引刀刺其肢体，舁往易父，贼见其遍创也，免之，父子俱得脱。

　　十七年，北京陷，夫之涕泣不食者数日。明年，我师下金陵，唐、桂二王相继称号。督师何腾蛟屯长沙，堵允锡驻常德，两人相持，颇不相能。夫之忧其必败，上书于监军章旷，请调和南北两军，以防溃变。旷不听，卒之诸镇奔覆，旷以忧愤死。顺治四年，我师下湖南，夫之走桂林，大学士瞿式耜疏荐于桂王。夫之以父忧请终制，服阕，即起就行人司行人。是时桂王建国肇庆，旋移驻武冈，走靖州、柳州，大学士严起恒皆从，已复从至肇庆。时朝端水火，纪纲已大坏，有吴党楚党之目：主吴者为朱天麟、张孝起、吴贞毓、堵允锡、王化澄诸人，主楚者为金堡、丁时魁、刘湘客、袁彭年、蒙正发诸人。又其时李成栋新叛，附于王，朝政皆决于其子元允。堡等五人附之，人目为"五虎"。起恒居其间，不能有所匡正。王在梧州，贞毓等十四人合疏攻五虎，下湘客等于狱，将置之死。夫之约舍人管嗣裘走告起恒曰："诸君弃坟墓，捐妻子，崎岖从王，而以党人杀之，则志士解体，谁与共危亡者？"起恒感其言，跪王舟力救，贞毓等并恶之。是时化澄已为言者劾去，贞毓等请召还，因与之合攻起恒。夫之亦三上疏劾化澄。化澄恚甚，必欲杀夫之，会降帅郧国公高必正救之，得不死，返桂林，复依式耜。闻母病，间道归衡，至则母已殁。其后式耟殉节于桂林，起恒被害于南宁，夫之知势愈不可为，遂决计老牖下。已而缅甸亦覆没，夫之益自晦匿，遂浪游郴、永、涟、邵间，所至人士慕从，辄辞去。最后归衡阳之石船山，筑土室，名曰观生居，晨夕杜门，学者称船山先生。

著有《四书读大全说》，《周易内传》《外传》《大象解》，《诗广传》，《尚书引义》，《春秋世论》《家说》，《左氏传续博义》，《礼记章句》，并诸经《稗疏》各若干卷。作《通鉴论》三十卷，《宋论》十五卷，《庄子解》《庄子通》《楚词通释》《搔首问》《俟解》《噩梦》各种。又注释《老子》《吕览》《淮南》，评选古今诗各若干卷。

自明统绝祀，夫之著书凡四十年，其学深博无涯涘，而原本渊源，尤神契《正蒙》一书，于清虚一大之旨，阴阳象法之状，往来原反之故，靡不有以显微抉幽，晰其奥突。其《自序》以为张子之学，上承孔、孟之志，下救来兹之失，如皎日丽天，无幽不烛，圣人复起，未有能易焉者也。惟其门人未有殆庶者。而当时钜公耆儒，如富、文、司马诸公，张子皆以素位隐居，而末由为羽翼。是以其道之行，曾不得与邵康节之数学相与颉颃，而世之信从者寡，道之诚然者不著。是以不百年而陆子静之异说兴，又二百年而王伯安之邪说熺。其以朱子格物、道问学之教争贞胜者，犹水胜火，一盈一虚而莫适有定。使张子之学晓然大明，以正童蒙之志于始，则浮屠生死之狂惑不折而自摧，陆子静、王伯安之蕞然者亦恶能傲君子以所独知，而为浮屠作率兽食人之伥乎？《周易》者，天道之显也，性之藏也，圣功之牖也。阴阳动静幽明屈伸，诚有之而神行焉，礼乐之精微存焉，鬼神之化裁出焉，仁义之大用兴焉，治乱吉凶生死之数准焉，故夫子曰"弥纶天下之道，以崇德而广业"者也。张子言无非《易》，立天立地立人，反经研几，精义存神，以纲维三才，贞生而安死，则往圣之传，非张子其孰与归？是故《正蒙》者，匠者之绳墨也，射者之彀率也，虽力之未逮，养之未熟，见为登天之难，不可企及，而志于是则可至焉，不志于是未有能至者也。养蒙以是为圣功之所自定，而邪说之淫蛊不足以乱之矣，故曰正蒙也。词多不载。

康熙十八年，吴逆僭号于衡，伪僚有以劝进表相属者。夫之曰："某本亡国遗臣，所欠一死耳，今汝亦安用此不祥之人哉？"遂逃入深山，作《袚禊赋》。吴逆既平，湖南巡抚郑端闻而嘉之，属郡守某馈粟帛请见，夫之以病辞，受其粟，反其帛。未几，卒于石船山，葬大乐山之高节里。自题其墓曰："明遗臣王夫之之墓。"自铭曰："抱刘越石之孤忠而命无从致，希张横渠之正学而力不能企。幸全归于兹邱，固衔恤以永世。"

子二人：攽、敔。敔字虎止，能绍其家学者。先生家故贫，著书笔札，多取给于故友及门人家。书成，因以授之，不自收拾，藏于家者盖无几焉。

嗣裘字冶仲，夫之同县人，崇祯末举人。献贼陷衡州，匿安仁山中，贼购索甚急，兄嗣箕佯以死报，乃免。国变后诛茅桂林之灵溪洞，与瑶僮杂处。食缺，僮民每义而饷之。寻转入永安州，不知所终，著述皆不传。

介之字石子。衡州陷，贼索介之兄弟急，执其父。介之投潭水自誓。夫之匿兄，自以重创见贼，得俱免。介之遂筑室衡、邵、永界万山中，鳏居不娶，鹑衣草食终其身。著有《春秋三传质》《诗序参》《易本义质》诸书。晚题座右曰："到老六经尤未了，及归一点不成灰。"年八十一卒。

显鹤案：船山先生于胜国为遗老，于本朝为大儒，其志行之超洁，学问之正大，体用之明备，著述之精卓宏富，当与顾亭林、黄藜洲、李二曲诸老先相颉颃，而世鲜知者。其所著诸书采入钦定《四库全书》，案《全书提要》凡当代儒硕纂著多斫斫辩论，独于先生书推崇无异词。乡曲里师，乃不能举其名姓，盖其书之若存若没、湮塞不行久矣。往桐城李海帆观察宗传分巡衡、永时，余尝为言，求其全书不得。近武陵赵学博敦怡语余：先生已刻行之板尚存衡阳学署，多残缺。顷衡阳马硕坡同年运鋆以《春秋世论》《论语稗疏》《张子正蒙》《庄子解》《楚词通释》《俟解》六种见赠，盖其诸父湘门太史倚元所刻行者，而全书亦未得见。安得士夫家有珍藏全部善本，重为审校开雕，嘉惠后学，使湖、湘之士共知宗仰，岂非羽翼吾道、表扬前哲一大功乎？

长沙余太史廷燦，尝以著述自任，其为先生传赞云："先生可谓笃信好学，蒙难而能正其志者。方明之亡，先生非不知事不可为，然且穷老尽气，奔窜于荒岩绝徼间，发谠论，攻恔邪，终摈不用，而始隐伏著书，其志可哀也矣。若横渠以《礼》为堂，以《易》为室，所称四先生之学、柱立不祧者，而著《正蒙》一书，尤穷天地之奥，达性命之原，反经精义，存神达化；朱子亦谓其广大精深，未易窥测。先生究察于天人之故，通乎昼夜幽明之原，即是书畅演精绎，与自著《思问录》内外二篇，皆本隐之显，原始要终，朗然如揭日月。至其扶树道教，剖析数千年学术源流分合同异，《自序》中罗罗指掌，尤可想见先生素业。虽其逃名用晦，遁迹知稀，从游盖寡，而视真西山、魏了翁以降姚、许、欧、吴诸名儒，仅仅拾洛、闽之糟粕，以称理学，其立志存心、浅深本末相距何如也？宜兴潘太史宗洛称先生为'前明之遗臣，我朝之贞士'，是固然已。而其立文苑儒林之极，阐微言绝学之传，则又有待于后之推阐先生者矣。"

船山先生王夫之 原载《沅湘耆旧集》

　　夫之字而农，号姜斋，又号双髻外史，衡阳人。中岁称一瓠道人，更名壶，晚仍旧名，隐居湘西蒸左之石船山，人称船山先生。又箸《夕堂永日绪论》，故又称夕堂老人、夕堂先生云。崇祯壬午举人，与兄介之同举。自幼即以文章志节重于时。张献忠陷衡州，以伪命污诸名士。先生走匿双髻峰下。贼絷其父以质。先生自引刀刺其肢体，舁往易父。贼见其遍创也，免之，父子俱得脱。北京陷，涕泗不食者数日。南渡后，走桂林，依瞿忠宣，荐授行人司行人，崎岖楚、粤、滇、黔阅，备历艰险。后以母病间道归，遂不复出。缅甸既覆没，益自韬晦。尝匿常宁瑶峒，变姓名为瑶人。已筑土室于石船山，名曰观生居、败叶庐，又曰湘西草堂。晨夕杜门箸书，沧桑黍离之感，生死不忘。其学深博无涯涘，独不喜陆子静、王伯安之说。原本渊源，尤在《正蒙注》一书，往复辩论，所以归咎于上蔡、象山、姚江者甚峻。康熙初，吴逆僭号于衡，伪僚有以劝进表属者。先生曰："某本亡国遗臣，所欠一死耳。今汝亦安用此不祥之人哉？"遂逃入深山，作《祓禊赋》，久之卒。自题其墓曰"明遗臣王夫之之墓"。其自铭曰："抱刘越石之孤忠而命无从致，希张横渠之正学而力不能企。幸全归于兹邱，固衔恤以永世。"

　　余增辑《楚宝》，尝论撰先生学行作传，以为先生于胜国为遗老，于本朝为大儒，其志行之超卓，学问之正大，体用之明备，著述之精卓宏富，当与顾亭林、黄藜洲诸老相颉颃，而世鲜知者，盖其书之若存若没，湮塞不行久矣。先生所著书凡七十余种。《四库》所著录者，曰《周易稗疏》《周易考异》《尚书稗疏》《毛诗稗疏》《毛诗考异》《春秋稗疏》；见《四库》存目者：《尚书引义》《春秋家说》。《国史儒林》有专传。

先生精研六经，诗其余事。尝自书楹帖云："六经责我开生面，七尺从天乞活埋。"今所存诗稿有《潇涛园集》《柳岸吟》《梅花咏》《五十自定稿》《六十自定稿》。其曰《夕堂戏墨》者，即《柳岸》《梅花》两集所删存也。其曰《船山鼓棹》者，诗余也。兹从各集合《楚风补》《诗的》二书，共采存为二卷。词旨深复，气韵沉郁，读之如睹夏鼎商彝，如闻哀猿唳鹤，使人穆然神肃，翛然意远。自来经师，鲜有工诗如先生者，盖其醖酿深矣。近安化陶文毅公澍题先生祠联云："天下士，非一乡之士；人伦师，亦百世之师"，洵不愧也。安得一大有力者尽搜先生所著书，锓版行世，岂非表扬先哲、嘉惠来学一伟绩哉！

按：先生全书，《四库》著录者六种，存目二种。《国史儒林》有专传。其见于各家记载者：储氏《存研楼文集》，潘氏《书原文集》，余氏《存吾文集》，全氏《鲒埼亭文集》，及《楚宝》增辑《文苑》。《鲒埼亭集·刘继庄传》称：继庄与万隐君季野同客昆山徐尚书所，季野最心折继庄。继庄于季野尚有不满也，顾其所严事者，曰梁溪顾畇滋、衡山王而农。全氏于鼎革诸老，搜罗殆遍，汲汲表章，惟恐不及。先生名姓仅一见于《刘继庄传》，盖不能详也。余既辑先生遗诗入兹集，而先生后裔有占籍湘潭名世全号半溪者，复力以搜罗遗书锓版为己任，现开雕长沙，而邑子邹汉勋叔绩实为校订。久晦不显之书，一旦炳焉呈露，岂非衡岳湘江之灵有以默牖而阴相之哉？非偶然也已。

同治衡阳县志·王夫之列传

王夫之，字而农，其先高邮人。明太宗初起兵于燕，有王成者，从战功最，既入立，以成为衡州卫指挥佥事，故子孙为县人焉。成子全，全子能，皆袭世职。能子纲，以娴文字掌卫事，从秦金讨寇岭外，论功迁江西都司都指挥佥事。纲子震，当明世宗时袭世职。初，纲掌卫时，知府古公 夫之《家世录》不载古公名，前志《知府表》《明史》《七卿表》皆无古姓。自兵部郎出守，与纲争上坐。纲曳古公下，落其裾。及震袭职，过兵部，古公为尚书，阅状，问震："汝王纲儿邪？"对曰："诺。"古公曰："王纲文武材，往与吾抗礼，风采在人目中，将擢之以纾边急，今岂其没邪？"震具对，泣伏不能起。古公劳勉之，曰："虎父不生豚儿。好为之，无忧不大用。"震用此感激慎职，累迁加正二品勋，为镇守柳、庆参将。子翰袭。翰第四子宁，宁次子雍。雍好学，不问家人生产。人或戏问："一石谷舂几许米？"雍曰："一石米。"其敦朴如此。雍次子惟敬。惟敬子朝聘，字修侯，天启中副贡生。当选，官吏索赂，朝聘碎牒而退。初入都，县人陈圣典、金吾卫使道州骆思恭并与书要人推荐之。受书不致，亦不辞也，曰："何用以晓晓明吾高，折彼意为？"既归闭门，以教授终身。性孤洁，居城中，或竟岁不入市。疾亟，移居衡山山下，曰："死葬于此，无以榇行城市也。"朝聘三子，曰介之、参之、夫之。介之自有传。参之，福王时充选贡生，未试而卒。

夫之少通博，意气不可一世。朝聘严约之，乃极览宋儒性命之学，尤喜张载书，颇为文浩漾充沛，一往不穷。崇祯十五年举于乡，未试，逢乱。流寇陷衡州，执朝聘求二子。夫之自刺两臂作重创，与至伪官庭中，示不可用。寇中有为言者，父子俱得免。

顺治三年，明桂藩子永明王由榔称号肇庆，夫之举乡兵将应之，不克，走桂林。用瞿式耜荐，授行人司正，从由榔奔梧州。于是王化澄构陷谏者金堡等为"五虎"，廷杖下狱。夫之请救于严起恒，雷德复遂劾起恒。夫之三疏论列，化澄等恨之，将并诛夫之。降寇高必正慕义营救，夫之遂以疾告归。湖南久乱，往来永、宝山谷间，茕茕无所复之。父母既前死，介之留乡里，亦不得相闻，孑身悲吟，寄食人家，始益刻厉，有述作之志。既而孙可望遣将李定国出衡州，湖南响应，遣招夫之。夫之志得从明裔以死，又以可望胁主，义不可徒辱，乃作《章灵赋》以见志。其词曰：

居调轸以理誓兮，连权兆而皙梦。系绥荐以摇摇兮，忧期愆而恤丰。皇濠泗飞以试渊兮，余祖御乎扬之士。靖协劳于溥沱兮，采赤麓以剖户。蝉考叶之文潜兮，玉书宛其舒心。箴鸿柯之非集兮，珍海翩而息南。眇熹光之丽形兮，凌太白而挨初。虽冽清其逖垢兮，抑寒铣而善痛。凛不知其逾凉兮，抽已秋之余莕。乡升廉以脂辖兮，齐明夜以庶格。猗猶午于周原兮，归魂蜇其犹未莫。胜调饥于紫蛙兮，永眇光于跃马。奋残形以殆庶兮，危季叹于撩虎。释余枻于曾波兮，导告余浸以滔天。行泪灾而后婴兮，马壮拯其无人。哀轮萦以痛愁兮，袭宵永而辞晨。鹬怅皇而狂偾兮，瞰蹊田而夺之。岂弗冈其终沉兮，荼良苦其将挦之。步岑崻以涓友兮，援余戈而徂征。孤拊和其怒节兮，乾时溃其谁荣。瘆徼余以荒术兮，皇虽阻其犹平。胡释余祖之亨遇兮，吝余策于南条也。遭申申其离即兮，余情婉以终留。陈介旅其曷共兮，愁有心而长区。荃服鸷而未闲兮，或进猩而善啼。轩聆律于秬黍兮，夔由庚其若蹊。潢女离化而长谣兮，矧既雨而中霎。余姣固殉于所仪兮，苍天正余以无奔。虹奇色其众媚兮，暌星枢以思存。塞疾颍而婴疹兮，返牢幽以行路。迹违魏以率野兮，魂凄凄其念故。符灭沦余离凶兮，欣长摧而数吡。诅余志之不充兮，畴饰非于未化。后适河以拂训兮，辅志鹳而逢怒。配与旬其交佛兮，何所肆余之雅武。屏服昧于蒸原兮，震伐方以流耳。畴桂既余之永仇兮，王铁亦维以悼纪。回葛苴余纠踬兮，眄余天而未可。凤延清而饮虚兮，纷莫知余之所甫。思崩登之逝绝兮，介智欤其无几。皓汽染于中迁兮，叹颓龄其曷改。凫哠鲜而泛行兮，愉流眜以怡游。鸥遂胥以召嬉兮，骇不信其已然。《屯》建子于锡侯兮，《蒙》纳耦以受寅。岂初柔之让易兮，丽险窞之何居。曰维命余不犹兮，奚慭位其不夙。胚父壮以济童兮，妃内影而中穆。颣思反于贞牝兮，哲惧膏之致焚。窃余不知其畔兮，遵原箓以得垠。聘当无以尚蛊兮，非废用而颊滑。康违堪以木形兮，激契阔于履发。俪龙玄其贞庸兮，弙秉礼于鄡阙。维食阴而质激兮，必吸清以填形。爽脉叛其不来兮，石顽郧而失星。襄冰恻此丝鼎兮，历棘缦其难康。重遄情于荃侧兮，怨霄路之何长。狂愤忧而自弃兮，耿三岁而予迁。远清尘余稚慕兮，抑朋塞其企连。巴骨出而仍掉兮，虎藉灵而养巽。尸鼎号以臁庸兮，矧自古之多券。遂托膏以归音兮，虽先露其何怨。邻化哀而狷神能兮，岂不知秋驾之可学。媒与鸠其遴摇兮，覆悔几之先觉。梦宵征之轻驰兮，畏失辔于网决。昏左次余骚茕兮，要神悯而启彭。侍勉释余之梦绪兮，曰穷通天以御之。帝访箕以贞伦兮，范有事于稽疑。被端策而睐氛兮，火出泽以章景。宗庙震于悔端兮，劳再告而益昺。好述匿其姝侯兮，猾革貌之庸猜。施肤寸以征合兮，群淫解而卷霓。诚狷涸其难测兮，魍冯式而增怪。卬孤清以弗堪兮，政不訾其所央。讼徙倚而倘逢兮，象既章余以崇别。女同闺其各袂兮，孰嫫与施之可颉。众美少之膏濡兮，忘衷很于饰柔。仲淳耀其瞳眬兮，盟登天而果求。虽舆袄其勿恤兮，矧毁矢之有时。保昆烈以延昭兮，翺果质于素思。乱曰：天昧冥迁，美无耽兮。方燠为泽，已日霻兮。凿秕孔劳，矧怀婪兮。督非我经，雌不堪兮。专伏以需，师翰音兮。幽兆千里，翼余忱兮。仓悦写贞，疾烦心兮。贸仁无贪，怨何寻兮。

明之亡也，群不逞轻侠之徒，争假义兵求名位。由榔走粤，蚁聚人士，荡无纲纪，无以异于流寇。夫之又新进，授薄官，无君臣之恩，徒以食世禄、习儒术，名义所在，而欲为之死。既一救金堡而悔之，故其言深恨朋党、义兵，器以召亡，而审去就，甘枯槁以自洁其志，深山行歌，憔悴抑郁，终其身而已矣。

人臣当破国亡家之际，莫不欲矢忠以报君，仗节以自处。屈原放逐，眷眷于怀王、顷襄昏愚之君，至于怀石沉湘，以得死为登仙。夫之于永明王，非有图议国政之亲；永历之势，无顷襄全楚之疆；明社先亡，无沅、湘江潭之可游。崎岖五六十年，褒衣峨冠，凿坏而居，闻人声则心悲悼，见访问则神怵惕。语曰："谁为为之？孰令听之？"天之穷民，谓之何哉！

孙可望、李定国先后败散，而吴三桂叛我朝，复称兵犯衡州。闻夫之明遗臣，欲招官之。夫之曰："亡国不祥之人，而焉用老夫！"于时从三桂者，多知夫之，不强致也。方春时山居，念乱避污，故作《袪禊赋》曰：

谓今日兮令辰，翔芳皋兮兰津。羌有事兮江干，畴凭兹兮不欢。思芳春兮迢遥，谁与娱兮今朝。意不属兮情不生，余踌躇兮倚空山而萧清。阒山中兮无人，蹇谁将兮望春？

康熙二十一年，三桂平，夫之复以拒伪命，为我贞士。巡抚闻其名，馈粟帛请见，夫之辞帛受粟。实亦衰老，故终不与当世相闻，年七十四卒。

有明一代，皆以词章、性理迭起迭胜。其或论典章，考《六经》，则茫昧不知其原。夫之天性高朗，自明亡匿居，无所为生，一力于经史。其所著书四百余卷，几八百余万言，无所不通，而大抵以张载、朱熹为宗。独其论史，不随众好恶，要探人之情，若身处其时地，然后推论之，故其书久而盛行海内，材智聪明之士，以为发千古之晦昧，湔文士之卑陋。自夫之卒后二百年，名震天下矣。自康熙以来，名儒代兴，《易》《诗》《礼》《尔雅》《小学》，皆求古训，斥空言，而夫之先发之。湖南词赋疏放，罕法于古，而夫之独崇屈、宋、陶、谢。继往学，开来者，夫之力也。惜其足迹不出里巷，故顾承宋、明之师法。然就其所成，诚可谓名世豪杰之士与！流徙所至，辄乞笔札，手写书，书成因授其人。圣清大定，民物莫不得其所，乃归县西石船山，筑土室，至今称之曰船山先生。

子四。少子敔，字虎止，少承家学，工文词。年三十，请于夫之，出试府县，则为名诸生。提学潘宗洛尤重敔，敔乃得出其父书，宗洛为序之，始播于朝。乾隆中，开《四库》征书，而夫之《易》《诗》诸疏承皇览，褒为实学，列夫之《儒林传》。夫之子孙益衰微，微敔一出，名末由传当世。世不求夫之书，则终湮没散佚。故敔之为诸生，王氏以之盛衰。自朝聘至敔三世，世孝友。敔晚亦居船山，岿然为县耆宿，年七十五卒。夫之六世孙承伕，亦善事继母，奉叔父唯谨，能守其家圳云。

县人喜夫之书者，有刘介之。当乾嘉时，夫之书未大显，介之独手录数十万言藏于家。

赞曰：船山贞苦，其道大光。千载昭耀，百家汪洋。为楚大儒，名久愈章。蒲输寂寞，兰佩菲芳。

《传记十种》终

刘毓崧

王船山先生年谱（增补）

曾国荃序

自古圣贤豪杰负环玮之姿而有康济之才者，皆思摅其所藏，设施于世，亭毒万类，归于太和，非苟为富贵已也。其不幸遭世乱颠沛，崎岖艰厄，一无所施，则以其忠孝至性，光明兀硉浩荡之气，蓄而为道德，发而为文章箸述，如山如渊；如云桡波委，其态无穷；如日月星辰，燦然亘万古而不蔽；如水火菽粟之裨益民生，不可斯须无。其与设施于世，亭毒万类者固无以异，非徒托空文，雕虫篆刻，诔诔小儒之所为也。书契以来，孔、孟尚矣。其下儒家则有荀卿、王通及宋之周、程、张、朱诸子，抱用世之具无所遇，箸书名山，以贻来者。而王应麟、马端临、顾炎武之伦尤博赡无涯涘，稽考名物制度，终身矻矻，不暇他慕。此其人岂真甘心肥遁，与物相忘，毋亦堙塞寥落，无聊而后出于此欤？

衡阳王船山先生生明季，举崇祯壬午乡试，年才弱冠，遭流寇之乱，自刺救父。桂藩监国，授行人司行人。是时明庶孽浸微，先生知势无可为，顾乃走粤中，踉蹡补苴，调和将帅，几幸延余烬于旦夕。奸人害之，几被戕杀，遂匿名船山以老。呜呼，其志良足悲已！当圣清龙兴，海内高才巨儒，乘时利见，黼黻文明，挟所学以取卿相者，前后相耀。先生乃浪迹穷山，潜影销声，与猿鹤侣，至姓名不为当世所知。先生不一自表襮，而其忠孝至性，光明兀硉浩荡之气，遏抑不已，尽发之文章箸述。凡经类二十有三，史类四，子类十有七，集类三十有三。何其富也！

同治初年，国荃刻其遗书三十八种。仪征刘毓崧伯山复为撰年谱二卷，事迹多采之先生遗书，掇其只辞片语，想像得之，虽不免于挂漏，要其平生梗概略备矣。后之读是书者，论其世，知其人，则于先生所志所学，尤是圣贤豪杰之用心，方之王、马、顾诸君固无多让，由是上溯荀、王、周、程、张、朱之道，有不造阈而入室者乎？是为序。

光绪十五年岁在己丑三月湘乡曾国荃撰。

自序

衡阳王船山先生，于前明为遗老，于我朝为大儒，著述收入《四库全书》，事迹载于国朝《儒林传》。其丛书得湘乡爵相及介弟爵帅刊刻流传，毓崧为之检核稿本。既竣事，复采录群书，编年谱二卷。所惜书阙有间，挂漏良多。

盖先生著作内自述其生平者，有《家世节录》《南窗漫记》，其他如《永历实录》《莲峰志》以及经部子部各书，于事迹有关者皆可援据，而最要者为《龙源夜话》，遍访不获，_{湘潭欧阳晓琴言廿年前曾见稿本，先生一生踪迹皆在其中，如得此书编入年谱，即事半功倍}。其未备者一也。

先生诗集编年，文集词集亦可推寻岁月，而早年之《漧涛园集》，晚年之《买薇稿》，皆散失不传，《姜斋文集》亦多阙略，_{如《武夷先生行状》之类}。其未备者二也。

先生哲嗣虎止明经所撰行述虽存，然系节本而非完本，_{自来传志皆略于行述，今行述反略于传，故知删节也}。其《蕉畦存稿》《笈云草》并其子信芳茂才之《芸者韵语》等书，可以考见先生逸事，而皆未睹全帙，其未备者三也。

抄本王氏家谱载先生世系行第生卒葬地，而李中丞焘所撰少峰公墓表，刘参宪明遇所撰陶孺人墓志，及先生所撰郑孺人墓志，皆但有题目，未录全文，_{虎止昆仲及孙曾以下事迹未录，元孙以下名字未录}。其未备者四也。

潘书原中丞为先生作传，叙次较详，而余氏存吾所撰传未见全篇，《儒林传稿》采余廷燦《船山先生传》，仅有数行。储氏六雅纪于《存砚楼集》者，亦未觅得，其未备者五也。

《儒林传稿》载先生学行，得其大纲，而邓氏湘皋增辑《楚宝》，补传于《文苑》门内者，未见印本。邓氏《沅湘耆旧集》船山先生小传云："余增辑《楚宝》，尝论撰先生学行作传。"《船山著述目录》云："显鹤增辑《楚宝》，《文苑》亦有传，不具述。"今《楚宝》《文苑》门印本无先生传。其未备者六也。

全氏谢山《鲒埼亭集·刘继庄传》中曾举先生姓氏里居，《刘继庄传》言其所严事者曰梁溪顾昀滋、衡山王而农。邓氏湘皋云：全氏于鼎革诸老搜罗殆遍，汲汲表章，惟恐不及。先生名姓仅一见于《刘继庄传》，盖不能详也。此外诸家谅亦间有涉及，而不少概见，其未备者七也。

故编辑此谱，时阅半年，仅成初稿，虽草创粗具，尚未讨论，容俟异日绩有见闻，重加考订焉。

同治乙丑十一月后学征仪刘毓崧识。

王船山先生年谱卷上

先生姓王氏，名夫之，字而农，别号姜斋。

按：先生《庄子通》自序云："己未伏日南岳卖姜翁自叙。"《船山鼓棹初集》女冠子调《卖姜词》自注："余旧题茅堂曰姜斋。"此更称卖姜翁，戏为之词。

中岁称一瓠道人。

按：先生《遣兴诗》自记作于癸卯六月，其中自称一瓠道人，又两称一瓠。《雁字诗》末附《题芦雁绝句》作于庚戌，自注称瓠道人。《愚鼓歌》末附《十二时歌》，自注亦称瓠道人。《和梅花百咏》末附《追和王百穀梅花绝句十首》，作于乙巳，第三首自称一瓠先生。

更名壶。

按：《姜斋文集·砚铭》有"壶拜稽首"之语，据序所言，作于庚戌，先生年五十二。

晚岁仍用旧名。居于湘西蒸左之石船山，自为之记。

按：先生《说文广义》发例作于壬戌，称船山老农。《噩梦》自序亦作于壬戌，称船山遗老。《黄书》自序作于己巳，称船山病叟。《夕堂永日绪论》自序作于庚午，称船山老人。

问字者称为船山先生。所评选绪论名曰《夕堂永日》。

《姜斋文集·南窗铭》云："北窗凉风，南窗夕曛。五柳高卧之心，梦依京、洛。悲哉乎！夕堂拂蚁之志，邱首滇云。"

按：《沅湘耆旧集》载衡阳人刘庶仙近鲁有《湄水同夕堂老人月泛寻懿庵别业》诗。夕堂老人即先生也。

人士赠答者又称夕堂先生。

以上据先生次子敔所撰《姜斋公行述》。

又自署双髻外史。

按：《姜斋文集·孝烈传》自称双髻外史，盖先生避张献忠之乱，匿南岳双髻峰下，故以此自署。

梼杌外史。

按：先生《春秋世论》《春秋家说》《春秋稗疏》等书稿本，多以此自署。

王氏系出太原。元至正以前失谱不详。

《行述》。先生《家世节录》云：太原王氏，至离次子威而分，至雁门太守昶而著。《姜斋文集·章灵赋》自注云："王之得姓自太原。"《黄书》自序云："太原之系，世胄绵也。"

始祖仲一，扬州高邮人，明洪武间以从渡江功，官山东青州左卫正千户。

《行述》云："十一世祖讳仲一，扬州高邮人，以功授千户。"《家世节录》云："元末有居高邮州之打鱼村者，断为始祖骁骑公讳仲一。骁骑公兄弟，或云九人，或云七人。群雄逐元，公兄弟亦起义兵会焉，或殁于兵中。其与公并显者，公弟仲二公、仲三公，皆从太祖渡江。仲一公以功授山东青州左卫正千户，仲二公、仲三公各以功累袭长沙、衡州二卫指挥。"《章灵赋》自注云："太祖始起于濠、泗，始祖骁骑公从扬之高邮举兵应之。"

按：先生《七十自定稿·敏侄五十》诗云："邗沟启载插湘滨，骁骑云仍到尔身。"《示侄孙生蕃》诗云："吾家自维扬，来此十三世。"《姜斋文集·耐园家训跋》云："吾家自骁骑公从邗上来，宅于衡十四世矣。"皆追溯高邮旧贯也。《沅湘耆旧集》载先生次子虎止明经敔《感怀》诗，亦有"吾宗发邗江，奋武昭勋最"之语。邓氏显鹤谓先生世为江都人，盖记忆之误也。

迁衡。祖成袭职,永乐间以从南下功,升衡州卫指挥佥事,晋同知世袭,始迁于衡阳。

《行述》云:"生轻车公讳成,以翊戴功升衡州卫指挥同知,遂籍于衡阳。"《家世节录》云:"骁骑公生明威将军上都尉公讳成,从成祖为下,功最,升衡州卫指挥佥事,乃宅于衡。"《章灵赋》自注云:"迨成祖靖难,又协赞成劳于滹沱河,故剖万户之封。"《儒林传稿》云:"王夫之,衡阳人",注云:"《提要》误刊以为汉阳人,今改正。"

按:挥同班次在挥佥之上。《节录》言佥事,乃初升之阶;《行述》言同知,乃后加之秩。先生之从兄玉之犹袭挥同,则世职为挥同可知。

第二世祖全袭世职。

《家世节录》云:"嗣都尉讳全。"

第三世祖能袭世职。

《家世节录》云:"嗣都尉讳能。"

第四世祖纲袭世职,迁江西都指挥佥事。

《行述》云:"七世祖护军公讳纲,从都御史秦公金平郴、韶贼,以功晋骠骑将军上护军。"《家世节录》云:"昭勇将军上轻车都尉讳纲,累官江西都使司都指挥佥事,掌卫事。时与太守古公偕见直指使,古公自司马郎出守郡,执旧属礼,与公争西上。公据祖制折之,曳落其裾,直指使以公为直。会同里刘黄公昊请于廷,修南岳庙。部推公能,檄入川采木,归督造庙,归然帝制,崇丽冠五岳,所费不过五千金,皆公所区画也。事具商文毅公辂碑记。后官江西,与藩臬会紫薇堂,藩使以公伉直,欲以文墨相难,连缀韵语,公应口和之如凤撰,藩臬皆为敛容焉。"

第五世祖震,字东斋,袭世职,迁镇守柳、庆参将。

《家世节录》云:"骠骑将军上护军公讳震,字东斋,累官镇守柳、庆参将。始轻车公所与伉太守古公者,擢大司马。骠骑公以舍人袭职过司马门下,古公怆然改容,作而叹曰:'汝父风采,今日若在人目中。虎父不生豚儿,汝但好为之,无忧不大用。'护军公泣伏再拜而退。呜呼!先正体国用人,争而不忮如此,天下何得不晏然。顾非轻车公之大节,实有以厌君子之心者,亦无以得此。骠骑公累官二品,家无余赀。柳、庆居百蛮之冲,怀柔震叠,不侵不叛,其承堂构而报元老之知,亦有所自来也。"

按：明代官兵部尚书者，并无古姓。成化、宏治以前，由兵部郎出为衡州太守，后官大司马者，究系何人，俟考。

高祖宁，号一山居士。

《家世节录》云："骠骑长子讳翰袭职。第四子处士公讳宁，号一山居士，始以文墨教子弟，起家儒素焉。"

曾祖雍，号静峰，隆庆庚午岁贡，官武冈州训导，升江西南城县教谕。

《家世节录》云："一山公长子顺泉公讳亨，郡文学。次掌故公讳雍，号静峰，隆庆四年乡贡，初授武冈州学训，升江西南城县学谕。凡应贡者类以捷得相竞，公届汔满，请让于所受业师，学使者义而许焉，公以迟之间岁。"

祖惟敬，字少峰。

《家世节录》云："掌故公生三子：长次峰公讳惟恭；次少峰公讳惟敬，次太素公讳惟炳，补郡文学。少峰公之始生也，掌故公梦有奇征，故小字曰梦。公姿貌森伟，伉爽尚大节，岁时衣大褶，戴平定帽，坐起中句矩。或劝公曰：'君阀阅胄子，郎君又以儒名家，独不可以儒服乎？'公笑而不应。课先君洎仲季二叔父诵习，每秉灯对酒，置笔座隅，令著文艺，恒中夜不辍。公年五十三，早卒，大中丞李公焘为表墓焉。"

父朝聘，字逸生，一字修侯，万历乙卯、辛酉两中副榜，学者称武夷先生。

《家世节录》云："少峰公生三子：长先君；次仲父牧石先生，讳廷聘，字蔚仲；次季父讳家聘，字子翼，皆郡文学。先君讳上从卓从月，下从耳从粤。字逸生，一字修侯，志考亭、闽山之游，以颜其居，学者称武夷先生。少师事邑大儒伍学父先生定相，研极群籍。已游于邹泗山先生德溥之门，讲性命之学。万历间，为新建学者甚盛，淫于浮屠。先君敦尚践履，不务顽空，雅不与佛老人游。曾共释憨山德清谈义，已闻其论，咈然而退。终少峰公之世，有所呼召，未尝不称名以应。范孺人以痰疾终，收所唾孟藏之苦次，每捧以哭。待仲叔二父终身无一间言。或遇咈意事，相对二父，则笑语如常，脱然忘其所忧戚。一觞一咏，评古跋今，谐适送难，欢如朋友，而危坐正膝，不伤于媟。至于衣无私主，财无私藏，则初以为适然，未尝留先君胸中，不足细述也。万历间，诸以理学名者，拱手曳裾，糯褶峨巾以为容。先君口无过言，身无嫚度，而坦易和粹，衣冠亦如时制，无所矜也。早受知于邑令胡公，自童子中以国士相期，会学使者有所嗛于邑，故抑先君以示意。继新安立斋王公宗本令衡，复深相知。凡两最童子科，乃裙郡文学，以万历乙卯、辛酉两副秋榜。及门达者：先舅氏孝廉谭公允都、举首欧阳节庵瑾、开建令经元贵阳马丹邻之驯。里社后进，以文字求点定，如郭季林凤跶、夏叔直汝弼、何伟孙一琦，皆所鉴别，俱为名孝廉。伍学父先生与先君为师弟子，而相得如友生。先生藏书万余卷，居恒谓先君：'此中郎所以遗仲宣者，行归之子。'后先生猝得热疾，憸急不能语，先君躬执药食。先生目语先君，如将有所授者，先君辄俯首不答，归而叹曰：'吾宁负先生治命，不能受仲宣之托也。'恒谓处人己之问，当令有余，亲如子弟，贱如奴仆，且不可一往求尽，况其他乎！"

前母綦孺人。

《家世节录》云："先君元配綦孺人，外大父掌故公讳某。孺人淑顺孝姻，生子一，三岁而殇。孺人以万历甲午岁卒。"

母谭孺人。

《家世节录》云："继配先太孺人姓谭氏。外大父处士念乐公，讳时章，性和恺，为敦笃长者，顾崖岸俊峥峻，不可干侮；配欧阳太母，生子三。长惺敏公讳允皋，季玉卿公讳允琳，皆邑文学。中子小酉公讳允都，中天启甲子乡试，乙丑上春官，以文句犯权阉，置乙第。女二。长即先孺人。次适文学伍季咸公一盈，遇乱为贼所得，不屈，骂不绝口。贼以刀镮乱筑，致殒。先孺人年十九归先君。以少峰公之严，顾于先孺人则不能不喜道之，曰：'此孝妇也。'少峰公洎范孺人存日，起恒不待晓色，夜则暗坐彻丙夜。若浆酒饵以进者，不敢使烹饵刀砧之声闻于外。与侍婢语，必附耳嚅唲。虽甚喜笑，不见齿也。少峰公昼出于外，薄暮入，则涤器移案之类，都不复作。与仲母吴太恭人相得如骨肉，白首无间言。一庭之中，兄弟闻闻于外，妯娌雍雍于内，欢然忘日月之长。季母万，晚得奇疾，性稍乱。先孺人一往问之，则流涕竟日。其卒也，一恸几绝。每遇綦孺人生忌，躬设香茗拜荐。事掌故公如父，綦太母如母。向卒五十年，言及尤为惨然变容。家承严政，内外肃粟者九代，自先孺人易之以和恺。遇诸新妇，则纯用柔道，谈笑拊摩，终岁不一蹙其眉。即有过失，不加诃谴，徐俟其悔悟而后微戒焉。顾恒叹曰：'吾性不欲以严待人。自此以往流及于后，将有不率而反唇者乎？虽然，佳儿女岂须人诃责，不肖者操之益横出矣。人日趋下，顾非吾作法之凉也。'先孺人年七十四，伯兄泊夫之同举。外王母欧阳太君年九十二，生小酉公学于乡。欧阳太君母年八十有四，生元素公炳举于乡试，官郡丞。杨太母所生母年九十，生耻所杨公举于乡，官州刺史。凡四世略相等，戚里以为盛谈。"《姜斋文集·谭太孺人行状》云："但闻太孺人述其事少峰公者三年，酷寒不敢热火，畏烟之出于牖罅也；炎暑不敢扑蚊，畏箑声之遥闻于静夜也；涤器不敢漱水，引濡巾而拭之。猫犬扰不敢迫逐，拥袂而遣之。每一语及，夔夔悚立。及述范太孺人疾病倾逝，则泪盈于睫，不异初丧。叔母吴太恭人长太孺人二岁，周旋四十年，欢如一日，迨既分居，经旬不相见，则皇皇问讯不绝。每围炉共语，呴呴如两新妇。季父子翼翁早未有子，嗣置侧室，或颇轻之。先孺人待之如姒娣。曰：'且令叔氏有子，即贵矣。'前母外祖父学博綦公罢教归里，无子，太孺人承事敦笃，不异所生。綦公垂没，待太孺人而暝。先叔祖太素翁罢诸生，落拓且无胤嗣，叔祖母朱，并臼不给。太孺人迎养敬事，怡然终老。盖推事父母者以事綦公，推事舅姑者以事太素翁，诚至而礼洽，亦不自知其厚也。"

兄弟三人。长兄介之，字石子，一字石崖，号耐园，又号铿斋，私谥贞献，崇祯壬午举人。次兄参之，字立三，一字叔稽，号砬斋，宏光选贡。先生其季也。

《家谱》云："夫之，朝聘三子，行六。"《家世节录》云："仲父生长兄玉之，起邑文学，以继绝嗣祖职，官指挥使。季父生珍之。"《姜斋文集·牧石先生墓表》云："子玉之、剑之。玉之以文学袭衡州卫指挥同知。剑之早卒。"

按：先生亲兄弟三人，加以从兄弟三人，共六人。《家谱》言行六，合共祖兄弟言之也。

又按：《家世节录》云："萧呈之从长兄万户、伯兄孝廉。"伯兄即石崖。从长兄即玉之。万户即指挥之旧名也。

明万历四十七年己未（一六一九），**先生一岁。**

九月初一日子时，先生生。

《家谱》云："生万历己未九月初一日子时。"《行述》云："祖母谭孺人，生亡考于万历四十七年己未九月初一日子时。"《章灵赋》自注云："人生而形具，明斯丽之。其始生则尚熹微。然余生以九月朔旦，金气方盛，而揆日在初，虽秉气清刚，而寒铣不昌，乃虽遘凛秋，而犹争夕秀，其于时固已难矣。"

［万历］四十八年庚申（一六二○），**是岁八月以后为泰昌元年，先生二岁。**

十二月初一日，武夷先生诞辰，是日极寒。

先生《七十自定稿》庚申《腊月一日寒雪有作》末二句云："庚申慈氏说，寿酒素瓷肥。"自注："是日为先征君弧辰。闻之先慈云：泰昌庚申大冻，杯盂凝冱。"

按：此诗作于康熙庚申，盖追述六十年前旧事也。

［天启］元年辛酉（一六二一），**先生三岁。**

是年武夷先生乡试中副榜，赴京师国子监。

《家世节录》云："乙卯、辛酉两副秋榜，分考胡公允恭首荐，太史西溪缪公昌期业定录名次，以封策中犯副考朱黄门童蒙名，黄门不怿，置乙第。是年熹宗登极，以恩予副第者贡太学。先君年已五帙，倦于文场，叹曰：'余分在此，且筮一命，或得报政而邀王言，以补禄养之不逮也。'遂应贡入辟雍。"

按：武夷先生卒于丁亥，年七十八。是岁五十二。

又按：朱童蒙官给事中时，劾邹忠介元标，得罪清议，寻以年例外迁。魏忠贤得志，召还，骤迁延绥巡抚。母死不持服，为忠贤建生祠。忠贤败，名丽逆案。与缪文贞品格高下悬殊，意见断难符合，宜其置武夷于乙第也。

又按：《明贡举考略》：是年湖广乡试，首题《士不可以不弘毅》，次题《尊贤则不惑》，三题《天下大悦至咸以正无缺》。乙卯湖广乡试，正考官检讨邱士毅，字见南，江西丰城人，甲辰进士；副考官刑科姚若水，字巧元，直隶桐城人，辛丑进士。首题《此谓唯仁人》一节，次题《贤者识其大者》三句，三题《禹疏九河至可得而食也》。

石崖先生入学。

《姜斋文集·石崖先生传略》云："十六补弟子员。"

按：石崖卒于康熙丙寅，年八十一，上溯生年在万历丙午，是年正十六也。

［天启］二年壬戌（一六二二），**先生四岁。**

是年先生当入家塾，从伯兄石崖先生读书。

潘宗洛《船山先生传》云："先生颖悟过人，读书十行俱下，一字不遗。"《石崖先生传略》云："仲兄稍长，同席受读，而仲兄病几痿，兄调护扶掖，齿指以授针艾，仲兄赖以愈，而卒以文章名南楚，无一非зл曲意怡声，亹亹讲说以成之者。若夫之狂娱无度，而檃括弛弓，闲勒逸马，夏楚无虚旬，面命无虚日者，又不待言。恻俳天极，孤高岳立，为夫之所侍函丈而习知者。"

按：先生入塾年分，未见明文。然天资既敏，家教复严，其入泮甫十四龄，则入塾必早，姑列于是年以俟考。

［天启］三年癸亥（一六二三），**先生五岁。**

［天启］四年甲子（一六二四），**先生六岁。**

是年武夷先生仍在京师未归。

《石崖先生传略》云："昌、启间，先君子征入北雍。念先君子之留滞燕邸，苦寒善病，岁时晨夕，无欢笑之容。"《家世节录》云："先君恒谓：'昔在京师，见一名冢宰大书榜云：本部既不要钱，如何为人要钱？亦何至如此以为君子耶？'"

按：以《明史》纪传及《七卿表》考之，天启元年十二月张问达为吏部尚书，二年九月加少保致仕；赵南星代之，四年十月致仕。二公皆清风介节。武夷所称名冢宰，非张泾阳即赵高邑也。然泾阳不激不随，高邑则嫉恶甚锐。书榜之事，似是高邑所为。然则天启三四年间，武夷固留京未返矣。

［天启］五年乙丑（一六二五），**先生七岁。**

［天启］六年丙寅（一六二六），**先生八岁。**

是年武夷先生当自京师归。

《家世节录》云："历满应部铨，时选政大坏，官以贿定，授正八品官。先君素矜风轨，及是，相知闻者谓必罢选不就。先君笑曰：'积薪何常之有。我应此小用者何意，无亦聊与优游，而以悻悻去哉？'初，仲父闻之，亦为扼腕。先君自都门归，欣然尽遣诸胸中。仲父叹曰：'吾兄所谓贤者不测也。'"又云："北还遇盗于良乡界，掠夺殆尽。会有中丞赴镇，遇焉，遣人存问，并邀往见，欲为追捕。先君谢而不往，唯一笥中余二十金。同行者多有所余，而故阌之，以穷告。先君遂分所余授之，不取偿焉。"

按：《谭太孺人行状》有"先君子十年燕、赵"之语。武夷第二次入都，自戊辰至辛未，首尾四年；第一次入都，自辛酉至丙寅，首尾六年；合计共得十年。乙丑十二月，王绍徽为吏部尚书。绍徽乃魏忠贤死党，秉铨时选政大坏，武夷之授正八品官，疑即在十二月，其出都当在丙寅正初。至二月间忠贤兴后，六君子之狱，缪文贞被逮，则武夷已反里矣。

又按：明时贡监入国学者，坐监年月深浅无定，然中业以后，大都坐监三年内外，可以分拨诸司历事，至历事一年内外，即送吏部录用。武夷辛酉冬入都，丙寅春出都，首尾虽有六年，实则四年有余，于坐监拨历之期亦适相合也。

[天启] 七年丁卯（一六二七），**先生九岁。**

是年先生两兄弟应乡试。

《家世节录》云："两兄省试归，曾买小说一帙，奉先君为解颐之助，开卷视数则，辄束焉。嗣以遗族叔，且曰此儿子所奉也。"

按：先生以壬申入泮，癸酉以后乡试，当与石崖、硁斋偕往。今但言两兄，则非癸酉以后矣。甲子科武夷留京未归，庚午科复留京未归，故知当在是年也。

[崇祯] 元年戊辰（一六二八），**先生十岁。**

是年春，武夷先生赴京师吏部谒选。

《家世节录》云："先君方谒选，时同邑常卿陈公宗契、零陵铨司蒋公向荣深相引重，欲为先君地。皆笑而谢之。大参陈公圣典会先君，因致书长安达者。先君受之，中途发函，有先容语，遂不复致，橐之而归。初欲返之大参，已而曰：'何用作此晓晓，折彼意为！'因不果返之。营道骆都督思恭掌金吾事,监修国史。史成,例荐纂修者,晋所考秩,予速选。以同乡故,咨先君于部。先君亦笑受其咨。既终不以赴部,亦不以返于骆,留笥中,抵家乃焚之。"又云:"先君早岁颇有酬和,皆削其稿尽,无传者。夫之所获见者,今皆忘之矣。又曾于剌尾得睹《过应山平靖关》一绝句,今附录焉:'楚塞横开西接秦,平沙风起柳花春。即今江北须回首,渺渺江南愁杀人。'崇祯戊辰所作也。"

按:据诗中"江北回首、渺渺江南"之语,系由衡阳至应山时所作,故知以是年春间入都。

又按:先生《南窗漫记》载此诗,谓于释复支和韵笺尾得见,亦云戊辰春作,题系《过应山绝句》,诗云:"原草青青入望新,归云将雨润轻尘。只今江北春将尽,渺渺江南愁杀人。"字句与《家世节录》多异,盖各据所见之稿。

又按:武夷丙寅不留京、丁卯不入京者。以魏阉擅政之故。戊辰则魏阉已除,庄烈帝励精图治,故赴京谒选也。

又按:《沅湘耆旧集》载伍举父定相诗五首,末首即此诗,小传后附录《南窗漫记》,盖本欲为武夷立传,既而未果,遂令阅者疑此为学父诗矣。

是年始学制义。

《姜斋文集·剩稿·时文俟解》自序云:"忽念身本经生,十岁授之父。"

按:先生有《夕堂永日绪论》,内篇论时,外编论制义,其自序云:"余自束发受业。"《经义》又云:"阅经义亦数万首。"盖自道其早年致力于此也。

[崇祯]二年己巳(一六二九),**先生十一岁。**

[崇祯]三年庚午(一六三〇),**先生十二岁。**

八月二十日,侄敔生。

《姜斋文集·文学朏原氏墓志》云:"朏原氏名敔,贞献先生之冢嗣,于余为从子,生以崇祯庚午八月二十日。"

是年武夷先生犹在京师谒选未归。

《石崖先生传略》云:"尝记庚午除夜侍先姚拜影堂后,独行步廊下,悲吟'长安一片月'之诗,宛转欷歔,流涕被面。夫之幼而愚,不知所谓，及后思之，孺慕之情，同于思妇，当其必发，有不自知者存也。"

[崇祯] 四年辛未（一六三一），**先生十三岁。**

是年武夷先生投劾不仕，自京师归。

《姜斋文集·武夷先生墓志》云："天启辛酉以乙榜奉诏征入太学，无所屈合，投劾不仕，抱道幽居。"《家世节录》云："已赴谒选，会乌程当国，操切以希上旨。其姻家唐元弼者乾没副贡籍，求府判所部核罢之。乌程怒，为罢铨郎。新铨郎蔡相弈深会乌程意，苛按辛酉副贡，移仪曹索故纸，束湿甚，暗索贿焉。先君曰：'是尚可吏也乎？吾以求一命为先人，故俯折至此。若出赇吏胯下，以重辱先人，是必不可。'诣仪曹辞罢。大仪慈溪冯公起龙笑谢先君曰：'观生气固不可折者。吾为选，君必旦暮为除遣，何有长者而作少年拂衣意气乎？'先君正色长揖而封曰：'无所辱公嘉惠。某有田可耕，有子可教，终不敢欺天，以暮夜金博一官。'碎假帖而退。夜买驴出春明门，遂归。葄药灌畦，若未踏长安尘者。家居十七载，不一至郡邑庭。"

按：武夷卒于顺治丁亥。自是年至丁亥，首尾正十七年。

又按：以《明史》纪传及《宰辅表》核之，温体仁入阁在三年六月。至四年夏秋间，钱象坤、何如宠相继致仕，体仁遂为次辅。周延儒虽位在其上，然权焰迥不能如，故未有当国之名，已有当国之实。至于吏部尚书，四年三月之前为王永光，三月以后为闵洪学，皆体仁死党。则选曹之束湿索贿，固其所矣。

此后家居课子，不复远游。

《家世节录》云："先君教两兄及夫之，以方严闻于族党。顾当所启迪，恒以温颜奖掖，或置棋枰令对弈焉，唯不许习博簺击毬游侠劣伎。闲坐则举先正语录，辨析开晓，及本朝沿革，史传所遗略者，与前辈风轨，下及制义，剔灯长谈，中夜不息。两兄淳至，无大过失，时或以小节违意旨。夫之少不自简，多口过，每至发露，先君不急加诘责，唯正色不与语，问亦不答，故夫之兄弟亦不易自请愆焉。如此旬余，必待真耻内动，流涕求改，而后谴诃得施，已乃释然，至于终世，未尝再举前过以相戒。庭帏之中，暄日严霜，并行不悖。"又云："崇祯初，文士类以文社相标榜。夫之兄弟亦稍与声气中人往还。先君知之，辄蹙眉而不欢者经日。"

《谭太孺人行状》云："太孺人乃探先君子之志，而戒不孝兄弟以意之未先，志之未承也，详镝其动之即咎，善之终迷，申之以长傲从欲之不可，发不孝兄弟之慝于隐微，而述先君子之索履以昭涤其瞥智，既危责之，抑涕泗将之，然后终之以笑语而慰藉之。"《牧石先生墓表》云："先生孝自天丰，文因道胜。而夫之早岁披猖，不若庭训，先生时召置坐隅，酌酒劝诫，教以远利蹈义，惩傲执谦，抚慰叮咛，至于泣下。"

[崇祯]五年壬申（一六三二），**先生十四岁。**

是年督学王志坚试衡州，先生入学。

《行述》云："年十四，督学王闻修先生讳志坚拔入学。"

按：志坚字弱生，一字淑士，昆山人，万历庚戌进士，官至湖广提学、佥事。事见《明史·文苑传》。著有《读史商语》《四六法海》等书。

石崖先生食饩。

《石崖先生传略》云："饩于庠者八年。"

按：石崖以己卯中副榜，自是岁至己卯，正八年也。

[崇祯]六年癸酉（一六三三），**先生十五岁。**

是年先生当往武昌应乡试。

先生《夕堂永日绪论外编》云："因忆昔与黄冈熊渭公渜、李云田以默作一种文字，不犯一时下圆熟语，复不入古人字句，取精炼液，以静光达微言。所业未竟，而天倾文丧，生死契阔，念及只为哽塞。"

按：先生与熊渭公、李云田相识未知年分。壬午秋渭公会同人于黄鹤楼，先生亦在座，然未必是时初识面也。渭公与云田皆湖北人，距衡阳颇远。是时湖南与湖北统称湖广，未经分省，乡试皆在武昌。疑乡试时武昌相晤，附记于此以俟考。

又按：渜与霈同。熊霈字渭公，黄冈人，移居武昌，嗜古学，尤喜邵子《皇极书》，颇言未来事。十六年元旦，尽以所撰《性理格言》《图书悬象》《大易参》诸书付其三弟。城破前一日，言明日当觅我某树下。及期，行树旁。赋追至，跃入荷池以死。见《明史·忠义传》。

又按：《吴梅村集》有《荡子失意行赠李云田》，其首二句云："君家楚山下，门前溪水流。"徐电发《续本事诗》云："云田才高沦落，龚芝麓为赋《老荡子行》。"《感旧集》补传云："李以笃字云田，湖广汉阳人，别自号老荡子。"陈其年《妇人集》亦言周宝灯归汉阳李云田此作。李以默疑是旧名。其不言汉阳而属诸黄冈，意者黄冈为本籍而汉阳为寄居，亦犹渭公由黄冈迁武昌欤？否则先生误记，抑或传写者脱去欤？

又按：《明贡举考略》，是年湖广正考官钱受益，浙江山阴人，乙丑进士。副考官张第元，山西汾阳人，壬戌进士。首题《君子思不出其位》，次题《修道之谓教》，三题《尧舜之智》三句。

[崇祯] 七年甲戌 (一六三四)，先生十六岁。

是年始学为诗。

《夕堂永日绪论》自序云："十六而学韵语，阅古今人所作诗不下十万。"

[崇祯] 八年乙亥 (一六三五)，先生十七岁。

[崇祯] 九年丙子 (一六三六)，先生十八岁。

是年先生当往武昌应乡试。

按：先生自壬申入学至壬午举于乡，十年之中有乡试四次。癸酉乡试容或录遗，以壬申恐是科试。未必定是岁试也。若丙子、己卯、壬午乡试之前，必应岁科试矣。《行述》云："宁波水向若先生佳允、昆山王澄川先生永祚，皆鉴识首拨。"未审年分，附记于此。

又按：先生《莲峰志》卷三《名游》门云："吾师高汇旃先生世泰以崇祯壬午腊月寻访，彻暮举野烧数十里，烛若白日，骇鹿冲笋舆，公快叫以为奇绝。"今考《楚宝》有梁溪高世泰序云："楚幅员视十二省最瘠，庚辰予来视学。"又晋江蔡道宪作于辛巳十月，其中亦云："高督学以'楚宝'额之。"《莲峰志》卷二《沿革》门云：崇祯己卯督学使迁治郧中丞昆山王公永祚澄川；壬午梁溪高公世泰汇旃。据此则庚辰、壬午岁科试当是高督学，丁丑至己卯岁科试当是王督学，甲戌至丙子岁科就当是水督学。

又按：《明贡举考略》：是年湖广正考官吴伟业，直隶太仓人，辛未进士。副考官朱玫，山东莱阳人，乙丑进士。首题《焕乎其有文章》，次题《天之所覆》二句，三题《易其田畴》一节。

[崇祯] 十年丁丑 (一六三七)，先生十九岁。

[崇祯] 十一年戊寅 (一六三八)，先生二十岁。

是年，元配陶孺人来归，

按：《七十自定稿》内《侄敏五十》七律二首作于丁卯。其第二首云："吾方授室尔悬弧，一幅当年燕喜图。"据此，则敏生于陶孺人乘归之际矣。康熙丁卯敏年五十，则其生必在崇祯戊寅，故知陶孺人以是年来归也。

又按：第一首有"黄菊相期滤酒中"之语。第二首有"黄云初卷收香粒，赪枣重蒸酿软酥"之语。则敏之生辰当在八九月间。

处士万梧女，

《家世节录》云："先君文词，夫之所获见者赠处士陶翁万梧文。"自注："夫之妻父。"

年十七。

《家谱》云："配陶氏，生天启壬戌十二月二十六日子时。"

从侄敏生。

按：《牧石先生墓表》云："以伯兄玉之继绝，袭右职，遇覃恩，例得受赠。"又云："子玉之、剑之。剑之早卒。孙恪、安国、恬、子伟、敏。恪、恬殇殒。子伟亦早世。曾孙生佑，子伟出。生荫，敏出。"又云："乃克与敏辈勒遗绪于阡。"是敏乃牧石孙、玉之子也。

暇日与同人为文酒之会。

《鼓棹初集》"咏莲子"《水龙吟》第三阕自注云："余既作莲子词二阕，梦有投素札者，披览之云：荻絮蓼花，金风玉露，皆余少年事。假以公弱冠时文酒轻狂，今日为公道，公其能不赧见于色乎？"

[崇祯]十二年己卯（一六三九），**先生二十一岁。**

是年先生当往武昌应乡试。

《南窗漫记》云："己卯自鄂归，至城陵矶，风历樯折，幸得登陆，步自矶上，走岳阳，小憩岳侯祠，见王澄川先生讳永祚题祠柱云：'为臣死忠，为子死孝，大丈夫当如此矣。南人归南，北人归北，小朝廷岂求活耶！'允为警切矣。"

按：此亦可证王澄川之莅楚在己卯以前。

按：《明贡举考略》：是年湖广正考官邵某，副考官章正宸，字羽侯，浙江会稽人，辛未进士。首题《为臣不易》，次题《中立而不倚强哉矫》，三题无考。

石崖先生中副榜，赴京师国子监。

《家世节录》云："伯兄己卯上北雍。"《石崖先生传略》云："乙卯以乙榜诏入太学。忆乡前辈欧阳正旸翁自北归，持兄家报，夫之往领焉。欧阳翁曰，伯兄无日不垂思亲之泪，吾诱之以弈，至三两局，则泪滴野中矣。"

[崇祯] 十三年庚辰（一六四〇），先生二十二岁。

是年石崖先生自京师应廷试归。

《石崖先生传略》云："时以六曹策士，隽者即授美除。同舍皆气矜竞猎。兄以父母老，请告归，未允。诸同舍以旦夕释褐相留，兄尤憎其躁竞，曰：'吾焉能一日与奔骛者伍？'遂拂衣不请而归。归而谢绝人事，授生徒以供菽水。"又云："在崇祯末，人士以声誉相高，腾竿牍、征秋课者遍海内。兄一无所酬酢，黯然如岩穴之士。尝怆然谓夫之曰：'此汉季处士召祸之象也。文章道丧，不十年而见矣。'"《家世节录》云："先君严于取与。伯兄己卯上北雍，旋于白下市缚音娟绀制袷衣，著绵以进，弥月不敢呈，渐因先孺人奉之。笑视良久，取而藏之，经冬不御。间岁，仍返诸伯兄。伯兄复因仲父婉道意，乃以所值授伯兄，始取服焉。"

[崇祯] 十四年辛巳（一六四一），先生二十三岁。

[崇祯] 十五年壬午（一六四二），先生二十四岁。

七月，至武昌应乡试。

《南窗漫记》云："壬午初秋，黄冈王又沂源曾、熊渭公眔会同人于黄鹤楼，与者百人，各拈韵赋诗。渭公作四言，末章云：'试望木末，好花翩翩。清明佳气，勃发楹前。'渭公以禫制不与秋试，为同人祝也，命意不落凡近。清明者岂科名足以当之！"

黄冈熊茂才眔为先生序诗。

《南窗漫记》云："渭公为余序诗，以眉山、淮海为戒。"

按：《漫记》此二语承上文壬午初秋而言，故知作于是年。

九月，榜发，中式第五名《春秋》经魁。

《家谱》云："中崇祯壬午乡试第五名。"《行述》云："崇祯十五年壬午以《春秋》魁。"

录文进呈。

《时文俟解》自序云："弱冠，有司录以呈之君。"

按：《明贡举考略》：是年湖广乡试，首题《请益曰无倦》，次题《义者宜也》，三题《其为人也好善好善足乎曰好善优于天下》。

房官欧阳霖。

《行述》云："房师则安福欧阳方然先生介也。华亭章公讳旷、江门蔡公讳道宪，是科俱为分考。时国势渐不可支。出场后，遂引为知己，互相砥砺。"《家世节录》云："先君家居，长吏到门，以疾却刺。夫之举主欧阳方然先生讳霖相过，请见者三，乃一报谒而止。"

按：先生《永历实录·李成栋传》言杜永和怒蒙正发曰："吾将执而耐其鬓。"给事中欧阳霖上言，上释不问，霖挂冠去。《刘季矿传》言吉安人士不肯屈节者：安福欧阳霖，初名介，字方然，以泸溪教谕升北流知县，擢户科给事中。车驾幸肇庆，请西出桂林，与杜永和廷争，弃官归里，闭户食贫，不通人事。《曹煜传》：煜出迎降，北流知县欧阳霖抗节不屈，煜遣兵捕之，走南宁，得免。盖忠直敢言之士也。

又按：据史传，章于野是时官沔阳知州，蔡江门是时官长沙推官。

正考官翰林郭之祥，副考官给事孙承泽。

《行述》云："大主考为太史吉水郭公之祥，副主考谏议大夫孙公承泽。"

按：孙承泽号退谷，崇祯辛未进士，官兵科给事中，受李自成伪防御使职。入国朝，官至吏部侍郎。见《二臣传》。

又按：《明贡举考略》，是年湖广乡试，但载副考官孙承泽，未载正考官郭之祥。其官阶科分俟考。

石崖先生同榜中式举人。

《行述》云："与伯父石崖先生同登乡榜。"潘传云："年二十四，与兄介之同应崇祯壬午科湖广乡试，俱获隽焉。"《石崖先生传略》云："壬午举于乡，录文呈御。"

冬，同赴计偕。

《家世节录》云："壬午冬，夫之上计偕，请于先君。先君曰：'今所谓君子者，吾固不敢知也。要行己自有本末。以人为本而己末之，必将以身殉他人之道，何似以身殉己之道哉？慎之！一入而不可止，他日虽欲殉己而无可殉矣。'"《石崖先生传略》云："是时观察全椒金公念吾兄弟贫甚，欲为治北装。邑有劣而枭者，按法当死，公属意令饷吾兄弟千金活之。其人来恳，兄顾问夫之曰：'何如？'夫之答曰：'此固不可。'兄喜见于色曰：'是吾心也。'或曰：'千金不死于市，岂能必彼之不幸免乎？'兄又顾夫之微笑。夫之曰：'吾安能令其必死，但不自我可耳。'兄曰：'此人逸，他日祸延于乡党。虽然，吾谢吾疚而已。子言是也。'遂峻拒之。其人他请得释，后果一如兄言。"

道梗，泊舟南昌度岁。

《行述》云："是冬上计偕，行至南昌，道梗。"《南窗漫记》云："壬午残腊，小艇泊南昌城下，寒雪透篷窗，不可忍。时张都御史凤翔方履任，自扬州驾大官舫，已登陆，舟停水次，因僦之度岁。其中窗间有题句云：'行人莫上长堤望，枫叶芦花处处愁。'似是古句，墨迹尚新。于时天下方将乱，事无不可悲者，见此令增惨淡。凤翔以监司赇致节钱，志意已满，当不知有此语。或其幕客，则一有心人也。"

按：《南窗漫记》此条后载南昌城北龙沙禅室汤义仍手书门联，又载滕王阁上管元心绝句，盖即旅泊时游览所见。

又按：《船山鼓棹初集·西江月》词云："曾忆龙沙孤泊，将军祠下霜寒。凉辉浅浅挂西山，半破金枢拂岸。"自注云："南昌刘省吾都督祠，不知存否？"亦追忆是冬之事。刘綎系南昌人，官都督。祠名"表忠"。省吾盖綎之字也。

［崇祯］十六年癸未（一六四三），**先生二十五岁。**

春，由南昌回衡阳。

《石崖先生传略》云："计偕至南昌，楚中乱，遂同夫之归。"《章灵赋》自注云："方上公车，狼狈南归，冀全肥遁。"《行述》云："欧阳先生谕以归养。"潘传云："以道梗不赴会试。"

按：是科会试改期秋间，先生昆仲以道梗不赴，而欧阳方然复谕以归养，则其归里当在春初。所谓楚中乱者，即指是年正二月间李自成陷承天、云梦、孝感、黄陂、景陵、德安，张献忠陷广济、蕲州、麻城等事也。

秋八月庚寅，流贼陷衡州，购捕绅士。

冬十月，先生之舅氏谭翁玉卿引先生及武夷先生避于衡山莲花峰下双髻峰。

《明史稿·庄烈帝纪》："崇祯十六年八月丙戌，张献忠陷长沙；庚寅，陷衡州。"《家世节录》云："崇祯癸未，张献忠陷衡州，钩索诸人士，令下如猛火，购伯兄及夫之甚急。"《石崖先生传略》云："张献忠陷衡州，索绅士补伪吏。吾兄弟以父母衰，不能越疆，望门无依，赖舅氏玉卿谭翁引匿南岳莲花峰下。贼购索益急。匍匐草舍中。兄忽亟向野人问黑沙潭之胜，欲往游。夫之不解兄意曰：'此岂游山时耶？'兄笑曰：'今不游，更何待？子岂能不从我游乎？'已而私语夫之曰：'更何处得一泓清净水，为我两人葬地耶？'当是时，夫之回睸，见兄目光出睫外如电，须发皆怒张。"《莲峰志·总序》云："癸未十月，予自郡西八十里逢寇钩索，草屦莽枝，奔命于峰之下。趾泥头雾，啮菜烧叶，而心翕然喜之。"《七十自定稿》戊辰书扇诗题云："崇祯癸未，贼购捕峻亟。先母舅玉卿谭翁以死誓脱某兄弟于虎吻。谢世以来，仰怀悲哽者三十余年。翁孙以扇索敏侄书字，缀为哀吟代书。"诗云："枫林落叶岳云寒，兄弟披离片影单。九族凭谁容破壁，寸心已许付危湍。恩深草屦随拖杖，命续霜刀惜刈兰。今日渭阳回首处，萧条白发泪痕干。"《行述》云："癸未张献忠陷武昌，递陷衡州。绅士多反面纳款。其不降者，贼投之湘水。亡考匿南岳双髻峰。"潘传云："越明年癸未，流贼张献忠陷衡州。绅士降者，以伪官官之；不降者，缚而投诸湘水。先生走匿南岳双髻峰下。"《沅湘耆旧集·船山先生小传》云："自幼即以文章志节重于时。张献忠陷衡州，以伪命污诸名士。先生走匿双髻峰下。"《儒林传稿》采余廷灿《船山先生传》云："张献忠陷衡州，设伪官招夫之。夫之走匿南岳。"

武夷先生为逻者所得。贼质之以召先生兄弟。武夷先生欲自裁。石崖先生欲往救父出，而沉湘以死。先生力止之，而自劙面刺腕，傅以毒药，为重创状，舁至贼所，贼不能屈。次日，父子俱以计得脱，复往岳峰。

《家世节录》云："先君为伪胥所得，勒至郡城。伪吏故为软语，诱先君致夫之兄弟。先君张目直视，终不答。伪吏怒，将羁先君。先君叹曰：'安能以七十老人俯仰求活！'沐浴易衣，就亲故告别，将以是夕投缳。夫之闻先君在系，乃残毁支体，舁簀到郡，守候彻夜，乃不果。明日遂以计脱遁。黄冈奚鼎铉始以文字与夫之相知，闻至是陷贼中为吏，力脱先君于险，先君终不与语。"《石崖先生传略》云："会日暮，家奴遽报先君子为逻者所得。欲出脱先君子，而沉湘以死。夫之知兄耿介严厉，出且与先君子俱碎。夫之所旧与为文字交者黄冈奚鼎铉陷贼中，知吾兄弟必不可辱，曲意相脱。夫之乃劙面刺腕，伪伤以出，而匿兄以死告，先君子乃免。夫之亦随宵遁。当夫之出时，兄藏绳衣内，待夫之信，即自尽。夫之既免先君子而自免，乃不果死。"《章灵赋》自注云："癸未张献忠陷衡州，捕人士补伪吏。时绝食伤肌，以脱其污。"《行述》云："祖为伪吏所得，挟质以召伯父与亡考。祖迫欲自裁。亡考哀窘，匿伯父，自刺身作重创，傅以毒药，舁至贼所。贼不能屈，得免于难，复返岳峰。"潘传云："贼执质其父以招。先生自刺肢体创甚，舁往易父。贼见其创也，亦免之。父子俱得脱。"《沅湘耆旧集·船山先生小传》云："贼系其父以质。先生自引刀刺其肢体，舁往易父。贼见其遍创也，免之。父子俱得脱。"《儒林传稿》采余传云："贼执其父为质。夫之引刀自刺肢体，舁往易父。贼见其遍创也，免之。父子俱得脱。"

十一月，下山访长子勿药病耗，复归山。

先生《岳余集·癸未匿岳寒甚下山访病儿存没道中逢夏仲力下小竹异栗不能语哀我无衣授之以絮归山有咏》五律二首，第一首"无衣度霜雪，多难际乾坤"之语。

按：衡阳地暖，冬寒较迟，既云寒甚栗不能语，则非十月可知。下一首诗题"将以腊杪往赴"，则此时尚未腊月可知，故系诸十一月也。

又按：潘传言先生子二人，曰攽，曰敔。《家世节录》云："先君孙七人：勿药、攽、勿幕、敔，夫之出。"《家谱》云："子四：长勿药，次攽，次勿幕，次敔。勿药、勿幕并早亡。"攽生于丙戌。癸未在丙戌之前三年，其时攽尚未生。故知诗题所言病儿定是勿药。诗中未言存没，盖是年虽病而未亡。其亡年俟考。

又按：先生友人夏汝弼字叔直，系衡阳人。赠絮之夏仲力，疑与叔直一家。《莲峰志》卷三稿本有"同邑夏汝为仲力订"之语，则仲力名汝为也。

腊杪，贼氛渐远，拟往宝庆、邵阳未果。

《岳余集》"癸未匿岳"《闻郑天虞先生收复宝邵别家兄下山而西将以

腊杪往赴怆然而作》七绝一首，《月中晓发僧俗送者十三人皆攀泣良久予亦泪别》五律二首。

按：五律第二首有"出山仍不乐，未返故园时"之语，是已下山矣。然次年春始出莲花峰，则此时虽行未远，复还山也。

是年诗除上文所引五首外，有《即事》七绝一首，亦见《岳余集》。

按：《岳余集·即事》诗之前有《霜度函口岳径》五律一首，系平时游览之作，未知何年，附记俟考。

又按：先生《六十自定稿》庚戌岁《怀入山来所栖伏林谷各述以小诗得二十九首》，就中排子岭、狮子峰、黑沙潭、续梦庵、双髻峰、黄沙潭、溪波岩、妙高峰、车辙亭、方广路、啸台、补纳台、洗纳池十三题自注云："右岳后。"盖即是岁栖伏岳后时涉历所及也。

［崇祯］十七年甲申（一六四四），是岁十月朔大清顺治元年，**先生二十六岁。**
春，出莲花峰。

《莲峰志·总序》云："甲申春，出自峰下。心不能忘，无岁弗至。"
以寇退掩遗骸。

《家世节录》云："先君终身未尝向浮屠、老子像前施一揖。甲申岁，以寇退遗骸满野，募僧拾而瘗之，使修忏摩法，仍曰：'此自王政掩骴骼之一事，顾今不以命之僧。吾惧仆佣之狼藉也，已属之矣，固不容执吾素尚而废其事。此亦神道设教之意，汝曹勿谓我佞佛而或效之。'"

按：先生述武夷先生之训如此，及临没遗命亦禁用僧道，盖谨奉武夷之家法也。

夏四月，闻庄烈帝殉社稷，涕泣不食者数日，作《悲愤诗》，今逸。

潘传云："甲申，闯贼破北京，明怀宗殉社稷。先生闻之，涕泣不食者数日，作《悲愤诗》。"《章灵赋》自注云："甲申春，李自成陷京师，思庙自靖。五行汩灾，横流滔天，祸婴君上，普天无兴勤王之师者。草野哀痛，悲长夜之不复旦也。"

按：庄烈帝殉社稷在三月十九日。凶问至衡阳，须至四月。

五月壬寅，福王由崧自立于南京，改次年为宏光元年。
冬十月，重游莲花峰。

《莲峰志·名迹》门涌几条下云："王夫之镌。"诗叙云："举酒酹石，貌以涌几，则此石其传也已。时崇祯甲申阳月望后。"

按：《岳余集》"申申重游"十数首，就中望狮子峰第一首有"前游余恰在，霜月况同时"之语。第二首有"屡望高难到，前冬一杖时"之语，盖诸诗多十月所作也。

是年，从子敞入县学。

《朊原氏墓志》云："十五补邑文学，为文清通醇正，诗得陶、谢风旨。幼从余学。学于余者，笃志精研未有及之者也。"

按：朊原生于庚午，是年十五岁。

是年诗除《悲愤诗》逸去外，有《黑山访址》五绝二首，《铁牛庵下忽不喜往》五绝一首，《玉门望狮子峰用旧作四韵》五律二首，《恋响台》五绝一首，《由恋响眺一奇石而上同夏叔直援石曲折遂得方址岿然可台》五绝一首，《晓同叔直出寺拂读米菊水所镌谭友夏岳记》五古一首，《涌几》五律一首，《出岳纵马三十里晓及樟木市大江寒流荒崖野艇》七绝一首，《分寄方广避乱诸缁侣》七绝八首。

[**顺治**] 二年乙酉（一六四五），福王宏光元年，唐王隆武元年，**先生二十七岁**。

夏五月癸卯，大清兵下太平，福王被执。

闰六月丁未，唐王聿键立于福州，改七月朔日以后为隆武元年。

是年，仲兄砡斋先生得选贡。

《家世节录》云："次仲兄参之，宏光选贡，未就廷试。"

与砡斋先生同侍武夷先生游永兴石角山。

先生《五十自定稿》戊子岁《永兴廖邓二君邀宿石角山僧阁是侍先君及仲兄砡斋游处》五律一首起二句云："十月寒潭改，三年客艇过。"末二句云："郴江无限水，不与挽流波。"

按：乙酉在戊子前三年，故知以是年初游。

子敔生。

《家谱》云："敔字咸功，号蓄园，陶氏出。"《沅湘耆旧集》卷五十九：王敔字咸功，而农先生长子。《谒祖茔诗》自注："丁巳冬同族众归东洲上祖茔，并哭拜先孺人冢。敔甫二岁而先孺人卒。"邓氏显鹤云："案船山元配陶孺人生敔二岁，值家难，以哀悸死。"

按：陶孺人卒于丙戌。敔年二岁，故知生于是年。

楚抚堵允锡、学使高世泰修莲花峰方广寺朱文公张宣公二贤祠，先生昆仲及同人赞襄其事。

《蓬峰志·沿革》门云："方广寺，崇祯元年戊辰火。己卯，督学使迁治郧中丞昆山王公永祚澄川属僧凝然性翰。壬午，学使梁溪高公世泰汇旃益命之。性翰出其衣钵资粮，以隆武元年乙酉十一月十二日再造。与其役者，楚抚义兴堵公允锡仲缄、衡阳王介之石子、管嗣裘冶仲、夏汝弼叔直、王夫之而农襄之也。"又云："呜呼，山岂不以人哉！则朱、张二夫子最矣。二贤祠者，祠两夫子者也。祠与寺废未兴，高公世泰问其址，乃立五楹骈立，窈然幽邃。宏光元年夏，堵公允锡临之，作前宇；王介之、夏汝弼、王夫之实经营之。"又《名游》门云："近之游者，有吾师高汇旃先生世泰、今楚抚堵公允锡。高游以崇祯壬午腊月。堵游以宏光乙酉暮春，踏新雨，问余兄弟匿迹处，访续梦庵。欣然将登之。下岳，举诗相示，索和。"《南窗漫记》云："堵牧游先生游南岳，问余兄弟避寇处，于方广道中有句云：双溪溅水鸣丝竹，一壁初晴负画图。"

[顺治]（一六四六），三年丙戌唐王隆武二年，**先生二十八岁。**

秋八月辛丑，大清兵下汀州，唐王聿键被执送福州，杀之。

按：《永历实录·桂王纪》辛丑作丁酉，盖传闻之误，以延平出奔之日为汀州被执之日也。

九月，点定本科乡试墨牍，未竟其事。

《家世节录》云：丙戌岁乡试楚士于湖南，刘浣松水部明遇以点定墨牍属夫之，已授之镌者。先君怒曰：'汝以是为儒者分内事耶？'卒不许竟其事。"

冬十月壬午，桂王由榔监国于肇庆。

按：《永历实录·桂王纪》言十月丙戌即位于肇庆，盖误记监国之月为即位之月，又误记其日也。

十一月甲辰，唐王聿鐭监国于广州。

丙午，元配陶孺人卒，年二十五，为作像赞。

《家谱》云：配陶氏，于顺治丙午十一月初四日巳时殁。《姜斋文集·陶孺人像赞》云："孝而殉，国人所闻，奚俟余云。慈以鞠，不究其粥，奚以相暴。静好尔音，函之予心。有言执谌。偕隐之思，已而已而，焉用文之。天或假尔以后昆者，仿佛不迷，唯斯焉之荐仪。"

按：是年武夷先生及谭太孺人无恙，《像赞》所云孝而殉，邓氏所云值家难以哀悸死，与翁姑无涉。盖陶孺人父处士万梧翁之丧，抑或母氏之丧钦？

又按：陶孺人生于壬午，是年二十五。

丁未，唐王聿鐭即位，改明年为绍武元年。

庚申，桂王立于肇庆，改明年为永历元年。

十二月丁亥，大清兵下广州，唐王聿鐭被杀。

是月至湘阴，上书于兵部侍郎江北巡抚章旷，指画兵食，请调和南北，以防溃变。不省。

潘传云："明藩称隆武年号者，使其督师何腾蛟屯湖南，制相堵允锡屯湖北。楚省兵燹塞野，加以大旱，赤地千里。而逆闯李自成既毙于九宫山，余党降者号为忠贞营，蹂躏潜、汉，有炎业之势。堵、何两公措置无术，而又不相能。先生忧其将败，亟走湘阴，上书于司马章旷，指画兵食，请调和南北，以防溃变。章司马报曰：'本无异同，不必过虑。'先生默而退。卒之贼势猖獗，司马以忧愤卒，堵、何两公遘悯凶，而势不可为矣。"

按：《永历实录》，章旷以佥都御史巡抚江北在唐王时，其加兵部右侍郎在永明王即位肇庆之后。庚申系十一月十八日。先生在衡闻晋阶司马之命，当在月杪。其至湘阴上书，当在腊月。至次年二月，湘阴即失。八月，于野薨于永安。惟何、堵之殁则在己丑。潘传终言之耳。

又按：《南窗漫记》云："丙戌，屯师湖上，未能前进一咫，而赋敛之重十倍。少司马天门郭公都贤咏雪诗云：'四望郊寒连岛瘦，一天白起奈萧何。'"盖亦冬月所作，可以互证。

又按：上章司马书稿不传。

游湘阴，登浮湘亭，与洪业嘉、龙孔蒸、欧阳淑唱和，有桃花绝句数十首，今逸。

《和梅花百咏诗》自序云："上湘冯子振，自号海粟，当蒙古时，以捭阖游燕中，干权贵，盖倾危之士也。然颇以文字自缘饰，亦或与释中峰相往还，曾和其《梅花百咏》。隆武丙戌，湘诗人洪业嘉伯修、龙孔蒸季霞、欧阳淑予私和冯作各百首。欧阳炫其英多，倍之。余薄游上湘，三子脱稿，一即相示，并邀余共缀其词。既已薄其所自出，而命题又多不雅驯，惧为通人所鄙，戏作桃花绝句数十首抵之，以示郑重。"《孝烈传》云："洪孝子者，父业嘉字伯修，补文学，喜交游吟咏，与同邑龙孔蒸、欧阳淑称湘三诗人。永历丁亥春，降将王进才之兵溃掠而走湘西，遂杀伯修。"《南窗漫记》云："上湘洪伯修业嘉与同邑龙季霞孔蒸以吟咏相尚，摆脱凡近，往往得霜鹤唳空之致。丙戌开楚闱于衡阳，伯修落第，归径岳后，赋诗六章，寄意宏远。此岂经生心肾中所能有此种性者！未几，为乱兵所害，何从更得斯人与游大雅哉？"又云："季霞《与王山长岱夜话》诗云：'窃听谁窗外，琅然动壁琴。'盖季霞欲与湖上作者矫竟陵纤弱之习，追踪大雅，而有志无时，与伯修同时遇害。悲夫！"《沅湘耆旧集·洪业嘉小传》云："字伯修，湘乡人。少以文雄，屡厄于有司。甲乙之乱，楚中当事犹缘饰，开闱试士。伯修复见遗，乃浩然远引，循衡岳归。丁亥死于乱兵。著有《懒吟随草》。"又《龙孔蒸小传》云："字季霞，湘乡人。崇祯壬午举人。流寇破长沙，购捕绅士授伪职，走匿万山中，或携瓢酒登绝巘，悲歌竟日。与同县洪伯修业嘉、湘潭王山长岱友善。自号笔樵，作'悠悠笔樵夫'四首以见志。丁亥，溃兵掠湘乡，携家避石板桥，以护母故，遂及于难。所著有《类吟自删存草》。"又冯一第有《八月十二夜同阳予私作遣云》诗。邓氏显鹤云："按阳予私名淑，即阳山公之子。船山先生《南窗漫记》中有欧阳予私淑，即一人也。"又《阳镇小传》云："字山公，湘乡人。崇祯壬午举人。《湘乡志·文苑传》称其练博通雅，诗篇雄丽淹洽，湘中称诗者推为老宿，兼工行草书。子淑亦有才名，尝和海粟《百梅咏》，一日夕得二百首。戊子春，父子俱殉乱死，遗稿散佚无存。今检船山集中有《李广生自黔阳生还归阙率尔吟赠并感洪一龙三阳太仆山公及郎君郑石诸逝者》诗。按洪一名业嘉字伯修，龙三名孔蒸字季霞，皆湘乡名宿，死戊己之乱者；独山公以官称太仆，则或当日崎岖闽、粤所受爵，而方志失考，未之载也。郑石即淑无疑。"

  按：邓说极疑，惟洪、龙之死既知其在丁亥，而又言死戊己之乱，未免两歧。

  又按：《莲峰志》卷三稿本"上湘龙孔蒸季霞订"之语。《岳余集》稿本有"同里夏汝弼、上湘欧阳淑订"之语。

又按：邓氏所引诗见《五十自定稿》，题末"诸逝者"下仍有"浮湘亭之游"五字，自注云："亭在湘乡涟水西南，郭天门司马建，今毁。"诗中首二句云："涟水东流落月横，浮湘亭上似三生。"

是年，子勿幕生。

按：《家谱》因勿幕早亡，未言何氏所出。然先生彼时未有妾媵，必陶孺人所出。勿幕行次第三，系敔之弟。敔生于乙酉，则勿幕当生于是年十月以前。其亡年俟考。

始有志于注《易》。

先生《周易内传发例》自跋云："夫之自隆武丙戌，始有志于读《易》。"

复奉武夷先生之命编《春秋家说》。

《春秋家说》自序云："先征君武夷府君早受《春秋》于酉阳杨氏，进业于安城刘氏，已乃研心旷日，历年有得，惜无传人。夫之凤赋钝怠，欲请而不敢。岁在丙戌，大运倾覆。府君于时春秋七十有七，悲天悯道，誓将谢世，乃呼夫之而命之。夫之受命怵惕，发蒙执经而进，叙问其所未知。府君更端博说，浚其已浅，疏其过深，折其同三《传》之未广，诘其异三《传》之未安，始于元年统天之非，终于获麟瑞应之诞，明以详者不复伸，略以晦者弗有诎也。几于备矣。"

按："大运倾覆"指是岁八月唐王聿键汀州之事。此书草创当在秋冬之间，其告成则在二十二年之后。互详下文戊申岁。

编《莲峰志》五卷、《岳余集》一卷成。

按：《莲峰志》称堵允锡为楚抚。《总序》云："甲申春出自峰下，心不能忘，无岁弗至。"若作于乙酉，则不得用无岁不至之语。若作于丁亥，则桂王即位，允锡已加总制，不得但称楚抚。故知成于丙戌也。若《岳余集》之诗止于甲申，且附于《莲峰志》后，则亦成于是年矣。

[顺治]四年丁亥（一六四七），桂王永历元年，**先生二十九岁。**

春正月，客湘乡。

《南窗漫记》云："丁亥春，余以穷愁客湘上，日与伯修、季霞、欧阳予私淑、江陵李广生芳痛饮忘昏晓。一夕渡涟水，就宿僧舍，斜月未沉，碧波流映。余举杨大年以"镜中人似面前人"对"水底月如天上月",语犯合掌而意味短浅。季霞曰:何似'鬓边霜作镜中霜'?余代云:'梦中身是故乡身'。"

按:《孝烈传》,洪伯修为王进才溃兵所杀在丁亥春。据《永历实录》,王进才兵溃系二月事。故知先生与洪、龙、欧、李聚饮在正月也。

夏五月,与夏文学汝弼登车架山白石峰,主萧常赓家。

夏汝弼《白石峰纪》:"岁丁亥,月在午,梅雨新霁,与王子而农披榛径登白石峰。积阴初起,条风时至,扪柔绿,度深碧,登降频数,不以为劳,仅至于峰巅而息。南眺祝融,如俯而回睨。西望梅龙,如蠖而东引。北瞻荆紫,如延如拒,将迎莫必,而以其翠光相持。夫以是峰之特立,出于群山之表,而其上苍苍无穷者且如彼,是果有所谓天耶?抑无所复名之而始谓天耶?天者果有所帱与,则亦宜有所不帱者存,何居乎其必帱之荒远而始以为大乎?则吾未知其定有天焉者否也。于是两人选石而坐。不能去,不能留,歌无声,言无谓,相视久之,不能名其故。日已晚矣,乃遵所登之路而返。"《沅湘耆旧集·夏汝弼小传》云:"字叔直,号莲峰,一号莲冠道人。衡阳诸生。生有异禀,刚介负气。湘衡乱,佯狂远蹈,或歌或哭。有语及时事者,即闭目不答。鼎革后挈家入九嶷山,绝粒死。"邓氏显鹤云:"《楚风补》仅载其《车架山同夕堂作》一诗。车架山在湘乡西南九十里,夕堂即船山先生,以所著书有《夕堂永日绪论》也。案船山诗有《同夏叔直出寺看碑》及《重过莲花峰是夏叔直读书处》二诗。《湘乡艺文志》有刘近鲁《湄水同夕堂老人月泛寻懿庵别业》诗,知叔直与船山交甚挚。其诗清历缠绵,沉郁悲愤,惜无由觅其全稿也。"又云:"《湘乡流寓志》:夏汝弼字叔直,衡阳人,早有文誉,举于乡。丁亥岁,湘、衡乱溃,忽有称莲冠道人者,携一童子囊琴至梓田之车架山,僦僧楼而止焉。日就古木鸣泉间,藉危石弹琴吟啸以终日。已登白石峰、铜梁山观瀑布,辄数日不返。问其姓字,不对,人亦不能测。邑士萧常赓见而识之,邀至家,或歌或哭。与语世事,则闭目兀坐不答。居月余,莫知所往。后闻其入九嶷山,绝食以死。按《衡阳志》称叔直为名诸生,此云举于乡,盖传闻之异也。"又云:"按《一统志》,荆紫峰在湘乡南百里,孤峰突起,聚山环绕,其对峙者为白石峰。余既得叔直先生《车架山》诗,复从《湘乡志》

搜得此文，而先生之踪迹交游志事乃稍稍窥见崖略，岂非鬼神之灵有以默启之耶？比与吾友沈栗仲，毛青垣，汤叔尺、幼尊兄弟约登车架山白石峰，求两先生流连憩息之所，建祠立碑于上，且绘图征诗，以永其传。年衰志往，人事乖迕，未知得果此愿否？谨识于此，以待来哲。"又云："萧宁玙，字仲玉，湘乡人，仕履无可考，有《登杞梓岭》诗。以其能与叔直先生同游也，故亟存之。考《湘乡山水志》，杞梓岭在邑西四十里，岩壑深邃。夏叔直尝避世于此。又《流寓志》称邑士萧常赓见而识之。常赓即宁玙族人。"又云："萧常赓，字一夔，湘乡人，仕履无考。《湘乡流寓志》载：莲冠道人，邑士萧常赓见而识之，邀至家，住月余乃去。按道人即夏叔直先生，与夕堂老人交笃，其游车架山、登白石峰皆偕。常赓邀主其家，居月余。作两先生东道主人，谈何容易。然则常赓亦非常人也哉！"

按：邓说极核。惟懿庵姓刘，与叔直无涉，说详下文己酉年。

秋八月，还衡阳视武夷先生疾，遂偕石崖先生随侍武夷先生上南岳峰顶。

《家世节录》云："永历丁亥，夫之避居湘乡山中，伯兄匿迹东安之四望山。先君间寄手书至曰：'汝若自爱，切不须归，勿以我为念。'时八月二十三日也。书发之明日，遂以覯疾。伯兄踉跄先归，夫之以次还。先君顾不喜，已乃力疾率伯兄及夫之上南岳峰顶以隐。"又云："先君于书法不求甚工，而终身不作一行草及纵笔大书。先卒三月，所敕夫之兄弟手札，皆蝇头雁行如界画。"

按：武夷以十一月卒。先卒三月，即八月也。

冬十月，先生仲父牧石先生及仲母吴太恭人先后卒。

《牧石先生墓表》云："先生以万历丙子正月六日生，以永历丁亥十月某日谢世。恭人先一岁乙亥三月十一日生，同岁十月某日殁。"又云："其顺以承亲也，于童年小有过失，少峰公责谴门外，永夕下钥。时当除夕，风雪凄迷，先考从隙道掖令归寝，先生引咎自责，必遵庭命。翼日元旦，少峰公方启扉焚香，先生怡颜长跽。少峰公且喜且泣，称其允为道器。嗣与先考同受业于伍学父先生之门，匪徒文誉齐腾，抑且德隅均整，易衣共枕，长年欢浃。吴太恭人与先姊谭太孺人，孝睦壹志，等于同生。由是称孝友者，以寒门为华族之箴瑱，施于今日，流颂不衰，有耳有心，胥于一致，非不肖夫之所敢侈一词也。十八补郡文学，屡应宾兴，文笔孤清，弗售于有司。岁己酉，与先考同赴省试。先考中涂病作，遽谢同辈，掖扶归里。小艇炎蒸，篝灯搔抑，目不交睫者五昼夜，因慨然曰："幸全三乐，复何有于浮云哉！"自是雅意林泉，布袜青鞋。筑曳涂居，构小亭，题曰濠上。浚小池，莳杂花其侧。酿秫种蔬，供岁时之荐。先生少攻吟咏，晚而益工。于时公安、竟陵哀思之音，歆动海内。先生斟酌开、天，参伍黄、建，拒姝媚之曼声，振噌吰之亢韵。屡婴杂乱，遗稿无存。"《耐园家训跋》云："至于先子，仁慈天笃，始于吾兄弟冠昏以后，夏楚不施，诃斥不数数焉。然以夫之之身沐庭训者言之，或有荡闲之过，先子不许见，不敢以口辨者至两三旬，必仲父牧石翁引导，长跪庭下，牧石翁反复责谕，述少峰公之遗训，流涕满面，夫之亦悃默泣服，而后得蒙温语相戒。"《家世节录》云："仲父牧石先生和易而方介，恬于荣利。博识，工行楷书。古诗得建安风骨，近体逼何、李而上。深不喜竟陵体诗，每颦颅曰：'何为作此儿女嚅唲？'晚岁莳花植药，怡然忘物，每谓漆园吏、东皋先生去人不远。"《南窗漫记》云："先征君受学于伍学父先生，先生诗文为南楚领袖。先征君与仲父牧石翁杖履周旋，时相唱和。牧石翁有诗数百首，乱后无一存者。忆得《三十六湾》一首：'千里平湖水，支分六六湾。风横帆影乱，壑断舻声间。南北迷乡望，纤回滞客颜。湘灵愁倚瑟，徙倚碧云间。'"

按：先生季父家聘，字子翼。《家世节录》称其"儒而侠，不屑家人业，裘马壮游，敦友睦，事先君如严父。"则亦奇特之士也。其卒年俟考。

十一月十八日，武夷先生卒，年七十八。

《武夷先生墓志》云："先生以隆庆庚午季冬月朔日诞生，卒以永历丁亥十一月望后三日。"《家世节录》云："先君俄而疾急，乃曰：'吾居平无一言可用教汝兄弟者，况今日乎！我即不起，当葬我此山之麓，无以榇行城市，违吾雅志。且以茔兆在彼，累汝兄弟数见诸不净事也。'卧病三月，未尝有一呻吟之声。十一月十八日平旦，扶起晏坐而终。先君之于患难生死，有如此者。易箦之岁，七十有八。"《春秋家说》自序云："越岁不辰，岁在丁亥，黄地既裂，昊天复倾，不吊毒酷，府君永逝。"

按：越岁丁亥，承上文"岁在丙戌"而言。是年四月衡州失守，故有地裂之语。

是年砭斋先生卒。

《武夷先生墓志》云："生子三。次参之，选贡生，早卒。"《家世节录》云："次仲兄参之，遇乱以疾先先君卒。孙七。致、敉皆仲兄出。"《石崖先生传略》云："夫之既羸且惰，仲兄亦多病。扶掖按摩，寒暑昼夜，局曲于床褥间，十余夕不寐，两三日粒米不入口以为恒。"

按：《家世节录》既云以疾先先君卒，则砭斋卒于武夷之前，断不在戊子以后。《五十自定稿》哀从子敉七绝四首作于甲午，其题云："从子敉遘悯以后，与予共命而活者七年。"其言遘悯，即指丁砭斋之忧。由甲午上溯，七年之前正是丁亥，故知砭斋卒于是年，惟月日俟考。

是年文有《孝烈传》一篇。

传首云："双髻外史曰：吾避戎上湘，湘之人竞相告曰：'洪子挥利刃以断仇首，女彭抱婴儿而赴水。'余念之良然，亟次所闻而传之。"《洪孝子传》云："余尝交伯修。欲求至孝子所吊慰之，道阻不达，惟习闻湘人之言百喙如一者若此。"

按：是岁正月，先生与伯修为文学之饮。二月而王进才兵溃。据孝子传言伯修遇害在湘西穀水谷口。先生与夏叔直往来于车架山、白石峰之间，地在湘乡之南。彼时烽烟遍野，故路不远而难达也。秋八月，先生始还衡阳。前此踪迹，皆在湘乡。洪孝子、彭烈妇之事皆在二三月间。此文当作于夏秋之际。

又按：《姜斋诗剩稿》有《挽烈妇廖周氏》五绝一首，其诗云："冒刃扶姑命，躯残刃折铓。至今荒冢里，赢得血痕香。"其事颇与《孝烈传》相类，其年分俟考。

［顺治］五年戊子（一六四八），**先生三十岁。**

春夏同居莲花峰，益讲求《易》理。

《周易内传发例》自跋云："戊子避戎于莲花峰，益讲求之。"

秋，葬武夷先生于南岳潜圣峰下。

《武夷先生墓志》云："先生始终为明征士，遗命不以柩行城市。方隐南岳潜圣峰下，即卜其麓以葬。"

按：潘传云："营葬毕，西走桂林。"今考先生至桂林在是年冬，故知葬期在秋。

葬元配陶孺人于王衙山。

《家谱》云:"配陶氏,葬王衙山,艮山坤向。参宪刘明遇志其墓。"

按:《沅湘耆旧集》载先生《悼亡七绝》四首,邓氏谓为元配陶孺人而作。今考第一首云:"十年前此晓霜天,惊破晨钟梦亦仙。一断藕丝无续处,寒风落叶洒新阡。"陶孺人以戊寅来归,至戊子恰得十年。诗中"新阡"即陶孺人之墓,"晓霜天"及"寒风落叶"皆秋末之语。故知葬期亦在是年秋。

冬十月,与同年管舍人嗣裘举兵于衡山,战败军溃,由耒阳、永兴、桂阳、郴州走桂林,遂至肇庆。复由浈阳峡过清远,仍还肇庆。瞿留守式耜特疏奏荐,先生固请终制,桂王深奖许之。

《永历实录·管嗣裘传》云:"字冶仲,湖广衡阳人,中崇祯壬午乡试。张献忠陷衡州,购索人士充伪吏。嗣裘走匿深山,献忠促捕杀之。其见嗣箕为应捕代死,会献忠去,得免。已而游广东,故与苏观生善,及是遇观生于广州。观生立唐王聿鐭,授嗣裘给事中。嗣裘审匿优人舍中,得不拜伪命。遂遁归南岳,与行人王夫之举义兵于衡山,战败军溃,走行在,授中书舍人。"《章灵赋》自注云:"语云:孤掌难鸣。《春秋》不讳乾时之战,言能与仇战,虽败犹荣。故涉历险阻,涓戒同志,枕戈待旦,以有事焉。而孤掌之拊,自鸣自和,至于败绩,虽云与仇战者败亦非辱,而志事不遂,亦何容耶?"又云:"举兵不利,遂由郴、桂入粤。先世既以从王起家,胡为释此不图,而咎南征之策也?戊子冬,既至行阙,所见尤为可忧。"《行述》云:"祖弃世,亡考营葬岳后,旦夕悲号,膺难西走。时前大学士瞿公讳式耜留守桂林,特章引荐。亡考疏乞终丧,得旨云:'具见孝思,足征恬品。著服阙另议。'"潘传云:"大学士瞿式耜特疏荐先生。先生请终制。"

按:《行述》所云"膺难"即指战败兵溃而言。是年春,桂王在桂林,称永历二年。八月,桂王由南宁复至肇庆。十一月,何腾蛟复取衡州。则军溃当在何军未至之前。故知以十月举兵也。先生由衡山至桂林,其途经桂阳、郴州,见《章灵赋》自注。经耒阳、永兴,见《五十自定稿》。其由浈阳峡至清远,亦见《五十自定稿》。当是自肇庆下峡,周览形势也。

知至清远后仍还肇庆者，次年春有晨发端州诗，端州系肇庆旧名，若是冬未还肇庆，则来春不得发轫端州矣。

是年诗除《悼亡四首》外，有分界岭一首。

五古。按：此由楚赴粤时所作。

《浈峡谣》五首。

《弹子矶》《望夫江》《观音岩》《飞来寺》《归猿洞》。

五绝。

《月斜》一首。

按：诗中云"萧条秋月横"，又云"凉雁过留声"，盖作于秋间。

《永兴廖邓二君邀宿石角山僧阁是侍先君及仲兄砭斋游处》一首。

按：诗中有"十月寒潭改"之语，知作于十月。

《清远城下忆湖湘旧泊》一首。

按：诗云"乍放浈江峡，疑运青草湖"，此由浈江顺流至清远之证。以水程核之，必在肇庆谒桂王之后。

以上五律。

《耒阳曹氏江楼迟旧游不至》一首

七律。诗云："野水瑶光上小楼，关河寒色满楼头。韩城公子椎空折，楚国佳人橘过秋。淅淅雁风吹极浦，鳞鳞枫叶点江洲。霜华夜覆荒城月，独倚吴钩赋远游。"按诗中言秋过霜华，必冬初所作。第三句用留侯椎，必作于兵溃之后。

《河田营中夜望》一首。

七绝。诗云："夜烧连山接暮云，牙旌高捲管弦闻。负恩自笑夷门客，魂断邯郸晋鄙军。"按此似因举兵时乞援不应而作。

[顺治]六年己丑（一六四九），**先生三十一岁。**

春正月发肇庆，经梧州、府江、平乐、佛山抵桂林。由湘江至南岳还衡阳省亲。

二月十八日服阕。

三月，为土人所困，几于不免。既脱难，谭太孺人谕令述去，以诗别石崖先生。

夏四月，复由间道赴肇庆。桂王命为行人司行人。

《章灵赋》自注云："已复归楚，而情终系主。己丑夏，复由间道赴阙，拜行人。"《家世节录》云："己丑岁，夫之不孝，从王岭外。"《行述》云："制终，就行人司行人介子之职。"潘传云："既服阙，叹曰：'此非严光高蹈时也。'即起就行人司行人。"

按：《五十自定稿》是年《晨发端州与同乡人别》五古一首，有"海甸见新草，故园入春心"之语，又有"日南绝征雁，桂水孤归禽"之语，故知以正月发肇庆。其程途经历去留曲折，亦见《五十自定稿》各诗。惟复赴肇庆，《章灵赋》自注但言间道，未言何道。疑是时途出邵阳，石崖之门人罗桐侯为之解厄脱困，说详下文戊辰年。

秋，至德庆堵制相允锡军中。

《南窗漫记》云："堵牧游先生于德庆舟中授余军谣十首令传之，其题则《月家乡》《马儿女》《雨浆洗》《风晒晾》《笔先锋》《口打仗》《报疟疾》《棋金丹》《血筵席》《菅十殿》，备丧乱艰危之状。天下之不支，公心之徒苦，俱于此乎传之。"

按：此事知在是秋者，《五十自定稿》有《康州谣》，作于庚寅，题云"追哭督府义兴相公，是去秋同邹、管二中舍会公地。"邓氏显鹤云："按义兴相公即堵公允锡，邹、管二中舍则艮崖、冶仲两先生。"今考康州即德庆之旧名。牧游薨于浔州，在己丑十一月。庚寅之去秋即己丑秋。先生时官行人，其至军中，当是奉使命而往。行人之职，非奉使不得擅遣也。"

冬十一月，搜辑亲祭大臣礼仪。

先生《识小录》云："驾临幸亲祭大臣之丧，洪武初屡行之。后不复行，其礼《会典》不载。驾次端州，临祭何中湘、李宁夏，乃搜《大明集礼》，得其仪。"

按：何中湘即何腾蛟，李宁夏即李成栋。据《永历实录》，桂王赠腾蛟、成栋王爵，立坛致祭，临奠举哀，在是年十一月。先生时官行人。明制：行人司遥属礼部。故助其搜辑也。

又按：《识小录》记明代掌故，其中述行人司者两条。其一云："翰林名曰读中秘书，而实无一书之藏可读。唯行人司每一员出使，则先索书目以行，购书目中所无者，多至数册，少亦必一册，纳之司署，专设司吏一人收贮简晒，而厚给其糈。故行人司藏书最富，盖得《周礼·大行人》之遗意。"其一云:"行人虽登八座,于初授者皆称旧寅,司中旧谓为贫贱之交。"盖即官行人时所闻于寮采者也。

是年文有《南岳赋》一篇。

赋云:"近则荆溪制相,江陵詹尹。拂车辙于层峦,观初暾之轮囷;拊剑而义魄增,振衣而烈心引;滨九死以崔嵬,拯皇舆之遘悯。"按:据赋中自注,荆溪即堵公仲缄,江陵即张公别山。赋云"滨九死以崔嵬",则作赋时二公尚无恙也。据《永历实录·桂王纪》及堵、张两传,别山迁少詹事兼兵部右侍郎督兵出湖南,在是年五月;仲缄以大学士督师卒于浔州,在是年十一月。此赋之作,当在五月以后,十一月以前。

是年诗有《晨发端州与同乡人别》一首、《苍梧舟中望系龙州》一首。

诗云:"中江瀑珠分,孤屿画簾整。"又云:"秀挺既欹别,高涵亦危秉。"

《方舆纪要》:"系龙州在梧州府南七里大江中,亦名七里洲,一峰卓立,林木深秀,江涨时洲独不灭,亦名浮洲。"

《初入府江》一首。

诗云:"粤草易春深,驶流知潮远。"又云:"江介爱栖回,芳菲惜迟晚。"《鼓棹初集·更漏子》"本意"第二阕云:"崧台泊,漓江柝,剑吼匣中如昨。"

按:府江即漓江。崧台在肇庆府城北。词中所言,盖由肇庆至梧州之路也。

《佛山》一首。

诗云:"昔闻沧波兴,挂席桨微响。荔棹戒晨征,葑田果迎望。"

按:荔水一名荔江,其源出于桂林府永福县之荔山,经修仁、荔浦至平乐县荔浦江口,入于漓江。以水程核之,盖由梧州经平乐而往桂林也。

《杂诗》四首。

第三首云:"昔我游汉水,遥与神女期。"按:先生继室郑孺人以次年来归。郑氏为襄阳望族,诗言汉水神女,疑作于议婚之时。

以上五古。

《春江古体》一首。

诗云:"昨日宾鸿北,来时木叶秋。湘江连桂岭,瑶草趁新愁。"按:

此由桂岭至湘江之证。

《南中霜降》一首。

诗云："炎洲无限橘，谁与寄湘津。"按：此在肇庆忆衡阳也。

以上五律。

《圆通庵初雨睡起闻朱兼五侍御从平西谒桐城阁老归病书戏赠》一首。

七律。诗云："秋井拖阴柳色阑，疏云开碧整归鞍。梧桐新坠平津苑，鹓鹭遥飞御史滩。愁里关山江北杏，尊前星汉粤天寒。棋枰应尽中原略，莫遣苍生属望难。"《永历实录·朱嗣敏传》云："字兼五，直隶怀宁人，颇工诗，善行书。以诸生参江督吕大器军谋，用功贡授衡阳教谕，中湖广丙戌乡举。严起恒奏为中书舍人。历粤、楚军中，改御史，监焦琏、曹志建军。擢佥都御史，方受命，桂平陷，上奔南宁。嗣敏崎岖走贺县，入志建军中，鼓励志建固守不降。未几以疾卒。"

按：是年桂王称永历三年。桐城阁老即方以智。《永历实录·桂王纪》云："永历三年正月，进方以智为东阁大学士礼部尚书，召入直，称疾不赴。"故有"阁老"之称。怀宁、桐城皆属安庆府，地在江北，故诗中有"江北"之语。诗作于是年秋间，故又有"秋井拖阴""梧桐新坠"之语也。

又按：《永历实录·方以智传》云："就平乐之平西村筑室以居。永历三年超拜礼部尚书东阁大学士，不拜。诏遣行人李浑敦趋入直。以智野服谢不赴。诗题所言"平西"，盖即平西村也。

《桂林偶怨》一首。

诗云："灵药成虚旧恨空，征衣无那楝花风。丝丝春雨垂帘下，又向天涯识塞鸿。"按：据此则至桂林当在春末。

《自南岳理残书西归慈侍困于土人殆滨不免太孺人怛愍废食既脱谕令去此有作聊呈家兄》一首。

诗云："春零慈竹惜徘徊，孤燕孤飞鹰隼猜。莫是渔郎归棹错，桃花不为避秦开。"

按：据"春零慈竹""孤燕""桃花"之语，知作于三月。

以上七绝。

《长歌行》一首。《独漉篇》一首。

以上乐府。

《休洗红》一首。《莫种树戏代山阴相公赠怀宁朱侍御》一首。

按：山阴相公即严起恒。怀宁朱侍御即朱兼五，其官中书舍人乃起恒所荐。诗末所云"还向羽林门外飞"，盖因其监焦琏、曹志建军，故戏之也。

以上歌行。

逸诗有《内阁芭蕉》一首。

《南窗漫记》云："太傅山阴严公于端州行宫阁内书芭蕉叶云：'臣节唯知怀一冷，王言不敢亵双温。'于时有卿贰蒙温旨者，但得一褒语，因诋公不知典故，票拟失辞，云九卿例得双温。盖竞躁之妄言耳。故公书此以见意。黄冈晏云章奉常霱明作排律二十韵，以《内阁芭蕉》为题，余和之，今皆忘矣。唯记晏作一联云：'天情垂湛露，海气避严霜。'余亦有句云：'甘露忧多变，绿云望已长。'"《永历实录·晏清传》云："湖广黄冈人。子霱明，字云章，少以文名于楚，尤工为诗，清茂有远志，两赴乡举未第，补贡，随父宦岭外。永历二年授太常寺博士，四年进仪制司郎中。安雅远权势，傥庵居，闭户读书，非朝参不出，扈跸至悟州，病卒。"

按：奉常即太常。是年霱明正官太常博士，先生诗必作于其时。若夫上年冬月，始至肇庆，次年正月，已去肇庆。虽粤东地暖，雪中或有芭蕉，而冬令闭藏，究非发生之候。诗中"绿云已长"之语，情事不符，故知当系此年也。

是年衡阳郭孝廉凤跹有《怀王而农粤中》诗。

《南窗漫记》云："郭季林有《涉园草》一帙，其有意致者，良自洒然。"又云："'岂非天下士，所重世闻名。令我南原上，长吟忆耦耕。'此季林见怀诗也。余度岭孤心虽未能见谅，然季林自率其退静之情，殷勤以相规正，固自不忍忘之。季林名凤跹。"《沅湘耆旧集·郭隐士履跹小传》云："履跹字季林，一作季陵，衡阳人，崇祯壬午举人。乱后隐居石狮岭下，竹坞药栏，日吟啸其中以自娱。有《涉园草》，不传。与莲冠道人同见《衡阳县志·隐逸传》。其人品之高可想见云。"

按：季林与先生乡榜同年。凤跹当是旧名，履跹当是新名，犹季林为本字，季陵为别字也。据《南窗漫记》所言，此诗当作于先生度岭之岁。度岭虽有两次，然上次在举兵之后，此次在受职之先。所谓退静之情，殷勤规正，于受职之时较合，故系于是年。"

[顺治] 七年庚寅（一六五〇），**先生三十二岁。**

春正月，至桂林，继室郑孺人来归；襄阳人，吏部尚书继之侄孙女，文学仪珂女，年十八。

《家谱》云："继配郑氏，勅封孺人，生崇祯癸酉十月初十日丑时。"《五十自定稿》辛丑岁《来时路》五古三首自注云："悼亡。"男敔跋云："此先君子挽先妣郑孺人之诗。外祖父文学公讳仪珂，字履声。宗伯公鸣岈先生讳继之之从孙。外祖母高氏。"邓氏显鹤云："先生此三诗为悼继室郑孺人作。孺人襄阳人，吏部尚书继之从孙女，以庚寅岁归先生于桂林，虎止先生之母。"

按：以《七卿表》及列传考之，郑继之终于吏部尚书，未尝官礼部尚书。虎止跋不称冢宰而称宗伯，盖记忆之误。

又按：郑孺人生于癸酉，是年十八。

又按：《五十自定稿》庚子岁《哭内弟郑忝生》诗云："君家旧住鹿门溪，君魂欲归道路迷。与君相逢八桂城，铁骑斥野飞箭鸣。旧愁疑在春梦惊，乃知君死而余生。"郑忝生盖孺人之弟。鹿门溪在襄阳。八桂城即桂林府城。桂林之破在是年冬十一月，而春初业已告警。据瞿忠宣长孙昌文《粤行纪事》，上年十二月廿四日侦卒至，知定南王入衡州养马，入春大举。是年正月初十日，定南王差官持咨文书启十余函，大抵陈说天命，指譬人事。诗中所谓"铁骑斥野飞箭鸣"，于尔时情事正合。先生与忝生相逢桂林，当即在正月间，孺人来归亦当在正月间。先生之至桂林，当是奉使命而往，犹上年之至德庆军中也。据《明史稿·职官志》，行人职专捧节奉使之事，凡颁行诏赦，册封宗室，抚谕诸蕃，征聘贤才，与夫赏赐、慰问、赈济、军旅祭祀，咸叙差焉。其以何事出使，虽无明文，然使事既毕，请假成婚，与公孙兹聘牟而迎娶、季孙行父聘陈而迎娶，事正相同，固礼之所许也。自二月至十二月，先生踪迹或在梧州，或在昭平，或在平乐，或在永福，惟八月曾至桂林。据诗集所言，则月生魄始至桂林，中秋已移至石板滩，其在桂林不过一旬而已。初八日瞿忠宣诞辰，先生尚作诗侑觞。彼时桂林粗安，先生业已去官，无职守拘系。设使迎娶果在八月，尚可闲暇从容，何必去桂林如是之速？故知孺人来归当在正月也。

又按：《南窗漫记》云："太傅瞿公筑别馆于桂林东岸，宫詹张公题春帖云：'当阶古树思尧叟，隔岸江山忆伏波。'桂林道上松，宋陈尧叟所种。桂林东门外有伏波试剑石，故云。二忠遗笔流传，人间自有传之者，此亦吉光片羽。"今考《瞿忠宣集·小东皋》诗序云："江东对伏波山，有林一丛，晻暧亏蔽。己丑秋日，访别山于隔岸小楼，遥望见之，欣然欲往。就而观之，有屋三楹，半毁于兵矣。鸠工葺之，复为编篱拓圃，遂成一宅，别山颜之为小东皋。"《漫记》所言别馆即小东皋。先生前此虽曾至桂林，然己丑秋至德庆，冬至肇庆，未至桂林。此条所言，盖庚寅正月至桂林时游历所见。

又按：敔字虎止，同取义于止乐之敔作伏虎之形，然虎属于寅，或虎止即生于庚寅之冬欤？其昆仲命名偏旁从文。敔字既从文，又于虎字有观。意者因欲取字于虎，故命名为敔欤？审尔，则郑孺人以正月来归，更可知矣。

又按：《五十自定稿》甲午年《哀从子攽》第二首云："稚子牵衣笑邓攸"，系翻用邓伯道以己子易兄子之事。虎止之兄曷功生于丙戌，至甲午已九岁，不得有牵衣而笑之事。惟虎止生于庚寅，至甲午甫五岁，于情事较合。然则虎止生于是冬，亦可证矣。

是月，桂王自肇庆还梧州。

《南疆绎史》云："庚寅春正月乙卯朔，王在肇庆，称永历四年。己来，闻庾关不守。辛酉，王登舟。戊辰，韶州复破。辛未，王西幸。庚辰，王至梧州，驻舟江干。"《五藩实录》云："庚寅正月乙卯朔，永明在肇庆。南韶报至，戒舟西上。而永明于九日登舟，十三日解维，百官踉跄就道。二十六日舟至梧州，即舟中为水殿，文武罗列，栖于梧江之滨。"

按：辛酉系七日，辛未系十七日，庚辰系二十六日。二书述登舟解维之日虽有参差，然其记至梧之日则一也。《行朝录》记登舟解维之日与《五藩实录》同，惟至梧之日系诸二月朔，则途中不止半月，未必如是之迟耳。

二月，先生由桂林至梧州。

《鼓棹初集》"怀旧"《霜天晓角》云："平湖春水，日落扁舟舣。话到伤心深处，双泪落青樽里。""忆旧"《青玉案》云："桃花春水湘江渡，纵一艇，迢迢去。落日颓光摇远浦，风中飞絮，云边归雁，尽指天涯路。"《鼓棹二集》"忆旧"《减字木兰花》第一阕云："春溪水满，月向桃花香处暖。几叶芭蕉，绿影斜侵嫩草苗。"

按：《减字木兰花》第二阕末句云："锦瑟谁人续断弦。"此两阕题云"忆旧"，必郑孺人逝后悼亡之作。《青玉案》题云"忆旧"，《霜天晓角》题云"怀旧"，亦悼郑孺人之作。三词一言春水，两言春水桃花。粤中地暖，二月已有桃花，当即挈郑孺人由桂林赴梧州时所作。湘、漓二水，流异源同，皆出自桂林。由桂林至梧州系漓江，非湘江。然二江本一水，词家取音律之协，可以通融。观于"迢迢去""天涯路"之语，必是赴梧，非返衡矣。

偕中书管嗣裘劝大学士严起恒谏诏狱救少詹事刘湘客，给事中蒙正发、金堡、丁时魁。

《永历实录·桂王纪》云："二月，吴贞毓、万翱、程源、张孝起等疏攻金堡、丁时魁、刘湘客、蒙正发、袁彭年。诏贷置彭年勿问，逮堡等下锦衣卫狱，拷之。"又《严起恒传》云："王化澄遽得旨入直。调旨遣缇骑逮堡等四人，下锦衣狱掠治，滨死。起恒匍伏舟次泣奏：谏臣非今所宜谴，严刑非今所宜用，请贷堡等。上不听。"《章灵赋》自注云："时山阴、虞山二相公孤忠济难，反蒙主疑，下谏者金堡等于狱。几杖杀之。"潘传云："是时粤中国命所系，则瞿式耜与其少傅严起恒，而奸邪巨魁则内阁王化澄、悍帅陈邦传、内竖夏国祥也。桂藩驻肇庆，纪纲大坏。给谏金堡、丁时魁、刘湘客、袁彭年、蒙正发志在振刷。王化澄等害之，目为'五虎'，交煽中官，逮狱将置之死。先生约中舍管嗣裘与俱告严起恒曰：诸君弃坟墓、捐妻子，从王于刀剑之中，而党人杀之，则志士解体，虽欲效赵氏之亡，明白慷慨，谁与共之者？起恒感其言，为力请于廷。"《明史稿·严起恒传》云："李成栋反大清，以广东附于王。起恒乃从王至肇庆，与王化澄、朱天麟同入直。时朝政决于成栋子元允。都御史袁彭年，少詹事刘湘客，给事中丁时魁、金堡、蒙正发五人附之，揽权植党，人目为'五虎'。起恒居其间，不能有所匡正。已而化澄、天麟相继罢。起恒洁廉，遇事持平，与文安侯马吉翔、司礼中官庞天寿共患难久，无所忤。而五虎憾起恒，竟诋为邪党。王在梧州，尚书吴贞毓等十四人合疏攻五虎，下湘客等狱，欲置之死。起恒顾跪王舟力救。"又《朱天麟传》云："彭年等势张甚，而堡甫居言路，有锋气，乃疏陈八事。劾庆国公邦传十可斩，文安侯吉翔，司礼中官庞天寿，大学士起恒、化澄与焉。起恒、化澄乞去，天麟奏留之。堡与给事中时魁等复相继劾起恒、吉翔、天寿无已。太妃召天麟面谕，令拟谕严责堡等，天麟为两解，卒未尝罪言者。而彭年辈怒不止。邦传讦堡官临清尝降流贼，受其职，且请堡为己监军。天麟因拟谕讥堡。堡大愤。时魁乃鼓言官十六人诣阁诟天麟，至登殿陛大哗，弃官掷印而出。王方坐后殿与侍臣论事，大惊，两手交战，茶倾于衣，急取还天麟所拟而罢。天麟遂辞位。王慰留再三，不可，陛辞叩头泣，王亦泣曰：'卿去，余益孤矣。'天麟移居庆远。王化澄贪鄙无物望，亦为时魁等所攻，碎冠服辞去。堡等既追逐诸臣，益横。而堡尤负强直声，又连劾兵部侍郎万翱、程源，礼部侍郎郭之奇，户部尚书吴贞毓。贞毓等欲排去之，畏元允为援，不敢发。七年春，王赴梧州，元允留肇庆。陈邦传适遣兵入卫，贞毓、之奇、翱、源乃合诸给事、御史，劾彭年、湘客、时魁、堡、正发把持朝政，罔上行私罪。王为彭年反正有功，免议，下堡等狱。堡又以语触忌，与时魁并谪戍，湘客，正发赎配追赃。"

按：五虎被劾，据《南疆绎史》在二月丁亥，据《行朝录》言在二月朔日甲申，则丁亥系二月四日。先生劝起恒救五虎即在是日。盖正月在桂林，闻桂王播迁，即往迎扈，是时已至梧州也。

又按：堡等所弹劾者，自邦传、吉翔、天寿外，惟王化澄贪鄙无物望，至于朱天麟、吴贞毓诸人，特与堡等意见不合，妄加诋毁，即起恒亦曾为所诬。先生《永历实录》《章灵赋》自注并推重式耜、起恒，允孚公论，而于天麟、贞毓等深为不满，未免意见之偏。故起恒之救五虎，先生之劝起恒，皆不失为君子。而五虎终不得窃附于君子之林，则天下后世固有公论也。潘传但斥化澄，不涉天麟、贞毓，持论甚公，惟五虎之官阶统称给谏，稍有未核耳。

夏四月，与行人董云骧交章请允严起恒以礼去国，凡三上疏，皆纠劾大学士王化澄，不听。

《永历实录·桂王纪》云："四月，雷德复奏讦大学士严起恒。起恒称疾乞骸骨。行人董云骧、王夫之疏谏，不听。"又《严起恒传》云："化澄等思构起恒益急。给事中雷德复复露章劾起恒二十四罪。化澄调旨，用宋雷有邻"鼎铛有耳"语嘲激之。起恒称病请去。行人董云骧、王夫之交疏言：'大臣进退有礼，请权允辅臣之去，勿使再中奸毒，重辱国而灰天下之心。'疏入，云骧不候报闻，挂冠入南海去。"《章灵赋》自注云："虽陈力之无可致其靖共，而悲愤有怀，故有死诤之事。既三谏不听，谏道穷矣。"潘传云："化澄之党参起恒。先生亦三上疏参化澄结奸误国。"《明史稿·严起恒传》云："贞毓等共恶之，乃请召还化澄，而合攻起恒。给事中雷德复劾其二十余罪，比之严嵩。王不悦，夺德复官。"

五月，王化澄因攸县狂人作百梅诗冒先生名为序，借为叛端，将构大狱，挤之死地。

《和梅花百咏诗》自序云："湘诗人洪伯修、龙季霞、欧阳予私和冯作各百首，欧阳倍之。余薄游上湘，三子脱稿一即相示。未几，三子相继陨折。庚寅夏，昔同游者江陵李之芳广生相见于苍梧，与洒山阳之涕。李侯见谓：君不忘浮湘亭上，盍寻百梅之约，为延陵剑耶？余感其言，将次成之。会攸县一狂人亦作百梅恶诗一帙，冒余名为序。金溪执为叛端，将构大狱，挤余于死。不期暗香疏影中作此恶梦，因复败人吟兴。"

按：王化澄系金溪人。金溪即指化澄。

先生移疾俟遣。兵部尚书万翱、南京兵部尚书鲁可藻疏请逮治。郧国公高必正力争得免，乃去官。

《永历实录·桂王纪》云："四月，以鲁可藻为南京兵部尚书。五月，万翱为兵部尚书。高必正、党守素入见，请趋严起恒入直。从之。"又《严起恒传》云："翱、可藻请逮治夫之，高必正力争不可，乃已。起恒谢病疏七上，不得报，解舟去平乐。顾上意注起恒而薄化澄，遣高必正、党守素、李元允赍敕留之。"《南窗漫记》云："金卫公堡诏狱后足折卧舟中，余往省之。时余拜疏忤群小怒，亦将谢病入山矣。"潘传云："化澄恚甚，必欲杀之，其党竞致力焉。会有降帅高必正者救之，得不死，亦不往谢也。"《明史稿·严起恒传》云："起恒力求罢，王挽留之不得，放舟竟去。会郧国公高必正入朝，贞毓欲藉其力以倾起恒，言朝事坏于五虎，主之者起恒也，公入见，请除君侧奸，数言决矣。必正许之。有为起恒解者，谓必正曰：'五虎攻严公，严公反力救五虎。此长者，奈何以为奸。'必正见王，乃力言起恒虚公可任，请手敕邀与俱还。"

按：《五十自定稿》是年《五日小饮兼五舟中寄人》诗有"炎海蛟龙吞楚客"之语，题中所谓"两上书忤时相俟谴命故及之"者，即指此语。盖时方移疾俟谴，因以灵均自比也。《永历实录·桂王纪》：金堡之出狱遣戍在是年五月。又据《行朝录》，高必正入朝在五月十三日。先生之事得解，当在是日以后。《五十自定稿》是年有《胡安人挽诗》，序云："余方移疾待罪，不敢居风雅之列。已蒙恩得赦，拟《神弦》之曲"，当作于事解去官之后。

又按：《家世节录》云：先君之训，如日在天。使夫之能率若不忘，当不致与匪人力争，拂衣以遁，或得披草凌危，以颈血溅御衣，效嵇侍中。何至栖迟歧路，至于今日，求一片干净土以死而不得哉？诲尔谆谆，听我藐藐。小子之弗克靖也，人也非天只矣。"今考《家世节录》自序称永历十二年戊戌，距此时八年。其上文述武夷先生之训，谓以身殉他人之道，何似以身殉己之道。盖先生亦自悔其偏信五虎矣。然瞿忠宣亦上七疏救五虎。观过知仁，固不失为君子之党也。

秋七月，去梧州，由昭平至平乐。

《章灵赋》自注云："乃以病乞身，遂离行阙。"《南窗漫记》云："庚寅秋，与郑子遗中丞遇于昭州。子遗名古爱，江夏人。"

按：《五十自定稿》是年《晨发昭平县飞雨过驴脊峡上泊甑滩》诗中有云："金光界波流，大火循西指。"必是七月所作。其篇首云："孤游息魂营，凉泛叶形美。清晨理桂楫，薄言遵远水。遂欣斯望协，遗彼群象诡。"玩其词意，当是初去梧州时所作。昭平去梧州仅一百六十里，泊甑滩在平乐县境。由昭平至平乐，所经水路也。又《刘端星学士昭州初度》诗云："过岭金风缓，当秋暑日悬。"亦必作于七月。端星系刘湘客之字，昭州即平乐之旧名也。

又按：《永历实录·郑古爱传》云："永历四年夏，楚事益坏，乃起古爱以金都图辰、常，领敕至平乐。又以议招不如议战请，不报。古爱忧恚成疾卒。后数月，马蛟麟破平乐。"据《桂王纪》，平乐之破在是年十一月，古爱病卒当在八九月间，先生与之相遇则在七月间也。

八月初二日，谭太孺人卒于衡阳，年七十四。

《谭太孺人行状》云："不孝夫之间关两载，未获奉临终之训。"《武夷先生暨谭太孺人合葬墓志》云："孺人后先生三岁，永历庚寅仲秋月朔后一日卒，去诞生岁万历丁丑闰八月二十二日，凡七十四载。"《家世节录》云："先孺人居少不约，居多不丰，顺聚散以随时。故晚遇丧乱，麻衣橡食，欣然如素。夫之兄弟藉以保其砥节，实厚载之无疆也。己丑岁，夫之不孝，从王岭外，隔绝无归理。忧思益剧，遂以庚寅八月初二日横雁崩摧。"

先生至桂林，依留守瞿式耜。

潘传云："返桂林，复依瞿式耜。"

按：《五十自定稿》是年《题彭然石舽壁》诗云："旧曾相识此扁舟，江黑云低对戍楼。象帝祠前秋似叶，伏波山下月如钩。"伏波山在桂林城东北。诗盖作于初至桂林之时。据"月如钩"之语，当在八月初间矣。又《留守相公六帙仰同诸公共次方密之学士旧韵》诗第一首末二句云："萧森天放湘累客，得倚商歌侍羽觞。"第二首起二句云："凉生恰恰桂江天，万里吴皋秋信传。"今考《粤行纪事》云："己丑八月初八日，王父六十诞辰，门下士额手前祝。"据此则庚寅岁已六十晋一。方密之诗作于己丑，故目为旧韵。先生与诸公次韵，盖即在八月八日也。

又按：《五十自定稿》是年《石板滩中秋无月奉怀家兄》诗有"颓岸清江隔晚烟"之语，当是离桂林后停泊时所作。

九月，至永福。

《鼓棹初集》"怀旧"《霜天晓角》云："清秋晚角，斜日横云脚。剑射灯花坠紫，双影瘦，征衣薄。今日梦中语，当时难卜度。唯有丹枫霜叶，点点血，还如昨。"

按：据"双影瘦，征衣薄"之语，知是挈郑孺人同行。据"丹枫霜叶"，知在秋末。据"清秋晚角""剑射灯花"之语，知正值戒严。反覆推之，知是年九月至永福。

冬十一月初五日大清兵克桂林。先生时在永福水砦。

按：永福在桂林西南百里，其水有太和江、白石水、大融水、长宁水、铜鼓水、银洞水、永福水。未审水砦在何水，俟考。

闰十一月十七日，留守瞿式耜、总督张同敞殉难。先生仍困于永福水砦，不获南扈桂王。郑孺人劝由间道归楚。自桂林破后，霪雨六十日，不能取道，绝食者四日，屡濒于死。作《桂山哀雨》四诗，今逸。

先生《读四书大全说》卷六“志士仁人”条下云：“近瞿、张二公殉难桂林。别山义形于色。稼轩言动音容，不改其素。此又气质之高明沉潜，固非二公之一为志士、一为仁人，可分优劣也。”《章灵赋》自注云：“庚寅冬，两粤俱陷，死于乱兵者几矣。”《五十自定稿》辛丑岁《续哀雨诗四首》序云：“庚寅冬，余作《桂山哀雨》四诗。其时幽困永福水砦，不得南奔，卧而绝食者四日。亡室乃与余谋间道归楚。顾自桂城溃陷，霪雨六十日，不能取道，旦夕作同死计矣，因苦吟以将南枝之恋，诵示亡室，破涕相勉。”《明史稿·瞿式耜传》云：“十一月五日，城中无一兵。式耜端坐府中，家人亦散。俄总督张同敞至，誓偕死。幽于民舍，至闰十一月十有七日，与同敞并死。”《粤行纪事》云：“辛卯正月，知王父已于十二月十七日卯刻尽节于桂林城外之仙鹤岩矣。计十一月初五日城陷，越闰十一月至十二月十七，七十余日，迟之甚久。问故，知《大清时宪历》置闰在辛卯春二月，其十二月十七即《大统历》闰十一月十七也。”

按：《粤行纪事》又言：“庚寅十一月十三日至二十五日霪雨，山径滑甚。”又言：“闰十一月十四日至二十三日，日夜风雨。”又言：“十二月雨饕雪虐无宁晷，辛卯正月朔乃西上。”瞿公孙踪迹在梧江、藤县一带，距永福较远，阴晴未必尽同，然桂林破于十一月初五日，并闰月计之，至岁除仅八十余日，而霪雨已六十日，则不雨之日甚少。既为途泥水潦所阻，岁内亦必不能行矣。

是年诗除《桂山哀雨》四首逸去外，有《胡安人挽诗》一首。

序云：“小司马彭然石焱，征其元配胡安人殉节诗。安人沉玉黔阳，司马从王岭外。”诗云：“夙昔兰闺英，金韬送远道。历历视明星，悠悠思春草。”又云：“白玉忍蒙沙，清流怨何驶。上有龙标月，下有沅江水。沅水自东流，梧云向南开。蒲花生石上，芳节待归来。”

按：据诗中所言，盖然石扈桂王于梧州，胡安人在黔阳投水殉烈也。《永历实录·晏霌明传》言孝感彭焱，思致明敏，工行草书，官兵部郎中，故称为小司马。

《晨发昭平县飞雨过驴脊峡上泊甑滩会月上有作》一首。

以上五古。

《不寐》一首。

诗云："夜火榜人惊，江沙依舸平。落花逢昨日，潮月应初生。芳草空凝望，绿云讵有情。含凄愁梦杳，鱼柝警严城。"

按：此诗似春末夏初泊舟梧江时所作。

《刘端星学士昭州初度时初出诏狱》一首。

以上五律。

《李广生自黔阳生还归阙率尔吟赠并感洪一龙三阳太仆山公及邓君郑石诸逝者浮湘亭之游》一首。

《永历实录·熊兴麟传》云："巡按贵州，黔土扰乱，迟回未赴。留黔阳，走山中。已与兵部主事李芳先同被执，遂系解常德。舟行至中途，守者钦其志义，宽械系。夜静，守者酣寝，芳先将逸，蹴兴麟起，与谋去。兴麟曰：'死吾分也。君勉去。吾精爽已驰赴武陵刀下。'芳先强之，遂酣睡不听。芳先执手垂涕而去。兴麟至常德，自言吾与李职方同执，中途可去而不去，欲死于青天白日下尔。遂遇害。"

按：据《南窗漫记》，李广生，江陵人，名芳先。所谓自黔阳生还归阙，即兴麟传中之事。诗中云："粤道旌旗乱早惊。"又云："世情蛱蝶到春惊。"当是春间所作。次首诗题称广生为小司马，兴麟称为李职方，盖兵部职方司主事也。

《答姚梦峡秀才见柬之作兼呈金道隐黄门李广生彭然石二小司马》一首。

《永历实录·金堡传》云："友人姚湘，字梦峡，余杭人，飘泊楚、粤。丁时魁欲官之，湘骂曰：'吾死为大明一秀才足矣，何用此腐鼠为！'诗文亦亢爽有气。"《南窗漫记》自序云："畴昔所辱赠示之作，如张别山先生、刘端星中丞湘客、金道隐黄门堡、刘浣松太史明遇，及上湘龙季霞孔蒸、余杭姚梦峡湘，皆苦思索，不得一章。"

按：梦湘见柬之作，即《漫记》自序所云赠示之作。诗中云："云畦过雨怀红药，春泛消愁畏绿尊。千古英雄无死处，酒徒高唱感夷门。"当是春末夏初所作，是时五虎之诏狱尚未解也。

《五日小饮兼五舟中寄人时两上书忤时相俟谴命故及之》一首。《留守相公六帙仰同诸公共次方密之学士旧韵》二首。《石板滩中秋无月奉怀家兄》一首。

以上七律。

《题彭然石舠壁》一首。

七绝。

《康州谣追哭督府义兴相公是去秋同邹管二中舍会公地》一首。

歌行。

[顺治] 八年辛卯（一六五二），先生三十三岁。

春正月雨霁，自永福水砦挈家由间道归楚，拟省母疾。及至衡阳，谭太孺人已葬于南岳潜望峰下，合祔武夷先生之墓。

《谭太孺人行状》云："遗命介之，更无余语，惟归葬先君子之右，远腥秽而不历城市，协于先君子清泉白石之心而已。"《武夷先生暨谭太孺人合葬墓志》云："有明征士武夷先生暨配谭太孺人先后合葬于此。阅三十七年，冢子介之已卒，不孝季男夫之年七十矣，乃克志焉。"《家世节录》云："呜呼！无始安再造之功，永天水当归之痛，此夫之含恨没齿而不慊者也。哀哉！"潘传云："闻母病，间道归衡，至则母已没。"

按：是年先生三十三岁。"阅三十七年"，正值七十岁。故知谭太孺人合葬必在是年。《五十自定稿》辛丑岁《岳峰悼亡四首》第一首云："不愁云步滑，慊慊故慵来。多病霜风路，余生隔岁回。"既有"隔岁"之语，则先生与郑孺人抵衡阳必在是年春间。第四首云："岳阡初凭罢，君此拜姑嫜。"郑孺人甫抵家即拜姑嫜于岳阡，则谭太孺人业已合葬无疑。

又按：《五十自定稿》是岁《偶冈自遣》诗云："鸡声残月夜如何，水级危轮又一过。"当是在永福水砦将启行时觇探道途之作。辛丑岁《来时路》三首自注云："悼亡。"第一首云："来时苦大难，寒雨飞瀼瀼。"第三首云："迢迢荒原路，曲曲粤楚甸。匪羊亦匪牛，穷日历郊箐。药苦梅复酸，宛转遂缱绻。凛矣秋霜心，哀哉白日变。"即追叙郑孺人随先生由粤返楚备尝险阻艰难之境也。又辛丑岁《续哀雨诗》第一首云："寒烟扑地湿云飞，犹记余生雪窖归。泥浊水深天险道，北罗南鸟地危机。同心双骨埋荒草，有约三春就夕晖。檐溜渐疏鸡唱急，残灯炷落损征衣。"盖雨甫霁即启行也。先生闻母病而未知母没，故有"三春夕晖"之语，与潘传可以互证。

又按：《鼓栧二集》"忆旧"《凤凰台上忆吹箫》云："楚塞天遥，漓江雨冷，烟云湿透征衣。指数峰残雪，候雁先归。堪叹生生死死，今生事莫遣心违。家山里，一枝栖稳，碧草春肥。依依旧家枝叶，梦不到岘山，风雪霏微。念镜中霜鬓，人老渔矶。指点棠梨春雨，犹应化白蝶双飞。孤飞也。寒烟羃历，灯火荆扉。"今考"岘山旧家"谓郑懦人为襄阳望族。"漓江雨冷"即桂山哀雨之意。"楚塞家山"即衡阳南岳。"候雁先归"在春初正月。"烟云湿透征衣"言初霁即行。"一枝栖稳，碧草春肥"则归里以后也，与诗集亦可互证。

遂决计隐遁。

潘传云："其后瞿式耜殉节于桂林，严起恒受害于南宁。先生知势愈不可为，遂决计林泉矣。"《沅湘耆旧集》小传云："崎岖楚、粤、滇、黔间，备历艰险，后以母病间道归，遂不复出。"

按：忠宣殉节时先生尚未归衡，潘传小误。先生未尝至云、贵，邓传亦误。

又按：《儒林传稿》采余传云："明桂藩在肇庆，瞿式耜荐之为行人司行人，旋以母病归衡山。"虽删节简略，然较潘、邓两传更为核实。

夏间侨居祁阳，与刘舍人惟赞所居邻近，时相往还。

《五十自定稿》是年有《小霁过枫木岭至白云庵雨作观刘子参新亭纹石留五宿》五古二首。《永历实录·严起恒传》云："永历二年春，楚师败于湘潭，何腾蛟被害。楚兵四十余万，失主汹乱，蹂衡、永、宝、郴间。永州举人刘惟赞徒步诣行在，疏言往者孤倚一腾蛟，其势已危，今腾蛟且已矣，而诸帅之所共为尊信者，自辅臣起恒而外，四顾更无其人。疏入，下廷议，起恒不果出。已而诸军无统，兵益暴，民益怨，以趋于尽，卒如惟赞言。"《沅湘耆旧集·刘惟赞小传》云："惟赞字子参，祁阳人，崇祯己卯举人。癸未之乱，与衡州同知郑逢元谋督义勇歼贼魁。国变后以中书屡征不就，隐居西春之石门庵，榜曰'白云'。其地在祁、邵之交，宅旁有鲤鱼山。所尝往还者，王船山、邹艮崖、郭季林诸人外，莫能见也。日坐崖中，吟咏自适，与世事绝。一夕梦陈忠洁公遗以书，抚膺涕泣曰：'澹元其召我矣。'未几遂卒。"

按:《行状》叙先生随地托迹云:"或在浯。"潘传言先生浪游于浯溪、郴州、耒阳、晋宁、涟、邵之间。浯即浯溪,正在永州祁阳。先生侨居当与子参之白云庵相近,故得常相过从,留宿赋诗也。第一首云:"松级偶晨登,樾馆聊夕止。轻裾挟馀滋,溪烟宛方起。"又云:"流耳延雨声,惊华粲石理。架阁驭微霄,初英散新紫。"又云:"淹宿有余清,实归载留喜。"当是夏间所作。第二首云:"三岁度岭行,薄言观世枢。壮心销流丸,林泉聊据梧。归心存醉石,取似在枌榆。"题末自注:"刘云亭下石门石座似端州醉石,遂有次作。"盖子参徒步上疏时曾与先生相晤于肇庆,故回忆醉石而感慨系之也。

又按:《六十自定稿》庚戌岁《怀入山来所栖伏林谷得二十九首》,就中《青溪石门》《西石门》《松纹石亭》《坞云庵》四题自注云:"右祁、邵之间。"今考子参所居正在祁、邵之交,青溪石门、西石门即石门庵所由名也,松纹石亭即所谓新亭纹石也,坞云庵即白云庵之别名也。《西石门》诗云:"循壁渡泉桥,知有幽人宅。"幽人即子参也。

又按:《五十自定稿》庚寅年《康州谣》题中有"邹、管二中舍"之语,邓氏谓邹即艮崖。《南窗漫记》摘录郭秀林《涉园草》,有《过刘子参山亭》七绝一首。《沅湘耆旧集·邹舍人统鲁小传》云:"字大系,一字近野,号艮崖,鄱人。崇祯乙亥拔贡廷试第一,壬午举人。衡州陷,乃单骑亡之粤,上书总督沈犹龙,卒导总兵宋纪出楚疆,复郴、衡各郡。桂王称号,授中书舍人。后隐居祁、邵山中,所在常载书簏十数以从,岩栖谷隐,人莫得其踪迹也。"据此,则艮崖与先生及季林同年友善,并以高蹈著节,宜其与子参相善也。

冬,复还衡阳。

《五十自定稿》是年有《过涉园问季林疾遣作早梅诗》四首。

按:季林与先生同邑,其隐居石狮岭,仍在衡阳,涉园即其隐居之地。先生以早梅开时过涉园,疑冬初还衡阳。第二首云:"晚香消尽寒香接,无日无花不早开。"当是十月所作。第四首云:"先机买隐君能早,后著投生我自痴。"则因己丑岁先生度岭,季林作诗怀之,以"南原耦耕"相讽也。

是年诗有《游子怨哭刘母》四首。

第一首云："游子岂不知，退心荡凭轼。"第二首云："凭轼日以远，流光日以晚。"第三首云："昔为倚闾叹，今为绝命思。"第四首云："三年九春绝，衰草凌霜靡。"

按：此诗列于《白云庵观刘子参新》之前，诗中所言游子情事，颇与子参相近，"三年九春绝"之语亦与彼诗"三岁度岭行"年数相合，然究未得确证，附记俟考。

《小霁过枫木岭至白云庵雨作观刘子参新亭纹石留五宿》二首。

以上五古。

《落日遣愁》一首。

五律。

按：诗中有"晴山添雪色，远树缓霜鸿"之语，当作于冬月。

《偶闷自遣》一首。《过涉园问季林疾遣作早梅诗》四首。

以上七绝。

是年攸县刘孝廉自煜有《寄王而农山中》诗。

《南窗漫记》云："刘杜三自煜有寄予山中诗，亦足增人怆然之怀。'病鹤无枝带箭飞，经年芜秽惜渔矶。绕床行脚同香饭，哀筑当筵仍故衣。筑室喜闻名士并，望门真被酒佣非。一蛇雾隐南天远，绵上何人问割腓。'"《沅湘耆旧集·刘行人友光小传》云："字杜三，攸人，前明丙子举人。入国朝，为沙河知县，升行人，未赴卒。原名自煜。"

按："绵上一蛇"用介子推事以喻从桂王于岭表。是岁桂王在南宁，称永历五年，诗所谓"南天远"也。"筑室喜闻名士并"，谓与刘子参卜邻。"行脚香饭"即指白云庵。故知当在是年。

又按：《沅湘耆旧集》载杜三《将入闽应召径衡夜宿前溪寄故人王而农》五律一首。《南窗漫记》所述亦同，"前溪"下注"去郡三十里"五字。今考：入闽应召当在唐王建号之时，惟未审其在乙酉秋冬，抑在丙戌春夏与初秋。附记俟考。

[**顺治**]**九年壬辰**（一六五二），**先生三十四岁**。

春，至衡岳莲花峰，过西明寺。

《五十自定稿》是年有《过莲花峰西明寺追怀悟一上人示苍枝慈智》七绝二首。第一首云："缥渺诸天缟雪飞，炉烟初焯湿云衣。重来春水迷苍翠，凄绝苏画板归。"第二首云："冬葵滑熟菠薐脆，云子抄香凤乳花。惭愧千金无报处，三生客在自蒸砂。"

按：诗中有"重来春水"之语，故知重过西明寺在春间，其云"冬葵滑熟"系追叙前此以冬间至寺。据《莲峰志》，莲花峰南桐油岭有西明寺，林泉旷异，下可安步，知西明寺在莲花峰旁。今考癸未冬先生因张献忠购捕绅士，避于衡山莲花峰下双髻峰。其饭于西明寺，当在彼时。至是年重过，则悟一已没，故有"惭愧千金无报处"之语。苍枝慈智，其即悟一之徒欤？

是年侨居邵阳耶姜山旁蒸水之原，李定国兵下衡州，招之，不往。

《章灵赋》自注云："蒸水出耶姜山，今谓之黄帝岭。时所避地近其处。"又云："时上受孙可望之迎，实为所挟。既拂君臣之大义，首辅山阴严公以正色立廷，不行可望之王封，为可望贼杀。君见挟，相受害，此岂可托足者哉？是以屏迹居幽，遁于蒸水之原。而可望别部大帅李定国出粤、楚，屡有克捷，兵威震耳。当斯时也，欲留则不得干净之土以藏身，欲往则不忍就窃柄之魁以受命。"潘传云："初，桂藩封孙可望为秦王，严起恒力阻之。可望戕起恒，专执威柄。越数年，可望分李定国入粤，遂入衡，招先生。先生不往。"

按：是岁桂王在安隆，称永历六年。据《永历实录》，是年五月李定国复靖州、武冈、宝庆；六月复桂林，八月复平乐、梧州、柳州、永州、衡州；九月复长沙，略地岳州；十月略地江西，复吉安；十一月退屯宝庆。今考耶姜山在邵阳县东，邵阳即宝庆府附郭之邑。《行述》叙先生随地托迹，云或在涟、邵。潘传云先生遂浪游于浯溪、郴州、耒阳、晋宁、涟、邵之间。邵即邵阳。涟水与邵水同发源于邵阳县东龙山顶上龙池，故有涟邵之称。定国之招先生，当在初下衡州之后，退屯宝庆之前。

是年诗，除《过西明寺》七绝二首外，《剩稿》有《重过莲花峰为夏叔直读书处》七律一首。

《五十自定稿》未载此诗，见《姜斋剩稿》。其诗云："山阳吹笛不成音，凄断登临旧碧岑。云积步廊春袖湿，灯寒残酒夜钟深。河山憾折延陵剑，风雨长迷海上琴。闻道九峰通赤帝，松杉鹤羽待招寻。"

按：叔直入九嶷绝粒死，故诗言"山阳吹笛""延陵剑"，又云"九峰""鹤羽"。叔直之殁未知何年，然《南窗漫记》摘录芋岩李国相遗稿，就中五律各首哭夏叔直九嶷，在怀管冶仲百粤之后。今考冶仲偕先生赴粤在戊子冬，则叔直之殁至早亦在己丑春三月衡、永复失之后，彼时先生业已由南岳复赴肇庆，至是年春始重登莲花峰。诗中有"春袖湿"之语，故知作于是年春间也。

［顺治］十年癸巳（一六五三），**先生三十五岁。**

夏四月作《章灵赋》。

《章灵赋》序云："章，显也。灵，神也，善也。显著神筮之善告也。壬辰元日，筮得《暌》之《归妹》。明年癸巳，筮复如之。时孙可望挟主滇、黔，有相邀赴之者。久陷异土，既以得主而死为歆。托比匪人，尤以遇巷非时为戒。仰承神告，善道斯章，因赋以见。"《章灵赋》自注云："自违君侧以来，于兹三岁，而孤踪屡迁，望属车之清尘，而深其慕忆。盖愿得朋以出大蹇，倘值其人，乐与来连者矣。乃如可望者，若巴蛇之饱，飏尾而游，而大君之威，虎为狐假，反退养夫巽顺，若此者岂足以有为？神器大名，不可以久借，功之无成，固其所矣。桓温失志于枋头，刘裕覆师于关内，今古如一，有心者去之唯恐不速也。"又云："于占既然，素志亦尔，神与心协，守其昭质，暗投之侣必谢，幽栖之志益坚矣。"又云："君子之不幸而当此也，留则河山非有，往则逆顺无垠。与物推移而知雄守雌，以苟全其身而得利涉，既非所能为，则将退伏幽栖，俟曙而鸣。今孤臣在千里之外，吾君介存亡之间，往迓既绝，来踪未卜，唯幽冥之中，若有朕兆，可翼余忱以必达。人不可谋，天不可问，寸心孤往，且以永怀。思主则怆悦而烦心，求仁则坚贞而不怨，《章灵》之作，意在斯乎！"

按：是岁桂王在安隆，称永历七年。先生以庚寅夏谢病，故自注言"自违君侧以来，于兹三岁"也。自注又言"桓温失志于枋头，刘裕覆师于关内，今古如一"，盖即指孙可望东安岔路口之败。序言"时可望挟主滇、黔，有相邀赴之者"，则必作于可望兵败还黔之后。今考可望兵败还黔在四月。序言"仰承神告，善道斯章，因赋以见"，故知赋即作于是月。

又按：《永历实录·李定国传》及刘远生、管嗣裘、朱昌时等传，皆言定国恭顺知大义。据《沅湘耆旧集》引陶密庵汝鼐自订年谱，言定国复衡阳、湘潭，石见五衔命敦促，不得已与周司农、郭司马并出见。而定国招先生，先生竟不肯往者，盖彼时定国犹受制于可望，先生不恶定国而深恶可望，故赋注称定国为别部大帅，而斥可望为窃柄之魁。是年四月，定国避可望之逼，东攻肇庆，去衡州已远。假令定国去冬下衡州之时，已如后此奉桂王于云南之日，安在其不往见也？嗣袭传云："嗣袭见定国赤心，不随孙可望为僭逆，曲说定国决策迎驾。定国之东攻肇庆也，孙可望遣使羁縻之。定国亦以孤军外悬，所向未利，难即与可望亢，遂姑通好。嗣袭大恚，弃定国军去，将祝发为浮屠，至修仁，不知所终。"先生之志，即管舍人之志。固不欲轻绝定国矣。至于可望极恶穷凶，中人知其当绝。先生此赋为可望作，岂为定国作耶？赋作于癸巳，序有明文。潘传系作《章灵赋》于定国入衡之后，盖综括始终言之，非谓赋作于壬辰也。

是年诗有《癸巳元日左素公邹大系期同刘子参过白云庵茶话二首》。

第一首云："江树南开早，唐松东向偏。殷勤悬有待，请组旧行边。"

第二首云："箕颖徐生拙，江湖魏子深。南阳凭羽翼，恩泽放山林。"

按：诗意谓心欲往而时未可，与《章灵赋》同。

《春尽》三首。

以上五律。

《王船山先生年谱》卷上终

王船山先生年谱卷下

[顺治] 十一年甲午（一六五四），先生三十六岁。

秋八月，避兵于永州零陵北洞瑶中。

九月，从子籹避兵他所，为游骑所杀，作哀吟以悲之。

复迁于常宁山中，授徒自给，所寓与士人殷铭邻近，本旧相识，因为序其时艺。

《姜斋文集·殷浴日时艺序》云："家则堂南归，以《春秋》教授，则未知其所授者，以道圣人经世之意邪？其以为所授者羔雁之技邪？谢侍郎卖卜，与子言孝，与弟言悌，则授以道矣。技道合，则则堂可无河汉于叠山。何也？进乎道矣。甲午避兵入宜江山中，有侄子之恸，浴日拂拭而慰之。少间，无以阅日，浴日始以帖括见示，继此而宜江士友泛晋而与余言帖括。浴日少与余同文场，已与余同漂泊，今又与余同为训诂师以自给。以意征言，将期于道。有知言者，当谓余非与浴日言技矣。"《家世节录》云："籹、致皆仲兄出。籹以孝殒于难，致早夭。"《五十自定稿》是年有哀从子籹诗，题云："从子籹遘悯以后，与予共命而活者七年。顷予窜身瑶中，不自以必生为谋。籹因留侍伯兄。时序未改，避伏失据，掠骑集其四维。方间道往迎，已罹鞠凶矣。悲激之下，时有哀吟，草遽佚落，仅存绝句四首。"第一首云："斜日荒荒打枣天，山头回首杳墟烟。当时不道今生别，犹向金风泪黯然。"第三首云："岳阡秋草应含怨，万树严霜杀一林。"《沅湘耆旧集·殷岁贡铭小传》云:"铭字浴日,常宁人,顺治朝贡生,与衡阳王姜斋先生交好,为序其文集行世。"

按:《六十自定稿》庚戌岁《怀入山来所栖伏林谷得二十九首》,其中《钓竹源》《云台山》两题自注云:"右零陵北洞。"今考此二十九首历数隐遁之地,以时之先后为叙。零陵北洞两诗列于祁、邵四诗之后,宜江二诗之前,故知窜身瑶中即在零陵北洞。敉为铿斋先生之子。铿斋殁于丁亥。自丁亥下推七年之后,正是甲午。诗言"金风",又言"打枣天",故知先生与敉别于秋八月。题言"时序未改,已罹鞠凶",诗言"岳阡秋草""万树严霜",故知敉以九月遇害。宜江出常宁东南塔山,故常宁有宜江、宜山之名,《殷浴日时艺序》言"避兵入宜江山中,有侄子之恸",则由零陵北洞迁常宁当即在秋末冬初。浴日本常宁士人,避兵宜江山中,与先生所居相近,并以授徒自给,故序引家铉翁之事以相勉也。

又按:《家世节录》言敉以孝殉于难,当是奉母避兵而遇害。先生哀从子诗第二首云:"黑海难全一叶舟,谁将完卵望鹓鶵",盖尽室偕亡也。第四首云:"情根悔不锄苗早,蔓草萦丝自惹愁。至竟潘安悲白首,人间何有坠珠楼。"意者敉之友人有同死者,而侍婢有流落未死者欤?

又按:《行述》叙先生随地托足云:"或在耒阳。"潘传云"先生遂浪游于浯溪、郴州、耒阳、晋宁、涟邵之间。"不言常宁而言耒阳,盖常宁本由耒阳而分。意者先生居常宁时亦曾往来耒阳,故举耒阳以括之欤?

是年文有《殷浴日时文序》一篇。

是年诗除哀从子诗草佚落仅存绝句四首外,有《秦王卷衣》一首。《长干曲》一首。

诗云:"秦淮通北固,流月带潮来。郎今渡京口,日暮使人猜。"

按:据《南疆绎史》,是年张忠烈煌言军吴淞,会张名振之师入长江趋丹阳,掠丹徒,登金山,望石头城,遥祭孝陵,烽火连江,江宁震动。而上游有凤约,失期不至,乃左次崇明,俄复入江,掠瓜洲、仪征,薄燕子矶。而所期终不至,师徒单弱,遂乘流东下,仍驻瀹州。据《永历实录·桂王纪》及《李定国传》,上年定国已欲由东粤与郑鸿逵、郑成功会合,本年复请由海道谕郑鸿逵。据《五藩实录》,是年郑成功发水陆师应李定国于粤东。鸿逵即成功之叔。二郑与二张声势相倚,所谓上游有凤约，宜即定国；其所以失期不至者，则以方退守南宁、泗城，未能如约也。诗言秦淮、北固、京口，其为此而发欤？

《白鼻䯀》一首。《江南曲》一首。

以上五绝。

按：诗云："可怜秋色里，独唱《望江南》。"盖与《长干曲》同意。《鼓棹初集·望江南》五阕题系"本意"，《望海潮》一阕题亦系"本意"，疑皆是时所作。

《哭李一超》一首。

按：丁未岁有哀故孝廉李一超元配林孺人七律二首。题云："一超以怀贞穷愁死。"一超之名俟考。

《再哭季林兼追悼小勇匡社旧游》一首。

诗云："古寺青溪路，东窗隔一峰。缘花忘柳径，驱酒试蘋风。"《南窗漫记》云："亡友文小勇之勇有句云：'人谁从问字，风不可开门。'于江西宗派中自居胜地，所居僦郊外一破屋，每旦待粜而炊，而长日一卷，啸傲自如。斯人亡后，戚戚未壮而气衰者成乎风俗，不复知此风味矣。"

按：季林即郭凤跅，详见上文己丑年。

《晦日》二首。

第一首云："春色去堂堂，清和损岁芳。"第二首云："九春余此夕，落照已前山。"

按：此晦日谓三月晦日。

《夏夜》一首。

以上五律。

[顺治] **十二年乙未**（一六五五），**先生三十七岁。**

春，迁居郴州兴宁山中，借僧寺授徒，为从游者说《春秋》。始作《周易外传》。吟《潇湘小八景》词。

先生《潇湘怨》词内《潇湘小八景》词自记云："国初瞿宗吉咏西湖景，敩辛稼轩'君莫舞，君不见玉环飞燕皆尘土'体，词意凄绝。乙未春，余寓形晋宁山中，聊取其体，仍寄调《摸鱼儿》咏潇湘小八景。"《周易内传发例》自跋云："乙未于晋宁山中，始为《外传》。"《五十自定稿》有《为晋宁诸子说春秋》五绝四首。第三首云："南岳经声苦，东林眉宇犟。"

按:《行述》叙先生随地托迹云:"或在郴州,或在晋宁。"潘传云:"先生遂浪游于涔溪、郴州、耒阳、晋宁、涟、邵之间。"晋宁即兴宁县旧名,非云南之晋宁州也。此兴宁系湖南郴州之县,非属广东嘉应州之县也。据诗中"南岳""东林"之语,盖授徒于寺中矣。

又按:兴宁在郴州东北百里。先生居郴州,或在居晋宁前,或在居晋宁后。故《行述》与潘传皆以郴州、晋宁并举也。

又按:《潇湘怨词》另编一卷,系《夕堂戏墨》卷七。小八景词题系《雁峰烟雨》《石鼓江山》《东洲桃浪》《西湖荷花》《花药春溪》《岳亭雪岭》《朱陵仙洞》《青草渔灯》。

复迁居常宁西庄园,变姓名为瑶人。其时邑士王文俨隐于东卜园,敬其志节,恒供赡之。

《沅湘耆旧集·船山先生小传》云:"尝匿常宁瑶洞,变姓名为瑶人。"又《王山人国甲小传》云:"字鼎三,一字建子,常宁。县学生,有《拾遗山人诗钞》。"又王国甲《述旧诗》第一首云:"凹霞风已古,独忆雅田云。"自注:"世居凹霞,高祖丁明季流寇之乱,始迁雅田。"第二首云:"东卜余残壁,西庄待隐君。"自注:"明季,高祖文俨先生上《中兴战守策》。钟山军乏饷,高祖具酒食邀七十里长。动以捐纤国急,高祖亲董解赴军。晚年隐于东卜园,号东卜先生。衡阳王而农先生亦来隐于邑之西庄园为瑶人,饮食皆高祖给之。"

按:《六十自定稿》庚戌岁《怀入山来所栖伏林谷得二十九首》,其中《西庄源》《小祇园》二首自注云:"右宜江。"西庄源与西庄园当即一地。《五十自定稿》丁酉岁《西庄源》五古诗一首,其题云:"念居此三载。"自乙未至丁酉,首尾正得三年。故知迁居西庄定在是岁也。

又按:《沅湘耆旧集·王山长祚隆小传》云:"字卜子,一字一峰,常宁人,县学生,尝应聘为岳麓山长。"今检邓氏所选,有《酬王姜斋先生》五古一首,中有"十旬五得饥,体癯容愈少。道逢衣褐游,风雨怜同调"之语,足证交宜之厚。东卜与卜子同邑同姓,未知是否同族。其元孙国甲称为文俨先生,当是其字也,其名俟考。

又按:是年桂王在安隆称永历九年,邓传叙常宁瑶洞事于缅甸覆没后,非也。

是年始撰《老子衍》。

按：《老子衍·自序》叙始撰之时云："岁在旃蒙协洽。"此草创于乙未年之证。

是年文有《老子衍自序》一篇。

按：序末云"作于壮月己未"，盖初稿成于八月间也。

是年诗有《春日书情》一首。

五古。

《为晋宁诸子说春秋口占自笑》四首。

五绝。

《八月梨花》一首。

五排。

《读指南集》二首。

七律。

《君子有所思行》一首。

乐府。

《鷫蕨行》一首。

歌行。

［顺治］十三年丙申（一六五六），**先生三十八岁。**

春三月，编《黄书》成。

《黄书》自序云："岁德在丙，火运宣也。斗建维辰，春气全也。文明以应，窃承天也。太原之系，世胄绵也。为汉大行，忠效捐也。悲懑穷愁，退论旃也。明明我后，邀播迁也。俟之方将，须永年也。"

按：太原为王氏之望，大行即行人之官。我后谓桂王，是年由安隆迁云南，故有播迁之语。岁德在丙，定系丙申，斗建维辰，显为三月。

秋，暂往兴宁。

冬，暂还衡阳，登衡山双髻峰，仍至常宁。

《五十自定稿》是年《新秋看洋山雨过》诗云："南楚秋风日，轻阴太白方。"又《重登双髻峰》诗云："振衣情不惬，北望暮云寒。"

按：《姜斋文集·小云山记》云："南尽晋宁之洋山。"是洋山在兴宁境内。据"新秋看洋山雨过"之语，知秋间在兴宁。据"北望暮云寒"之语，知重登双髻峰在冬日。

又按：《登双髻峰》后一首题为"二贤祠"。今考《莲峰志》，二贤祠祀朱子、张南轩，去双髻峰不远，当亦彼时所作。知仍至常宁者，说详下年丁酉。

是年诗有《春尽从子敞寄山居雪咏绝句欻尔隔岁聊复和之》二首。《痛》《呓》《颤》《寒》《热》《痒》《哭》《笑》共八首。

以上五绝。

《重登双髻峰》一首。《二贤祠重读义兴相公诗感赋》一首。

以上五律。

按：义兴相公谓堵牧游。诗末二句云："清浔二千里，遗恨在军谣。"自注云："公于苍梧以军谣十首授余梓行。"详见上文己丑年。

《新秋看洋山雨过》一首。

五排。

《哭欧阳三弟叔敬沉湘》六首。

七绝。

第一首云："菖雨风杜若香，《怀沙》千古吊潇湘。"第二首云："通眉旧是玉楼仙，昌谷春消野竹烟。誓倒吴囊传好句，人间差有外兄贤。"第三首云："荆榛小径对春溪，月上芭蕉碧影迷。池馆山阳留不得，愁来唯伴野猿啼。"第四首云："调孤雌霓休文句，哭碎灵床子敬琴。"第五首云："十四年来争一死，英雄消受野棠开。"第六首云："岸谷消沉羊叔子，推恩无分到中郎。"

按：据"怀沙""一死"之语，知沉湘由于殉节。据"春溪""池馆"之语，知是诗作于春间。据"休文""子敬"之语，知凤以文字相契。据"昌谷""外兄"之语，知为中表之亲。据"叔子""中郎"之语，知系母党之戚。今考《家世节录》云："先太孺人姓谭氏。外王母欧阳太君。欧阳太君母生元素公炳，举于乡，官郡丞。"叔敬当是元素孙行，故先生称之为弟也。

[顺治] 十四年丁酉（一六五七），**先生三十九岁。**

春三月去常宁还衡阳，居岳后双髻峰。

《五十自定稿》是年有《西庄源所居后岭前墅古木清沼凝阴返映念

居此三载行将舍去因赋一诗》。其诗云："浮云出丹巘，游倏遵绿漪。"又云："回首舜帝峰，濯足春水湄。芳草良未歇，佳期行可规。"又《冬遇》诗云："吾生匪蜃雉，物状漫紫朱。聊息朱鸟麓，梦无金简书。"《七十自定稿》戊辰年《敬筑土室读题曰蕉畦口占示之》第三首云："岳峰窗外雨，滴碎汝翁心。"自注："旧筑一庐岳阴，窗下芭蕉，其本径尺，高二丈许，岁有花，结甘露。"

按：舜帝峰即九疑山之中峰。九疑山在衡州、永州之间。常宁系衡州府南属邑，与永州连界。春陵水流经县东。"游倏绿漪"，显系春景。"芳草未歇"，行将夏初。故知去常宁当在三月。雉入大水为蜃，月令在孟冬之月。"吾生匪蜃雉"之语与题目《冬遇》相应。"聊息朱鸟麓"之语，乃还居衡山之明征。盖去冬由衡阳至常宁，兹春复去常宁归衡阳也。辛丑岁《岳峰悼亡》诗云："三年烹白石，余沸咽龙湍"，谓居常宁三年。又云："到来犹自喜，仿佛近檐除。小圃忙挑菜，闲窗笑读书"，即指岳峰旧居。知在岳后双髻峰者，说详下文戊戌年。

自辛卯返楚后，随地托迹，所至之处，人士俱极依慕。

《行述》云："自此随地托迹，或在浯，或在郴，或在耒，或在晋宁，或在涟、邵之间。所寓之处，人士俱极依慕。亡考不久留，辄辞去。"潘传云："先生遂浪游于浯溪、郴州、耒盼、晋宁、涟、邵之间。凡所至期月，人士慕从者众，辄辞去。"

按：《行述》及潘传述游历之地皆在归衡岳之前，是也。惟《行述》叙随地托迹于就职行人之下，中间崎岖两粤之事，阙而不书，未免太略，疑是删节之本。潘传叙浪游于壬寅闻缅变之下，则止求笔墨简净而忘其先后倒置矣。

是年诗除上文所引五古二首外，有《花咏八首》。

《樱桃》《迎春》《山矾》《紫荆》《杜鹃》《黄杜鹃》《金钗股》《冈桐》。

《即事》一首。

以上五律。

《冬尽过刘庶先夜话效时》一首。

七律。

《沅湘耆旧集·刘近鲁小传》云："字庶先，一作庶仙，衡阳人，仕履无考。"自注云："案船山《小云山记》末云：'友人刘近鲁居其下。'"

《小步》一首。《吟得》一首。《折杨柳》一首。

以上七绝。

[顺治] 十五年戊戌（一六五八），**先生四十岁。**

秋九月朔，编《家世节录》成。

《家世节录》自序末署："时永历十有二年季秋月朔日乙未。"

按：是年桂王在云南。我军三路入黔，贵州已归我版图。残明仅余滇省，其势岌岌危殆。故序中有"国绪如线"之语。

是年居岳后双髻峰。门人衡山戴日焕来谒。

《姜斋诗剩稿》丙辰岁有《戊戌岳后辱戴晋元见访今来复连榻游檀口占五古一首》。其篇首云："我居双髻峰，峰云尝相护。云里忽逢君，不畏潭龙妒。荏苒十八年，梦中时一遇。"《沅湘耆旧集·戴山人日焕小传》云："字晋元，衡山诸生。家世饶财，明季荡于寇。年逾冠，尚未就傅。时避兵岳寺，贫不能具膏火，夜执书就佛灯读，遂通五经及诸子，尤邃于《易》。后游王船山先生之门，所造益深博。"

按：《剩稿》此诗，《沅湘耆旧集》亦载，题止"寄友"二字，盖所见之本不同。意者晋元奉先生为师，而先生待之如友，故以"寄友"为题，而戊戌以下为序欤？

是年诗有《明妃曲》一首。

七绝。

《枯鱼过河泣》一首。

乐府。

[顺治] 十六年己亥（一六五九），**先生四十一岁。**

是年仍居岳后双髻峰。

《诗经稗疏》卷二《螟蛉有子果蠃负之》条下云："夫之在南岳，有山僧如满言其如此，因导夫之自于纸卷中展看，一一悉符陶、段之说。"

按："在南岳"系久居之语，非偶至之词。先生前此居南岳累年，然是年最为闲暇，故所赋《山居杂体》各题，如《卦名》《县名》《建除》《吃口》之类，多出戏笔。《南岳摘茶词》亦从容无事时所作。其体察螟蛉果蠃，似当即在此时。至下年移居湘西后，虽亦偶至南岳，然未必久居矣。故系诸是年以俟考。

是年诗有《山居杂体卦名》一首。

五古。

《山居杂体吃口诗》一首。《口字诗》一首。

以上五绝。

《山居杂体县名》一首。

五律。

《山居杂体建除》一首。

五排。

《南岳摘茶词》十首。

七绝。

《山居杂体两头纤纤》一首。《山居杂体五杂俎》一首。

以上歌行。

[顺治]十七年庚子（一六六〇），**先生四十二岁。**

是年由岳后双髻峰徙居湘西金兰乡茱萸塘，造小室，蓬檐篾壁，名败叶庐。

《六十自定稿·怀入山来所栖伏林谷得二十九首》，其中《茱萸塘》《败叶庐》二首自注云：“右湘西。”先生次子敔《湘西草堂记》云：“迄岁庚子，乃徙居于湘西之金兰乡，卜舍于茱萸塘。初造小室，名之曰败叶庐。蓬檐竹牖，植木为柱，编篾为壁。”

是年诗有《哭内弟郑㒥生》一首。

歌行。

按：诗中有“日夕君不来，春云覆平野”之语，当作于春间。

《正落花诗十首》。

《落花诗》自序云：“庚子冬初得些庵、大观诸老诗，读而和之，成十首。变而仍雅，是故得谓之正。”

按：些庵即郭天门司马。《沅湘耆旧集》些庵有《留别大观》七律二首，自注：“公为余诗，有《问石》七章。”则大观固些庵同志也。邓氏显鹤《些庵先生郭都贤小传》云：“初依熊鱼山开元、尹洞庭民兴于嘉兴。”今考《六十自定稿·知李雨苍长逝遥望鱼山哭之》第四首云：“赤壁雄风百战酣，新安碧血洒江南。大观绰板先君歇，凄绝吴江老蘗庵。"自注："雨苍早与金正希、尹洞庭、熊鱼山齐名，时金已殉难，尹亦先逝，熊公僧隐吴江，存亡未审。"据此则大观姓尹名民兴，字洞庭，一字大观也。

《续落花诗三十首》《广落花诗三十首》《寄咏落花十首》《落花诨体十首》《补落花诗九首》。

以上七律。

按：《落花诗》另编一卷，系《夕堂戏墨》卷一。然非成于一时，故小引有"自冬徂夏"之语。又有"此帙之登，逢秋斯尽"之语，盖庚子冬初始作，辛丑秋末编成也。

[顺治] 十八年辛丑（一六六一），**先生四十三岁。**

夏六月二十一日，继室郑孺人卒，年二十九。

《家谱》云："继配襄阳郑氏，于顺治辛丑六月二十一日子时殁。"

按：郑孺人生于癸酉，是年二十九。

秋，葬郑孺人于大罗山。

《家谱》云："继配襄阳郑氏，葬大罗山，未山丑向，有墓志。"

按：陶孺人墓志，谱言参宪刘明遇撰。郑孺人墓志，谱未言撰人，疑即先生所撰，而文集逸去，俟考。

又按：郑孺人葬期知在是年秋间者，《五十自定稿》是年诗大都关涉悼亡，就中《来时路悼亡》第一首云："今者复何日，秋原称叶黄。"《岳峰悼亡》第四首云："蝶飞三月两，枫落一林霜。"《初度日占》第一首云："横风斜雨掠荒邱。"先生诞辰系九月初一，孺人葬期似即在其时。

是年诗有《来时路悼亡》三首。

五古。

《岳峰悼亡》四首。

五律。

《哀管生永叙》一首。

五排。

按：诗云："落叶风喧夕，啼鸦柏冷霜。如何悼亡客，还有丧予伤。"盖秋末所作也。又云："岳径云藏雪，洋泉月引凉。"洋泉即洋山之泉。洋山在常宁。盖先生由常宁还南岳，永叙皆相随也。又云："紫囊悲太傅，绁袟冷中郎。春谷江流远，南云塞路荒。人情谁剑挂，天道岂弓张。交绝怜东里，狂歌问子桑。贡生空委珮，鲍叔未分粀。"盖永叙系冶仲之子，弓伯之侄。诗以太傅比弓伯，中郎比冶仲。"春谷""南云"，谓冶仲卒于南荒瑶洞。"贡生委珮"用贡禹弹冠事，盖先生与冶仲同起兵同授职也。弓伯名嗣箕，冶仲之兄，详上文戊子年，下文甲辰年。

《续哀雨诗四首》。

七律。

序云："今兹病中，搜读旧稿。又值秋杪，寒雨无极，益增感悼，重赋四章。"

《初度日占》六首。

七绝。

按：第一首云："十五年来老楚困"，盖自丁亥衡州失守，至辛丑十五年也。第三首云："十一年前一死迟，臣忠妇节两参差。北枝落尽南枝老，辜负催归有子规。"辛丑前十一年系庚寅。其年冬，先生困于永福水砦，不获南扈桂王。郑孺人劝由间道归楚。诗所谓"臣忠妇节""辜负催归"，即指此也。第二首云："一万五千三百三，愁丝日日缠春蚕。"此仿《左传》"二万六千六百有六旬"之语，盖先生生于己未，至辛丑四十三岁，而自己未九月初一日至辛丑九月初一日实得四十二年，为月五百有四，为日一万五千一百有二旬。约计每年余十一日，为日四百有六旬有二日，除补小尽二百有五旬二日外，仍余二百有一旬。合计约得此数。

又按：《鼓棹初集》《二集》内亦多悼亡之作。除《初集》"忆旧"《青玉案》一阕，"怀旧"《霜天晓角》前一阕后一阕，《二集》"忆旧"《减字木兰花》二阕，"忆旧"《凤凰台上忆吹箫》一阕，已详上文庚寅、辛卯两年外，《初集》"忆旧"《满江红》云："魂已杳，黄头妇"，显系悼亡之作。《二集》"忆旧"《扫地花》云："自惹闲愁后，对莲岳云压，苔潭珠溅，炉烟孤瘦。叹渺渺京华，不堪回首。碧海人归，雄剑谁怜孤吼。空凝望，绕湘流暮云荒岫"，皆言偕郑孺人由粤还楚时事。"忆旧"《望梅》云："奈暝色催人，孤灯结蕊。梦锁寒帷，数尽题愁锦字。当年醖就万斛，送春残泪。"亦郑孺人逝后所作。诸词虽未必尽作于是年，然大约是年作者居多也。

［康熙］元年壬寅（一六六二），先生四十四岁。

春二月十三日，桂王为大清兵由缅甸执至云南省城。

夏四月二十五日，桂王为吴三桂所害。

潘传云："壬寅，闻缅甸之变。明之藩封庶孽称监国假位号者，于是乎殄尽。"

按：桂王于上年十二月已为缅甸人执送军前。永历年号止于十五年，不得有十六年矣。《永历实录》谓永历十六年在缅甸，缅人劫之入云南。盖传闻未审。

是年诗有《为宋子主人送高渐离入秦》一首。

五绝。

《迎秋八首》。

五律。

《咏史二十七首》。

六言。

《来日大难》一首。《长相思》二首。

以上乐府。

按：是年诗大都为桂王而作。《长相思》第二首云："长相思，永离别，地坼天乖清泪竭。油卜罢春灯，寒砧谢秋节。宝带裂同心，他生就君结。"其词甚苦，其志尤可悲矣。

又按：《鼓棹二集·金人捧露盘》"和曾纯甫春晚感旧韵"词云："古崧台，双阙杳无踪。"又云："魂归朱邸旧离宫。"又《烛影摇红》"十月十九日"词云："骖鸾不待玉京游，难挽瑶池辙。"又云："几处啼鸟，桥山夜月。"今考"崧台双阙"谓桂王以肇庆为行阙。"朱邸离宫"谓衡州为桂藩旧邸。十月十九日系桂王生辰。"魂归无踪""桥山夜月"，知其时桂王已殁。当亦是岁所作也。

［康熙］二年癸卯（一六六三），先生四十五岁。

夏六月望，编《和遣兴诗》七十六首，《广遣兴诗》五十八首。

《夕堂戏墨》卷二《读甘蔗生遣兴诗次韵而和之》序云："者回自别，休道是望州亭相见也。鸟道音书，无从通一线在。今春有杜鹃花，不觉到铁墙拗，王君延入新斋，为他和石灰泥壁，忽拈一帙诗，没其所自得，教认取谁家笔仗。卒读久之，乃知是者跛汉。王君笑指石灰桶，说寻常谓道人认得行货，今乃充此物经纪，眯着眼看秤斛邪？者是十三年前借山在灵溪所作。想者跛汉，白椎又换。借山在一瓠鼻尖上安单，一瓠在借山眉毛上厮鼎。于是为次韵而和之，不能寄甘蔗生也。癸卯六月望，茱萸塘漫记。"

按：诗中用"卫公"二字，自注云："甘蔗生故字。"今考卫公系金堡之字。堡又号借山，亦称甘蔗生。序中称为跛汉，因其受杖后左足跛也。堡为僧之后，品行益卑，故黄晦木斥其堕落于沿门托钵之堂头，檀默斋目为势利和尚。而先生当日因道途隔绝，未之知也，否则唾弃之不暇，尚肯和其诗哉！

又按：《六十自定稿》己酉年有《效柏梁体寿王恺六》诗云："铁墙拗头绿凤栖。"此序所云铁墙拗王君，必是恺六。

是年诗除《遗兴》《广遗兴》外，有《绝句三首》。

五绝。

按：第一首云："乍暖回亭午。"第二首云："春风款款中。"第三首云："转转春条缓。"则此《绝句三首》当作于春间，在《遗兴》之前。

[康熙] 三年甲辰（一六六四），**先生四十六岁。**

是年始游湘西小云山，与欧大生、刘近鲁同登。嗣后岁一登之不倦。

《小云山记》云："湘西之山，自耶姜并湘以东，其复数十，以北至于大云。北又东，其复十数，皆渐伏而为曼衍。登小云，複者皆伏，而曼衍尽见，为方八十里，以至于蒸、湘之交。盖小云者，当湘西群山之东，得大云之委而临曼衍之首者也。是故湘西之山，观之尤者，逮乎小云而尽。予自甲辰始游，嗣后岁一登之不倦。友人刘近鲁居其下，有高阁藏书六千余卷，导予游者。"《姜斋诗剩稿》有《同欧子直刘庶先登小云山》七律一首。《沅湘耆旧集·欧子直大生小传》云："衡阳人，康熙中贡生。船山先生有《同欧子直刘庶先登小云山》及《深秋望欧子直》数诗，可想见其人品矣。"

是年诗除《登小云山》一首外，有《感遇》十一首。

五古。

《寒月》一首。

五律。

《人日》一首。《又雪同欧子直》一首。《五日携彼儿同子直泊贤从哲仲小饮分得端字》一首。《即事有赠》一首。

以上七律。

《管大兄弓伯挽歌二首》。

歌行。

序云："有明文学管嗣箕弓伯，以今癸卯冬，卒于南岳百丈山。病乃使余有宿草而不得哭。其明年，返灵筵于高节里之故居，乃申一恸。今勿说弓伯兄之死，得年五十有二，考终于室，弓伯兄固久不期此。癸未贼投人于湘水，雁行相接，兄犯其不测，以保难弟之节，一死矣。戊子起兵不利，缧而系于潭狱，刻日就白刃者，一死矣。庚寅流离困病于岭南，犯难以护难弟于长林，一死矣。以身突其三死，而谁期为一者之考终？"邓氏显鹤云："按弓伯为冶忡舍人嗣裘之兄。舍人崎岖岭表，窜伏瑶洞以死。"

按：戊子年先生偕冶仲举义。序所言戊子起兵，当即彼时之事。

［康熙］四年乙巳（一六六五），**先生四十七岁。**

春正月，《和梅花百咏》。

《和梅花百咏》自记云："抵今又十五年矣。今岁人日，得季霞伯兄简卿寄到伯修元稿。潸然读已，以示欧子直。子直欣然属和，仍从叟老汉为前驱被道。时方重定《读书说》，良不暇及。乃怀昔耿耿，且思以挂剑三子者，挂剑广生。遂乘灯下两夕了之。湘三子所和，旧用冯韵，以其落字多腐，又仿流俗上马跌法，故虽仍其题，而自用韵，亦以著余自和三子者，非和冯也。乙巳补天穿日茉萸塘记。"《沅湘耆旧集·龙孔蒸小传》云："字简卿，湘乡人。兄弟自相师友。明末岭乡荐，旋弃去。鼎革后闭门授徒。经略洪公欲延之幕府，不就。湘人传有《拯湘录》《坠粮逸案》，皆其所手纂也。"

按："湘三子"谓洪业嘉、龙孔蒸、欧阳淑，皆湘乡人。广生谓江陵李芳先，详见上文丙戌、丁亥、庚寅等年。自记言"抵今十五年"，对上文庚寅而言。乙巳距庚寅正十五年也。

又按：《和梅花百咏》另自为卷，系《夕堂戏墨》卷三。

三月初三日，作《潇湘小八景词》自记。

自记云："乙未春咏潇湘小八景，阅今十年矣。搜破箧得之，亦了不异初意。深山春尽，花落鹃啼，乃不敢重吟此曲。乙巳上巳茱萸塘记。"

秋八月，和王稺登梅花绝句。

《和梅花百咏》末附《追和王百穀梅花绝句十首》，序云："乙巳中秋，坐彭城君小轩，得王百穀集，就中梅花十绝，尤为清健，因次其韵。"

按：诗中有"彭城才子最怜梅"之语。彭城为刘氏郡望。先生交游中刘姓不少，而同邑者以刘庶仙为最著，且居址较近。踪迹最密。是年先生未离衡阳。上年曾偕庶仙登小云山，则彭城君、彭城才子，当是庶仙也。

是年重定《读四书大全说》十卷。

按：《和梅花百咏》自记云："时方重定《读书说》。"盖《读书说》即《读四书大全说》之省文，其始辑在何年，俟考。

是年诗除梅花绝句外，有《和陶停云赠芋岩五十初度》四首。

四言。

《南窗漫记》云："芋岩李敬公国相遗稿，嘱余订定。"《沅湘耆旧集·桃坞老人李国相小传》云："字敬公，号芋岩，原籍富平。尝应募随都督刘绖平杨应龙，以功赴部听叙，下三峡，舟覆，负母出巨浪中，功牒漂失，因浪迹湘、衡间。崇祯壬午，以衡籍举于乡，遂为衡阳人。张贼陷衡，遍索荐绅，强以伪职，不赴者死。芋岩引刀刲两臂，示不可用，得免。鼎革初，自南岳转徙山谷，岁更其处。晚筑小室，植桃数株，称桃坞老人。著《逸斋废词》二卷，均佚。"

《夏日端居》一首。《云山妙峰庵云是申泰芝炼丹处》一首。

以上五古。

《小云山记》云："或曰道士申泰芝者修其养生之术于大云，而以小云为别馆，故小之。养生者去，僧或庐之。庐下莳杂花，四时蒨砌。右有池，不溢不竭。"

按：诗中有"首夏积翠鲜，亭午条风凉"之语，盖作于四月。妙峰庵即记所谓僧庐也。

《恺六种凤仙花盈亩聊题长句》一首。

五律。

《人日新晴》一首。《秋雨同子直》一首。《又雨》一首。《夜》一首。

以上七律。

《避暑王恺六山庄会夕雨放歌》一首。

歌行。

按：山庄盖即铁墙坳之地。

[康熙] 五年丙午（一六六六），**先生四十八岁。**

是年诗有《秋阴》一首。《欧子直自南岳返讯之》一首。

以上五古。

《咏百合》一首。《结袜子》一首。

以上五绝。

《早春三首》。《十二月八夜看月》一首。《初九夜再赋》一首。

以上五律。

[康熙] 六年丁未（一六六七），**先生四十九岁。**

是年因避横逆，暂至湘乡。同年刘孝廉象贤为之排解，招泛虎塘，请作谱序，复以其女许字先生次子敔。

《沅湘耆旧集·刘象贤小传》云："字若启，湘乡人，崇祯壬午举人。鼎革后隐居深山，著书以终。与船山先生交好。诗格高老，可匹敌《潇涛园》诸作。惜不见全集。"

按：《五十自定稿》是年有赠刘若启七律一首，其题云："则刘若启为余兄弟排难已，招泛虎塘，叙其家乘，会当六帙弧辰，欢宴之下遂允觊室子敔儿。"诗中有"急难情深赠缯缓"之语，盖乡曲无赖之徒妄思罗织告讦，若启与先生同年友善，故排难解纷之后，申以婚姻，其古谊良可风矣。

又按：《沅湘耆旧集》载若启《虎塘秋月》七古一首，《泛小艇送王姜斋刘庶先泊永丰观音阁片石对月》七律一首，未必定作于是年，附记俟考。

是年文有《王江刘氏族谱序》一篇。

序云："王江诸刘，潜明经是玉氏，湘孝廉若启氏，奉季昌先生之志，修其家乘，以示夫之。夫之之举于乡也，与若启氏讲以世，石长氏偕以年而协以采。夫之之伯兄既与若启氏讲，而游辟雍之岁，与季昌先生、寿玉氏、赐玉氏胥以齿。"

是年诗除赠刘若启四言一首外，有《杂诗》一首。

四言。

《古意》一首。《问芋岩疾》一首。

以上五古。

《正月十六夜重赋》一首。

五律。

按：上年有《十二月八夜看月》五律一首。《初九夜再赋》一首，故此题云"重赋"也。

《故孝廉李一超以怀贞穷愁死不及有嗣息元配林孺人掖哶太孺人于瘴病中十四年不舍榻右猝遘危疾临终悲咽以不得躬亲大事为憾啼声未绝而逝余于一超不浅视道路感泣者自逾涯量裁二诗以将哀尤为太孺人愍悼焉》二首。

第一首云："十四年来千种事，凄凉彤管不书功。"

按：先生《哭李一超》诗作于甲午。自甲午至丁未，首尾凡十四年。

《湖外遥怀些翁》一首。《寄怀青原药翁》一首。

以上七律。

按：药翁即方密之，为僧后名无可，一名药地，曾主青原方丈。

《竹枝词十首》。《忍俊》九首。

以上七绝。

《箜篌引》一首。

乐府。

[康熙] **七年戊申**（一六六八），**先生五十岁。**

夏，暂至湘乡，与同年李孝廉国相泛湄水。

《五十自定稿》是年有《湄水月泛同芋岩》五律一首。

按：湄水在湘乡西。芋岩即桃坞老人，详见上文乙巳年。

与刘象贤游虎塘，待徐训导芳未至，因暑病先归。

《五十自定稿》是年有《期徐蔚子虎塘迟至余暑病先归蔚子独留万绿池与若启月饮共相太息寄此谢之》七律一首。《沅湘耆旧集·简在雍徐芳小传》云："芳字蔚子，本姓徐，长沙人。育于湘乡简氏，故又从简姓。字在雍。当时徐蔚子、简在雍之名最著，实一人也。顺治末以岁贡官常德训导，有《种竹亭稿》，王船山先生序行。夕堂所与游，多肥遁苦节，前朝遗老。蔚子官本朝，夕堂待之不少减，知其致此必有道矣。岂亦有不得已于中耶？"

按：《种竹亭稿序》云："不知今之以白首对江山，遽为残梦。"又云："则余与蔚子双影相怜，不禁神尽。而余少于蔚子，衰乃倍之。"似其文作于五十以后。

秋七月望日，编《春秋家说》成。

《春秋家说》自序云："迄今二十有二载，夫之行年五十。悼手口之泽空存，念菌蟪之生无几。恐将佚坠，敬加诠次。稍有引伸，尚多疏忘。启曰嗣先，聊传童稚云尔。著雍涒滩之岁相月壬子望不肖男征仕郎夫之述。"《四库全书提要》云："自序谓大义受于其父，故以《家说》为名。"

按："迄今"云者，承上文岁在丙戌、越岁丁亥而言。自丙戌至戊申，正二十二载也。

编《春秋世论》亦成。

按：《春秋世论》自序言"著雍涒滩之岁相月望日壬子"，盖与《家说》序同日作也。

编《五十自定稿》成。

是年诗除《湄水月泛》《寄徐蔚子》二首外，有《与唐须竹夜话》二首。

《沅湘耆旧集·唐端笏小传》云："字须竹，一字躬园，衡阳人。明季诸生。屡见王船山先生诗集中，盖船山受业弟子中所倚为奔走后先者也。"

《始晴》一首。

以上五律。

《春日山居戏效松陵体六首》。《答黄度长》一首。

诗云："资水连湘一雁征。"又云："述酒柴桑访秫秔。"

按：资水经宝庆入邵。度长盖邵阳人。

《得青原书》一首。

以上七律。

《些翁补山堂诗和者数十人今春始枉寄次韵奉和并敩翁体》一首。

歌行。

《沅湘耆旧集·些庵小传》云："初依熊鱼山开元、尹洞庭民兴于嘉鱼梅熟庵。已流寓洒阳，筑补山堂。"又载《补山堂歌》，其序云："小构沙湾，拜尔梅张公书，悬之茅茨。千岩竞秀，直补泽园所未有。因补山堂额，作歌以咏之，并谢其以烟云供养老僧也。"

[康熙] 八年己酉（一六六九），**先生五十一岁。**

夏，与唐端笏游驳阁岩，因寓居岩中，为之剖析学术源流。

《六十自定稿》是年有《同唐须竹游驳阁岩》七律一首。《沅湘耆旧集·唐端笏小传》下引徐令素《唐躬园墓志》云："尝得《白沙集》《定山集》《传习录》诸书，读之而嗜。迎船山先生住驳阁岩，为剖示源流，因知有朱、陆同异，及后来心学之谬。"

按：首句云："昨日初收梅雨天。"末句云："尚惜苔茸映绿烟。"故知夏间往游。

秋，复同游昭阳庵。

《六十自定稿》是年有《昭阳庵同须竹夜话云乘木叶秋波探五老之胜因便送之》七律一首。徐令素《唐躬园墓志》云："躬园欲访庐山，求安成陈二止先生觐、欧阳怀云先生霖宗事之，船山先生许焉。以父病不果行。"

按：五老峰在庐山。其诗末云："知君欲访匡庐瀑，摘去莲花池上参。"盖即许其有宗事陈、欧之志也。《永历实录·刘季矿传》言："吉安人士不屈节者，安福陈觐、欧阳霖，皆乡举也。觐字二止，甘贫砥节，自吉安陷，与妻子决，寓食攸县山寺，粗粝不给，或饮水以终日。"志言欲访庐山求二止者，盖兵戈定后复返江西也。欧阳怀云系先生乡试房师，详上文壬午年。又按：驳阁岩、昭阳庵皆在湘西，说详下文庚戌年。

过朱翠涛听月楼。

《六十自定稿》是年有《听月楼倦客归山留别翠涛王孙》七古一首。

按：诗云："楼前湘水腻碧玉，细细纹波送远秋。"知是楼在湘水之旁。又云："我今归卧蒸南谷，黄菊将开酒将熟。"知此诗作于八九月之际。

九月，和郭司马都贤《洞庭秋》七律三十首。

《夕堂戏墨》卷四《洞庭秋三十首》自注："遥和《补山堂》作。"序云："落帆笙竹来，垂二十七年，湖量未忘者，记持耳。是以捃湖采、邀秋容，一听之诸公。而仆诗最晚出，抑不能为驯雅之音，但思拂得活水一两波，几不远作者，未审间能勿疑殆？己酉杪秋记。"《沅湘耆旧集·郭都贤小传》下引陶密庵曰："洞庭秋三字，余始从寂寞中，颇以寄愁。些老倡为诗。补山堂九十首，海内和者数百人。"又录《洞庭秋》七律三十五首附录嘉鱼熊鱼山开元跋云："洋洋乎《洞庭秋》，真楚泽之遗音也。纵横曲折，裁成九十章，凡五千言。"

按：先生以壬午秋赴武昌乡试，路经洞庭。冬赴会试，由衡阳抵江西南昌，癸未春由南昌归衡阳，往返皆不由洞庭。嗣后未尝复至洞庭。自壬午至己酉，首尾二十七年，故序云："落帆笙竹来，垂二十七年"也。

复和闽僧晓堂《芦雁绝句》十八首。

《夕堂戏墨》卷五《雁字诗》后附录《题芦雁绝句》十八首序云："八闽晓堂上人以芦雁为法事，即得芦雁三昧，亦即以芦雁为诗。余于画理，如哑人食饱，心及而言不能及。为师随拈若而首，师遇画著时，有与余诗相磕撵者，即以题之，不信非瓠道人所写也。"又自记云："题此经一年矣。乃赋《雁字》，如两画相拟，一士一匠。自有分别者。寒窗西日，自顾而笑，因《雁字》带出此十八绝句，所谓新妇骑驴阿姑牵也。庚戌秋冬之际败叶庐记。"

按：庚戌秋冬之际言"题此经一年"，故知《芦雁诗》题于己酉九月。

冬十月，筑土室于茱萸塘。曲葺茅屋，开南窗，名观生居。

《六十自定稿》是年有《因林塘小曲筑草庵开南窗不知复几年晏坐漫成六首呈桃坞老人暨家兄石崖先生同作》五律六首。《南窗漫记》云："小筑如拳之室，戏作数诗，或和之，唯芊岩一首深为枯木撒花：'躯壳为谁留，相看已白头。从人嗤倔强，责自备《春秋》。寒尽鸿声断，春归草色柔。余霞擎晚照，峰翠逐人流。'"《行述》云："筑土室，名观生居。"《湘西草堂记》云："次筑观生居，在茱萸塘上。易以茅堵窗楹，少容几杖。"

按：《漫成》第一首云："喧风凌小雪，当砌炫冬荣。"第五首云："病畏朔风寒，南窗背岭安。"此筑室落成于十月之证。《姜斋文集·南窗铭》有"南窗夕曛"之语。诗题所谓"开南窗"，即观生居之窗也。第三首用十一尤韵，押留、头、秋、柔、流五字，即芊岩所和之原唱。题中"桃坞老人"芊岩之别号。《沅湘耆旧集》卷三十五选郭季林隐士履跖诗，列于桃坞老人李国相诗后，误以桃坞《和船山小筑》诗为季林所作。今考船山有哭季林诗，作于甲午，下距己酉十有五年。季林不及见观生居之落成，安得和小筑之诗？邓氏录桃坞、季林之诗，均采《南窗漫记》，此必抄胥错简，未及校正耳。

又按：观生居之筑，《行述》叙于居石船山之后，《湘西草堂记》叙于迁石船山之前。两文皆虎止所作，而纪载参差。今据先生自作《船山记》，乙卯始居石船山。己酉在乙卯之前六年。当以《草堂记》所叙为是。况观生居在茱萸塘上，去石船山二里，本非一地，《草堂记》言之甚明。《行述》所叙，未免疏舛。潘传言筑土室名曰观生居，叙于迁石船山之后，盖沿《行述》之误。

又按：《五十自定稿》庚戌年《怀入山来所栖伏岩谷各述以小诗得二十九首》，就中《小云山》《昭阳庵》《驳阁岩》《桃坞》《雪竹山》《茱萸塘》《败叶庐》《观生居》八题自注云："右湘西。"今考石船山亦在湘西，故草堂以"湘西"为名。是时草堂未筑，故无诗也。小云山已见甲辰年，桃坞已见乙巳年。驳阁岩、昭阳庵见本年，雪竹山见下文辛亥年，皆游历所及。败叶庐、观生居皆在茱萸塘上，则先后卜居之地也。

又按：《姜斋文集》有《南窗铭》《观生居铭》，是否作于是年，俟考。

是年纳侧室某氏。

《漫成》第四首云："耕钓传先志，人知德不堪。钏声原宿业，崖蜜自先甘。寓目团圞浅，初心冷暖谙。鸿踪沙外雪，聊谢盖棺惭。"

按：先生自辛丑年继室郑孺人殁后至是岁，首尾九年，未曾续娶。后此三年岁在壬子，曾生一女，其为庶出无疑。此诗"钏声原宿业"句，用禅家隔壁闻邻家钗钏声事；"崖蜜自先甘"句，用《香奁集》中"多情诗崖蜜初尝"意；"寓目团圞浅"句，用神童《新月》诗"待字闺中团圞在后"意；"初心冷暖谙"句，用侍女温酒三次冷暖适中事。以是推之，知侧室之来必在是岁。

是年诗除《漫成》六首，《驳阁岩》《昭阳庵》各一首、《听月楼》一首，并《洞庭秋三十首》《芦雁十八首》外，有《过芋岩不值》一首，《深秋望欧子直》一首，《家兄观夫之抄稿云墨迹似先征君垂示以诗哀定后敬和四韵》一首。

以上五律。

《不揆五十齿满懿庵见过留同芋岩小酌》一首。

七律。

诗云："隔岁相看颜似旧，衰年无据漏仍催。"

按：先生上年五十，是年五十晋一。诗题云"五十齿满"者，楚人谓晋一之年为满秩之岁，至今犹然，盖以阅一生辰为一岁满也。

又按：懿庵未书姓名。今考《鼓棹二集·添字昭君怨》一阙其题云："友人刘懿庵营虎塘颇胜，没后鞠为茂草。"知懿庵姓刘。虎塘在湘乡，知懿庵为湘乡人。《六十自定稿》壬子年有《二中园纪事为懿庵作》五律二首，乙卯年有《郡归书怀寄懿庵》七律一首，丙辰年有《早起草堂寓目篱间牵牛花追忆懿庵》五律一首，则懿庵之没在乙卯、丙辰之间。《沅湘耆旧集》载刘庶先《湄水同夕堂老人月泛寻懿庵别业》五律一首，末句云："鹿门知远近，渐入虎塘溪。"与《鼓棹二集》词题可以互证，惟其名尚待考耳。邓氏于《夏叔直小传》后引庶先此诗，言叔直与船山交甚挚，盖误以懿庵为叔直之别号，抑或误以为叔直别业之名也。

《寄和些翁补山堂诗已就闻翁返石门复次元韵寄意》一首。

《永历实录·王允成传》云："前金都御史益阳郭都贤隐居安化之石门山，莳花种秫，颇有佳致。"

按：《沅湘耆旧集》选些庵《石门杂咏》五首、《石门雪后看山》一首，又《九叠泉》诗序亦有"入石门右望"之语。

《粤奴初识雪歌》一首。《孤雁行和李雨苍》一首。

《南窗漫记》云："嘉鱼李雨苍占解寄余此诗，云欲涉湖相访，时年七十矣。阅两岁，遂长逝，不果所至。雨苍，大崖先生裔孙，国亡后不应公车。唐须竹为余过其家省之，萧清户庭，犹楚云台风味也。"自注云："楚云台，白沙筑于岭南，以馆大崖者。"《姜斋文集·读李大崖先生墓志书后》云："先生裔孙雨苍氏占解，年七十有三矣，以王文恪公所撰大崖墓志铭寄唐生端笏，使与夫之共读。谨识其后，以讯雨苍，当如面谈亦。"

按：《七十自定稿》辛酉年《得嘉鱼李西华兄弟书追忆雨苍》诗云："南游吊大崖。"为注云："世卿先生自白沙归游南岳。"又云："遗怨留鸿字。"自注云："雨苍旧作《孤雁行》见寄。"今以史传及各书考之，世卿即李承箕之字，别号大崖，嘉鱼人，成化二十二年举乡试，为陈白沙高弟。先生和雨苍诗有"千秋渺渺楚云台"之语，自注云："楚云台乃白沙留雨苍五世祖大崖先生读书而筑。"与《漫记》可以互证。己酉雨苍年七十，至壬子则七十有三，其寄大崖墓志稿后不久即卒。己酉至壬子，中隔庚戌、辛亥两年，故言"阅两岁遂长逝"也。《六十自定稿》壬子年哭李雨苍诗有"寻常雁塔称兄弟"之语，则雨苍举孝廉与先生同年。《南窗漫记》载雨苍《孤雁行》原唱云："开函读之泪横流，一别二十有八秋。"又云："孤雁孤飞孤自哀，多君兄弟共徘徊。"先生与石崖先生以壬午同举于乡。雨苍与先生兄弟相晤，当在是年省试之时，自壬午至己酉，首尾正二十八年也。

《读泾阳先生虞山书院语录示唐须竹》一首。

按：泾阳先生即顾端文公宪成，为东林领袖。《语录》乃其讲学之书。徐令素《唐躬园墓志》言船山为剖示源流，此诗亦其一端。

《效柏梁体寿王恺六》一首。

诗云："铁墙拗头绿凤栖，就君踏花糅香泥。君今僦宇当湘西，我旬过五君始跻。"

按：是年先生五十一岁，恺六五十岁。铁墙拗为先生旧游之地。兹复僦居湘西，盖与先生卜邻矣。

以上歌行。

[康熙] 九年庚戌（一六七〇），先生五十二岁。

秋九月，作《前雁字诗》五律十九首。

自记云："雁字之作，始倡于楚人。楚泽国也，故楚人以此宜为之咏叹。近则玉沙湖补山老人续倡，作者连轸，予病未能者且十年矣。不期病中忽有阳禽笔阵，如鸠摩罗什两肩童子出现，因吟十九首。诸公于霜寒月苦，南天落翼之日，目送云翎。而仆于花落莺阑，炎威灭迹之余，追维帛字。时从异轨，情有殊畛，'短歌微吟不能长'，斯之谓矣。故诸作者皆赋七言，而仆吟四十字。"

按：补山老人即郭些庵，因以"补山"名堂，且赋"补山堂诗"也，补山堂在沣阳州玉沙湖上。先生己酉年《复次补山堂元韵寄意》诗云："我公昔浮玉沙湖，湖上突出孤山孤。"与此诗自记言"玉沙湖补山老人"正相符合。《沅湘耆旧集》未录些庵《雁字诗》，而选陶教习之典《雁字》

七律八章之二，题下自注云："些庵先生命"，则些庵原唱系七律八首也。先生自记云："作者连轸，予病未能者且十年矣。"自庚戌上溯辛丑，首尾十年，知原唱作于辛丑、壬寅之际矣。

又按：此记言忽有阳禽笔阵，因吟十九首。《芦雁诗》自记云："题此经一年矣，乃赋《雁字》。"彼记作于是年秋冬之际，盖《芦雁诗》作于上年九月，《雁字诗》作于是年九月。此记言"花落莺兰，炎威灭迹"者，《雁字诗》与《落花诗》同一比兴，则"花落莺兰，炎威灭迹"八字亦系比兴，与上文"霜寒月苦，南天落翼"事同一例，非真作于夏月也。

复作《后雁字诗》五律十九首。

自记云："或曰，谓泽人宜吟雁字者，楚泽国也，有州渚，有平沙，有芦蒋菰荬，东有彭蠡之泽以攸居志，南有衡阳之峰，曰所回翼也，过斯以往，孰妄言之，而孰妄听之乎？余曰可哉，嗣吟十九首，首四十字。"

冬，作《仿体诗》一卷。

《夕堂戏墨》卷六《仿体诗》，其题云："仿昭代诸家体。"序云："昭代三百年间，诗屡变矣。偶为寻之，得三十八人，人仿一章。"

按：三十八首皆七律，始于刘护军基《秋兴》，终于顾秀才开雍《恸哭》。序中未言年份。然《夕堂戏墨》九种，分为九卷，除末一种《杂赞铭》非一时所作，已移归《姜斋文集》外，其余八种，自《落花诗》至《愚鼓词》，皆以编成先后为序。《仿体诗》系第六种，在《雁字诗》后，《潇湘怨词》前。《雁字诗》编于是年秋九月，《潇湘怨词》编成于下年，未署时月。然《拟古诗十九首》《拟阮步兵咏怀》二十四首皆作于是年。《仿体诗》题目相近，当亦同时所作，故知在是年冬。

是年文有《砚铭》一篇。

砚铭云："余两赴端州，未能得一佳石。故水师将军南陵管灿，旧为制使丁魁楚开灵羊峡坑，家有数石，其子贻余一砚。知石理者谓：承之以日则晶荧反射如浮金乳为独绝，不在虫蛀火齁蕉叶也。庚寅冬，桂林覆败，为叛吏挟家人夺去。既返山中，无以和墨。刘平思畀一石子，外璞中腻，参差类小龟，即非至者，亦颇受墨。相随二十年矣。平思下世来，倏已五载，欣佩故心，聊为铭之。"

按：先生由桂林安福返衡阳故山，在庚寅后一年辛卯。自辛卯至庚戌正二十年，故知《砚铭》之作当在是年。

又按：铭词有"壶拜稽首"之语，则是年先生署名仍用改名"壶"字，未复原名也。

又按：《姜斋文集·砚铭》之前，有《笔铭》。《砚铭》之后有《墨铭》《秘阁铭》《砚盖铭》《杖铭》《拂子铭》《围棋铭》《梳铭》。是否作于一时，俟考。

是年诗除《前雁字》《后雁字》各十九首，《仿体》三十八首外，有《拟古诗十九首》，《拟阮步兵咏怀》二十四首。

以上五古。

《怀入山来所栖伏岩谷三百里中小有丘壑辄畅然欣感各述以小诗得二十九首》。

《排子岭》《狮子峰》《黑沙潭》《续梦庵》《双髻峰》《黄沙潭》《溪波岩》《妙高峰》《车辙亭》《方广路》《啸台》《补衲台》《洗衲池》《青溪石门》《西石门》《松纹石亭》《邬云庵》《钓竹源》《云台山》《西庄源》《小祇园》《小云山》《昭阳庵》《驳阁岩》《桃坞》《雪竹山》《茱萸塘》《败叶庐》《观生居》。

[康熙]十年辛亥（一六七一），**先生五十三岁。**

是年作《潇湘大八景词》。

自记云："余歌小八景来十六年矣。重吟大八景词，复用瞿、辛原体，旌初志也。"

按：小八景作于乙未春。自乙未下推十六年为辛亥，故知作于是年。《大八景词》列于《小八景词》之后，在《潇湘怨词》卷内，题系《潇湘夜雨》《洞庭秋月》《平沙落雁》《远浦归帆》《渔村夕照》《山市晴岚》《山寺晚钟》《江天暮雪》。词调仍用《摸鱼儿》。

并《十景词》，合前《小八景词》，编为《潇湘怨词》。

自记云："潇湘八景，不知始谁，差遣唯洞庭月、潇湘雨耳，他皆江南五千里所普摄也。迹不胜探，探其尤者，得十景焉。视诸帆雁岚雪，悠悠无择地者，不独贤乎？"

按：《十景词》列于《大八景词》后，亦在《潇湘怨词》卷内。自记未言作词年分，盖蒙上从省也。题系《舜岭云峰》《香塘渌水》《朝阳旭影》《浯溪苍壁》《石鼓危崖》《岳峰远碧》《昭山孤翠》《铜官戍火》《湘湾曲岸》《君山浮黛》。词调用《蝶恋花》。

作《前愚鼓乐梦授鹧鸪天词十首》，《后愚鼓乐译梦渔家傲词》十六首，《和青原乐地大师十二时歌》十二首。编《愚鼓歌》一卷。

《夕堂戏墨》卷八《愚鼓歌》内《前愚鼓乐梦授鹧鸪天词十首》序云："无师之师，其唯梦乎？无梦而梦，非师而谁任为师？梦之明日，中湘笃生翁投余诗云：'三一从兹守，策名玉洞仙。'不期而与梦应。然则梦果余师也。"又，《后愚鼓乐译梦十六阕调寄渔家傲》序云："梦授歌旨，囫囵枣也。仰承灵贶，不敢以颠顸当之，译之成十六阕。"又，《十二时歌和青原乐地大师》序云："乐地《十二时歌》，千里唇皮，遥相乔赚。瓠道人倚愚鼓而和之，不道未吃乐地乐，便掇开药囊向一壁也煮。"

按：《愚鼓歌》卷中三序来著年分，然《前后愚鼓乐》以后译前，自必作于一时。《十二时歌》既附于《愚鼓歌》卷末，序中又言"倚愚鼓而和之"，谅亦同时所作。且序中"千里唇皮，遥相乔赚"，"未吃药地药掇开药囊向一壁也煮"等语，与《南窗漫记》所言正合。次密之韵《述怀》诗云："别调相看更鞅然"，即指《愚鼓歌》而言，故知作于是年也。详见下文。

是年诗有《偶望》一首。《极丸老人书所示刘安礼诗垂寄情见乎词愚一往呐吃无以奉答聊次其韵述怀》一首。

诗云："洪炉滴水试烹煎，穷措生涯有火传。哀雁频分弦上怨，冻蜂长惜纸中天。知恩不浅难忘此，别调相看更鞅然。旧识五湖霜月好，寒梅春在野塘边。"《南窗漫记》云："方密之阁学逃禅洁己，授觉浪记莂，主青原，屡招余将有所授，诵'人各有心'之诗以答之，意乃愈迫，书示吉水刘安士诗，以寓从臾之至。余终不能从，而不忍忘其缱绻，因录于此：'药铛茶灶一炉煎，霜雪堆头纸信传。松叶到春原堕地，竹花再种更参天。纵游泉石知同好，踏过刀枪亦偶然。何不翻身行别路，瓠落出没五湖烟。'"

按：极丸老人系方密之别号。《永历实录·刘季矿传》云："吉水人，兄伯钦、仲镦，皆清节士也。仲镦字安礼，举于乡，亢节隐于梅川。"密之示安礼诗，盖以志节相近，欲引以逃禅也。徐令素《唐躬园墓志》云："又极丸老人以书订船山同住青原。船山不欲往，遗躬园行，达彼此之意，又以母病不果行。"当即是年之事，盖志于"以母病不果行"上加一"又"

字，系承上文欲访庐山以父病不果行而言。前事在己酉年。次年庚戌，船山与密之无寄诗唱和之事。故知当在辛亥。况下年壬子，密之即殁，其为是年无疑。

《宿雪竹山同茹蘖大师夜话》一首。

诗末云："自护杨坟茎草绿，春归闲唱踏莎。"自注云："师嗣法嘉兴杨坟山。"

以上七律。

[康熙] 十一年壬子（一六七二），先生五十四岁。

春，暂至湘乡，游刘懿庵二中园。

《六十自定稿》是年有《二中园纪事诗为懿庵作》五律二首。

按：懿庵有别业在虎塘，二中园当即别业之名。第一首用"柳径""岚风"，第二首用"花影月""柳莺歌"，故知作于春间。

是年，侧室某氏生女。

详上文己酉年，下文戊午年。

是年文有石崖先生《诗传合参序》一篇。

序云："伯兄石崖先生曰：'吾以序言诗，而于生平讽诵所蓄疑而未安者，自觉为之豁如。'"

《读李大崖先生墓志铭书后》一篇。又有《老子衍后序》一篇，逸去。

自序云："壬子稿有后序，参魏伯阳、张平叔之说，亡之矣。"

是年诗除《二中园纪事》五律二首外，有《刘庶仙五十初度即席同唐须竹》二首。

按：第二首云："于君烧烛耐春寒"，则庶仙生辰当在春间。《鼓棹初集》"寿刘庶仙"《瑞鹤仙》词云："桃花开也未？有酥雨微晴，烂熏春醉。"似在二月间。

《闻极丸翁凶问不禁狂哭痛定辄吟》二首。

自注云："传闻薨于泰和萧氏春浮园。"

按：泰和萧氏即萧伯玉之后人。春浮园系伯玉所居。密之为僧后，主青原方丈。青原在吉安府庐陵县，去泰和不远。第二首云："文水东流隔楚浔"，以文水在吉安也。第一首云："余有《南华》内七篇"，以密之曾注《庄子》也。

《冬夕》二首。

以上七律。

《早春》二首。《得须竹鄂渚信知李雨苍长逝遥望鱼山哭之》五首。

第三首云："青原罢棹石门寒，柳岸霜风月已残。"自注云："密之阁老、天门司马俱以是年弃世。"第五首云："白杨衰草楚云天，孺子生刍莫暝烟。忍泪欲弹须剪烛，霜风偏缓上滩船。"自注云："须竹赴哭未归。"

按：据"霜风""衰草"之语，盖作于秋末冬初。

以上七绝。

[康熙] 十二年癸丑（一六七三），**先生五十五岁。**

秋七月，与唐古遗、须竹兄弟游钟武故城。

《六十自定稿》是年有《新秋同唐古遗须竹游钟武故城归坐小轩夜话》七绝四首。

按：钟武系汉县，后省入衡阳。故城在衡阳西八十里。题言"新秋"，第一首言"暑气犹留"，知是游在七月。第三首言"但为爱君兄弟好"，知古遗即须竹之兄。第四首言"便把一竿随而住"，知小轩即唐氏之轩。惟古遗之名俟考。

冬十一月二十一日，吴三桂反于云南。

十二月小除夕，吴逆兵陷沅州，湖南震勤。

是年诗除《游钟武故城》七绝四首外，有《即事》二首。

按：第一首云："暄气熏寒月"，第二首云："仲冬微雨息"，盖作于十一月。

《晴步》一首。

以上五律。

《咏菊答须竹》一首。

五排。

《咏雪》四首。

七律。

[康熙] 十三年甲寅（一六七四），**先生五十六岁。**

春，吴逆兵陷常德、澧州、长沙，复陷岳州。湖南各郡并为其所据。先生出避于外。

《六十自定稿》自序云："楚人之谓叶公子高，一曰君胡胄，一曰君胡不胄，云胄云不胄，皆情之至者也。叶公子高处此，殆有难言者。甲寅以还，不期身遇之，或谓予胡胄，或谓予胡不胄，皆爱我者，谁知予情。予且不能自言，况望知者哉！"《湘西草堂记》云："因避滇氛，泛宅数载。"

正月，至湘乡。

《六十自定稿》是年有《上湘旅兴》五律五首。

按：第一首云："寒山犹半绿，浅日动浮光。习习江南暖，淫淫小雪长。"第二首云："柳阴谁竹外，几叶带疏黄。"知是正月所作。第三首云："金丹及铁马，吾意定奚从。"第五首云："山城犹百里，战伐不相知"，"回念巴丘北，银涛卷绣旗。"即指长沙、岳州一带用兵之事。

三月，与唐端笏同泛舟。

《六十自定稿》是年有《舟中上巳同须竹》五律一首。

夏，还衡阳，游伊山。

《六十自定稿》是年有《伊山》五律二首。

按：伊山在衡阳西三十余里，中有桓伊书堂旧迹，一名桓伊山。

又按：第一首云："云烟开绿亩，金碧动青林。"又云："萧清初觉好，风雨更幽岑。"知作于夏间。

秋，与唐端笏及黄生至湘阴，泊青草湖。

《六十自定稿》是年有《青草湖风泊同须竹与黄生看远汀落雁》五排一首。

按：青草湖在湘阴北百里、巴陵南七十九里。

冬，由衡山归。

《六十自定稿》是年有《衡山晓发》五律二首。

按：第一首云："击汰迟枫浦，归心就翠微。"第二首云："绿润不知冬，岳云第几峰。"知作于冬时。

是年诗除上文所引各首外，有《陈耳臣老矣新诗犹丽远寄题雪诸咏随意和之得五律四首》。

《初雪》《映雪》《欲雪》《访雪》。

《沅湘耆旧集·陈五鼎小传》云："字耳臣，攸人。崇祯朝贡生，官未阳教谕，有《雨余堂文集》。耳臣性狷介，刻苦自励，无子。乱后隐居深山不出，与王船山先生交好，一通音问而已。"

《送蒙圣功暂还故山》七律一首。

按：圣功系蒙养正之字。诗中用“秋风”“凉日”，盖作于秋间。

《剩稿》有《寄怀陈耳臣兼怀安福陈二止》七律一首。

诗云：“缑山月榭梦中秋，疏雨湘波一寄愁。老大乾坤添戏局，萧条风月识中流。维摩香饭聊长饱，鲁壁哀弦未易酬。为访华山酣睡客，可容长笑指神州。”

按：《沅湘耆旧集》载此诗未加按语。据小传“一通音问”之语，知即作于是年和诗之际。

是年词有《西江月》“本意”二首。

《鼓棹初集》此题第一首云：“湘水悠悠北去，章江渺渺东流。清光拂剑碧天秋，情寄一杯浊酒。落月倩谁留住，长江又送新愁。小孤潮阻散花洲，露冷长堤衰柳。”

按：《西江月》调以“本意”为题，盖命意即在江西，故有“章江东流”“长江新愁”之语，小孤及散花洲乃湖北至九江之路，是时洞庭用兵，路途隔绝，故有“潮阻”之语。

又按：第二首“曾忆龙沙孤夜泊”云云，系追忆在南昌度岁之事，详上文壬午年。

[康熙] 十四年乙卯（一六七五），先生五十七岁。

春初，至长沙。

《六十自定稿》是年有《长沙旅兴》七律一首。

按：诗云：“江上红芽始试春，乳莺调语正迎人。人间韶日还相识，花下暄风已试新。”知是春初所作。

泊水绿洲，晤刘思肯，为写小照。

《六十自定稿》是年有《走笔赠刘生思肯》七绝三首。第一首云：“故园枝叶记君家，兄弟风流竞笔花。泛宅五湖君自远，相逢犹幸在长沙。”第二首云：“水绿洲前鱼艇多，也来相伴晒渔蓑。逢君剪烛当深夜，奈此干戈满地何。”第三首云：“老觉形容渐不真，镜中身似梦中身。凭君写取千茎雪，犹是先朝未死人。”

按：据第一首言长沙，第二首言水绿洲，知水绿洲即在长沙。第三首言形容凭君写取，知思肯为先生写照，互见下文戊辰年。

二月，过湘潭昭山。

《六十自定稿》是年有《昭山》五绝二首。

按：昭山在湘潭东北四十里，与长沙县接界。此诗第一首云："曲曲见昭山，孤青不相舍"，知由长沙舟行至湘潭。第二首云："深春花欲红"，知作于二月间。

三月，至水口。

《六十自定稿》是年有《水口道中》七绝一首。

按：诗云："乳莺啼处春无几，才见樱桃一树花"，知作于三月间。先生以二月过湘潭，四月由衡州府城归山，则三月所至水口当在湘潭、衡山、衡阳一带。湘潭有涓水龙口，衡山有茶陵江口，衡阳有烝口、耒口。未知是何水口，俟考。

四月，自衡州府城归山。

《六十自定稿》是年有《郡归书怀寄懿庵》七律一首。

按：诗云："雨滞花残不解飞"，又云"生死难忘只翠微"，当是梅雨时所作。

秋七月，由衡州府城至桓伊山。

《六十自定稿》是年有《出郭赴李缓山之约桓伊山下遇雨》七律一首。

按：诗云："葛衣疏透雨珠间，习习轻风宿暑阑"，当是作于秋初。

八月，与故给事蒙正发往江西萍乡。

《六十自定稿》是年有《萍乡中秋同圣功对月》七律一首。其诗云："白头还作他乡客，不负青天只月明。自笑渔樵非泛宅，聊听鸿雁有新声。晶瓶浸魄一双影，玉镜当心无限情。莫为银蟾增怅恨，孤清直上即瑶京。"

九月，由江西萍乡还湖南。阻风泊湘潭，访故将张永明。

《六十自定稿》是年有《风泊中湘访张永明老将吊孙吕二姬烈死读辛卯以来诸公奖贞之篇放歌以言情孙吕事详故中舍管公记》歌行一首。

按：诗中云："二十六年春蔓长，我与张君四鬓霜。"又云："茫茫峒云结烟草，贞魂不舍苍梧道。"又云："君不见张君二妇漓江滨，俄顷千秋如截铁。"由乙卯上溯二十六年之前，岁在庚寅。是年桂王由梧州播迁。张永明当是桂王旧将。其侧室孙、吕二姬殉难于梧州漓江之滨。辛卯即庚寅之后一年也。又云："哀歌血泪洒青天，管子嗣裘金郎堡。而我悲吟独待今，二十六年愁埋心。左披蒙生俱未死，军中弹泪秋阴深。"管子嗣衮即题中所云中舍管公，蒙生即蒙正发。左披系给事所居。盖管中舍曾为二姬作记，又与堡同作诗。二人已前殁，而正发尤存。先生与正发同至萍乡，又同还湖南，同泊湘潭，遂作歌以追吊二姬也。又云："昭潭万波叠霜毂，南望漓江暮云绿。惊鸿叫云天不开，秋夕孤飞遥痛哭。"则泊舟湘潭在九月也。

又按：是年吴逆遗伪总督黄乃忠等合兵数万，自萍乡窥袁州。兵革方兴，道途多梗，故先生寓萍乡未久，复还湖南也。

过湘乡东台山，还衡阳。

《六十自定稿》是年有《东台山》五律一首。其诗云："百里初见山，西晖客望闲。半峰明紫树，群岫倒苍湾。仙馆箫声歇，渔舟隔浦还。祝融知近远，清梦骛云间。"

按：东台山在湘乡东十里。据"祝融近远"之语，知由湘乡还衡阳。据"西晖客望""苍湾紫树"之语，知作于秋末。

筑湘西草堂于石船山。

《六十自定稿》是年有《草堂成》五律一首。其诗云："归舟湘水北，伐木逮秋清。"《船山记》云："船山之岑，有石如船，顽石也，而以之名。顾于此阅寒暑者十有七，而将毕命焉，因曰此吾山也。辛未深秋就。"《行述》云："最后自岳阴迁船山，遂以地之僻而久藏焉。"《湘西草堂记》云："越十二年，再徙于石船山下，去观生居二里许，仍里人旧址筑湘西草堂。"潘传云："最后归于衡，游石船山，以其地瘠而僻，遂自岳阴迁焉。"

按：自辛未上溯乙卯，首尾共十七年。湘西草堂成于乙卯，即以是岁迁居，年数正相符合。先生以庚子岁葺败叶庐，己酉岁筑观生居。两地皆在茱萸塘旁，并非转徙。自己酉至乙卯仅有六年，自庚子至乙卯凡十有五年，《湘西草堂记》云"越十二年"，"二"字当是"五"字之讹。

又按：《湘西草堂记》叙草堂之筑于避滇氛泛宅之前。今考先生避滇氛凡两次，前一次自甲寅至乙卯，在草堂筑成之先。第二次自戊午至己未，在草堂筑成之后。虎止浑括言之，故叙次未甚析耳。

冬，草堂成。

按：《草堂成》诗中二联云："鹤馆松云剪，萍踪雪径成。南窗仍夕暖，东岭迓春晴。"知筑成在冬时。

又按：《儒林传稿》采余传云："居石船山，杜门著书。"今考先生杜门著书为日已久，而居石船山则自是年始。

是年诗除上文所引各首外，有《残雪》四首。七律。《题林良枯木寒鸦图图有李宾之题句》四首。七绝。《石流篇》一首。《雉子游原泽篇》一首。《门有车马客》一首。《夜坐吟》一首。《豫章行》一首。《顺东西门行》一首。《猛虎行》一首。《短歌行》一首。以上乐府。

按：乐府八篇，体格词意均属相近。《石流篇》云："水无旋流，卉木有方。"又云："浩浩方隅，茫茫圆轨。"《雉子游原泽篇》云："芒芒非故林。"又云："崎岖北与南。"《门有车马客》云："策马何方来，遥遥驻光度。"《夜坐吟》云："吾何归，归何叹。"《豫章行》云："遵途出郭门，待远有来期。"又云："洪流从问津，危岑将共之。"《顺东西门行》云："乘逍遥，归太宁。"《猛虎行》云："途长不息空舍亭，道迷不随飞蓬征。飞蓬无去心，空亭多夕惊。寸心有端绪，歧路劳屏营。"又云："危途厉修节，游衍悲傅零。"《短歌行》云："鸿雁惊霜，飞必有乡。"又云："登山善疑，临水善忆。"又云："横波施楫，谁能代持？"并为行旅之词，显系一时所作。就中《豫章行》明指江西。其余七篇大都作于暂寓萍乡之日。

是年词有"留别家兄"《南乡子》一首。

《鼓棹初集》此题词云："老去别堪惊，日暮长亭亦短亭。镜里朱颜唯梦里，惺惺，刺柏堂前一字行。　　此去更无凭，药饵谁扶瘦骨轻。望断岳阡魂缥缈，伶俜，万叠烟波两叶萍。"《沅湘耆旧集·王贞献介之小传》云："乱后遂筑室衡、邵、永界万山中。"

按：先生自辛卯返里后，虽辗转迁移，然亦多在衡、邵、永之间，即往来于长沙、岳州，亦不越湖南之界，与石崖先生未尝远别。是年至江西萍乡，始离本省，故有"此去无凭""望断岳阡"之语。石崖长于先生十三岁。是年先生五十七，石崖已七十岁，故有"老去别堪惊"之语，则此阙作于是年无疑。

［康熙］十五年丙辰（一六七六），**先生五十八岁。**

春三月，寓居双髻峰。华亭章有谟来游于门，偕唐端笏问《礼》。

《六十自定稿》是年有《春夕同章载谋看月》七律一首。其诗云："草堂新筑延新月，夕望春烟散夕清。天地空轮原自昔，莺花流目不须惊。东风摇柳拖柔影，绿晕莎肥炫露明。莫拟华亭归鹤怨，湘山布谷未催耕。"《行述》云："时值华亭章司马次子有谟南游阻道，亡考延入，昼共食蕨，夜共燃藜，以所注《礼记》授之，夜谈至鸡鸣为常。游兵之为盗者窃听而异之，相戒无犯焉。"徐令素《唐躬园墓志》云："滇师抗命之年，章公子载谋有谟游粤西不得归，因游于船山之门而问礼，旦夕与躬园偕，知躬园甚深。"邓氏显鹤云："按载谋为永明时兵部侍郎旷之子。侍郎以身扼湘阴、平江之冲，湖南恃以无恐，以劳郁卒于永州。载谋孤露，贫匮无所归。先生时寓双髻峰，招与同居三年。日饭草糗，夜则燃松脂著书。"

按：先生以崇祯壬午科举于乡，出欧阳方然之门。章于野是科亦为同考官，出闱后遂引为知己，互相砥砺。丙戌冬，于野巡抚江北。先生曾至江阴，上书指画兵食，请调和南北，以防溃变，盖期望于野者深矣。己未年先生有《送载谋归吴淞》五律二首。第一首云："相逢及送别，都在落花时。"参以是年《看月》诗"莺花流目""绿晕莎肥"之语，知载谋初见先生在三月间。己未上距丙辰三年。邓氏云："招与同居三年"，即谓丙辰三月至己未三月也。

又按：《沅湘耆旧集》载虎止赠董达五古一首，题云："董君达年八十矣，以章大司马祠碑及陈烈妇碑文远来相订，并示以载谋公子及公孙近札，遣使入山，道绻绻之意，以期一晤，作五言长诗答之。"其诗云："忆昔弱冠时，逢翁戎马间。言偕章公子，避地入寒山。先君称执友，往事述仁贤。丞相回落日，桑榆摧霜寒。翁为门下士，锋矢护完棺。秉彝有同心，言返吴江攒。翁志既已酬，薄游侠士坛。侠士葬郊麟，列女悲贞鸾。上湘陈宜人，报志没涟湍。至德必有邻，水怪匿神奸。洲拥烈妇坟，波激壮士肝。"邓氏显鹤云："章文毅公旷卒于永州。陈夫人则其妾陈氏也。有武人要之，陈赴水死，湘人葬之涟溪东岸。大水冲啮溪岸，墓独无恙。"今考虎止诗云："言偕章公子，避地入寒山"，是年载谋谒先生时，董君与之偕来也。虎止生于庚寅，是年二十六岁，故诗云"忆昔弱冠时，逢翁戎马间"也。于野在桂王时官至大学士，故称为丞相。陈氏系侧室，而称为宜人，意者所生之子由父荫得官，故母以子贵，抑或桂王因其殉烈而加赠，尤福王赠陈御史良谟之妾时氏为孺人欤？

复还湘西草堂。

《六十自定稿》是年有《早起草堂寓目篱间牵牛花追忆懿庵》五律一首。诗中云："秋色生空外，微晴始素晖。篱花深碧紫，风蔓小霏微。"

是年戴日焕复至衡山来谒，同宿僧寺。

《姜斋诗剩稿》是年《戊戌岳后辱戴晋元见访今来复连榻旃檀口占五古一首》。其篇末云："同君宿郊庵，四目还相注。回看双鬓云，南飞绕湘树。"

按：戊戌下距丙辰凡十八年，故篇首有"荏苒十八年"之语。互详上文戊戌年。

又按：《沅湘耆旧集》载此诗题只"寄友"二字，盖所见之本不同。邓氏因题中无年分可考，未知先生作此诗时已近六旬，谓《晓同夏叔直出寺读米菊水司寇所镌谭友夏记》一首、《霜度岳径》一首，并此一首，见《楚风补》。玩其体格，似不离竟陵习气，故《自定稿》删去。盖先生早岁尚不以钟、谭为非，晚乃自辟町畦，吐弃一切。崇阳蒙正发诗有"爱听船山骂竟陵"之句，此其征也。"今考《晓同夏叔直出寺》一首作于甲申。《霜度岳径》一首未知何年，要必在乙酉编《岳余集》以前。二诗虽先生早年所作，然亦未尝模仿竟陵也。谭友夏《游南岳方广记节略》,《莲峰志》内亦曾采录，不过藉以考证游踪，并非奉为模楷。即如《仿体》三十八首之中，钟、谭何常不居其二，亦节取而非崇尚也。《岳余集》内所载，《自定稿》内例不重收，并非有意删弃。至于此诗，《自定稿》不载，然先生晚年诗尚有《买薇稿》，今已逸去，安知非编列其中，无以决为删去。即使删去，亦非因其习染竟陵。况先生诗学自幼得仲父牧石先生之传。牧石排斥竟陵，见先生所撰墓表，岂待与蒙正发相识之时始诋竟陵之谬哉！

是年撰《周易大象解》一卷成。

《周易内传发例》云："丙辰始为《大象传》。"

是年诗除上文所引各首外，又有《先秋一日作》一首。

七律。

是年词有"自题草堂"《贺新郎》一阕。

《鼓棹初集》此词云："一曲林峦新造，何敢望松萦竹抱。新绿半畦荒径侧，怕萋萋仍是黏天草。"又云："东墙幸有冰轮好，到秋来暖雪生眉，琼浆灌脑。"今考草堂成于去冬，此词当作于是年春间，预述秋间事也。

[康熙] 十六年丁巳（一六七七），**先生五十九岁。**

春，游衡山，登回雁峰。

《六十自定稿》是年有《重登回雁峰》七律一首。

按：诗中有"绿草当春覆一邱"之语，故知作于春间。先生前此登回雁峰未知何年，俟考。

秋，编《礼记章句》四十九卷成。

《六十自定稿》是年有《新秋望章载谋》五律二首。第一首云："湘山犹曲曲，畴昔故天涯。偶合添离恨，轻分有后期。灯残知弈误，月上尽诗迟。芳草王孙在，闲愁付杖藜。"自注云："时载谋授馆于翠涛。"第二首云："干戈方万里，摇落又三秋。霜鬓久无据，云踪幸缓愁。周秦焚后字，荆楚赋中楼。郑重清波意，君无忘野谋。"自注云："时《礼》注方竟。"

桐城余兼尊来访。

《六十自定稿》是年有《桐城余兼尊昔为青原侍者归素以来崎岖岭外相值见访为录前寄极丸老人诗仍次原韵赠之》七律一首。其诗云："沙上鸿踪昔岁心，蝶楼鹤语旧时林。已知罢钓能忘饵，何必登床更碎琴。月影偶留传雁字，秋声不断有蝉吟。闲愁杜口从君语，为受青原记蓟深。"

按：极丸老人即方密之。归索尤云还俗。盖兼尊与密之皆桐城人。密之主青原方丈时，兼尊曾为侍者。密之殁后，兼尊还俗，游粤至楚，与先生相见于衡也。诗中用"雁字""蝉吟"，知作于秋间。先生前寄极丸老人诗，即《五十自定稿》内《寄怀青原药翁》七律一首。药翁谓密之，为僧后名药地。其诗亦用心、林、琴、吟、深五韵。见上文丁未年。

是年诗除上文所引各首外，有《遣怀》四首。

七律。

《箜篌引》一首。

乐府。

[康熙] 十七年戊午（一六七八），**先生六十岁。**

春，吴逆谋僭号于衡州。其党有知先生名者，属为劝进表。先生力

拒，遂逃之深山，作《袯襫赋》。

《行述》云："维时长啸一室，作《袯襫赋》曰：'谓今日兮令辰，翔芳皋兮兰津。羌有事兮江干，畴凭兹兮不欢。思芳春兮迢遥，谁与娱兮今朝。意不属兮情不生，予踌躇兮倚空山而萧清。阒山中兮无人，蹇谁将兮望春。'"潘传云："先生之未没也，盛名为湖南之冠。戊午春，吴逆僭号于衡阳，伪僚有以劝进表属先生者。先生曰：'某本亡国遗臣，鼎革以来，久逃于世，今汝亦安用此不祥之人为？'遂逃之深山，作《袯襫赋》。"《沅湘耆旧集》小传云："康熙初，吴逆谋僭号于衡，伪僚有以劝进表属者，先生曰：'某本亡国遗臣，所欠一死耳。今汝亦安用此不祥之人哉？'遂逃入深山，作《袯襫赋》。"《儒林传稿》采余传云："康熙间，吴逆在衡湘，夫之又逃入深山。"

按：《行述》载《袯襫赋》仅此十句，当是节引，本非全篇。《姜斋文集》内此赋亦只十句，盖辑《文集》者即自《行述》中录出也。其全篇俟考。

秋八月二十一日，吴逆死于衡州。

是月，幼女殁，葬于败叶庐左梅树之下。

《六十自定稿》是年有《梅阴冢》歌行一首，序云："船山老人幼女七岁，许字友人唐君之子者，以戊午八月殀。败叶庐左有梅一株，老人夙所玩息。庐圮梅存，因瘗其侧。老人女早晚字，动有闲则。尝自言：使我且死，必不乱。垂亡果然。老人哀之甚，且恐此土为樵犁所侵，诗以志之。"

按：唐须竹奉先生为师，而先生待之如友。其见古遗，见《六十自定稿》，又《七十自定稿》内唐如心两见。此序所言友人唐君，未知何属，俟考。

九月初一日，先生六十生辰。徐芳寄礼物祝寿，作启答之。

《姜斋文集·六十初度答徐蔚子启》云："胫宜孔杖之施，教无失故；肘有原襟之露，友且怜贫。刀兵劫改，仅存鹡渚之弟兄；生死梦中，还记虎塘之欢笑。人间甲子，已如鹿在蕉中；世外春秋，不谓雁来天际。指青松以似我，五大夫阅世空悲；进赤舄以邀仙，几鞱屦今生更著。青袍无烦严武，用支肺病之寒；湘簟不拂元规，持却热中之暑。匪寻常缟纻之交，实早岁笠车之约。拜登不言颜甲，念雉坛之存者几人；晋祝将俟先庚，记鹤羽之归来隔岁。"

按：据启中所言，蔚子祝寿之礼，当是朱履青袍、松枝杖湘竹扇也。鹄渚即武昌之黄鹄矶，盖回忆早年同应乡试时事。虎塘欢笑则同游湘乡事也。戊申夏有《期徐蔚子虎塘迟至余暑病先归》七律一首，其前后同游谅非一度矣。

冬，同唐端笏送李国相葬后，溯湘过衡州府城还山。

《六十自定稿》是年有《同须竹送芋岩归空竟小艇溯湘转郡城有作》七律二首。

按：是年春间吴逆僭号，先生逃避深山。此时出山送葬，复由郡城还山，无复踪迹之者，八月十七吴逆死后，党羽离心，有溃散之势，不暇物色遗老也。诗言"飘零人在钓鱼船"，知未入郡城；又有"埋心遥夜""寒灰堕地""断云影里""错拟万株梅"等语，知作于冬月。

是年诗除《梅阴冢》歌行一首外，有《寄徐蔚子》一首。

五律。

诗云："黄鹄一癯仙，重逢腹已便。橄从邛部草，诗授郑公笺。柯雨先征梦，樵风恰满船。褚公池上月，珍重到秋圆。"

《小楼雨枕》四首。

《行述》云："又《山楼雨》诗曰：'江城二月催寒雨，山客三更梦岭云。青镜分明知鹤发，宝刀畴昔掩龙文。援毫犹记趋南史，誓墓还谁起右军。飞鸟云边随去住，清猿无事忆离群。'"

按：《山楼雨》，《六十自定稿》作《小楼雨枕》，此四首中第一首也。

又按：第二首云："闲坐小楼清澈极"，第四首云："客窗倦雨晓朦胧"，合之第一首云："江城二月催寒雨"，当是寄寓山楼所作。第三首云："符玺可容徐广泪，山河难授马融图"，则隐寓不肯草劝进表之意也。

《春山漫兴》七首，又一首。

按：《六十自定稿》载此题七首。《沅湘耆旧集》采此题四首又续采二首。邓氏显鹤云："按二诗《自定稿》中删去，兹从《楚风补》采入。"今考《沅湘耆旧集》续采第一首"丹霞白雨来分霄"云云，即《自定稿》内第五首，并非逸篇。唯第二首"千心一病总消除"云云，为《自定稿》中所未收，乃《姜斋剩稿》之诗耳。

以上七律。

《戏作七夕词》三首。《梅花》三首。

以上七绝。

是年以前，云塈老人光及其弟联珵有诗寄先生。

《南窗漫记》云："'凤凰集阿阁，麋鹿游山樊。物性固有常，甘苦能并存。偶思远尘嚣，随意寻桃源。自怡得间旷，临江启柴门。江光散白云，高枕清心魂。形骸已渐忘，涕泪声久吞。徒欲愤韩仇，深负国士恩。材与不材间，愿共达者论。'此云塈于普市见寄诗。余之交于云塈以此。人无知云塈者，勿望其更知余也。'君归耽石室，余亦泛星槎。自度桃源境，频寻洞口花。江清一雁远，天碧数峰斜。云水苍茫际，相思路转赊。'云塈介弟联珵寄余作也。"

《沅湘耆旧集·云塈老人小传》云："云塈不知何人。道光己亥夏，余留滞长沙，寓老城南书院。武陵胡秀才公辅以一绫幅横看来售，诗字均佳。核其年月，则滇逆煽乱时也。印章有'黄岳主人'四字，意其为徽人也。时方编辑《沅湘耆旧集》，因手录于册以待考。明年，来主朗江书院，辑明代诗竟，因以数诗附存卷末。是集例子不存流寓，而集中各家，有与诸名关明涉者，间亦附录一二，低一格以别之，此亦例也。'光'字姓名莫辨，皖、桐间多光姓，然诗中有'远志惭吾弟'语，末跋云：'同联珵作。'所云吾弟，当即其人。据此则'光'非姓明矣。"又附录王船山先生《姜斋诗话》即《南窗漫记》云："案以上二则，知联珵果为云塈之弟，窃喜意度之中。而云塈姓名籍贯出处本末尤未悉也。残鳞片甲，若隐若见，为之三叹。"又载云塈五律诗十一首，前十首自跋云："丁巳卜居庐溪，作澄江草堂，临江倚山，颇得野人之趣。同联珵作此诗，而一二高朋良友亦属而和之。顾自以为山林之乐，可以终身。戊午别去，登舟回望，梧竹森然，又赋别诗一章。"后一首跋云："茆斋竹楼，视之如鸿爪蜗涎，不足介意。今成方壶员峤，随流而去矣，能无慨然，遂书之以贻子荣侄。有时仗节东行，及收故地，据此卷以物色之耳。云塈老人光。"

按：先生《庄子通》成于下一年己未，其自序云："予之居'才不才之间''知我者谓我心忧，不知我者谓我何求'，孰为知我者哉"与《南窗漫记》所载云塈寄先生诗末二句"才与不才间，愿共达者论"可以互相印证。普市在辰州府辰溪县南三十里。庐溪即泸溪，与辰溪同属辰州，地本接壤。云壑自跋言丁巳卜居庐溪，戊午去庐溪，以是推之，知其于普市寄先生诗，大约在戊午以前也。

［康熙］十八年己未（一六七九），**先生六十一岁。**

春正月，大清兵克复岳州、长沙。二月，克复衡州，贼党奔溃窜扰。

先生与章有谟避地楂林山中石鸡村，著《庄子通》。

《六十自定稿》是年有《避乱石鸡村同载谋小憩》五绝四首。《庄子通》自序云："己未春避兵楂林山。"

按：四诗中第一首云："苍壁不受春。"第二首云："梨花漾碧晶。"第三首云："已度青茸表。"知避地在春间。第四首云："自选林泉住。"《庄子通》稿本标题之下有"楂林避兵寓笔"六字，知旅寓安居，著述不辍矣。

三月，复归湘西草堂。

《湘西草堂记》云："后复归草堂，定经诠，秩散稿，辑闲吟。"

按：吴逆死后，官兵克复楚、粤，进剿滇、黔。辛酉冬，逆孙世璠授首，寇氛荡定，先生得安居草堂矣。

送章有谟还吴淞。

《六十自定稿》是年有《送载谋归吴淞》五律二首。

按：第一首云："相逢及送别，都在落花时"，知载谋以三月起程。互详上文丙辰年。

又按：第一首又云："霜雪添双鬓，兵戈共一枝"，言避地时同居也。第二首云："马当湖水北，南望杳潇湘"，言归吴途经彭蠡也。又云："容台留蠹简，谒者恋幽芳"，上句谓"礼记"注已成，授之载谋，下句谓终守行人旧衔，遁世无闷也。

六月，编《庄子通》一卷成。

《庄子通》自序末云："是岁伏日南岳卖姜翁自叙。"

按："是岁"承上文"己未"而言，故知成于是年六月。

又按：自序云："念予以不能言之心，行乎不相涉之世，浮沉其侧者五年。弗获已，所以应之者，薄似庄生之述。谓予以庄生之述，祈免于'羿之彀中'。予亦无容自解，而无能见壶子于'天壤'之示也久矣。"今考甲寅春至己未春相距五年，其间皆吴逆据衡、湘之日。所为浮沉以应者，即泛宅于外，避居于山，不草劝进之文，力拒伪官之请也。

是年诗除上文所引各首外，有《闻圣功讣遽赋》一首。

五律。

《南窗漫记》云："蒙圣功给事正发《欸乃声》九十首，曾授余订之。其警句则有'更拟卜居迁赤甲，遥怜知己在丹霞'。"注云："丹霞，澹归所居。澹归者，金道隐堡。"

按：此诗首二句云："闲愁生死外，回首故人无。"盖言肇庆、梧州旧僚已尽，则金堡已前殁可知。《南疆绎史》言堡以庚寅冬剃发为僧，后二十余年而终。今考庚寅至庚戌正二十年，其殁当在庚戌之后。甲寅以还，无复堡之行踪，知其殁当在辛亥、壬子、癸丑之际。《鼓棹初集·尉迟杯》一阕题系"闻丹霞谢世遥为一哭。"堡与正发均为清议所非，而先生笃念旧交，哀悯其死，所谓故者无失其为故也。

《咏木鱼》一首。

七律。

序云："观生居壁粘比岁人士酬赠韵语，时复迎目，如相扬榷。仆与当世偶一往还觞咏耳，亦可不容志之。兵警后，为俗恶寓人尽掷弃之，非有长吉睥睨之怨，浪施和仲笺云之惧，能使人不气尽邪？唯攸县陈耳臣二笺仅存，徘徊不忍舍目，用觉其《咏木鱼》诗，未当作者。辄和二章，不能寄耳臣，差贤于存没诸公之逢蠚螫，无从静对已尔。"

编《六十自定稿》成。

《六十自定稿》自序云："五十以前，不得者多矣。五十以后，未敢谓得，一往每发于失，中间不无力为擎括。而擎括之难，予自知之，抑自提之。"

又编《柳岸吟》成。

《六十自定稿》自序云："此十年中别有《柳岸吟》，欲遇一峰、白沙、定山于流连驺宕中。"

按：《柳岸吟》一卷，系杂体诗，大都以韵语讲学。就中和康节、明道、龟山、白沙、定山、一峰、念庵诸作，固属宗旨显然，即命题无谈理字面，而其诗亦《击壤集》一派。较之《自定稿》中诸诗，格调气韵，迥然不同，故另编一卷也。

题系：《和龟山此日不再得》一首，《溪上晚步次闲来无事不从容韵》一首，

按：诗中用"秋容""蓼岸"，当作于秋间。

《和白沙》二首，《为躬园题用念庵韵》二首，《读念庵诗次之》二首，《和白沙中秋》二首，《鼾睡》七首。

按：诗中有"春鸟过春不肯鸣"之语，当作于夏初。

《咏怀次韵》三首，

按：诗中用"秋容""金风""菱花""白蘋"，当作于秋间。

《次定山》三首，《和白沙钓濑与湛民泽收管诗示唐须竹》一首，

按：诗中有"孤笛吹乘雪月吟"之语，当作于冬月。

《三门滩感兴》三首，

按：祁阳东二十二里有三门滩。此数年中先生未往祁阳，疑另一三门滩。俟考。

《露坐和白沙》一首。

按：诗云："回塘有芰荷"，当作于夏间。

《月坐和白沙》一首，《和白沙》一首，《和白沙真乐吟效康节体》一首，《和白沙》八首，《旅警》五首，

按：第四首云："出门对群动，未必免濡首。"盖作于旅游之时。第五首云："孤月游霜空，寒林清猿叫。"盖作于冬月。

《元日折梅次定山韵》一首，《和白沙梅花》二首，《和白沙桃花》一首，《和白沙》二首，

按：诗中有"雨过横塘绽白莲"之语，当作于夏间。

《为白沙六经总在虚无里解嘲》一首，《和一峰虚中是神主》五首，《示两子》二首，《暑过友人新斋》六首，《读文中子》二首。

按：诗中有"梧桐暗认一痕秋"之语，当作于秋间。

《书陈罗二先生诗后》二首，《和一峰入道门》一首，《和一峰读书楼》一首，《和一峰扇和岩》一首，《和一峰一览亭》一首，《和白沙梅花》一首，《和白沙怀古》一首，《和白沙》一首，《次康节韵质之》一首，《见狂生诋康斋白沙者漫题》一首，《读易赠熊体贞孙倩》八首，《示从游诸子》三首。

按：第二首云："千林洒洒试金风，万里秋清一夕中。"盖作于秋间。

又按：第一首云："七载相怜已久如，寸心未展只相于。"盖《柳岸吟》一卷皆讲学之诗，七年中从游诸子虽未书姓名，然卷中有《为躬园题》一首，《示唐须竹》一首。今考己酉岁先生年五十，唐氏迎先生住驳阁岩，为之剖析学术源流，是年有《读泾阳先生虞山书院语录示唐须竹》七古一首，见《六十自定稿》，未收入《柳岸吟》。然从游诸子，知名者莫如唐氏，则所云七载，当以己酉为第一年。自己酉至乙卯，首尾七年。除己酉之诗未编入《柳岸吟》外，其余六年，就卷中各诗所述时序推之，大约六更寒暑。然究未得确证，存此说以俟考。

又按：邓氏谓须竹为船山受业弟子中所倚为奔走后先者。今考诗集中为须竹作者甚多，而《柳岸吟》全卷惟须竹两见，尤证邓说之确。《鼓棹初集》内有《谒金门》一首，题系"待须竹。"《鼓棹二集》内有《一剪梅》一首，题系"答须竹所问。"未知何年所作，俟考。

[康熙]十九年庚申（一六八〇），先生六十二岁。

春正月，门人唐如心来谒。

《七十自定稿》是年有《唐如心见过》七律二首。

按：第一首云："春草初生雪霰零，山山曾踏几茎青。"知作于正月。又云："怜君问《礼》当深夜，急难原头念鹡鸰。"知是先生门人，其时兄弟之间有急难也。

又按：《沅湘耆旧集》载虎止诗有《夏杪过撷翠堂有作赠主人唐如心》五律二首。第二首云："岳趾分莲碧，湘皋接蓝香。"知如心居于衡阳。又有《客如心撷翠堂三载冬尽留别有作》五律二首。第一首云："芸窗款款明。"第二首云："侍立谁深雪。"知虎止曾馆于如心家。至于如心何名，与古遗、须竹是否一家，俟考。

三月，序《六十自定稿》。

《六十自定稿》自序朱云："庚申上巳湘西草堂记。"

夏四月，过李为好山居。

《七十自定稿》是年有《过李为好山居信宿》五律二首。

按：第一首云："紫雪桐花落，绿烟莎草凝。闲阶斜日转，薄篝绪风胜。"又云："淹留春病减。"故知作于夏初。

又按：《鼓棹初集》有"寿李为好"《瑞鹤仙》词一首，又有"为好送鱼苗谢之"《渔家傲》一首，其名俟考。

是年诗除上文所引各首外，有《翠涛携诸子游瞻云阁有作见寄遥答》一首。

五古。

按：诗云："迟向深秋兴，摇荡先春心。"又云："大云峙霜萼，虚室函霄岑。"盖瞻云阁与大云山相近，翠涛以深秋霜月往游也。

《伏日》一首。《腊月一日寒雪有作》一首。

以上五律。

《见诸生咏瓶中芍药聊为俪句示之》一首。

五排。

[康熙]**二十年辛酉**（一六八一），**先生六十三岁。**

秋八月十五日，自观生居归湘西草堂。

《七十自定稿》有《中秋向夕自观生居同刘生小步归草堂月上》五律二首。

按：湘西草堂距观生居仅二里许，本可不时往来，诗集中偶存此迹耳。两地皆卜居之所，而于草堂言"归"者，先生晚年常居草堂也。

又按：乙丑岁有《送刘生辑夏归省重庆》诗。此诗所言刘生，似即其人。《鼓棹二集》有《江城梅花引》一首，题系"病中口占示刘生。"又有《清平乐》一首，题系"问刘存孺索香橙"，其词云："莫遗先生午睡，凭教鼻观惺惺。"存孺似亦在弟子之列。其与辑夏是否一家，俟考。

又按：是年有《示刘李二生》五律一首，诗中有"黄梅何日熟"之语，似作于夏初。《鼓棹二集》有《摊破浣溪沙》一首，题系"病中与刘、李二生夜话"。今考先生常相往来之李姓，自李为好之外，有李治尹。《鼓棹初集》有《踏莎行》一首，题系"与李治尹夜话《致身录》事有感而作"，其词末云："他年莫问草堂荒，萧萧落叶随风起。"既言及于草堂，盖亦作于晚岁。惟李生是否即系为好，抑系治尹，或另一李姓，俟考。

是年为僧先开编《相宗络索》。

《七十自定稿》是年有《南天窝授竹影题用徐天池香烟韵七首》。第六首自注云："时为先开订《相宗》，并与诸子注《庄》。"

按：《相宗络索》乃释氏之《小学绀珠》。南天窝盖即先开所居。先生生平未曾佞佛，此特一时寄兴，以应先开之请耳。

是年诗除上文所引各首外，有《春尽有会而作》一首，《始冬寓目》一首。

以上五古。

《春月歌》一首，《来者之日歌》一首。

以上歌行。

《将夕》一首。

按：诗云："余春矜断雨，将夕敛重阴"，盖作于三月间。

《复病》一首。

按：诗云："消病一春长，藤蓑挂草堂"，又云："侵凌看柳絮，乱扑一襟霜"、盖作于四月间。

《得嘉鱼李西华兄弟书追忆雨苍》一首。

详上文己酉年。

以上五律。

《元夕》一首，《春兴》三首。

以上七律。

[康熙] 二十一年壬戌（一六八二），**先生六十四岁。**

春正月，省石崖先生于长夏庵。

《七十自定稿》是年有《春初雨歇省家兄长夏庵中悯然有作》五古六首。

按：《鼓棹二集》有《双双燕》一首，题系"除夕忆家兄"，其词云："荒山百里，想残雪初晴，应同消受。莫还似我，只共寒炉相守。"未知何年除夕所作，附记俟考。

秋七月，熊男公过访。

《七十自定稿》是年有《熊男公过访》五古一首。

按：诗云："遥山清露条，木末素月上"，又云："先彼凉云阴，心知畏景往"、又云："炯炯河鼓星，迢迢天汉广。津梁诚有待，良会仍多爽。云何衰景及，邁此西清朗"、故知作于七月间。

又按：《鼓棹初集》有"过熊男公夜话"《浣溪沙》一首，所居盖与先生相近，其名俟考。

又按：《姜斋诗剩稿》有《大云山歌》，自注："为熊畏斋社戚翁六秩寿"，未记年月。其诗首云："湘山之高云山高"，末云："松云萝月数峰前"，其居当在衡阳大云山旁。《姜斋文集》有《题熊畏斋先生小像赞》云："谈霏玉屑，度挹芝英。养丹山之彩凤，族丽景而飞鸣。"盖言其子孙多贤也。《柳岸吟》有《读易赠熊体贞孙倩》八首。先生称畏斋为"社戚翁"，当是体贞尊行。男公与畏斋、体贞是否一家，俟考。

九月，编《说文广义》三卷成。

《说文广义》发例末云："岁在壬戌季秋月乙巳朔船山老农识。"

是年诗除上文所引各首外，有《和周履道对春雪》一首，《和高季迪风雨》一首。

以上五古。

《偶题》一首。

五律。

按：诗云："人间又秋色"，盖作于秋初。

[康熙]二十二年癸亥（一六八三），先生六十五岁。

春三月朔，编《制义俟解》一卷成。

《制义俟解》自序云："先儒言科举业非不可学。昔于岭南，见杨贞复先生晚年稿，皆论道之旨，特其说出于陆、王为诧异，要亦异于雕虫以售技者。今略作数十首，以补早年雕虫之悔，稍有发明及劝诫，不必圣贤之言如此，期不叛而已。癸亥孟春甲辰朔王夫之记。"

冬十月朔，编《噩梦》一卷成。

《噩梦》自序云："鲁两生曰：'礼乐必百年而后兴。'百年之始，荡涤烦苛，但不违中和之大端而已。天其欲苏人之死。解人之狂，则旦而言之，夕而行之可也。呜呼！吾老矣，惟此心在天壤间，谁为授此者？故曰噩梦。元默阉茂之岁阳月朔旦甲戌船山遗老识。"

游别峰庵。

《七十自定稿》是年有《寒雨归自别峰庵寄同游诸子》五古一首。

按：诗云："晨光留宿温，山霭动云叶。遥遥相送情，恨恨念寒涉。"又云："弥天存鹤发，余冬酬素业。"故知作于冬初。

又按：《鼓掉初集》有《东风齐著力》一首，题系"忆《别峰》修竹为冰雪摧折”，未必作于是年，附记俟考。

又按：戊辰年有《吊别峰庵二如表长老》七律一首，盖即庵中主僧也。

是年文有《谭太孺人行状》一篇。又有《武夷先生行状》一篇，今逸。

《谭太孺人行状》云：“不孝夫之既受命于介之，述先君子状，遂状先妣谭太孺人。哀哉！先君子几筵方彻，太孺人遽罹终天之惨毒，抑三十有四年矣。”

按：谭太孺人卒于庚寅。自庚寅至癸亥三十四年，故知作于是岁。

又按：《姜斋文集》系后人辑录而成，非先生自定之本。就邓氏显鹤《船山著述目录》核之，《行状》二篇逸其一，赋八篇逸其一，又逸去《仿符命》一篇、《尺牍》十篇、《九砺》一篇，此外逸篇谅必不少。即如《梳铭》序云：“新安黄将军金台，披缁称广明大师，请予为小传，见赠玳瑁梳一合，云藏之无用久矣，非先生无可赠者。感其意而铭之。”今其传稿逸去，则类此可知也。

是年诗除《别峰庵》五古一首外，有《田家始春杂兴》二首。

五古。

按：第二首原本不全，盖稿本脱去一页。此题或不止两首，或另有他题，均未可定，须得完本再核。

《人日》一首，《初秋》三首。

以上五律。

《先开移丹桂一株于窗下作供为赋十六韵》一首，《咏风戏作艳体》一首。

以上五排。

[康熙] 二十三年甲子（一六八四），先生六十六岁。

春正月，属松江董斯行请竟陵吴既闲撰武夷先生暨谭太孺人墓志铭。

《七十自定稿》是年有《病起连雨》七律四首。其第四首云：“潜圣峰云碧万层，萧萧杉竹托山僧。辜恩垂死余双泪，扶病今生梦一登。多日六经藏孔壁，何人十字志延陵。湖天秋水鱼书绝，寂寞孤阡挂古藤。”自注云：“病不得省墓。春初，因松江董斯行请志铭于竟陵吴既闲，期以秋至，不得。垂死病中念此二事，唯有痛哭。”

按：潜圣峰在南岳，为武夷先生及谭太孺人合葬之地。己未年《送章载谋归吴淞》诗次首末句云："片石延陵字，他年待报章"，与此诗"十字志延陵"同意，盖即托其先容，至上年癸亥撰成行状，故复申前请也。据虎止赠董君达诗，知载谋归吴淞时与之偕行。"达"字与"斯行"意颇相近。疑董君名达字斯行，取行义达道之意。其与章氏终始相依，盖亦籍隶松江。意者斯行与达即一人欤？先生以戊辰年作《武夷先生暨谭太孺人合葬墓志》云："前此几幸当世知道君子拂拭幽光，而颙仰人间，无可希望，弗获已而质述大略。"是既闲之文终未果作，故自撰也。至于既闲之名未及其本末，虽无明文可征，然先生既请其表章先德，则亦非常人可知。

又按：虎止赠董君诗中有云："翁来为挂纸，泪洒灵石顽。贞烈永千古，翁名与之传。"其上文言陈烈妇洲拥成坟之事。盖是岁董君至湘乡省视烈妇墓，便道至衡阳，先生因属其过竟陵时请志于既闲也。

又按：《鼓棹二集》有《贺新郎》一首，题系"寒食写怨"，其词云："岳云回望莲花巘，尽凄凉延陵十字，难酬幽愿。昨岁杯浆浇泪后，拼付寒螀莎馆。"当亦是年所作。

夏五月初五日，作《制义俟解题词》。

《制义俟解题词》末云："甲子重午船山病笔。"

是年诗除《病起连雨》七律四首外，有《瓜圃夕凉》二首，《冬日晚照书怀》一首。

以上五古。

《岁早》一首，《客至》一首，《初夏》二首，《待于礼》一首。

诗云："望望还相待，悠悠问此心。禽归孤树夕，月上半峰阴。稻径迷迂折，荷香送浅深。琅然琴韵在，莫只动游鲟。"

按：据"稻径""荷香"之语，知作于夏末。丁未年有《仿李邺侯天覆吾歌广其意示于礼》一首，其姓名俟考。

《先开过问病赠之》一首。

按：末二句云："天花飞万片，祗愧净名居。"自注云："时雪大作。"盖作于冬月。

《冬夕》一首。

以上五律。

《徐合素自南来抵郡城远讯船山代书答之尊世父暗公从海上卒于岭表

廿余年矣因寓我尚为人之叹》一首。

按：暗公名孚远，华亭人，与陈卧子、夏彝仲齐名，随鲁王浮海，桂王时官至九列。

《五日前一夕唐如心以近诗见问病废夜读久矣即夕口占寄意》一首，《寄周令公》一首。

诗云："湘波一尺阻东西，湘草湘烟入望迷。碧海相看消镜雪，丹经何术炼银泥。归舟吴越迎歌扇，潭水沧浪废杖藜。问讯绥山桃几熟，飞花好寄五陵溪。"

《沅湘耆旧集·周藿园士仪小传》云："字令公，�人，崇祯中拔贡。遭世乱不仕，闭户著书，作《史贯》十卷、《野获编》若干卷。书成，挟之出游，遍历燕、齐、吴、越诸名胜，所至皆有题咏。有《迈吟秋感》《杭游杂咏》《南行句纪》诸集。令公之学都寓于《史贯》一书，王船山先生曾亟称之。"

以上七律。

《水仙》一首，《代书寄衡山戴晋元》二首。

第一首云："松梢浅著余冬雪，兰若闲烧丙夜灯。一枕梦回衾似水，不知仙洞隔朱陵。"第二首云："寒山不稳归飞鸟，锦字难传夜静鱼。闻说茂陵方病渴，莫修封禅数行书。"邓氏显鹤云："船山集中有《寄衡山戴晋元》诗，盖规之也。年八十始举子，九十方卒。"

以上七绝。

[康熙]二十四年乙丑（一六八五），先生六十七岁。

夏，游珍珠岩，宿明溪寺。

《七十自定稿》是年有《宿明溪寺山僧导游珍珠岩》七律一首。

按：首二句云："苍崖乳溜渍苔乾，阴壑埋光生夏寒。"故知作于夏间。

又按：《鼓掉二集》有《行香子》一首，题系"游珍珠岩"，其词云："午日霞烘。赤城围玉，紫盖擎空。"当亦作于是年。

秋八月，编《楚词通释》十四卷成。

《楚辞通释·序例》云："岁在乙丑秋社日南岳王夫之释。"

是年作《周易内传》十二卷，《发例》一卷。

《周易内传发例》自跋云："岁在乙丑，从游诸生求为解说。形枯气索，畅论为难，于是乃于病中勉为作传。"

是年诗除《珍珠岩》七律一首外，有《西冈望南岳》一首，《秋雨延旦晓起有作》一首，《雨夕梦觉就枕戏效昌黎体近梦》一首，《吟已尤不得曙再次前韵广之》一首。

以上五古。

《红叶》二首。

五律。

《代书答舌剑韬》一首。

其诗云："洣水东流岳阜西，鱼书遥问浣花溪。千峰旧访孤轮月，双脚难拼一寸泥。大誓余生闻虎啸，衰年独坐弄驴蹄。东山只履归何日，草软烟柔一杖藜。"

按：洣水源出酃县，流经茶陵州，至攸县，与攸水合。诗言"洣水东流"，盖舌剑韬所居僧寺与洣水相近也。

《秋兴》一首。

以上七律。

《辛酉日遣怀》四首。

按：第一首云："短烛空烧柏，浊酒不荐椒。岁华知几日，人道是今朝。"盖作于正初。

《罂粟》一首，《相思子》一首。

以上五绝。

《山月歌》一首，《白云歌》五首。

自注云："效逊国先贤'朝见白云飞出山'之作。"

《杂咏》四首。

按：第一首云："雀啄霜余数子红"，第三首云："叮咛雪霰休陵藉"，盖作于冬时。

《又雪》一首，《送刘生辑夏归省重庆》一首。

诗云："蒸江漱玉速苍汀，玳瑁霜云拥翠屏。归向湘山高顶望，应瞻南极老人星。"

按：据诗中"南极老人星"之语，则"重庆"即重闱也。

以上七绝。

[康熙] 二十五年丙寅（一六八六），**先生六十八岁。**

春正月晦，石崖先生卒，年八十一。

《石崖先生传》云："年逾八袠。"《文学朓原氏墓志》云："贞献先生以丙寅正月晦卒。"《沅湘耆旧集·王贞献介之小传》云："八十一卒。"

夏五月中旬，跋石崖先生《耐园家训》。

《耐园家训跋》末云："柔兆摄提格之岁，律中蕤宾，中浣谷旦，季弟夫之跋。"

冬十月二十一日，从子敞卒，年五十七。

《文学朓原氏墓志》云："朓原哀毁成疾，以其年十月二十一日终于殡宫。"又云："躬耕授徒以侍，麾之远而愈不忍离。篝火具沐、牏厕泛除之劳，鬒发半白矣，呴呴如孺子，执劳不倦。如是者三十余年，先生八十矣。其卒也，啼号不绝于口。"又云："距没之年五十有七。余于其亡，哀之不欲生。"

是年文除上文所引各篇外，有《孤鸿赋》一篇。

《姜斋文集·孤鸿赋》自注云："为石崖作。"

按：赋云："偕唼喋以嬉旋，幸芳洲之缱绻，曾不知心魂隔乎异躯，而踪迹成乎疏远。已而六翮已长，睥睨青霄。我衿子佩，遵道齐镳。望云逵于万里，讵折翼于崇朝。"又云："商飙忽而戒旦，偕息驾以南还。菰蒋稿而调饥姑忍，矰缴施而行路悲难，然且吊影矜双，寻声知和，垂翅虽频，盟心自可。沐玉露之清泠，啄残香于琼颗。向荻岸而同栖，忘惊涛之屡簸。"皆以鸿雁之往来，比昆弟之出处也。

是年诗有《早春余雪属目偶成》一首，《夏夕》一首，《为家兄作传略已示从子敞》一首。

诗云："无穷消一泪，墨外渍痕汪。"又云："正可忘言说，将心告烈皇。"

以上五律。

《玩月》一首。

五排。

按：诗云："云际徘徊月，高天不损寒。三秋今夕未，万里几人看。"疑作于中秋。

《昔梦》一首，《雨余小步》一首，《初月》一首。

诗云："六月四日收夕雨，一湾初上划西清。"盖即作于是日。

《冬日书怀》一首。

以上七律。

《绝句》八首。

五绝。

按：第二首云："伏日人间暑，西风天际阴。"第四首云："牵牛花已发，天上候双星。"盖作于夏秋之际。

是年词有"家兄倾背后诸君见慰重叠，恤其衰病，有逾量之奖，含泪作此答之"《满江红》一首。

[康熙] 二十六年丁卯（一六八七），先生六十九岁。

夏六月，朱翠涛过草堂问病。

《七十自定稿》是年有《翠涛过草堂问病》七律二首。

按：第一首云："稻露垂珠远望平，疏风疏雨葛衣轻。枫林摄摄消残暑，禅室登登待早晴。" 盖翠涛以夏末过草堂也。第二首云："银汉未倾怜酒尽，金风欲避倩云围。"又云："观获送君归下溇，西清一雁贴天飞。"盖翠涛以七八月之际去草堂而归也。

又按：第二首云："江楼十载故心违"，江楼当是听月楼，详上文己酉年。

秋九月，葬石崖先生。

《七十自定稿》是年有《重过三座山与故人罗君遇赠之》七律一首，其诗云："一双镜影髭凝雪，九月枫林叶坠斑。旧恨冰轮消兔阙，故交雪涕吊渔湾。"自注云："罗君名映，字若庸，邵阳人。时垂执先兄之绋。"又有《宿别峰庵庶仙策杖来慰时方从哭送先兄归垄返》七律一首，其首云："幂幂苍烟护小桥，回峰斜引上方遥。归禽邀日沈平楚，宿露冷风润绿蕉。"《沅湘耆旧集》载虎止诗有《挽罗得我先生》七绝三首，其第二首云："八十三年刚骨立，雪霜殊觉有心难。"自注云："名若庸，邵阳耆旧。年八十三，全发道服以终。"

是年文有《牧石先生暨吴太恭人合祔墓表》一篇。

墓表云年："年垂七十，乃克与敏辈勒遗绪于阡。"

是年诗除上文所引各首外，有《翠涛喜雨见怀病枕赋答》一首。

诗云："灵雨自南来，飞集东皋野。"

按：《鼓棹初集》有《苏幕遮》一首，题系"翠涛以新诗见怀作此答之。"其词云："春色三分还似此。和雨和烟，了却诏光事。"所谓新诗即"喜雨见怀"之篇，是词必同时所作。

《冬日杂兴》二首。

以上五古。

《寄题翠涛新斋》一首。

诗云："湘西开竹馆，绿净清溪源。"

按：《鼓棹初集》有《贺新郎》一首，题系"用韵寄题翠涛山居"。其词云："遍天涯总是王孙草。"又云："画骏不临松雪谱。"自注云："因忆赵子昂不类，遂及之。"当亦是时所作。

又按：《沅湘耆旧集》载虎止《元夜过翠涛先生洪山堂有作》七绝三首。未知山居新斋是否即洪山堂，俟考。

《仿李邺侯天覆吾歌广其意示于礼》一首。

以上七古。

《元夕独坐》一首，《晦夕》一首。

按：此题列于《四月一日》题前，其诗云："初暄留宿雨，向夕尽归云。"又云："天情余暧曃，春赏忆殷勤。"盖作于三月晦日。衡阳地暖，暑乘较早，故有"流萤湿雾熏"之语，又有"莲叶无情甚"之语。

《四月一日》一首，《秋日杂咏》六首，《遣闷》二首。

以上五律。

《夏日喜何旨得见过》一首，《佺敏五十》二首。

邓氏显鹤云："此二首从《家谱》采出。"

按：此二首在《七十自定稿》内。邓氏为先生作小传，但云"今所存诗稿有《五十自定稿》《六十自定稿》。"盖未见《七十自定稿》也。余详上文戊寅年。

以上七律。

[康熙]二十七年戊辰（一六八八），先生七十岁。

春正月，罗桐侯来访。

《七十自定稿》是年有赠罗桐侯七律一首，题云："罗桐侯受业先兄，存没依莼，倍于余子。春初过慰衰老，怆然酬赠。"其诗云："纸窗竹屋俯寒泉，总角相看已鞇然。莎径情深寻带草，芦中恩重履渔船。重来棠杜初悲雨，老去桃花不记年。一卷申公诗说在，凭君珍重护秦烟。"

按："总角相看"系追叙少小时事。先生幼年从兄读书，桐侯系石崖先生门人，故与先生同砚席也。"芦中渔船"系指壮岁时事，盖先生避地时，桐侯曾为之解厄脱困也。"申公诗说"即指石崖之《诗传合参》，盖录稿付桐侯收藏也。

又按：上年丁卯先生有赠罗君诗，自注云："罗君名映，字若庸，邵阳人，时垂执先兄之绋。"其诗首二句云："三十九年弹指间，居然无恙只青山。"今考先生于己丑四月避本邑土人之难，由间道赴粤，或者途经邵阳亦未可定。自己丑至丁卯，首尾正三十九年。以时地情事推之，则桐侯与若庸似即一人。然究未的显证，俟考。

夏五月，编《南窗漫记》成。

《南窗漫记》末署"戊辰天中日南窗记。"

是年文有《武夷先生暨谭太孺人合葬墓志》一篇。

《墓志》云："阅三十七年，冢子介之已卒，不孝季男夫之年七十矣，遵屯永世，将拊蝼蚁，乃克志焉。"

《霜赋》一篇。

题下注"戊辰"字。

是年诗除《赠罗桐侯》七律一首外，有《始夏》一首《咏归燕》一首。

以上五古。

《小步》一首。

按：首二句云："林塘春间凤，小步爱微温。"盖作于春间。

《燕》一首，《夏夕》一首，《落日》一首。

以上五律。

《社前一日雪》一首，《二十四日又雪》一首，《寄题先兄祠屋》二首。

自注云："戊辰五月己卯祁孙奉主入祠。祠，旧耐园也。"

按：耐园系石崖先生所居，因取以自号。据《阮原氏墓志》："有子二：生祁、生郊。"祁孙盖即生祁，石崖之长孙，先生之侄孙也。

又按：《姜斋诗剩稿》有《示侄孙生蕃》五古一首，未注年分。先生之胞侄三人：敞、敉、致。敞之二子名生祁、生郊，不名生蕃。先生作

《家世节录》时，岁在戊戌，叙武夷先生诸孙云："救以孝殒于难，致早夭。"其下文云："曾孙一：生蕃，散出。"则救、致无子可知。是生蕃非胞侄孙也。先生之从兄三人：玉之、剑之、珍之。剑之早卒。玉之有孙生佑、生荫，见《牧石先生墓表》。惟珍之后人未见于诗文集。疑生蕃为珍之孙。俟考。

又按：先生胞伯祖次峰公，胞叔祖太素公，见《家世节录》。其后人之名未曾附书，因支派渐远也。示生蕃之诗话语意甚挚，知非疏属。

《崇祯癸未贼购捕峻逦先母舅玉卿谭翁以死誓脱某兄弟于虎吻谢世以来仰怀悲哽者三十余年翁孙以扇索敏侄书字缀为哀吟代书苦不能请先兄俯和益以老泪淫淫承睫不止》一首。

详上文癸未年。

《别峰庵二如表长老类知予者对众大言天下无和峤之癖者唯船山一汉愧不克任而表师志趣于此征矣就彼法中得坐脱其宜也诗以吊之》一首。

按：末句云："秋山叶落冷枯藤"，盖作于秋间。

《冬山即事》四首。

以上七律。

《敬筑土室授童子读题曰蕉畦口占示之》四首。

七绝。

按：虎止别号蕉畦，盖取诸此。

[康熙]二十八年己巳（一六八九），**先生七十一岁。**

秋，编《识小录》一卷成。

《识小录》自序云："识小者，不忍坠地也。陶潜氏曰：'今我不述，后生何闻哉？'顾以未得与于承平荃宰之下，少有所闻，百不逮一，病中约略忆而录之。固不保其能传，亦尽吾垂死之孤心而已。己巳秋，船山病叟王夫之录。"

冬，刘思肯来访，重写小照。

《七十自定稿》是年有《野史刘生惜十年之别来访山中为写衰容赋赠》七律二首。

《鼓棹初集》有《鹧鸪天》一首，题系"刘思肯画史为写小像，虽不尽肖，聊为题之。"其词云："把镜相看认不来，问人云此是姜斋。龟于朽后随人卜，梦未圆时莫浪猜。谁笔仗，此形骸，闲愁输汝两眉开。铅华未落君还在，我自从天乞活埋。"自注云："观生居旧题壁云：六经责我开生面，七尺从天乞活理。"

按：乙卯春先生泊舟长沙水绿洲，刘思肯为写小照，赋七绝三首。自乙卯至己巳凡十五年。此诗题中但言"十年之别"者，中间曾经相见也。思肯为先生写照两次，而《鹧鸪天》一阕定为是年所作者，旧刻《老子衍》等书冠以《姜斋遗像》，其自题即系此首。《行述》载此词亦谓"自题遗像"。且词中所言情况，必是七十外所作，非五十外所作也。七律两首，皆用"霜月"。第二首云："映水愁窥彻骨寒。"又云："江门蓑冷添藤笠。"故知作于是冬。第一首云："重逢无暇问前游，老去并刀割旧愁。"盖追叙前此相逢之事也。

是年文有《杂物赞》十六首。

《发积》《气通》《天蚕丝》《香筒》《鬼见愁》《料丝镫》《太平鼓》《活的儿》《果罩》《高柄碗》《盒袋》《高阁》《茶托》《炉几》《看相》《袖笼》。前有小序。序云："雨坐无聊，念平生风物，或时已灭裂，或人间尚有，而荒山不得邂逅，各为叙其原委而赞之。诸有当于大制作者不与。"

按：序来未著年分，然诸赞大指与《识小录》相似，故列诸是年以俟考。

是年诗除赠野史刘生二首外，有《庶仙片纸见讯云年过七十未为非幸无容局促萦心既佩良规因之自广》一首。

五古。

是年词除上文所引题小照《鹧鸪天》一首外，有"翠涛作煨榾柮诗索和以词代之"《渔家傲》六首。

词见《鼓掉二集》。第六首云："十九年来毡啮尽，归鸿望断长安信。莫叹苏卿霜染鬓，渠非困，多他一倍还添闰。"

按：十九年加倍为三十八年。先生以庚寅秋辞桂王于梧州，辛卯春还衡阳。自辛卯至己巳相距三十八年，已多苏卿一倍，加以庚寅半年，所谓还添闰也。故知作于是年。

又按：《鼓棹二集》仍有《沁园春》一首，题系"翠涛六帙，每句戏用彩色字"，未知作于何年，附记俟考。

[康熙]二十九年庚午（一六九○），**先生七十二岁。**

春正月，编《夕堂永日诸论内编》《外编》各一卷成。

《夕堂永日诸论》自序云："阅古今人所作诗不下十万，经义亦数万首。既乘山中孤寂之暇，有所点定，因论其大略如此。庚午补天穿日，船山老夫叙。"

按：先生有《夕堂八代诗选》《四唐诗选》《明诗选》。据此序中"山中点定"之语，当成于是年以前。至于《八代文选》及《词选》，疑亦成于是年前后，附记俟考。

是年编《俟解》一卷成。

《俟解》题："庚午湘西草堂作。"

又编《七十自定稿》成。

邓氏显鹤《船山著述目录》云："又有《买薇稿》《潇涛园初集》二书未见，殆亦诗文集也，附识其名于此。"

按：《潇涛园初集》当是早年所作，《买薇稿》当是晚岁所作。先生二十四岁以前之诗无考，当有在《潇涛园初集》之中者。七十二岁以后之诗无考，当有在《买薇稿》之中者。附记俟考。

[康熙] 三十年辛未（一六九一），先生七十三岁。

秋，作《船山记》。

《船山记》云："夫如是，船山者即吾山也，奚为而不可也？偶然谓之，嫊然忘之，老且死，而船山者仍还其顽石。吾终于此而已矣。辛未深秋记。"

是年久病喘嗽。

《行述》云："年七十三，久病喘嗽，而吟诵不衰。"

自作墓铭。

《行述》云："其铭末句云：幸全归于兹耶，固衔恤以永世。"潘传云："自题其墓曰：明遗臣王夫之之墓。自铭曰：抱刘越石之孤忠而命无从致，希张横渠之正学而力不能企。幸全归于兹耶，固衔恤以永世。"

郑中丞端属太守崔某馈粟帛请见。先生以病辞，受粟返帛。

潘传云："吴逆既平，我大中丞郑氏端闻而嘉之，属郡守崔某馈粟帛请见。先生以病辞，受其粟，返其帛。未几卒于石船山。"《儒林传稿》引余传云："吴逆平，巡抚嘉之，馈粟帛请见，夫之病，辞帛受粟。"

按：潘、余两传叙此事未著年分，然余传下文云："未几卒。"潘传下文云："未几卒于石船山。"知距卒时不远。壬申正初，先生已归道山，则此事当在辛未，故系诸此以俟考。

自明社既屋，先生隐居著述，征辟屡至，坚辞不起。

《湘西草堂记》云："先子自前明崇祯癸未张献忠陷衡后，湘、岳之间三十余年，羔币踵至，终全志节，闭门著述。"

按：记言三十余年羔币踵至，则是屡经征辟，惟年分无考，故附于此。

［康熙］三十一年壬申（一六九二），**先生七十四岁。**

春正月初二日辰时，先生卒。

《湘西草堂记》云："迄壬申而先子奄背。"《行述》云："次年元日，尚衣冠谒家庙。二日清晨，起坐不怿，指先祖征君行状，墓铭付长孙生若曰：'汝慎藏之。'谓敔曰：'勿为吾立私谥也。'良久，命整衾，时方辰，遂就箦，正衾甫毕而逝，享寿七十有四。遗命禁用僧道。"《家谱》云："于康熙壬申正月初二日午时殁。"

按：《行述》先言"清晨"，次言"良久"，终言"甫毕而逝"，则"时方辰"之"辰"字，断非有误。《家谱》作"午时"，恐是传写之讹。

葬于金兰乡高节里大罗山。

《家谱》云："葬衡阳县金兰乡高节里大罗山，虎形，未山丑向。自撰墓铭，有碑碣华表。"潘传云："葬于大乐山高节里。"

按："乐"与"罗"音近，大乐山即大罗山也。

湖州季简尤来吊。

《沅湘耆旧集》载虎止诗有《吴兴季翁简尤垂吊先大人茔遂约共游燕赵唐躬园力为阻行有作述怀》五古一首，其诗云："孑孑蔚茇生，悠悠风波目。白发已盈颠，红尘日销骨。眷言思远道，有客劳存录。慰我茕影孤，贻余兰佩馥。为言燕赵士，慷慨相驰逐。胡为守荒林，烟寒困空谷？长剑宜有赠，囊锥焉可秃。且作连骑游，勿为握粟卜。老友贻书来：'君行勿太速。先人留遗书，大命曾申嘱。未解卜升沉，当先念倾覆。'兀坐望飞鸿，遥心虚远属。"

按：《鼓棹初集》有"赠季简尤初度"《潇湘逢故人慢》一首，自注云："简尤五十，髭髯如雪已十余年矣。"盖即此人，其名俟考。

董达自华亭来吊。

《沅湘耆旧集》载虎止《赠董君达》诗云："昔岁翁重游，余棘方颠连。握手湘岸楼，落照春光兰阗，翁复吊船山，山阳泪潺湲。"

[康熙] 四十六年丁亥（一七〇七），**同邑绅士呈请入祀衡阳乡贤祠。**

《家谱》云载邑志："崇祀乡贤。"

按：《楚词通释》前有镇江张仕可序，系康熙四十六年所作，其中云："绅衿有乡祀之请。"

子四人：勿药。

《家谱》云："早亡。"

攽。

《家谱》云："字曷功，号蓄园，陶氏出。"《沅湘耆旧集·王曷功攽小传》云："而农先生长子，与弟敔齐名，著有《诗经释略》。诗不多见。"

勿慕。

《家谱》云："早亡。"

敔。

《家谱》云："字虎止，号焦畦，候选儒学训导。郑氏出。"潘传云："敔字虎止，游于吾门，盖能绍先生之家学者。余不及见先生，慕先生之高节，欲尽读其书。敔曰：'先人家贫，笔札多取给于故友及门人，书成，因以授之，藏于家者无几焉。'余所得见于敔者，《思问录》《正蒙注》《庄子解》《楚辞通释》而已。"《沅湘耆旧集·王虎止敔小传》云："而农先生之子，康熙朝贡生。禀承庭训，学问渊博，操履高洁，时艺尤有盛名。与邵阳车无咎补旃、王元复能愚，攸县陈之驹桃文称楚南四家。又有称楚中三王者，谓虎止与能愚及汉阳王畋伯縠也。潘书原先生宗洛视学吾楚时，延入幕襄校试卷。与宜兴储大文六雅友善。船山遗书得入史馆立传《儒林》者，皆潘、储左右之力也。晚筑湘西草堂，著有《蕉畦存稿》《筊云草》诸书。学者称为蕉畦先生。诗力朴老，都无浅率语。"《湘西草堂记》云："敔谨固遗书于屋右个，而火灾蚁虫之害，其震惊怵惕不一次也，因聚徒课业于其中。迄敔年六十，从游者数十人醵金为余寿。余受其金，授子婿曾生重建草堂，易瓦以葺，支椽以栌，炼砖以砌。敔年老病羸，以余年读遗书于其中。而从游之有志迄姻友之有力者，续捐赀刊先子遗书数种，藏板于右阁。敔手植刺松、侧柏、红梅、碧桃等树成荫，篊篁幽篁成林，而草堂益为都里所共式。逮敢年七十，诸生复醵金如旧，为余刊《小草》百篇。《小草》者，先后所成时艺。此不足传，而余不之却者，亦以诸君始终培植草堂之意，不可忘也。今敢七十有五矣，盼新竹之娟娟而恐放其良心者，亦如牛山之旦旦而召斧斤也。拔毫为文，付诸子孙，读之者当如读《鸤鸠》而三复也。"

按：虎止生于顺治七年庚寅，至康熙四十八年己丑年六十岁，五十八年己亥年七十岁，雍正二年甲辰年七十五岁。《湘西草堂记》盖作于是年。《沅湘耆旧集》载虎止诗有《庚戌五月卧疴石鼓山和昌黎韵述怀时偕宋席云修邑乘》五古一首，是雍正八年虎止年八十一岁尚无恙也。其卒当在雍正十二年甲寅以前，说详下文。

又按：邓氏显鹤云："宋席云名蓟龄，衡阳人，与其子士庄回中式康熙庚子科湖南乡试举人，时年八十有四。方志载其为督学习公《教思碑颂》，年已九十五矣。习公名隽，字载展，吴县人，以雍正四年丙午来督湖南科试，至九年辛亥始受代。"据此，则庚戌修志时席云年九十四，长于虎止十三岁。虎止诗云："我生虚岁月，垂老益衰懦。"年逾八十而称称"垂老"者，以对年逾九十者言之也。

又按：先生《张子正蒙注》有虎止"附注"，《老子衍》有虎止"纂注"，《庄子解》有虎止"增注"，此外稿本亦虎止辑录者居多，非独谨守遗书不坠先绪也。

孙六人：

生若。《家谱》云："字以似，号竹溪，府学岁贡生。"

生兹。《家谱》云："字允在，号佚庵。"

生苍。《家谱》云："字籀文，邑庠生，册名文园。"

生蒁。《家谱》云："字内荣，号庸庵，邑庠生，册名大澍。俱敔子。"

生范。《家谱》云："字复淳。"

生荃。《家谱》云："字信芳，号芸者，邑廪生。俱敔子。"《沅湘耆旧集·王秀才生荃小传》云："字信芳，衡阳人，诸生。虎止先生之子，而农先生诸孙也。有《芸者韵语》《芸者古文》二帙，附刊《夕堂诸论》后。信芳名家子，矢音不多，崛强生硬，力避庸熟，犹不失蕉畦家法。"又载生荃诗题云："乙卯元日过洪山堂省朱丈，归读先子遗稿，有《元夕过翠涛先生洪山堂》六首。翠涛先生，先大父船山集中所称翠涛王孙也。瞻屋之悲，依稀硕果，集中三致意焉。故先子句云：'咏鸟柴桑曾伴醉，多情宋玉自悲秋。'感今追昔，敬赓元韵，寄朱十兄。"

按：乙卯为雍正十三年。是年元旦诗题即称"先子"，则虎止之卒必在甲寅以前可知。诗中云："西台作记人何在，逝水淙淙没钓矶。"盖信芳以谢皋羽比其祖也。

又按：《沅湘耆旧集》载虎止《怀朱旦复》五律一首，有"秋老兰应赋，春归草尚芳"之语，疑旦复为翠涛子侄辈，信芳所称朱十兄又旦复之子侄行也。

曾孙十六人：

永纬。《家谱》云："字星远，号本轩。"

按：《黄书》稿本有"长曾孙永讳编次"之语，《庄子通》稿本有"长曾孙永讳星远编次"之语。

永绤。《家谱》云："字汝密。俱生若子。"

永绶。《家谱》云："字佩青。"

永绂。《家谱》云："字具来。"

永絅。《家谱》云："字暗存。"

永绍。《家谱》云："字观文。"

永纾。《家谱》云："字靖山。俱生兹子。"

永萦。《家谱》云："字其旋，号松山。生苍子。"

永缥。《家谱》云："字三入，号质山。"

永绩。《家谱》云："字于常。"

永绌。《家谱》云："字文明。"

永纫。《家谱》云："字佩兰。"

永缄。《家谱》云："字五丝。俱生蓬子。"

永绒。《家谱》云："字武昭。"

永綖。《家谱》云："字度存。俱生范子。"

永纠。《家谱》云："字淑仪。系生荃抚胞兄生范子为嗣。"

《王船山先生年谱》卷下终

《王船山先生年谱》全书终

船山公年谱（增补）

王之春

序

昔太史公采辑群书，为《孔子世家》，比事属词，穷原竟委，俾后之学者读孔子书后复读《世家》，稽其年齿，考其行事，晓然于孔子之本末，而备悉其为人。虽以阅世过多，搜采旧闻，间容失审，然七十三年中，阙疑存信，于孔子之德行、道艺，出处、进退，未尝不多所发明也。《世家》之辑，曷可少哉！

吾宗船山公，以前明崇祯壬午举于乡。值寇乱日亟，道梗不得赴会试。张献忠陷衡州，公匿南岳莲花峰下。寇获公父武夷公，质招公为伪吏。公自残肢体，傅毒药，舁往易父。既皆获免，复匿南岳山后黑沙潭，意倘钩索相寻，即致命遂志。未几，明思陵殉国，桂王建号肇庆。公结管公嗣裘，起义兵图恢复，遽见溃败，寻遭乡里之难，一再赴粤，授行人职，以疏救"五虎"，几陷不测。时粤政日非，残明如线，公知事不可为，乃遄返衡阳。自是一意著述，或与及门诸子讲学，或与二三遗老游览吟咏。三十年间，居败叶庐及观生居者十有四年，居湘西草堂者十有六年。尝再至洞庭，一至江西，不久旋返。平日踪迹所至，湘乡为多，余则祁、邵之间而已。吴逆三桂之变，人心煽惑。有以劝进表属者，公巽词以谢，逃入深山。越十一年，直隶郑公端巡抚偏沅，风闻其事，饬衡州府知府崔公鸣鷟馈粟帛请见。公却帛受粟，以衰病辞。临终遗命墓碑书"明遗臣"，盖公忠于胜国之心，七十余年尤一日也。

公生平所学，邃于张子《正蒙》及《近思录》，演为《思问录》内、外二编，以上契乎孔子。故于《周易》《诗》《书》《春秋》《礼记》，多发前人所未及。于四子书，诠解尤极精详。更肆力于老、庄、吕氏、淮南诸子，与夫屈、宋《楚词》，为之注释。汉、魏以下，递及陈、隋，于文、诗均有评选。唐诗则于李、杜加详。晚年所著史论，于累朝治乱兴亡得失之故，反复推究，洞彻无遗。凡所著书百余种，没后散在门人故旧家，悉不传。越十一年康熙壬午，宜兴潘公宗洛提学湖广，公仲子敔游其门，乙酉，撰具《行述》，抱家藏《思问录》《正蒙注》《庄子解》《楚词通释》诸书，呈乞作传，始稍稍章矣。洎敔公年逾六十，从游之有志及姻友之有力者，捐刊公书数种，其后增至十余种，坊肆乃有传本。乾隆三十八年诏开《四库》书馆，搜访遗书，公著《周易稗疏》《周易考异》《书经稗疏》《书经引义》《诗经稗疏》《诗经考异》《叶韵辨》《春秋稗疏》《春秋家说》，均蒙钦定收入《四库》，并诏史馆列传《儒林》，公之学于是益昌。公之见褒圣朝，固愿不及此也。嗣后遗书日出。道光间，公六世孙世佺裒藏于家，之春本支从父世全公谋刊百五十卷于湘潭，新化邓先生显鹤主其事，湘潭欧阳先生兆熊实赞成之。咸丰四年，板毁于兵。同治初元，曾文正公国藩与忠襄公国荃合谋重刻于金陵，增益百七十二卷，公书于是粗备。然合之未刻、未见，已著录者仅八十八种，其佚名者尚数十种也。

今公书已遍海内，而事迹散失，传闻异词，不有年谱，其何以原始察终也？之春十四世祖统公，与公七世祖纲公为同怀兄弟，别居衡阳泉溪市。乾隆三年，析衡阳东南二乡置清泉县，故之春世为清泉人。之春于公在支系，不容膜视，视寻常族姓与凡百后学，自逾涯量。藩鄂以来，就公文诗集中，取其注有年分及事实可按者，证以《行述》、潘公宗洛撰《传》，与乎族谱、省志诸书，谨用比次为《年谱前后编》，亟付枣梨，持以问世。虽于龙门笔法非所敢疑，庶乎传信后世，亦仁明所不废也。爰揭颠末，与世之读公书者质焉。

时光绪十八年壬辰冬月，八世从孙王之春序于鄂藩使署。

凡例

一、公旧有《年谱》，系仪征刘毓崧编。其间详略互见，挂漏讹舛，如己丑二月服阕、辛卯侨寓祁阳、丙申暂往兴宁之类，未为完本。是编全据公集及《家谱》等书裒辑而成，逐条引注，倍期详审，不厌复烦。非欲突过前贤，实冀传信后学。

二、公既为前明遗臣，又为国朝贞士，故析桂王未执以前为前编，桂王既执以后为后编。

三、公宦事明藩桂王，义不再仕。是编于顺治纪年，以桂王尚存，皆冠"国朝"二字，既连注桂王年号，复逐年详纪所在，以明公恋恋旧君故国之心。迨桂王被执，公入国朝，仅一冠于康熙元年，以后悉仿《纲目》体例。并将万历、天启、崇祯，逐年纪元书号，以志区别。

四、纪桂王事迹，全遵《御批通鉴辑览》，故与《永历实录》多有不符。其有《辑览》未载者，仍依《永历实录》。

五、原犯国朝庙讳之字，遵用恭代，并加□以资质识。

六、公书"常"作"尝"，"由"作"繇"。原避明讳，引用处皆仍其旧。惟"草堂"公书作"艸堂"，《家谱》作"草堂"，则从《家谱》。

七、公著述未注年月与事迹稍涉疑似者，概不编入。

八、公平生戚友，其年辈较长及相若者，皆称"某公某某"，其受业弟子，则称"某先生某某"，有名者称名，佚名则称字。

九、逐年所作诗，虽经按时引注年终，仍录全题以备查考。

家谱世系表

谨按：王氏系出太原，本姬姓之后。周灵王之子，世所称王子晋者，得道于缑山，子孙因以王为氏。至离次子威而分，琅琊、太原遂为两郡，实一祖也。至雁门太守昶而著。船山公《姜斋文集·章灵赋》云："居调轸以理誓兮，建权兆而哲梦。"自注云："故必称引初始，述祖考之肇启者，以开其蒙昧。王之得姓自太原，世系绵衍。"又《黄书》自序云："太原之系，世胄绵也。"吾宗自元至正以前，失谱不详。其可征考者，元末有居江南扬州高邮州之打鱼村者，明太祖起兵渡江，以从龙功，授千户，称骁骑公，断为始祖。至船山公十一世，故虎止公《行述》称"十一世祖"云云。始以武勋，继以文德，式是先型。藐予小子，敬述其崖略如左。

始祖骁骑公讳仲一，江南高邮州人。明洪武间，以从渡江功，官山东青州左卫正千户。先世居高邮之打鱼村，元至正以前，失谱不详，断自十一世祖骁骑公为始。公兄弟或云九人，或云七人。群雄逐元，公兄弟亦起义兵会焉。或殁于军中，惟公及弟仲二公、仲三公从明太祖渡江。公以功授山东青州左卫正千户，仲二、仲三两公各累功袭长沙、衡州二卫指挥。《章灵赋》云："皇濠、泗飞以试囷兮，余祖御乎扬之土。"自注云："太阻始起濠、泗，公从扬州之高邮起兵应之。"又公《七十自定稿·敏倕五十》诗云："邗沟萦插湘滨，骁骑云初到尔身。"又《示侄孙生蕃》诗："吾家自维扬，来此十三世。"又《姜斋文集·耐园家训跋》云："吾家自骁骑公从邗上来宅于衡，十四世矣。"又公《己酉哭殇孙用罗文毅公慰彭敷五丧子韵》云："邗江枝叶无多望。"又虎止公《感怀诗》云："吾宗发邗江，奋武勋最昭。"皆述高邮旧籍也。邓湘皋先生显鹤谓公先世为江都人，盖记忆失误耳。配冯宜人。

迁衡始祖昭武将军上都尉公讳成。袭世职。永乐间以从南下功，升衡州卫指挥金事，晋同知，世袭。始迁于衡阳。都尉公从明成祖南下，以翼戴功最，升衡州卫指挥佥事，晋同知。《家世节录》及虎止公《行述》并详及之。公《章灵赋》云："靖协劳于滹沱兮，采赤麓以剖户。"自注："迨成祖靖难，又协赞成劳于滹沱河。故剖万户之封，食采赤帝之麓。"《儒林传稿》云："公衡阳人。"注云："《提要》误刊以为汉阳人，今改正。"配朱淑人。

第二世嗣都尉公 讳 全。袭世职。配崔淑人。

第三世嗣都尉公 讳 能。袭世职。以上皆终于官。咸能以忠勤世其令绪。配刘淑人。生二子：长轻车公，次讳统。

第四世昭勇将军上轻车都尉公 讳 纲。袭世职，以功晋骠骑将军上护军，迁江西都指挥佥事，掌卫事。初，从都御史秦公金以平郴、韶赋，为中路总统，拔贼砦，荡平之。以功晋骠骑将军上护军，详《皇明世法录》。累官江西都指挥佥事。时与太守古公偕见直指使。古公自司马郎出守郡，执旧属，与公争西上，公据祖制折之，曳落其裾。直指使以为直。会同里刘黄公请于廷，修南岳庙，部推公能，檄入川采木，归督造庙，归然帝制，崇丽为五岳之冠，所费不过五千金而已。事具商文毅《碑记》。官江西时，与藩臬会。藩使欲以文墨相难，连缀韵语，公应口和之如凤撰，皆敛容焉。配崔夫人。

第五世祖骠骑将军上护军公 讳 震。袭世职，累官镇守柳、庆参将。护军公字东斋，掌卫事。戎兵克诘，尤笃志经术。时庄定山先生谪官湖南，与讲性命之旨。云坛倡和，见《定山集》中。始，轻车公所与抗太守者，擢大司马。护军公以舍人袭职，过司马门下。司马怆然改容，叹曰："汝父风采，今日若在人目中。虎父不生豚儿，好为之，无忧不大用。" 护军公泣伏再拜而退。《家世节录》云："司马体国用人，争而不忮。天下何得不晏然？顾非轻车公之大节，实有以厌君子之心者，亦无以得此。骠骑公累官三品，家无余赀。柳、庆居百蛮之冲，怀柔震叠，不侵不叛，其承堂构而报元老之知，亦有所自来也。"累功迁昭武将军上轻车都尉，历柳、庆参将，恩绥威镇，峒蛮戢服。家世以武功显，束脩文教，则自护军公始也。元配常恭人。生上护军公，讳翰，字直卿。为定山门人，补郡文学。已乃拜世秩，累官都指挥使上轻车都尉。次室郑太君。即一山公母也。

公高祖处士公 讳 宁。护军公第四子，号一山。始以文墨教子弟，起家儒素。配赵太君。

曾祖掌故公 讳 雍。处士公长子讳亨，字顺泉，郡文学。次掌故公，号静峰，隆庆四年乡贡，初授武冈州学训，迁江西南城县学谕。明时凡应贡者，每以猎得相竞。掌故公届俟满，请让于所受业师，学使义而许之，以是迟之间岁始应贡。家世弁组，颇务豪盛。掌故公苦吟清彻，不问家人业。或故诘公曰："一石谷春几许米？"曰："一石米。"浮薄者笑焉，公亦不怒。其敦长者行类如此。**配毛孺人。**

祖少峰公 讳 惟敬。掌故公生三子：长次峰公，讳惟恭；次少峰公；再次太素公，讳惟炳，补郡文学。《家世节录》云："少峰公之始生也，掌故公梦有奇征，故小字曰梦。公姿貌奇伟，长六尺，须髯疏秀，瞳光透出十步，伉爽尚大节，饮酒至一石不乱。岁时衣大褶，戴平定帽，坐起中句矩。或劝公曰：'君阃阅胄子，郎君又以儒名家，盍儒服乎？'辄笑不应。掌故公之卒，以赀让太素公，随散随益之。终身不见一长吏，亦不撖裾于富贵之门。竟日口不道一里巷语，遇人有不可者，面斥无背言。而姻郦敬爱，生平如一日。居家严整，昼不处于内，日昃入户，弹指作声，则室如无人焉者。课子每秉灯对酒，置笔研座隅，令箸文艺，恒中夜不辍。仲父公偶戏簪一花，蓦见之，作色曰：'此岂吾子弟邪！'故征君公兄弟终身不有华靡之饰。征君公年既而立，声望已著，每小失意，犹长跽逾时，以痛自谢过乃已，或时为劳勉焉。年五十三，早卒。李大中丞公焘为表其墓。"**元配冯太孺人。**无所出。**继配范太孺人。**生三子：长征君公，次牧石公，次子翼公，皆郡文学。牧石公讳廷聘，字蔚仲，性笃孝。少时小有过失，少峰公责谴门外，永夕下钥。时当除夕，风雪凄迷，征君公私从隙道掖令归寝，牧石公引咎自责，必遵庭命。望日元旦，少峰公方启门焚香，牧石公怡颜长跽。少峰公且喜且泣，称其允为道器。晚年雅意林泉，逍遥于下溉观田、孤山种梅之下。筑曳途居，构小亭，题曰"濠上"。浚小池，莳杂花其侧，酿秫种蔬，供岁时之荐。少吟咏，晚而益工，惟不喜公安、竟陵体。生玉之，邑文学，以继绝袭衡州卫指挥同知；剑之，早卒。子翼公儒而侠，不屑家人生业，裘马壮游，敦友睦，事征君公如严父，生珍之。

父征君公 讳 朝聘。万历乙卯、辛酉两中副榜。字逸生，一字修侯。少师事邑大儒伍学父先生定相。先生授徒殆百人，征君公为领袖。虽研极群籍制义，而究极天性物理，斟酌古今，务发抒心得之实。已游邹泗山之门，承东廓之传，以真知实践为学。谓武夷为朱子会心之地，志游焉以颜书室，学者称武夷先生。孝友天植，无间于族郦之扬诩。少峰公严威，一笑不假。小不惬意，则长跽终日，颜不霁，不敢起。每烧烛独酌，令隅坐吮笔作文字，中夜夔夔无怠色。晨昏问起居，凝立户外，不敢逾梱限。倾耳听声咳平善，愉色蹑足而退立以为恒。少峰公中年遭暴疾，素刚果，压人呴煦，虽自知不起，而不欲以环绕悲号处生死，屏人独坐。既不获侍左右，则匿壁间私候，泣血不敢发声。及卒，抱持抢地，勺水不入口者三日。毁瘠骨立，成羸疾，迨耄耋不瘳。范太孺人有寒咳疾，按摩承涕唾，三十年如一日。永诀后，奉唾盂涎血而泣者数年。少峰公素不屑治家人产，及大故，囊不名一钱。征君独力经营，至哀所感，诸具辏合，蜀材吴绵，隧瓷丰碣，尽诚信而无悔。范孺人之殁也，征君公方授徒衡山。病革，报者至，薄暮借一马驰归。素清羸，不闲控驭，所借马抑驽钝，且哭且驰，马忽惊，迅追风，三鼓已抵家。迨及独纩，尽力以营大事，一如少峰公。称贷既广，竭力以偿，凡十年未尝一饱食，一暖衣也。岁时张遗像，设几筵，日侍左右，依依如孺子。或有诏语，于子孙僮仆皆下气怡声。及荐酒脯，泪盈于睫。每捧埽茔兆，必涕下沾衣，四十年如一日。与兄弟白首欢笑如童时，或遇咈事，相对则笑语如常，脱然忘其忧戚。一觞一咏，评古诋今，谐适送难，不伤于蝶。至于衣无私主，财无私藏，初以为适然，未尝留胸中也。生平韬光独处，不立崖岸，衣冠一如时制。言动易和，以诚意为省察密用，以克己为致力工夫。闲居斗室，闭目端坐，寂然竟日，不闻音声。忧患沓至，晬容不改。不怒不叱，大喜不启齿而笑。所受于学父先生，天人、理数、财赋、兵戎，罔不贯洽，而未尝一语及之。先生藏书万余卷，居恒谓征君公曰："此中郎所以遗仲宜者，行归之子。"后先生猝得热疾，慁急不能语。征君公躬炊药食，先生目之，如将有所授者，辄俯首不舍。归而叹曰："吾宁父师治命，不能受仲宣之托也。"雅不与佛老人游。曾共释憨山德清辩率性之旨，清为挫屈。终身未尝向佛、老像前一揖。甲申之变，寇退，遗骴满野，募僧拾而瘗之，并使修忏摩法。顾谓船山公兄弟曰："此自王政掩骼骴之一事，顾不以命之僧。吾惧仆佣之狼藉也，已属之矣，不能执吾索尚而废其事。此亦神道设教之意，汝曹勿谓我佞佛而或效之。"早受知于邑令胡公，以国士相期。会学使意有所谦于邑，故抑之以示意。继新安王公宗本令衡，复深相知，凡两最童子科，乃补郡文学。及门达者：谭孝廉允都，欧阳解首瑾，新建令贵阳马经元之驯。晚年谢病归里，以中梱为穷谷。长吏闻风请见，皆称疾谢绝。亲知后辈，非以业学进，不得望见颜色。如郭季林凤跹，夏叔直汝弼，何玮孙一琦，皆所鉴别，俱为名孝廉。恒谓："处人己之间，当令有余。亲如子弟，贱如奴仆，且不可一往求尽，况其他乎！"其笃行类如此。**前母綦孺人。**宁远教谕綦公文佳女。生子一，三岁而殇。孺人以万历甲午岁卒。**母谭孺人。**处士谭公念乐讳时章女。公性和恺，敦笃长者，顾极薪崚，不可干悔。配欧阳太母，生子三：长允阜，季允琳，皆邑文学。中子允都，中天启甲子乡试。乙丑上春官，以文句犯权阉，置乙第。女二：长即谭孺人，次适文学伍公季咸，遇乱不屈，死之。谭孺人年十九来归，以少降公之严，顾于孺人则不能不喜道之曰："此孝妇也。"少峰公暨范孺人存日，起恒不待晓色，夜则暗坐彻丙夜。茗浆酒果以进者，不敢使刀砧之声闻于外。与婢语，必附耳嗳嚅。虽甚喜笑，不见齿也。少峰公昼出暮入，则涤器移案，都不复作。与仲娣吴太恭人相得如骨肉，白首无间言。季母晚得奇疾，性稍乱，孺人一往问之，则流涕竟日。其卒也，一恸几绝。每遇綦孺人生忌，躬设香茗捧荐。事綦掌故公如父、綦太母如母，向卒年五十，尤为惨然变容。家承严政、内外肃粟者九代，自孺人易之以和恺。

遇诸新妇，谭笑拊摩，终岁不一蹙其眉。即有过失，不加呵谴，徐俟其悔悟，而后微戒焉。顾恒叹曰："吾性不欲以严待人，流及于后，将有不率而反唇者乎？虽然，佳儿女岂须人诃责？不肖者操之，益横出矣。人日趋下，初非吾作法之凉也。"年七十四，石崖、船山两公同举。外王母欧阳太君年九十二，生小酉先生，举于乡。欧阳太君母年八十有四，生元素先生炳，举于乡，官郡丞。杨太君所生母年九十，生耻所杨公，举于乡，官州刺史。凡四世，略相等，戚里以为盛谈。《姜斋文集·谭太孺人行述》云："但闻其事少峰公者三年，酷寒不蓺火，畏烟之出膈镈也。盛暑不扑蚊，畏箑声之遥闻也；涤器不敢漱水，引濡巾而拭之；猫犬扰不敢迫逐，拥袂而遣之。每一语及，夔夔悚立。及述范太孺人疾痛倾逝，则泪承于睫，不异初丧。叔母吴太恭人长二岁，周旋四十年，欢如一日。迨既分居，经旬不相见，则皇皇问讯不绝。每围炉共语，呴呴如两新妇。季父子翼翁，早未有子，置侧室，或颇轻之。孺人待之如姒娣，曰："令叔氏有子，即贵矣！"前母外祖父綦公，罢教归里，无子，先孺人承事敦笃，不异所生。綦公垂殁，待之而暝。先叔祖太素翁罢诸生，落拓且无应嗣，叔祖母朱，井臼不给，太孺人迎养敬事，怡然终老。盖推事父母者以事綦公，推事舅姑者以事太素翁，诚至而礼洽，亦不自知其厚也。"又云："少峰公英卓，不事家人生产，徒四壁立。先君子勤素业，乃薄田仅给饘粥，而慎终之厚，倍于素封，称贷繁猥，卒皆酬偿。太孺人销簪珥，斥衣袱，固不待言。抑数米指薪，甘荼如饴，以成先君子之孝。若不孝兄弟所得见者，先君十年燕、赵，聚子妇，构堂室，终不孝读书之业，且河润宗姻，无干糇之失，类出于撙节，心专力竭，愈可知矣。"又云："姑母适范氏，早寡，守志媋居，鞠其子女，恩逾己生，为毕婚嫁。从兄玉之，年四十，弃诸生，冠带入省，犹手酒浆相劳苦，如抚孺子。"兄弟三人：长兄介之，字石子，一字石崖，号耐园，学者称耐园先生，又号铿斋，崇祯壬午同榜举人，年八十一卒，私谥贞献。性至孝，献贼陷衡州，匿南岳黑沙潭，将自尽。贼执其父以购己，乃与船山公百计营脱。自后隐穷山四十余年，以寿终。次兄参之，字立三，一字叔稽，号砎斋，宏光恩选贡生，先征君公三月卒。性至孝，母病不能寐，公跪榻下，手承目眣，率至夜分。又患心疾，宛转抚摩，数年不懈。癸未，贼陷衡州，公走匿山中，不就伪试。伪吏呈不顺者，以公为首，几不测。会贼去，乃免。岁饥，侍亲避乱南乡，时米贵，道梗，合家数百指，日行二薄粥。公持粥泣曰："此岂老人食耶！"劝父饭，不，因绝勺水竟日。父感之，为一加餐。其笃性如此。公其季也。石崖公配欧阳孺人，思恩府同知讳炳女孙，岁贡生讳珠女。子一：敞，字肬原，邑文学；女一，适文学萧鸣南子式。砎斋公娶蒋太君，文学大操公女。子二：长攽，甲午避兵，为游骑所戕；次致，早逝。肬原公原娶邹太君，生子一，讳生祁。继娶李太君，举人李公孟韶孙，文学维翰公女。生子一，讳生郊。生祁公娶文学杜公煖女，生子二：长讳绵，次讳续。

公讳夫之，字而农，号姜斋，一号卖姜翁，《庄子通》序。一名壶，庚戌《砚铭》；《苏太君孝寿说》注；《唐须竹躬圆说》。一号一瓠道人，癸卯《遣兴诗》记。或一瓠先生，乙巳《和梅花百咏》附和七绝第三首。或瓠道人，庚戌《雁字诗》附《题芦雁绝句》注；《愚鼓歌》附《十二时歌》注。一号双髻外史，《孝烈传》。或檮杌外史。《春秋家说》《世论》《稗疏》；《永历实录》诸稿本。晚居府治西百二十里石船山，称船山老人，庚午《夕堂永日绪论》序。或船山老农，壬戌《说文广义发例》。或船山遗老，壬戌《噩梦》序。船山病叟，己巳《黄书》序；《识小录》。学者称船山先生，又称夕堂先生。《行述》。

船山公年谱前编

明万历四十七年己未（一六一九），**公一岁。**

九月初一子时，生于衡州府城南回雁峰王衙坪。时武夷公年五十，谭太孺人年四十有三。

明万历四十八年庚申（一六二○），**公二岁。**

八月，光宗即位，诏以明年南泰昌元年。

九月，熹宗即位，诏以是年七月以前为万历四十八年，八月以后为泰昌元年。

十二月初一日，大凌。武夷公五十齿满，杯孟凝沍。

《七十自定稿》庚申《腊月一日寒雪有作》注："是日为先征君弧辰。闻之先慈云：泰昌庚申大冻，杯孟凝沍。"

明天启元年辛酉（一六二一），**公三岁。**

武夷公中副榜。

武夷公以副榜赴武昌省应乡试。正考官翰林院缪公昌期，副考官兵科给事中朱童蒙。首题《士不可以不弘毅》，次题《尊贤则不惑》，三题《天下大悦书曰丕显哉文王谟丕承哉武王烈佑启我后人咸以正无缺》。同考胡公允恭首荐，缪公昌期已取中正额，定录名次。朱以策有"童""蒙"字，犯其名，抑置副额。熹宗以登极恩，予副榜贡太学。武夷公曰："余分在此，且签一命，或得报政而邀王言，以补禄养之不逮也。"遂应贡北上，入国子监。

《姜斋文集·家世节录》："先君乙卯、辛酉两副秋榜，分考胡公允恭首荐，太史西溪缪公昌期业定录名次，以封策中犯副考朱黄门童蒙名，黄门不怿，置乙第。是年熹宗登极，以恩予副第者贡太学。先君年已五帙，倦于文场，叹曰：'余分在此，且筮一命，或得报政而邀王言，以补禄养之不逮也。'遂应贡入辟雍。"

石崖公入学，年十有六。

《姜斋文集·石崖先生传略》："兄为学笃敏，十六补弟子员。"

明天启二年壬戌（一六二二），**公四岁。**

武夷公在京师。公与砎斋公同入塾，从石崖公受读。

《石崖先生传略》："仲兄稍长，同席受读，而仲兄病几痿，兄调护扶掖，齿指以授针艾，仲兄赖以愈，而卒以文章名南楚，无一非兄曲意怡声，亹亹讲说以成之者。若夫之狂娭无度，而檠括弛弓，闲勒逸马，夏楚无虚时，面命无处日者，又不待言。"

明天启三年癸亥（一六二三），**公五岁。**

武夷公在京师。公从石崖公受读。

明天启四年甲子（一六二四），**公六岁。**

武夷公在京师。公从石崖公受读。石崖公迎娶欧阳孺人来归。

明天启五年乙丑（一六二五），**公七岁。**

武夷公在京师。公从石崖公受读，毕《十三经》。

《龙源夜话》序："七岁而毕《十三经》。"

武夷公历满，应部选。

明制：举人、贡生入监者，祭酒奉监规而训课之，有升堂积分、超格叙用之法。三年考满，以推官、知县、学官分选。《家世节录》："历满，应部铨。时选政大坏，官以贿定，授正八品。"

天启六年丙寅（一六二六），**公八岁。**

肄业家塾。

武夷公归自京师。

《家世节录》："先君素矜风轨，及是，相知闻者谓必罢选不就。先君笑曰：'积薪何常之有。我应此小用者何意，无亦聊与优游，而以悻悻去哉？'初，仲父闻之，亦为扼腕。先君自都门归，欣然尽遣诸胸中。仲父叹曰：'吾兄所谓贤者不测也。'"《姜斋文集·谭太孺人行状》："先君子十年燕、赵。"初自辛酉至丙寅，凡六年；再自戊辰至辛未，凡四年。牧石公，武夷公仲弟，名廷聘，字蔚仲，郡文学生。

硿斋公入学。十二月，牧石公长子玉之公生子子伟。

玉之公，字斯侯，号果斋，邑文庠生，继绝袭衡州卫指挥同知，荫万户侯。子伟公，字遴倩，邑文庠生。

明天启七年丁卯（一六二七），**公九岁。**

武夷公家居，公禀承庭训。

夏，石崖公、硿斋公同赴武昌省应乡试。九月，落解归。硿斋公迎蒋孺人来归。

明崇祯元年戊辰（一六二八），**公十岁。**

春正月，从武夷公受经义。自是阅经义至数万首。

《经义》序："忽念身本经生，十岁受之父。"《夕堂永日绪论》："余自束发，受业经义，阅经义亦数万首。"

武夷公赴京师谒选。

时同邑前太常寺卿陈公宗契、零陵前礼部郎中蒋公向荣欲为武夷公地，皆笑而谢之。同邑云南参政陈公棨典，因寓书于京师达官，武夷公中途发函，有先容语，遂不为致。《家世节录》："方谒选时，同邑太常卿陈公宗契、零陵铨司蒋公向荣，深相引重，欲为先君地。皆笑而谢之。大参陈公棨典会先君，因致书长安达者。先君受之，中途发函，有先容语，遂不复致。"

按：陈宗契，字景先，万历辛丑进士，官太常寺卿。魏忠贤擅政，讽使附己，遂乞归。蒋向荣，字淡心，万历己未进士，官吏部郎中。见魏忠贤□政，乞疾归。陈棨典，字希虞，万历丙辰进士。

明崇祯二年己巳（一六二九），**公十一岁。**

武夷公在京师。硿斋公子敉生。敉公字孝获。

石崖公应提学试，列一等。

明崇祯三年庚午（一六三〇），**公十二岁。**

武夷公在京师。

《姜斋文集·石崖先生传略》云："尝记庚午除夕，侍先妣拜影堂后，独行步廊下，悲吟'长安一片月'之诗，宛转歔欷，流涕被面，不知所谓。及后思之，孺慕之情，同于思妇，当其触发，有不自知者存也。"

八月二十日，侄敞生。敞公字朓原。

《姜斋文集·文学朓原氏墓志铭》云："朓原氏，名敞，贞献先生之冢嗣，于余为从子。生以崇祯庚午八月二十日。"

公与石崖公、砡斋公时以文字与友人相往还。

《家世节录》云："崇祯初，文士类以文社相标榜。夫之兄弟亦稍与声气中人往还。先君知之，辄蹙眉经日。"

明崇祯四年辛未（一六三一），公十三岁。

武夷公归自京师。

《家世节录》："已谒选，会乌程当国，操切以希上旨。其姻家唐元彌者乾没副贡籍，求府判所部劾罢之。乌程怒，为罢铨郎。新铨郎会乌程意，苛按辛酉副贡，移仪曹索故纸，束湿甚，暗索贿焉。先君曰：'是尚可吏也乎？吾以求一命为先人，故俯折至此。若出赇吏胯下，以重辱先人，是必不可。'诣仪曹辞罢。大仪慈溪冯公起龙笑谢先君曰：'观生气固不可折者。吾为选，君必旦夕为除遣，何有长者而作少年拂衣意气乎？'先君正色长揖而封曰：'无所辱公嘉惠。某有田可耕，有子可教，终不敢欺天，以暮夜金博一官。'碎假帖而退。夜买驴出春明门，遂归。"又云："营道骆都督思恭掌金吾事，监修国史。史成，例荐纂修者，晋所考秩，予速选。以同乡故，咨先君于部。先君亦笑受其咨。既终不以赴部，亦不以返于骆，留笥中，抵家乃焚之。"

明崇祯五年壬申（一六三二），公十四岁。

武夷公家居，与仲弟牧石公、季弟子翼公讲学论文、莳药灌畦以为乐。除群从子弟洎门人，皆拒不见。

《家世节录》："先君莳药灌畦，若未踏长安尘者。家居十七载，不一至郡邑庭。亦不通杂宾客，非两叔父外诸从洎及门问字者，往来都绝。长吏到门，以疾却刺。"子翼公，名家聘，郡文学生。

湖广提学佥事王公志坚科试衡郡，公入衡阳县学。

《行述》："年十四，督学王闻修先生讳志坚拔入学。"王志坚，字闻修，号弱生，昆山人，万历进士。

石崖公试列一等，寻食廪饩。

《石崖先生传略》："饩于庠者八年。"

明崇祯六年癸酉（一六三三），**公十五岁。**

夏，从石崖公、砭斋公赴武昌省应乡试。

正考官钱谦益，副考官张第元。首题《君子思不出其位》，次题《修道之谓教》，三题《尧舜之知而不遍物急先务也》。

子翼公子珍之生。珍之公字时若，行七。

明崇祯七年甲戌（一六三四），**公十六岁。**

始从里中和四声者问韵，学韵语，阅古今人所作诗不下十万首。

《述病枕忆得》："余年十六，始从里中和四声者问韵。"《夕堂永日绪论序》："十六而学韵语，阅古今人所作诗不下十万。"

湖广提学佥事水公佳允《家谱》《行述》作"佳脣"，《湖南通志》作"佶应"。岁试衡郡，列公一等第一名。

《行述》云："宁波水向若先生佳允、昆山王澄川先生永祚，皆鉴识首拔。"

砭斋公次子致生。

明崇祯八年乙亥（一六三五），**公十七岁。**

诗有《中秋里人张灯和牧石先生》七律一首。《忆得》诗。

明崇祯九年丙子（一六三六），**公十八岁。**

春，湖广提学佥事水公佳允科试衡郡，列公一等。

夏，从石崖公、砭斋公赴武昌省应乡试。

正考官吴伟业，副考官朱玫。首题《焕乎其有文章》，次题《天之所覆地之所载》，三题《易其田畴薄其税敛民可使富也》。

砭斋公次子致殇。

诗有《荡妇高楼月》五古一首，《黄鹄矶》五律一首。《忆得》诗。

明崇祯十年丁丑（一六三七），**公十九岁。**

春，迎同邑处士万梧公女陶孺人来归。

《忆得》诗有《初婚牧石先生示诗有日成博议几千行之句敬和》诗。《家世节录》："先君文词，夫之获见者，赠处士陶公万梧文。"自注："夫之妻父。"刘明遇撰《陶孺人墓志铭》："陶孺人，产衡阳千亩侯，赀累钜万，作合于青灯布缕之孝廉，而不挟富以骄其夫家。"

夏，从牧石公读史曳途居。

《忆得》诗有《夏日读史曳途居闻松声怀夏叔直先生》诗。《家世节录》："仲父和易而方介，恬于荣利，博识，工行楷书，古诗。晚岁筑室垌外，号曳涂居，莳花植药，怡然忘物，每谓漆园吏、东皋先生去人不远。"

牧石公孙敏生：玉之公五子，字幼重，号卓枫，行八。

诗有《初婚牧石先生示诗有日成博议几千行之句敬和》七绝一首，《夏日读史曳途居闻松声怀夏叔直先生》一首。《忆得》诗。

《家世节录》："如郭季林凤跹、夏叔直汝弼、何伟孙一琦，皆所鉴别，俱为名孝廉。"《分体稿·广哀诗》十九首有《夏孝廉汝弼》一首。《衡阳县志》："夏汝弼，字叔直，崇祯壬午举人。性倜傥负气，与王夫之兄弟善。流寇陷衡州，汝弼居莲花峰，夫之依以避乱。明亡，遂弃巾服，自号莲冠道人，歌哭无恒，有语及时事者，辄闭目不答。问其姓名，亦弗告也。独携一童子，囊琴，登邵阳梓田山，就古木鸣泉间，踞石弹琴，或泣或吟。又尝登车驾山观瀑布，彷徨数日不返。返则仍居山楼，自炊而食。山下有萧常赓者，知其非常人，要之家中，留月余复去。后入九疑山饿死。"

明崇祯十一年戊寅（一六三八），**公二十岁。**

始与同人为文酒之会。

《鼓棹初集》咏莲子《水龙吟》第三阕注云："余既作莲子词二阕，梦有投素札者，披览之云，公不弃予小子，补为酬词，良厚。乃我本无愁，而以公之愁为我愁，屈左徒之愉东皇、云中不尔也。且公所咏者，荻絮蓼花，金风玉露，皆余少年事。假以公弱冠时文酒轻狂，今日为公道，公其能不赪见于色乎？"

明崇祯十二年己卯（一六三九），**公二十一岁。**

从石崖公、砭斋公赴武昌省应乡试。

时公与黄冈熊渭公渳、李公以默会文课，议不犯一时下圆熟语，复不生入古人字句，取精炼液，以静光达微言。《夕堂永日绪论外篇》："因忆昔与黄冈熊渭公渳、李云田以默作一种文字，不犯一时下圆熟语，复不生入古人字句，取精炼液，以静光达微言。所业未竟，而天倾文丧，生死契阔，念及只为悲哽。"熊霖，《明史·忠义传》作熊霁，字渭公，黄冈人，移居武昌。喜邵子《皇极书》，颇言未来事。十六年元旦，尽以所撰《性理格言》《图书悬象》《大易参》诸书付其季弟，曰"善藏之。"城破前一日，贻书友人冯云路，曰："明日当觅我某树下。"及期，行树旁。赋追至，跃入荷池以死。李以默，《感旧集》传作以笃，字云田，湖广汉阳人，别自号老荡子。徐电发《续本事诗》："云田才高沦落，龚芝麓为赋《老荡子行》。"《吴梅村集》有《荡子失意行赠李云田》。案《南窗漫记》，壬午乡试，渭公以禫制不预，逾年遂行；流寇之难，云田以沦落不偶。故以会文为是年事。

秋，石崖公中副榜。公偕归，至城陵矶，遇风。

正考官邵，失名。副考官章正宸。首题《为臣不易》，次题《中立而不倚》，三题佚。

《南窗漫记》："己卯自鄂归，至城陵矶，风历樯折，幸得登陆，步自矶上，走岳阳，憩岳侯祠，见王澄川先生讳永祚题祠柱云：为臣死忠，为子死孝，大丈夫当如此矣。南人归南，北人归北，小朝廷岂求活耶！"

十月，与郭公凤跹、管公嗣裘、文公之勇初集匡社。

《匡社初集呈郭季林管冶仲文小勇》诗有"良宵霜月好"之句。郭凤跹，《湖广通志》："字季陵，衡阳人，崇祯壬午乡举。明亡，隐石倦岭，构药兰竹坞，日吟咏其中以自娱。"管嗣裘，字冶伸，崇祯壬午举人。张献忠陷衡州，匿安仁山中。贼执其兄嗣箕索之，佯以死报。获免。寻从桂王于桂林，为中书舍人。桂林陷，走灵溪洞。冬夏一败絮，垦土而食。与西安刘湘客、仁和金堡、广平陈昌时辈相倡和。李定国入桂林，嗣裘说定国贰于孙可望，迎主自效。定国不能用，遂去。转入永安州，不知所终。《永历实录》有传。文之勇，字小勇，崇祯贡生。

诗有《匡社初集呈郭季林管冶仲文小勇》五律一首，《刘子参计偕北上便寄奚中雪》五律一首。《忆得》诗。

刘子参，名惟赞，祁阳人，崇祯己卯举人。《县志》："献贼陷湖南，闻其名，购之急。惟赞率乡勇扼险自固，贼不敢犯。国变后，隐祁、邵之交，筑白云庵以居。"《永历实录·严起恒传》：永历三年，楚师败于湘潭，何腾蛟被害。楚兵四十余万，失主汹汹。惟赞徒步诣肇庆上疏，大旨言宜出起恒督兵，不果用。湖南复陷。

明崇祯十三年庚辰（一六四〇），**公二十二岁。**

春二月，石崖公应诏北上，入国子监。

《石崖先生传略》："己卯，以乙榜召入北雍。"《送伯兄赴水雍》诗有"二月暄元新"及"珍重清湘流"之句。

石崖公既入监，以武夷公暨谭太孺人车老，无日不垂思亲之泪。请双告，不许，遂不复请而归。

《石崖先生传略》："时以六曹策士，隽者获美除，同舍皆气矜竞猎。兄尤憎其躁竞，曰：'吾安能一日与奔骛者伍！'遂拂衣不清而归。尤忆乡前辈欧阳正旸翁自北归，持家兄报，夫之往领焉。欧阳翁曰：'伯兄无日不重忍京之泪，吾诱之以弈，至三两局，则泪谪罢中矣。'"

诗有《送伯兄赴北雍》五古一首，《月下步春溪樾径抵金钱冲访季林因与小饮》七绝一首。《忆得》诗。

明崇祯十四年辛巳（一六四一），**公二十三岁。**

春，构潇涛园，种竹，杂植花卉。

《忆得》诗有《潇涛园初构种竹环小轩杂植花卉盛夏遂已成阴》诗。

湖广提学金事高公世泰岁试衡郡，列公一等。文评有云："忠肝义胆，情见乎辞。"高世泰，字汇旃，江南无锡人。

诗有《潇涛园初构种竹环小轩杂植花卉盛夏遂已成阴悠然有作》五律一首。

明崇祯十五年壬午（一六四二），**公二十四岁。**

湖广提学金事高公世泰科试衡郡，列公一等。刑部郎中蔡公凤巡按湖南刑狱，征会文课，公蒙特奖，期于武昌省城相见。

《上蔡威函先生》诗注："先生讳凤，以比部郎钦恤楚刑，征文课，枉见特奖，期于鄂城相待。"

夏四月，公长子勿药生。从石崖公、砠斋公赴武昌省应乡试。

秋七月，与黄冈王公源曾、熊公渼大会同人于黄鹤楼，与者百余人，拈韵赋诗。

《南窗漫记》云："壬午初秋，黄冈王又沂源曾、熊渼公渼会同人于黄鹤楼，与者百余人，各拈韵赋诗。"

熊公渼序公《潇涛园》诗。

《南窗漫记》:"渭公以禫制不与秋试,为余序诗,以眉山、淮海为戒。"

是科正考官翰林院郭公之祥,副考官兵科给事中孙公承泽。首题《请益曰无倦》,次题《义者宜也》,三题《其为人也好善好善足乎曰好善优于天下》。同考泸溪县学教谕欧阳公霖阅荐。

郭之祥,吉水人。孙承泽,号退谷,崇祯辛未进士。《家世节录》:"夫之举主欧阳方霖。《行述》作'介'。"《永历实录·刘季矿传》:"安福欧阳霖,字方然,初名介。以泸溪教谕升北流知县,擢户科给事中。车驾幸肇庆,请西出桂林,与杜永和廷争,弃官归里,闭户食贫,不通人事。"

九月,榜出,公以《春秋》第一中式第五名经魁,经义录文呈览。

《行述》:"壬午,以《春秋》魁,与伯父石崖先生同登乡榜。"《陶孺人墓志铭》:"王子夫之登湖广壬午科《春秋》第一。"《经义序》:"弱冠,有司录以呈之君。"

石崖公中式第四十名同榜举人,录文呈览。

《石崖先生传略》:"壬午,举于乡,录文呈览。"

衡阳夏公汝弼、郭公凤跹、管公嗣裘、李公国相、包公世美中式举人。

《沅湘耆旧集·李国相小传》:"字敬公,号芹岩,富平人。尝应募随都督刘綖平杨应龙,以功赴部,下三峡舟覆,负母出巨浪中,功牒漂失,因浪迹湘、衡间。崇祯壬午,以衡籍举于乡,遂为衡阳人。张贼陷衡,遍索荐绅,强以伪职,不赴者死。芹岩引刀刲两臂,示不可用,得免。鼎革初,自南岳转徙山谷,岁更其处。晚筑小室,植桃数株,称桃坞老人。著《逸斋费词》二卷。"

同考沔阳知州章公旷、长沙推官蔡公道宪出闱见公,引为知己,以忠义相砥砺。

《行述》:"华亭章公旷、江门蔡公道宪,是科俱为分考。时国势渐不可支,出场后,遂引为知己,互相砥砺。"章旷,字于野,别号峩出,华亭人。崇祯丁丑进士。永历元年官至武英殿大学士、兵部尚书,督师东安,卒。《永历实录》有传。蔡道宪,字元白,靖江人。崇祯十年进士。为长沙推官。张献忠陷长沙,被执,大骂不降,贼磔之。瘗南郊醴陵坡。赠太仆寺卿,谥忠烈。《明史·忠义》有传。

冬,自武昌归。

《舟发武昌留怀熊渭公李云田王又沂朱静源熊南吉》诗有"漫随南雁望霜函"之句。

十一月，武夷公命石崖公及公同赴公车北上。上湖南道参议金九陛以衡阳富人有劣而枭者，法当死，属意饷公兄弟千金，治北装，贷其死。公与石崖公拒却之。

《家世节录》："壬午冬，夫之上计偕。"《石崖先生传略》："时观察全椒金公念吾兄弟贫甚，欲为治北装。邑有劣而枭者，法当死，公属意令饷吾兄弟千金活之。其人来恳，兄顾问夫之曰：'何如？'夫之答曰：'此固不可。'兄喜形于色曰：'是吾心也。'或曰：'千金不死于市，岂能必彼之不幸免乎？'兄又顾夫之微笑。夫之曰：'吾安能令其必死，但不自我可耳。'遂峻拒之。"

下湘，过朱亭，取道江西，至南昌省城，谒举主欧阳公霖于刘都督绖祠。

有《朱亭时寒寄小勇》诗。壬癸《江行代记》诗序："余历冬春，自袁入章江。"癸亥《得安成刘救功书知举主黄门欧阳公已溘逝三年矣》诗注："壬午腊初，谒公于南昌刘都督绖祠。" 刘绖，字省吾，南昌人。祠名"表忠"。朱亭，在湘潭县治上百八十里。

雪，傲大舟，刘都督绖祠下度岁。

《南窗漫记》云："壬午残腊，小艇泊南昌城下，寒雪透篷窗不可忍。时张都御史凤翔方履任，自扬州驾大官舫，已登陆，舟停水次，因傲之度岁。窗间题句云：'行人莫上长堤望，枫叶芦花处处愁。'似是古句，墨迹尚新。于是天下方乱，事无不可悲者，见此令增惨淡。凤翔以监司贿致节钺，当不知有此语。或其幕客，则亦有心人也。"

按：是时李自成已陷河南汝宁、开封，进陷湖北襄阳，分兵逼荆州。张献忠由潜山、安庆，进逼蕲水。

诗有《上蔡威函先生》五古一首，《黄鹤须盟大集用熊渭公韵》五律一首，《舟发武昌留怀熊渭公李云田王又沂朱静源熊南吉》七律一首，《铜官》五律一首，《刘杜三驰书见讯书尾以歌者秋影见属答之》七绝一首，《寿锡山高太夫人》七律一首，《朱亭晴寒寄小勇》五古一首。《忆得》诗。

铜官戍，在长沙府城北六十里。刘杜三，名自煜，攸人。崇祯丙子举人。《沅湘耆旧集》载有《入闽应召径衡夜宿前溪寄故人王而农》五律一首。《南窗漫记》:"刘杜三自煜,虽早托胎于竟陵,而不全坠彼法,往往有深秀之句。"

明崇祯十六年癸未（一六四三），**公二十五岁。**

诏改本年会试于八月举行。

正月,泊章江。

有《元旦泊章江用东坡润州韵》诗。

欧阳公霖招同刘公曲溟、周公二丕泊诸同年游龙沙寺,观汤义仍手题。

有《欧阳公招游龙沙同刘曲溟周二丕泊齐年诸子寺有汤临川手题即用为起句》诗。《南窗漫记》:"南昌城北龙沙,四围素沙环拥,如银城雪岛。中平敞,为禅室,有汤义仍手书门联云:'池开沙月白,门对杏榆请。'数十年矣,楮墨未损,悠然想见其挥毫之顷。"

石崖公与公决计归养,遂由吉安涉云阳,下洣水归。

《石崖先生传略》:"计偕至南昌,楚中乱,遂偕夫之归。"《行述》:"欧阳先生谕以归养。"《江行代记》诗序:"至南昌而返,改由吉涉云阳,下洣水归。"

按:是年会试改期八月,公兄弟以道梗不赴。所云"楚中乱",盖是时李自成陷承天今安陆府,张献忠陷蕲水诸县也。

刻《漧涛园》诗集。

《述病枕忆得》叙云:"昔在癸未春,《漧涛园》初刻,亡友熊渭公为之序。乱后失其锓本,赖以自免笑悔。"盖南昌归后所刻也。

三月,张献忠陷黄州。五月,陷武昌。八月,陷岳州、长沙。

十月,衡州溃陷。桂端王率安仁王、永明王走永州。贼得武夷公,索公及石崖公。公劈面伤腕,舁示贼,因与武夷公俱得脱。

衡州陷,贼钩索绅士补伪吏,有不顺者,投之湘水。公与石崖公以父母衰,不能越疆,望门无依。舅氏谭公玉卿引公及石崖公,草履莽枝,度函口,迨岳奔命,匍匐匿莲花峰下草舍中,砠斋公匿他所。贼索公及石崖公尤急,逻得武夷公,勒至郡城,故为软语,诱使致公兄弟。武夷公张目直视,终不答。贼怒,将羁之。叹曰:"安能以七十老人俯仰求活!"沐浴易衣，就亲故告别，将以是夕投缳自尽。会前日暮，石崖公及公闻家奴报，石崖公欲出，脱武夷公，徐自沉于湘水。公虑石崖公耿介严厉，出且与武夷公俱被害。适公故文字交黄冈奚君鼎铉陷贼中，许以计脱武夷公及公。石崖公乃匿，且藏绳衣内备不测。公遂劙面刺腕，伪为伤状，傅以毒药，舁至郡城，以石崖公已死告。武夷公既免，公守候彻夜。亦遁匿黑沙潭。作《九砺》。《家世节录》："癸未，张献忠陷衡州，钩索诸人士，下令如猛火，购捕伯兄及夫之，固甚急急者也。"《石崖先生传略》："献忠陷衡州，索绅士补伪吏。吾兄弟以父母衰，不能越疆，望门无依，赖舅氏谭翁玉卿引匿南岳莲花峰下。贼购索益急。匍匐草舍中。"又："会日暮，家奴遽报先君子为逻者所得。兄闻之，欲出脱先君子，而沉湘以死。夫之知兄耿介严厉，出且与先子俱碎。夫之所旧与为文字交者黄冈奚鼎铉陷贼中，知吾兄弟必不可辱，曲意相脱。夫之乃劙面刺腕，伪伤以出，而匿兄以死告，先君子乃免。夫之亦宵遁。当夫之出时，兄藏绳衣内，待夫之信，即自尽。"《莲峰志·总序》："癸未十月，予自郡西八十里逢寇钩索，草屦莽枝，奔命于峰之下。"又："从函口发者，以次上八十里。"《霜度函口》诗注"岳迳"。《行述》："张献忠陷武昌，递陷衡州。绅士多反面纳款。其不降者，贼投之湘水。亡考匿南岳双髻峰。祖为伪吏所得，挟质以召伯父与亡考。祖迫欲自裁。亡考哀窘，匿伯父，自刺身作重创，傅以毒药，舁至贼所。不能屈，得免于难，复返岳峰。"《九砺》序："贼购索甚急，濒死者屡矣。得脱，匿黑沙潭畔，作《九砺》九章。"《湖南通志》："王参之，朝聘仲子。癸未，流寇陷衡州，参之走匿山中，不就伪试。伪吏呈不顺者，以为首，几不测。会贼去，乃免。"莲花峰，在衡山县崇岳乡，一名双髻峰。黑沙潭，在莲花峰下。

张献忠陷永州。桂端王率安仁王走广西，永明王陷贼。武昌都督左良玉遣兵戍岳州。张献忠东下，败于岳州。西去，入四川。十二月，征蛮将军杨国威复永州，督师吕大器自江西遣兵复衡州。

公下山访子勿药病耗。两寒甚，过台源寺，逢夏公汝为。公下竹舁，栗不能语，夏公授以絮。已复归山。

《岳余集》有《寒甚下山访病儿存没道中逢夏仲力下竹舁栗不能语哀我无衣授之以絮归山有赋志感》诗。《忆得》诗句字稍异，题作《寒雨过台源寺逢夏仲力下竹异漈不得语仲力授以絮》。夏汝为，字仲力，汝弼兄。《莲峰志》稿本题"同邑夏汝为仲力订"。台源寺，在郡城西六十里。

闻郑公天虞收复宝、邵，将别石崖公往赴。僧俗送者十三人，攀泣良久，公亦泪别。

有《闻郑天虞先生收复宝邵别家兄下山而西将以腊杪往赴怆然而作》诗。

诗有《上举主欧阳公》七绝一首，《欧阳公招游龙沙同刘曲溟周二丕洎齐年诸子寺有汤临川手题即用为起句》五律一首，《元旦泊章江用东坡润州韵》七绝二首，《舟止》五绝一首，《江行代记》七律八首，《九砺》之一五古一首，《寒雨过台原寺逢夏仲力下竹举漈不得语仲力授以絮因赋》《岳余集》题作《寒甚下山访病儿存没道中逢夏仲力下小竹有粿不能语哀我无衣授之以絮归山有赋志感也》。五律二首，《闻郡司马平溪郑公收复邵阳别家兄西行将往赴之》《岳余集》作《闻郑天虞先生收复宝邵别家兄下山而西将以腊杪往赴怆然而作》。七绝一首，《月中晓发僧俗送者十三人皆泣下感赋》《岳余集》题作《月中晓发僧俗送者十三人皆攀泣良久余亦泪别》。五律二首，《忆得》诗。《霜度函口》《忆得》次列明年。五律一首，《即事》七绝一首。《岳余集》。已见《忆得》者，虽字句小异，题不复出。

明崇祯十七年甲申，国朝大清顺治元年 (一六四四)，**公二十六岁。**

春正月，左良玉击贼至长沙。湘乡土弇杀掠衡、湘间，武夷公募僧掩遗骸。

《家世节录》："先君终身未尝向浮屠、老子像前施一揖。甲申岁，以寇退，遗骸满野，募僧拾而瘗之。"

公出莲花峰，赴邵阳。三月，至武冈州。

《莲峰志·总序》："甲申春，出自莲花峰下。"有《武冈道上人采青蒿而食时春尽向夏弥月不雨怆然有作》诗。

十七日，李自成陷京师。十八日，明庄烈帝殉社稷。四月，国朝兵入关，破走流贼李自成。五月，国朝兵定京师。明凤阳总督马士英等迎立嗣福王由崧于金陵，仍称崇祯十七年，以明年为宏光元年。

公始闻国变，悲愤不食者数日，作《悲愤诗》一百韵，吟已辄哭。

《行述》："甲申五月，闻北都之变，数日不食，作《悲愤诗》一百韵，吟已辄哭。后自乙酉、丙戌至壬寅，同原韵凡四续焉。"依《曾刻本》。

《悲愤诗》原、续韵均佚。

　　石崖公子畅入学。

　　《文学朊原氏墓志铭》："十五补邑文学。"

　　八月二十七日，公次子攽生。攽公字曷功，号蓄园。

　　九月，至东安。

　　《东安得欧阳叔敬弟诗见忆赋答》诗云："夕风摇霜树。"

　　十月朔，国朝建元。

　　将营续梦庵。公同夏公汝弼访址至黑山。行抵铁牛庵，忽不喜往。登玉门，望狮子峰，登恋响台。由恋响眺一奇石而上，援石曲折，得方址，归然可台。夜宿方广寺。晓同夏公出寺，拂读朱菊水所镌谭友夏《岳记》。由大拗下，平桥业石间，两石临水，下石承上石，旁壁顶覆，可度可登。公命人为级，穿折于肩肘之间，举酒酹石，勒名"涌几"。

　　有《将营续梦庵登双髻峰半访址》诗，《黑山访址》诗，《铁牛庵下忽不喜往》诗，有"喜寻黄叶湿"句。《玉门望狮子峰》诗，有"前游余怆在，霜月况同时"句。《恋响台》诗，《由恋响眺一奇石而上同夏叔直援石曲折遂得方址肖然可台》诗，《晓同叔直出寺拂读朱菊水所镌谭友夏岳记》诗，《涌几》诗。《涌几》注："大拗而下，平桥丛石间觉有异。已忽两石临水，下石承上石，旁壁顶覆，可度可登。予命人为级，穿折于肩肘之间，挽度裂处，顾其郁逼，尚以翔移为苦。造形以来，悠悠者谁望而目之？则经此者又可知矣。举酒酹石，貌以'涌几'。今往后来，游览相积，风雨苔藓之所不忌，则此石其传也已。时崇祯甲申阳月望后。"黑山在方广寺西。渡两涧，过双江口，绝壁如立，菁幽特甚。铁牛庵，黑山下古刹。恋响台，在方广寺右。惠海尊者补衲处，名补衲台。粤人张博读书其上，易名啸台。谭友夏元春易名恋响台。大、小拗，万木千章，幽泉曲涧。下有老营，竹树菁蒙。方广寺，在莲花峰下。梁天监六年惠海尊者建。朱菊水，名之臣，蜀人，历官兵部侍郎。谭友夏，名元春，竟陵人，以诗名，有《游南岳记节略》及《南岳记余》，均载《莲峰志》。

　　出岳，纵马三十里，晓及樟木市。

　　《纵马三十里晓及樟木市》诗注："出岳。"

　　营续梦庵。

《家谱》："岳阡守坟庵，在黑沙潭上双髻峰中，名续梦庵。"

诗有《武冈道上人采青蒿而食时春尽向夏弥月不雨怆然有作》五律一首，《逢明王孙邀同冶仲小饮观伎即席赋赠王孙名禋黎书法妙绝精禅理比以请兵几死于贼》七绝二首，《东安得欧阳叔敬弟诗见忆赋答》五古一首，《将营续梦庵登双髻峰半访址》五绝一首，《过铁牛庵下忽不欲入》《岳余集》题作《铁牛庵下忽不喜往》。五绝一首，《土门望狮子峰用旧作韵》《岳余集》题作《玉门望狮子峰用旧作四韵》。五律二首，《恋响台眺一奇石而上同夏叔直援石曲折又得一址岿然可台》《岳余集》题作《由恋响眺一奇石而上同夏叔直援石曲折遂得方址岿然可台》。五绝一首，《晓同叔直出方广寺步洗衲池读朱菊水司寇所镌谭友夏岳游记》《岳余集》题作《晓同叔直出寺拂读朱菊水所镌谭友夏岳记》。五古一首，《涌几勒石》《岳余集》题作《涌几》，有注。五古一首，《忆得》诗。《黑山访址》五绝二首，《纵马三十里晓及樟木市大江寒流荒崖野艇》七绝一首，《寄方广避乱诸缁侣》七绝八首，《岳余集》。已见《忆得》者，虽字句小异，题不复出。朱王孙禋黎。公集中只一见，惟翠涛王孙屡见，疑即一人。

国朝顺治二年乙酉（一六四五），明福王宏光元年，明唐王隆武元年，**公二十七岁。**

春，居续梦庵。

有《续梦庵岸侧拈桃花示慈枝庵主》诗。

明桂端王薨，安仁王嗣。

砥斋公以恩选授贡生。

《家世节录》："仲兄参之，宏光贡生，未就廷试。"

三月，湖广巡抚堵公允锡登岳，于方广寺拜二贤祠，从寺僧问公及石崖公避贼处。将往续梦庵，寺僧以道险止。

《蓬峰志》："堵公允锡以宏光乙酉暮春，踏新雨，问余兄弟匿迹处，访续梦庵。欣然将登之。下岳，举诗相示。"有《堵牧游先生登岳拜二贤祠于方广垂问余兄弟避贼处将往寻访山僧以道险止行至郡以新诗见示感赋》诗。堵允锡，字仲缄，号牧游，宜兴人。崇祯丁丑进士。宏光元年，提督湖广学政，改巡抚。永历三年十一月，卒浔州。《永历实录》有传。二贤祠，祀朱晦庵、张南轩两先生。嘉靖乙巳，尹洞山台立。

堵公允锡以黄石斋先生纪其补庐先墓石刻来赠。

有《堵公以黄石斋先生石刻垂赠纪公补庐先墓事有桐华之应》诗。

夏，堵公允锡修二贤祠，属公与石崖公、夏公汝弼营之。

《莲峰志》："祠与寺废未兴，高公世泰问其址，乃立五楹骈立，窈然幽邃。宏光元年夏，堵公允锡莅之，作前宇。王介之、夏汝弼、王夫之实经营之。"

五月，国朝兵下金陵，至芜湖，明总兵田雄劫福王降。公闻变，续《悲愤诗》一百韵。

闰六月，明礼部尚书黄道周等奉唐王聿键立于福州，改七月朔以后为隆武元年。明镇将张先璧驻攸县，郝永忠驻宁远，庐鼎驻衡州，刘承允驻武冈，纵兵剽掠，相仇杀。

秋，公偕砎斋公侍武夷公至耒阳，曹公国光招同陈公五鼎访杜少陵墓。

有《耒阳曹伯实翁丈招同陈耳臣广文访杜少陵故墓》诗。曹伯实，名国光，耒阳人，贡生。陈耳臣，名五鼎，攸人，崇祯贡生，耒阳教谕，有《雨余堂集》。

偕砎斋公侍武夷公至兴宁，游石角山。

戊子《永兴廖邓二君邀宿石角山僧阁是侍先君及仲兄砎斋游处》诗，有"十月寒潭改，三年客艇过"句。《一统志》："奇观山，在兴宁县南二十里，一名石角山。"

侍武夷公避兵于永兴，馆李公震隅宅上。

丙寅有《便江李尔雅尊人震隅先生先君同谱执友乙酉夫之侍先君避兵于便馆其宅上尔雅方垂髫同侍近乃通问山中为先兄志墓侄敞修谢因感怀寄讯》诗。便，《汉书地理志》属桂阳郡，今永兴县。耒水至郴江口，合郴水，名便江。

十一月，还山。堵公允锡再造方广寺，属公与石崖公、管公嗣裘、夏公汝弼襄其事。

《莲峰志》："寺以隆武元年十一月十二日再造。与其役者，楚抚义兴堵公允锡仲緘。衡阳王介之石子、管嗣裘冶仲、夏汝弼叔直、王夫之而农襄之也。"

明桂恭王薨，永明王嗣。

诗有《续梦庵岸侧拈桃花示慈枝庵主》七绝一首，《堵牧游先生登岳拜二贤祠于方广垂问余兄弟避贼处将往寻访山僧以道险止行至郡以新诗见示感赋》七律一首，《堵公以黄石斋先生石刻垂赠纪公补庐先墓事有桐华之应诗以志之》五律一首，《耒阳曹伯实翁丈招同陈耳臣广文访杜少陵故墓》七律一首，《刘杜三将至于前溪渡题画扇见寄赋答》五律一首。《忆得》诗。

国朝顺治三年丙戌（一六四六），明唐王隆武二年，**公二十八岁。**

居续梦庵。始注《周易》。

《周易内传发例》跋："隆武丙戌，始有志于读《易》矣。"

正月，国朝兵败明兵于岳州。

三月，公至湘乡。洪公业嘉与公同年龙公孔蒸、同年欧阳公镇之子淑，各出所和冯子振《梅花百咏》诗相示，欧阳子倍之，并邀公和。公薄冯之为人，又以命题多不雅驯，遂作《桃花绝句》数十首。

《和梅花百咏诗》记："上湘冯子振，自号海粟，当蒙古时，以捭阖游燕中，颇以文字自缘饰，亦或与释中峰相往还，曾和其《梅花百咏》。中峰出世因缘，为禅林孤高者所不惬，于冯将有臭味之合邪？隆武丙戌，湘诗人洪业嘉伯修、龙孔蒸季霞、欧阳淑予私和上湘冯子振《海花百咏》各百首。欧阳炫其英多，倍之。余薄游上湘，三子脱稿，一即相示，并邀余共缀其词。既已薄其所自出，而命题又多不雅驯，惧为通人所鄙，戏作《桃花绝句》数十首抵之，以示郑重。"《南窗漫记》："上湘洪伯修业嘉与同邑龙季霞孔蒸以吟咏相尚，摆脱凡近，往往得霜鹤唳空之致。丙戌，开楚闱于衡阳，伯修落第，归径岳后，赋诗六章，寄意宏远，此岂经生心肾中所能有此种性者？未几为乱兵所害。何从更得斯人，与游大雅哉？"《孝烈传》："洪孝子者，父业嘉，字伯修，补文学，喜交游吟咏，与同邑龙孔蒸、欧阳予私称湘三诗人。"洪业嘉，《沅湘耆旧集》传："字伯修，湘乡人。少以文雄，屡厄于有司。甲乙之乱，当事者犹缘饰开闱试士。伯修复见遗，乃浩然远引，循衡岳归。丁亥死于乱兵。著有《懒吟随草》。"龙孔蒸，《沅湘耆旧集》："字季霞，湘乡人。崇祯壬午举人。流寇破长沙，购捕绅士授伪职，走匿万山中，或携瓢酒登绝巘，悲歌竟日。与同县洪伯修业嘉、湘潭王山长岱友善。自号笔樵，作'悠悠笔樵夫'四首以见志。丁亥，溃兵掠湘乡，携家避石板桥，以护母故，遂及于难。所著有《类吟自删存草》。"《莲峰志》卷三稿本题"上湘龙孔蒸订"。欧阳镇，《沅湘耆旧集》：“字山公，湘乡人。崇祯壬午举人。《湘乡县志·文苑传》称其练博通雅，诗篇雄丽淹洽，湘中称诗者推为老宿，兼工行草书。子淑，亦有才名，尝和《百梅诗》，一日夕得二百首。戊子春，父子俱殉乱死。”《岳余集》稿本题“同里夏汝弼、上湘欧阳淑订。《桃花绝句》，今佚。

与洪公业嘉、龙公孔蒸、欧阳公镇及其子淑证以明年引注，知郑石其别号。登浮湘亭。

庚寅有《李广生自黔阳生还归阙率尔吟赠并感洪一龙三阳太仆山公及邓君郑石诸逝者浮湘亭之游》诗，注：“亭在湘乡涟水西南，郭天门司马建，今毁。”

夏，上书佥都御史湖北巡抚章公旷湘阴军次，指画兵食，请调和南北督师，防溃变。不省。

《盛夏奉寄章莪山先生军中》诗，有“铜马已闻心匪石”及“师克在和公自省”之句。潘宗洛撰传：“明藩称隆武年号者，使其督师何腾蛟屯湖南，制相堵允锡屯湖北。楚省兵燹塞野，加以大旱，赤地千里。而逆闯李自成既毙于九宫山，余党降者号为忠贞营，蹂躏潜、汉，有炭业之势。堵、何两公措置无术，而又不相能。先生忧其将败，亟走湘阴，上书于司马章旷，指画兵食，请调和南北，以防溃变。章司马报曰：‘本无异同，不必过滤。’先生默而退。”《永历实录》：“何腾蛟既奉便宜之命，骤加派义饷，兼预征一年，民田税每亩至六倍以上。不足，则开饷官、饷生之例，郡邑长吏皆以资为进退；又不足，则开募奸人告密，讦殷富罚饷，倾其产，分诸营坐饷。”《堵允锡传》：“初，傅上瑞弃黄州，卖武昌城，事坐不测。腾蛟拂拭奏用之，擢监司。及是，题擢佥都御史，戴腾蛟不敢贰。章旷亦以廷议龃龉，腾蛟保任秉节钺，荏苒不能自拔，皆刺署门生如故。允锡以清望推督学，虽节钺之命自腾蛟奏荐，而朝廷委任不在腾蛟下，雅不欲与上瑞齿，乃据旧章，刺以平交相往复。腾蛟不悦，两府幕宾类无赖士，益相构煽，遂成猜离，湖南北不相协应，而瓦解之形势成矣。”

秋八月，国朝兵下汀州，明唐王被执。公闻变，续《悲愤诗》一百韵。

举行湖广乡试，开闱于衡阳。九月，主试工部刘公明遇以点定墨牍属公，已授之镌，武夷公不许竟事，公乃止。

《南窗漫记》：“丙戌，开楚闱于衡阳。”《家世节录》：“丙戌岁，乡试楚士于湖南。刘浣松水部明遇以点定墨牍属夫之，已授之镂。先君怒曰：'汝以是为儒者分内事耶？'卒不许竟其事。"

冬十月，明总制两广兵部尚书丁魁楚、巡抚广西佥都御史瞿式耜等，奉桂王由榔监国于肇庆。国朝兵自江西入浏阳。

十一月初四日，陶孺人卒，年二十有五。葬王衙山。刘公明遇作墓志铭。

《家谱》墓志铭云："稽称《列女传》，生而能敬者，生质之美也。能敬且和而孝友勤俭备者，质美而进于教也。求此于斯世之巾帼，则难矣。鲜内则者多傲慢，秾素封者多侈靡，僻归唁之情者琴瑟之爱薄，耽燕婉之好者蘋繁之节疏。全德若斯之希，得其一亦可以相衾裯而兴户庭矣，能务多耶？友人王子而农，敏举敦行，孝发声闻，能以身范闺壸，法刑于之化者也。妻陶孺人，产衡阳千亩侯，赀累钜万，作合于青灯布缕之孝廉，而不挟富以骄其夫家。常则膏沐盥漱，闻鸡戒旦；乱则抱形负影，生死相怜；女中之有须眉气、有铁石心者也。贼氛讧楚后，聚散不常，骨肉之遭难不一。以别姑于旅，废食者二日而病起；以父死号哭不绝声者七日而病笃；以弟中深文系图圄，相继以悲郁者三日而身殉之。呜呼，烈哉！孺人之事毕矣！其病也，病于姑，病于父，病于弟；其死也，为姑死，为父死，为弟死。世有一人之身，能为此三大节病、且为此三大节死者，称奇男子侠丈夫矣，可得于盈盈弱质、英英翠黛之一妇人哉？所不忍瞑目者，无以报少年夫婿，佐觅封侯尔。虽然，妇人之职，与人子、人臣之职一理。所可全者，人道也。所不能全者，天数也。命实为之，谓之何哉！孺人之事毕矣，可以告无遗憾于为人妇矣。王子恸其死，而泣请于余，余故泫然而为之志。按陶氏先世，自麻城迁衡。祖继先、父万梧皆为衡人，母何则粤产也。孺人生以天启壬戌十二月十八日子时，殁以顺治丙戌十一月初四日巳时。归王十载，得年二十有五。葬于本县零泉乡之王衙山，祔祖茔右，首艮趾坤。子二：勿药、放，俱幼。王子名夫之，登湖广壬午科《春秋》第一，而农其字也。铭曰："蒸水深深，潇水渟渟。有美一人，琼质冰心。悯家难之频仍兮，凄其以风。望七十二峰以长号兮，岳山为之改容。叫天皇土后以永诀兮，首如飞蓬。千秋百世游碧溪朱陵以徜徉兮，长砥湖、湘之圁潆。"《家谱》题："参宪刘浣松先生撰"，注："讳明遇，蜀人。"案：刘时仕明，顺治纪年盖修谱时所改。

作《陶孺人像赞》，作《悼亡》诗。

《像赞》见《姜斋文集》，《悼亡》诗见《姜斋诗剩稿》。《剩稿》未注年分，因其一有"寒风落叶洒新阡"之句，故以为是年作。

十八日庚申，明桂王立于肇庆。改明年为永历元年。

《永历实录·纪》："十月丙戌，上即位于肇庆。"

武夷公命编《春秋家说》。

《春秋家说序》："先征君武夷府君，早受《春秋》酉阳杨氏，进业于安成刘氏，已乃研心旷日，历年有得，惜无传人。夫之夙负钝怠，欲请而不敢。岁在丙戌，大运倾覆，府君于时春秋七十有七，悲天悯道，誓将逝世，乃呼夫之而命之。"

成《莲峰志》五卷。

《总序》称堵公允锡为楚抚，正是年。

明桂王至梧州。

诗有《送李天玉以广文行邑令之临武》五律一首，《盛夏奉寄章莪山先生湘阴军中》七律一首，《七言绝句》六首，《忆得》诗。《悼亡》七绝四首。《姜斋诗剩稿》。

国朝顺治四年丁亥（一六四七），明桂王永历元年，**公二十九岁**。

春正月，明桂王至桂林。

公居续梦庵。

有《元日续梦庵用袁石公韵》诗。

登祝融峰，观飞来船。至石浪庵，晤破门上人。

有《祝融峰》诗，《飞来船》诗，《石浪庵赠破门》诗。

至湘乡，寓蠡庆庵。日与洪公业嘉、龙公孔蒸、欧阳郎君淑、李公芳先游宴。

有《上湘剧饮阳山公宅上同李广生洪伯修龙季霞山公郎君郑石夜分归宿蠡庆庵月上有作》诗。《南窗漫记》："余以穷愁客上湘，日与伯修、季霞、欧阳予私淑、江陵李广生芳先痛饮忘昏晓。"李芳先，永历元年以兵部主事与熊兴麟于黔阳同被执。黔阳令劝之剃发，不从。械系至常德，守者钦其志义，宽械系。夜静，守者酣寝，芳先遂得逸去。附《永历实录·熊兴麟传》。

二月，明桂王至全州。国朝兵克湘阴、长沙。明将庐鼎、黄朝宣举兵相攻杀。

三月，明溃兵自湘乡走邵阳、新化，所在杀掠。

夏四月，明桂王至武冈州。公与夏公汝弼由湘乡间道奔赴，淫雨弥月，困车架山，不果往。

有《淫雨弥月将同叔直取上湘间道赴行在所不得困车驾本作"案"，依《沅湘耆旧集》引诗改。山哀歌示叔直》诗。车架山，在湘乡县西南九十里。

闻洪公业嘉之子挥刃斩仇首，梓田王氏妇彭抱婴见赴水死，作《孝烈传》。

《孝烈传》："双髻外史曰：吾避兵上湘，湘之人竞相告曰：'洪子挥利刃以斩仇首，彭抱婴儿而赴水死。'余谂之，良然。"

五月，明将张先璧等纵兵掠邵阳、新宁。国朝兵克衡州。

公与夏公汝弼登湘乡白石峰。

夏汝弼《白石峰纪》："岁丁亥，月在午，梅雨新霁，与王子而农披榛径登白石峰。"白石峰在湘乡县南。

公避钩索，借书遣日。

《述病枇忆得》："丁亥，分亡友夏叔直避钩索与上湘，借书遣日。"

六月初五日，子翼公卒。

秋八月，国朝兵克宝庆，明桂王走靖州，寻奔柳州。国朝兵克永州。

十四日，砭斋公卒，葬王衙山。二十三日，公在湘乡山中，奉武夷公手谕曰："汝若自爱，切不须归，勿以我为念。"明日，武夷公疾。石崖公自祁阳四望山闻信，踉跄先归，公亦还。武夷公力疾率石崖公及公上南岳峰顶以隐。

《家世节录》："永历丁亥，避居湘乡山中，伯兄匿迹东安之四望山。先君间寄手书至曰：'汝若自爱，切不须归，勿以我为念。'时八月二十三日也。书发之明日，遂以觏疾。伯兄踉跄先归，夫之以次还。先君顾不喜，已乃力疾率伯兄、夫之上南岳峰顶以隐。" 四望山在祁阳县西北百二十里，接宝庆、邵阳县界。北有腾云岭，可望零陵、东安、邵阳三县。

九月，明桂王至象州。

武夷公卧病潜圣峰。

《家世节录》："先君卧病三月，未尝有一呻吟之声。"

冬十月，牧石公及配吴太恭人卒，葬长乐三都木口石盘寺后何公坪。

十一月，武夷公疾亟，命石崖公及公曰："吾居平无一言可用教汝兄弟者，况今日乎！我即不起，当葬我此山之麓。无以槥行城市，违吾雅意。"十八日平旦，扶起晏坐而终。年七十有八，葬潜圣峰麓崇岳乡紫盖里马迹桥。

《家世节录》："俄而疾急，乃曰：'吾居平无一言可用教汝兄弟者，况今日乎！我即不起，当葬我此山之麓，无以S行城市，违吾雅意。'十一月十八日平旦，扶起晏坐而终。"《武夷先生暨谭太孺人墓志》："先生始终为明征士，遗命不以柩行城市。方隐南岳潜圣峰下，即卜其麓以葬。"

十二月，明桂王还至桂林。

诗有《元日续梦庵用袁石公韵》七律二首，《祝融峰》五律一首，《飞来船》七绝一首，《石浪庵赠破门》七绝一首，《又雪》七律一首，《上湘剧饮阳山公宅上同李广生洪伯修龙季霞山公郎君郑石夜分归宿蠡庆庵月上有作》七律一首，《淫雨弥月将同叔直取上湘间道赴行在所不得困车驾山哀歌示叔直》七古一首，《萧一夔邀饮桐阴听叔直弹渔樵问答》五律一首，《仿杜少陵文文山作七歌》七首。《忆得》诗。

萧一夔，名常赓。《湘乡流寓志》："夏叔直，字汝弼，衡阳人，早有文誉，举于乡。丁亥岁，湘、衡乱溃，忽有称莲冠道人者，携一童子囊琴至梓田之车架山，就僧楼而止焉。日就古木鸣泉间，藉危石弹琴，吟啸以终日。已登白石峰、铜梁山观瀑布，辄数日不返。问其姓字，不对，人亦不能测。邑士萧常赓见而识之，邀至家，或歌或哭。与语世事，则闭目兀坐不答。居月余，莫知所往。"

国朝顺治五年戊子（一六四八），明桂王永历二年，**公三十岁。**

春，居莲花峰，讲求《易》理，敉公侍。

《周易内传发例》跋："戊子，避兵于莲花峰，益讲求之。"甲午诗题有《从子敉遘悯而后与予共命而活者七年》。

二月，明桂王奔南宁。六月，入浔州。八月，至肇庆。

九月，明宗室举兵耒阳。

冬十月，公与管公嗣裘举兵衡山，战败军溃，遂携敉公走耒阳。至于兴宁，宿石角山僧阁。遇欧阳公霖走行在。遂由桂阳度岭，下浈江，过清远，径赴肇庆。

《永历实录·管嗣裘传》："与行人王夫之举义兵于衡山，战败军溃，走行在。"《章灵赋》注："举兵不利，遂由郴、桂入粤。"《耒阳曹氏江楼迟旧游不至》诗有"韩城公子椎空折"之句。《永兴廖邓二君邀宿石角山僧阁是侍先君及仲兄砡斋游处》诗有"十月寒潭改"之句。癸亥《得安成刘敉功书知举主欧阳公已溘逝三年矣赋哀》诗注："戊子冬，遇公于兴宁。"有《分界岭》诗，《浈峡谣》诗，《清远城下忆湖湘旧泊》诗。《章灵赋》注："戊子冬，既至行阙。"

堵公允锡荐公为翰林院庶吉士，公告之吏部尚书晏公清，请终制。得旨覆允。

《龙源夜话·请终丧免阁试疏》："前督辅臣允锡误以庶常荐臣，臣告之冢臣晏清，幸得以终制覆允。"晏清，字元洲。《永历实录》有传。

诗有《耒阳曹氏江楼迟旧游不至》七律一首，《永兴廖邓二君邀宿石角山僧阁是侍先君及仲兄砡斋游处》五律一首，《分界岭》五古一首，《浈峡谣》五绝五首，《清远城下忆湖湘旧泊》五律一首，《月斜》五律一首，《河田营中夜望》七绝一首。《五十自定稿》。

国朝顺治六年己丑（一六四九），明桂王永历三年，**公年三十一岁。**

明桂王在肇庆。

春，去肇庆，由梧州、平乐至于桂林。

《晨发端州与同乡人别》诗有"海甸见新草"句。《苍梧舟中望系龙州》诗有"绿树沈流影"句。《初入府江》诗有"粤草易春深"句。《春江古体》诗有"春鸟弄芳洲，初英照碧流"句。

三月，国朝兵复衡州。

夏，公自桂林归南岳，理残书，携《买薇稿》至县西长乐乡石仙岭下耐园，侍谭太孺人养。土人弄兵，谋危公，几不免，劫家中所有去，《买薇稿》与焉。太孺人怛愍废食，公既得脱，太孺人谕令去衡，公复赴肇庆。

《章灵赋》注:"既至行阙,所见尤为可忧,迟回再三,已复还楚。"《桂林偶怨》诗有"征衣无那楝花风"句。有《自南岳理残书西归慈侍困于土人殆滨不免太孺人悒愍废食既脱谕令去此有作聊呈家兄》诗。《述病枕忆得》:"戊子后,次所作为《买薇稿》,已为土人弄兵者劫去。"《家谱》:"石崖公,顺治四年居南岳山后,迁长乐乡之石仙岭下。"石仙岭在衡阳县西,与大云山相接。案《文学阬原氏墓志铭》:"先生违世守真,□□耐园,不与世亲。阬原依依园侧,躬耕授徒以侍,鬌发半白矣,呴呴如孺子,执劳不倦。如是者三十余年。"以年计之,似此时已有耐园者。查《编年稿》,癸丑有《和石崖公小筑耐园》诗,又似癸丑始有耐园。附此备考。

秋,至德庆州。与邹公统鲁、管公嗣裘同谒堵公允锡于舟中。堵公授公《军谣》十首。

《南窗漫记》云:"堵牧游先生于德庆舟中授余《军谣》十首,令传之。其题则《月家乡》《马儿女》《雨浆洗》《风晒晾》《笔先锋》《口打仗》《报疟疾》《棋金丹》《血筵席》《营十殿》,备丧乱艰危之状。天下之不支,公心之独苦,俱于此乎传之。流离中遂失其稿。"庚寅有《康州谣追哭督府义兴相公是去秋同邹管二中舍会公地》诗。邹统鲁,字大系,衡阳人,崇祯壬午举人。

桂林留守大学士瞿公式耜为公及汪公郊等请阁试。公疏请终丧,免阁试。得旨:"王夫之奏请终丧,乞免阁试,足见孝思,更征恬品。著俟服阙另与议考。该部知道。"

《请终丧免阁试疏》"湖广衡州府衡阳县举人、今丁忧臣王夫之谨奏"云云。又,"不谓留守辅臣瞿式耜为汪郊等请阁试,复以臣名厕于其后也。"又,"或谓臣在祥之后,可俟春明之期。乃臣不但冒禫制以就试,干圣代匡丧之辟,即俟服阙以须试,亦犯《春秋》居约之诛。此臣所闻命仓皇屏息而不宁者也。"瞿式耜,字在田,号稼轩。《永历实录》有传。《请阁试疏》,遗集不载。

诗有《晨发端州与同乡人别》五古一首,《苍梧舟中望系龙州》五古一首,《初入府江》五古一首,《佛山》五古一首,《春江古体》五律一首,《南中霜降》五律一首,《杂诗》五古四首,《圆通庵初雨睡起闻朱兼五侍御从平西谒桐城阁老归病书戏赠》七律一首,《桂林偶怨》七绝一首,《自南岳理残书西归慈侍困于土人殆滨不免太孺人怛愍废食既脱谕令去此有作聊呈家兄》七绝一首,《长歌行》乐府一首,《独漉篇》乐府一首,《休洗红》歌行一首,《莫种树戏代山阴相公赠怀宁朱侍御》歌行一首。《五十自定稿》。

朱兼五,名嗣敏,怀宁人。官佥都御史。方密之,名以智,桐城人。是年正月拜东阁大学士、礼部尚书,称疾不赴,隐居平乐府平西村。后祝发为僧,更名无可,一名药地。主青原方丈,又称极丸老人。卒于泰和萧氏浮春园。《永历实录》有传。严起恒,字秋冶,山阴人。官吏、兵二部尚书,东阁大学士。永历五年,孙可望遣其将吴将军索王封,挥铜椎击起恒脑,坠水死。《永历实录》有传。

国朝顺治七年庚寅(一六五〇),明桂王永历四年,**公三十二岁。**

春正月,国朝兵下韶州。明桂王走梧州。

二月十八日,服阙。

继娶襄阳文学仪珂公女郑孺人来归。

《家谱·继哀雨诗》虎止公跋:"孺人,襄阳吏部尚书鸣岘先生讳继之之曾侄孙女,云南通判讳续之之曾孙女也。祖讳抱洵,以贡授知州。父讳仪珂,郡文学。母高氏,光禄公讳达女。孺人年十八,以庚寅岁归先君子于桂林。"案:《姜斋文集补遗·显考武夷府君行状》"夫之先娶"云云,"继娶郑氏,襄阳吏部尚书继之孙女文学仪珂女。""孙"上佚"从"字。《广哀诗》"郑生显考"注:"襄阳冢宰公继之从孙,予内弟也。""从"上佚"曾"字。附此辨正。

吴贞毓、万翱、程源、张孝起等,疏攻兵科给事中金堡、太常寺少卿兼吏科给事中丁时魁、佥都御史刘湘客、给事中蒙正发、都御史袁彭年。诏置彭年勿问,逮金堡等下锦衣卫狱,拷治三月。瞿公式耜、张公同敞先后谏,不听。公至梧州,拜行人司行人,遂就职。公偕管公嗣裘劝大学士严公起恒匍匐连谏,严公从之,匍匐舟次泣谏。桂王不听。

《行述》:"已而叹曰:'此非严光、魏野时也。违母远出,以君为命,死生以尔!'就行人司行人介子之职。"依《曾刻本》。潘撰传:"既服阙,叹曰:'此非严光高蹈时也。'即起就行人司行人。"《行述》:"科臣金公堡、袁公彭年、丁公时魁、刘公湘客、蒙公正发主持振刷,而内阁王化澄、悍帅陈邦传、内竖夏国祥等交害之,指为'五虎',廷杖下狱,将置之死。

府君谓严公：'诸君弃坟墓、捐妻子，从王于刀剑之中，而党人假不测之威而杀之，则君臣义绝而三纲斁，虽欲效南宋之亡，明白慷慨，谁与共之？'劝公匍匐求贷。"依《曾刻本》。潘撰传："桂藩驻肇庆，纪纲大坏。给谏金堡、丁时魁、刘湘客、袁彭年、蒙正发志在振刷。王化澄等害之，目为'五虎'，交煽中官，逮狱将置之死。先生约中舍管嗣裘与俱告严起恒曰：'诸君弃坟墓、捐妻子，从王于刀剑之中，而党人杀之，则志士解体，虽欲效赵氏之亡，明白慷慨，谁与共之者？'起恒感其言，为力请于廷。"《严起恒传》："起恒匍匐舟次泣奏：'谏臣非今所宜谴，严刑非今所宜用，请贷堡等。'上不听。"

锦衣卫士掠金公堡等舟，公正色责之，乃止。

《行述》："缇骑掠诸君舟，仆妾惊泣。府君正色责之而止。"依《曾刻本》。

国朝兵下全州。

夏四月，雷德复奏讦严公起恒，王化澄调旨嘲激，严公称疾乞骸骨。公与行人董公云骧交疏言："大臣进退有礼，请权允辅臣之去，勿使再中奸毒，重辱国而灰天下之心。"疏入，董公不待报，挂冠入南海去。万翱、鲁可藻请逮治公，降帅高必正力争不可，乃止。

《永历实录·纪》："雷德复奏讦大学士严起恒，起恒称疾乞骸骨。行人董云骧、王夫之疏谏，不听。"《严起恒传》："王化澄密约朱天麟因胡执恭结孙可望为外援，胁上为杀起恒地。执恭欲封可望真王，乃遣子钦华载金粟遍赂台省，与相约结。谋既定，给事中雷德复遂露章劾起恒二十四罪。在廷中钦华饵，无不欲逐起恒而封可望。化澄调旨，用宋雷有邻'鼎铛有耳'语嘲激之。起恒称疾请去。行人董云骧、王夫之交疏言：'大臣进退有礼，请权允辅臣之去，勿使再中奸毒，重辱国而灰天下之心。'疏入，云骧不候报闻，挂冠入南海去。翱、可藻请逮治夫之，高必正力争不可，乃已。"疏载《龙源夜话》。

公奉诏云："时方侘傺，欲静兵刑之气，先销唇舌之锋。科臣雷德复以躁妄褫职，正望大小臣工，和衷一德，共济时艰。王夫之职非言官，似讦似嘲，偏激辅臣以去，是何肺肠？奉内事姑不深究。盖衙门知道。"

载《龙源夜话》。

五月，公再疏劾王化澄。

有《五日小饮兼五舟中寄人时两上书忤时相侯谴命故及之》诗。潘撰传："化澄之党参起恒，先生亦三上疏，参化澄结奸误国。"

金公堡出狱，戍清浪卫。公省之舟中。

《南窗漫记》："金卫公堡诏狱后足折卧舟中，余往省。时拜疏忤群小怒，亦将谢病入山矣。"

李公芳先自黔阳生还，公与话浮湘亭旧游，相继洒涕。将次洪、龙诸公旧作《梅花百咏》，会攸县一狂人作《百梅恶诗》一帙，冒公名为之序。王化澄因之将构公大狱。

有《李广生自黔阳生还归阙率尔吟赠并感洪一龙三阳太仆山公及郎君郑石诸逝者浮湘亭之游》诗。《和梅花百咏诗》序："庚寅夏，昔同游者江陵李之芳广生，相见于苍梧，与洒山阳之涕。李侯见谓：'君不忘浮湘亭上，盍寻百梅之约，为延陵剑邪？'余感其言，将次洪伯修、龙季霞、欧阳予私所作成之。会攸县一狂人，亦作百梅恶诗一帙，冒余名为序。金溪执为衅端，将构大狱，挤余于死。"王化澄，金溪人。

公愤激咯血，移疾求去。高必正为请，乃得给假。

《章灵赋》注："乃以病乞身，遂离行阙。"《行述》："府君愤激咯血，因求解职。时有忠贞营降帅高必正，慕义营救之，乃得给假。"依《曾刻本》。潘撰传："会有降帅高必正者救之，得不死，亦不往谢也。"

秋七月，偕郑孺人携粔公去梧州，由昭平至乎乐，遇郑公古爱。

《晨发昭平县飞雨过驴脊峡上泊甑滩会月上有作》诗有"金光界波流，大火循西指"之句。《南窗漫记》云："庚寅秋，与郑子遗中丞遇于昭刻本讹'诏'。州。"《永历实录·郑古爱传》："字子遗，江夏人。四年夏，楚事益坏，乃起古爱以金都图辰、常，领敕至平乐。"

刘公湘客出诏狱至平乐，初度，公寿以诗。

《刘星端学士昭州初度时初出诏狱》诗有"过岭金风缓，当秋暑日悬"之句。

返至桂林，依留守瞿公式耜。

《留守相公六帙仰同诸公共次方密之学士原韵》诗有"裁诗恰赋芰荷裳""花坞凭留七月仙"诸句。

八月初二日，谭太孺人卒于耐园，年七十有四。遗命葬武夷公右。

《行状》："夫之间关两载，未获奉临终之训。遗命介之，更无余语，唯葬先君子岳阡之右。"《家世节录》："己丑岁，夫之不孝，从王岭外，隔绝无归理。忧思益剧，遂以八月初二，横犀崩摧。"

国朝兵逼桂林，公偕郑孺人挈粥公走永福。

有《石板滩中秋无月奉怀家兄》诗。

冬十一月，国朝兵下桂林，明桂王奔浔州。

雨自十一月至于十二月，幽困永福水砦，卧而绝食者四日。郑孺人与公谋由间道南奔归楚，苦雨不能成行。作《桂山哀雨》四诗，诵示郑孺人，破涕相勉。

《章灵赋》注："庚寅冬，两粤俱陷，死于乱兵者几矣。"辛丑《续哀雨诗》序："庚寅冬，余作《桂山哀雨》四诗。其时幽困永福水砦，不得南奔，卧而绝食者四日。亡室乃与予谋间道归楚。顾自桂城溃后，霪雨六十日，不能取道，旦夕作同死计矣，因苦吟以将南枝之恋，诵示亡室，破涕相勉。"《桂山哀雨》四诗今佚。

明桂王奔南宁。

诗有《胡安人挽诗》五古一首，《晨发昭平县飞雨过驴脊峡上泊甑滩会月上有作》五古一首，《不寐》五律一首，《刘星端学士昭州初度时初出诏狱》五律一首，《李广生自黔阳生还归阙率尔吟赠并感洪一龙三阳太仆山公及郎君郑石诸逝者浮湘亭之游》七律一首，《答姚梦峡秀才见柬之作兼呈金道隐黄门李广生彭然石二小司马》七律一首，《五日小饮兼五舟中寄人时两上书忤时相俟谴命故及之》七律一首，《留守相公六峡仰同诸公共次方密之学士旧韵》七律二首，《石板滩中秋无月奉怀家兄》七律一首，《题彭然石舠壁》七绝一首，《康州谣追哭督府义兴相公是去秋同邹管二中舍会公地》歌行一首。《五十自定稿》。

胡安人，彭然石焱小司马原配，见本诗序。姚梦峡，名湘，余杭人。嗣亡，不肯剃发，随金堡飘泊楚、粤。附《永历实录·金堡传》。彭然石，名焱，孝感人。附《永历实录·晏霱明传》。

国朝顺治八年辛卯（一六五一），明桂王永历五年，**公三十三岁。**

春正月，国朝兵下梧、柳二州。

公偕郑孺人挈粲公归抵家。始奉太孺人讳。

辛丑《续哀雨诗》有"犹记余生雪窖归"及"有约三春就夕晖"句。

闰二月初二日，石崖公孙生祁生：敞公长子，字薇性，邑庠乡饮大宾。

冬十月，过石傗岭，问郭公凤跕疾。

有《过涉园问季林疾遣作早梅诗》。

十二月，明桂王奔广南。

《永历实录·纪》："上在太平。冬，孙可望遣兵协上兴隆。"

诗有《游子怨哭刘母》五古一首，《落日遣愁》五律一首，《偶闷自遣》七绝一首，《过涉园问季林疾遣作早梅诗》七绝四首。《五十自定稿》。

国朝顺治九年壬辰（一六五二），明桂王永历六年，**公三十四岁。**

春正月初一日，公筮得《暌》之《归妹》。

《章灵赋》注："壬辰元日，筮得《暌》之《归妹》。"

二月，孙可望劫迁明桂王于安隆所。

过莲花峰。

《过西明寺追怀悟一上人示苍枝慈智》诗有"重来春水迷苍翠"之句。西明寺，《莲峰志》："在莲花峰南桐油岭。"

徙居耶姜山侧。

《章灵赋》注："蒸水，出耶姜山，今谓之黄帝岭。时所避地近其处。"又云："时上受孙可望之迎，实为所挟。既拂君臣之大义，首辅山阴严公以正色立廷，不行可望之王封，为可望贼杀。君见挟，相受害，此岂可托足者哉？是以屏迹居幽，遁于蒸水之原。"耶姜山，一名大云山，又名七里山，又名白云峰，为南岳七十二峰之一，跨衡阳、祁阳、邵阳三县。

至白云庵，观刘公惟赞新亭纹石。

《小霁过枫木岭至白云庵雨作观刘子参新亭纹石留五宿刘云亭下石门石座似端州醉石遂有次作》诗有"初英见新紫"句。《五十自定稿》次《游子怨哭刘母》后，未注年分。其后则乙未《春日书情》诗。以时事推之，订为本年从耶姜山后春末夏初所作。

秋八月，孙可望别将李定国由广东入衡州，招公，欲往不果。

《章灵赋》注："而可望别部大帅李定国出粤、楚，屡有克捷，兵威震耳。当是时也，欲留则不得干净之土以藏身，欲往则不忍就窃柄之魁以受命。进退萦回，谁为吾所当崇事者哉？"又："乃如可望者，若巴蛇之饱，飓尾而游，而大君之威，虎为狐假，反退养夫巽顺，若此者，岂足以有为。神器大名不可以久借，功之无成，固其所矣。桓温失辙于枋头，刘裕覆师于关内，今古如一，有心者去之唯恐不速也。"潘撰传："可望分李定国入粤，遂入衡，招先生，先生不往，作《章灵赋》。"

冬十月，国朝兵败李定国于衡州。定国退屯武冈。

十二月初二日，服阕。

诗有《过西明寺追怀悟一上人示苍枝慈智》七绝二首。《五十自定稿》。

国朝顺治十年癸巳（一六五三），明桂王永历七年，**公三十五岁。**

明桂王在安隆所。

《永历实录·纪》："上在兴隆。"

居耶姜山侧。

正月初一日，左公大素、邹公统鲁，期公同刘公惟赞过白云庵茶话。

有《元日左素公邹大系期同刘子参过白云庵茶话》诗。《家谱》邹定周序："典客王姜斋先生，与难兄石崖先生，皆先中省公同年友也。后相与共坞而处，衡宇相望。"

有邀公赴安隆所者，公复筮得《睽》之《归妹》，乃止，作《章灵赋》以见志。

《章灵赋》题注："明年癸巳，筮复如之。时可望挟主滇、黔，有相邀赴之者。久陷异土，既以得主而死为歆。托比匪人，尤以巷遇非时为戒。仰承神告，善道斯章，因赋以见。"又赋注："自违君侧，于兹三载。"

二月，国朝兵进击李定国于永州。十二月，孙可望别将据武冈、新宁、城步。

公三子勿幕生。

诗有《元日左素公邹大系期同刘子参过白云庵茶话》五律二首，《春尽》五律三首。《五十自定稿》。

国朝顺治十一年甲午（一六五四），明桂王永历八年，**公三十六岁。**

明桂王在安隆所。

《永历实录·纪》："上在兴隆。"

春，居耶盖山侧。

三月，哭李公跨鳌。

哭李一超诗有"鹓鹡春先逝，丹心亘夜台"之句。辛酉《广哀诗》有《李孝廉跨鳌》一首，注："字一超，避山中，乙未卒。"案：丁丑《故孝廉李一超元配林孺人哀诗》有"十四年来千种事"，是李卒于本年。

秋八月，公避兵零陵北洞钓竹源、云台山等处。敉公留侍石崖公，旋以避兵被掠遇害。

《从子敉遘悯而后与予共命而活者七年顷予窜身猺中不自以必生为谋敉因留侍伯兄时序未改避伏失据掠骑集其四维方间道往迎已罹鞠凶矣悲激之下时有哀吟草遽佚落仅存四首》，其一有"斜日荒荒打枣天""犹向金风泪黯然"，其三有"岳阡秋草应含怨"诸句。《钓竹源》《云台山》，为庚戌《怀入山以来所栖伏林谷二十九首》之二，总注："右零陵北洞。"

冬，徙居常宁西南乡小祇园侧西庄源。

丁酉，有《西庄源所居后岭前壁古木清沼凝阴返映念居此三载行将舍去因赋一诗》，五古。《小祇园》《西庄源》，为庚戌《怀入山以来所栖伏林谷二十九首》之二，总注："右宜江。"《常宁县志》："衡阳王夫之，甲午由南岳移居常宁之西庄源。丙申，生子敔。丁酉，复返南岳。为邑人说《春秋》，居游多有题咏。"小祇园，在常宁县西南，近宁远县、桂阳州界。

变姓名为猺人。隐士王东卜先生文俨常馈公粟。

《沅湘耆旧集》小传："尝匿常宁瑶洞，变姓名为瑶人。"又，《王国甲小传·述旧诗》注："明季，高祖王文俨先生上《中兴战守策》。钟山军乏饷，高祖具酒食，约七十里长。动以捐纾国急，高祖亲董解军。晚年隐于东卜园，号东卜先生。衡阳王而农先生亦来隐于邑之西庄园为瑶人，饮食皆高祖给之。"

为常人说《周易》《春秋》。殷公铭以文艺相质，公为之订正。常宁文士来者益众。

《姜斋文集·殷浴日时艺序》云："甲午，避兵宜江山中。"又："浴日始以帖括见示，继此而宜江士友泛晋而与余言帖括。"案序："浴日少与余同文场，已与余同漂泊，今又与余同为训诂师以自给。"盖乙未、丙申所作。殷浴日，名铭，常宁人。顺治间贡生。《沅湘耆旧集》有传。

诗有《哭李一超》五律一首，《再哭季林兼追悼小勇匡社旧游》五律一首，《晦日》五律二首，《夏夜》五律一首，《秦王卷衣》五绝一首，《长干曲》五绝一首，《白鼻骢》五绝一首，《江南曲》五绝一首。《五十自定稿》。

国朝顺治十二年乙未（一六五五），明桂王永历九年，**公三十七岁。**

明桂王在安隆所。

《永历实录·纪》："上在兴隆。"

春，客游兴宁山中，寓于僧寺。有从游者，为说《春秋》。

《为晋宁诸子说春秋口占自笑》诗，其一有"伤心难自遣，开卷是春王"，其三有"南岳经声苦，东林眉宇犟"之句。行述："自此随地托迹，或在浯，或在郴，或在耒，或在晋宁，或在涟、邵，所寓之处，人士俱极依慕。亡考不久留，辄辞去。"晋宁，《晋书·疆域志》属桂阳郡，今兴宁、桂阳、桂东县地。

始作《周易外传》。

《周易内传发例》跋："乙未，于晋宁山寺，始为《外传》。"

用瞿宗吉咏西湖景，学辛稼轩"君莫舞，君不见玉环飞燕皆尘土"体，作《潇湘小八景》：《雁峰烟雨》《石鼓江山》《东洲桃浪》《西湖荷花》《花药春溪》《岳亭雪岭》《朱陵仙洞》《青草渔灯》词。

《潇湘小八景词》记："国朝瞿宗吉咏西湖景，辛学稼轩'君莫舞，君不见玉环飞燕皆尘土'体，词意凄绝。"又："乙未春，余寓形晋宁山中，聊取其体，仍寄调《摸鱼儿》。"

八月，《老子衍》成。

《老子衍》序："始创之时，岁在旃蒙协洽。"又："作于壮月己未。"

诗有《春日书情》五古一首，《为晋宁诸子说春秋口占自笑》五绝四首，《八月梨花》五排一首，《读指南集》七律二首，《君子有所思行》乐府一首，《蘼蕨行》乐府一首，《山居杂体两头纤纤》歌行一首，《山居杂体五杂俎》歌行一首。《五十自定稿》。

国朝顺治十三年丙申（一六五六），明桂王永历十年，**公三十八岁。**

居西庄源。去年至兴宁，流寓久暂不可考。本年有《新秋看洋山雨过》诗，故以为居西庄源。

二月，明桂王奔南宁。

三月，《黄书》成。

《黄书·后序》："岁德在丙，火运宣也。斗建维辰，春气全也。文明以应，窃承天也。太原之系，世胄绵也。为汉大行，忠效捐也。悲懑穷愁，退论游也。明明我后，逖播迁也。俟之方来，须永年也。《黄书》之所以传也。"

得敞公去冬寄呈《山居雪咏》诗。

有《春尽从子敞寄山居雪咏绝句欸尔隔岁聊复和之》诗。

五月二十八日，公四子敔生于西庄源。

敔公，字虎止，号蕉畦。明经候选训导。

冬，还衡阳。登双髻峰，至二贤祠，重读堵公允锡诗。

《重登双髻峰》诗有"北望暮云寒"句。有《二贤祠重读义兴相公诗感赋》诗。

诗有《春尽从子敞寄山居雪咏绝句欸尔隔岁聊复和之》五绝一首，《重登双髻峰》五律一首，《二贤祠重读义兴相公诗感赋》五律一首，《痛》《哕》《颤》《寒》《热》《痒》《哭》《笑》五绝各一首，《新秋看洋山雨过》五排一首，《哭欧阳三弟叔敬沉湘》七绝一首。《五十自定稿》。

国朝顺治十四年丁酉（一六五七），明桂王永历十一年，**公三十九岁。**

春，居西庄源。

夏四月，徙归衡阳莲花峰下续梦庵。

《西庄源所居后岭前壑古木清沼凝阴返映念居此三载行将舍去》诗有"游倏遵绿漪"及"芳草良未歇"之句。

冬十二月，至小云山下访刘公近鲁。

《小云山记》："友人刘近鲁居其下，有高阁，藏书六千余卷。"《冬尽过刘庶先夜话效时》诗有"端自莲花瓣里来"句。《沅湘耆旧集》云："字庶先，一作庶仙，衡阳人。"

诗有咏《樱桃》《迎春》《山矾》《紫荆》《杜鹃》《黄杜鹃》《金钗股》《冈桐》五律各一首，《即事》五律一首，《小步》七绝一首，《吟得》七绝一首，《折杨柳》七绝一首，《冬尽过刘庶先夜话效时》七律一首。《五十自定稿》。

国朝顺治十五年戊戌（一六五八），明桂王永历十二年。**公四十岁。**

明桂王在云南。

居续梦庵。戴先生日焕来谒。

《剩稿》题《戊戌岳后戴晋元来访今来复连榻旃檀》诗有"我居双髻峰"句。戴日焕，《沅湘耆旧集》传："字晋元，衡山诸生。家世饶财，明季荡于寇。年逾冠，尚未就傅。时避兵岳寺，贫不能具膏火，夜执书就佛灯读，遂通《五经》及诸子，尤邃于《易》。后游王船山先生之门，所造益深博。"

正月，家聘公子珍之公生子枚。枚公字吉从。

七月，国朝兵定武冈、新宁、城步。

九月，《家世节录》成。

《家世节录》序："时永历十有二年季秋月朔日乙未，征仕郎行人司行人介子夫之谨述。"

十二月，明桂王奔永昌。

《永历实录·纪》不载。

诗有《明妃曲》七绝一首，《枯鱼过河泣》乐府一首。《五十自定稿》。

国朝顺治十六年己亥（一六五九），明桂王永历十三年，**公四十一岁。**

春正月，明桂王走腾越。

《永历实录·纪》："上在云南。"

居续梦庵。

二月，国朝兵下永昌。明桂王奔缅甸。

诗有《山居杂体卦名》五古一首，《山居杂体吃口诗》五绝一首，《山居杂体药名》五律一首，《口字诗》五绝一首，《山居杂体县名》五律一首，《山居杂体建除》五排一首，《南岳摘茶词》七绝十首。《五十自定稿》。

国朝顺治十七年庚子（一六六〇），明桂王永历十四年，**公四十二岁。**

明桂王在缅甸阿瓦城。

《永历实录·纪》："上在云南，李定国师溃，奉居永昌。"

春，居续梦庵。三子勿幕殇。徙居湘西金兰乡高节里，卜筑于茱萸塘，蓬檐竹牖，植木九柱，编箕为壁，初造小室，名曰败叶庐。

《茱萸塘》《败叶庐》，为庚戌《怀入山来所栖伏林谷得二十九首》之二，总注："右湘西。"《续哀雨诗》跋："岁庚子，迁居金兰高节里之茱萸塘。"湘西草堂虎止公记："迄岁庚子，乃徙居湘西之金兰乡，卜舍于茱萸塘。初造小室，名之曰败叶庐。蓬檐竹牖，植木为柱，编篾为壁。"

哭郑先生显祖。

《哭内弟郑忝生》诗有"春云覆平野"及"旧愁疑在春梦惊"之句。《广哀诗·郑生显祖》注："字忝生，襄阳冢宰公继之之曾从孙，予内弟也。从予学，略成文章。庚子夭。"

冬，和郭公都贤、尹公民兴《落花诗》。

《正落花诗》序："庚子冬初，得些庵、大观诸老诗，读而和之，成十首。以嗣有众什，命之以正。"郭都贤，《湖南通志》："字天门，号些庵。天启壬戌举人，由行人累官至佥都御史，巡抚江西，乞归。福王立，授操江，不赴。桂王立，以兵部尚书召。已祝发为僧，流寓嘉鱼、沔阳。"《沅湘耆旧集·郭都贤些庵小传》："初依熊鱼山开元、尹洞庭民兴于嘉鱼梅熟庵。已流寓沔阳，筑补山堂。有《留别大观》七律二首。"壬子《得须竹鄂渚信知李雨苍长逝遥望鱼山哭之》诗，其六云："赤壁雄风百战酣，新安碧血染江南。大观绰板先君歇，凄绝吴江老药庵。"自注："雨苍早与金正希、尹洞庭、熊鱼山齐名，时金已殉难，尹亦先逝，熊公偕隐吴江，存亡未审。"

诗有《正落花》七律十首，《落花诗》。《哭内弟郑忝生》歌行一首。《五十自定稿》。

国朝顺治十八年辛丑（一六六一），明桂王永历十五年，**公四十三岁。**

明桂王在缅甸赭砑。

《永历实录·纪》："永历十五年，李定国奉桂王奔缅甸。"

居败叶庐。

夏，续《落花诗》。

《续落花诗》序："自冬徂夏，溯落沿开。"

六月二十一日，郑孺人卒，年二十有九。葬大罗山。

虎止公《续哀雨诗》跋："岁庚子，迁金兰高节里之茱萸塘。次年弃世，虚其左。壬申十月，先君子遗命合葬焉。"

九月，补《落花诗》。

《补落花诗》序："此帙之登，逢秋斯尽，月寒在夕，叶怨于枝。"

登岳峰，悼郑孺人。

《岳峰悼亡》诗有"枫落一林霜"之句。

哭管先生永叙。

《哀管生永叙》诗有"落叶风喧夕，啼鸦柏冷霜"之句。

冬十二月，国朝兵至缅甸，明桂王被轨，明亡。

《永历实录·纪》："永历十六年，上在缅甸。李定国收兵安南，缅甸人叛，劫驾入云南。"

诗有《续落花》七律三十首，《广落花》七律三十首，《咏落花》七律十首，《落花浑体》七律十首，《补落花》七律九首，《落花诗》。《来时路悼亡》五古三首，《岳峰悼亡》五律四首，《哀管生永叙》五排一首，《续哀雨诗》七律四首，《初度日口占》七绝六首。《五十自定稿》。

《家谱·续哀雨诗跋》："孺人，襄阳吏部尚书鸣岘先生讳继之之曾侄孙女，云南通判讳续之之曾孙女也。祖讳抱洵，以贡授知州。父讳仪珂，郡文学。母高氏，光禄公讳达女。孺人年十八，以庚寅岁归先君子于桂林，归而偕隐岳之双髻峰。岁庚子，迁金兰高节里之茱萸塘。次年弃世，虚其左。壬申十月，先君子遗命合葬焉。孺人之殁，敔方六龄。蒿蔚虚生，无能表扬，敬纂挽章数诗，庶识大节之共垂不朽尔。不孝敔识。"

《船山公年谱》前编终

船山公年谱后编

国朝康熙元年壬寅（一六六二），公四十四岁。

居败叶庐。闻明桂王被执，续《悲愤诗》一百韵，作《长相思》乐府。

《长相思》乐府，其一有云："年华讵足惜，肠断受恩时。"其二有云："他生就君结。"

诗有《长相思》乐府二首，《来日大难》乐府二首，《为宋子主人送高渐离入秦》七绝一首，《迎秋》五律八首，《咏史》六绝末注年分，语意似今年作。二十七首。《五十自定稿》。

［康熙］二年癸卯（一六六三），公四十五岁。

居败叶庐。

三月，看杜鹃花至铁墙垇，入王公恺六新庄，为和石灰泥壁。读金公堡前在灵溪洞所作《遣兴诗》。

《夕堂戏墨》卷二《读甘蔗生遣兴诗次韵而和之》："今春看杜鹃花，不觉到铁墙垇。王君延我入新斋，为他和石灰泥壁，忽拈一帙，没其所自得，教认取谁家笔仗。卒读久之，乃知是者跛汉。王君笑指石灰桶，说寻常谓道人认得行货，今乃充此物经纪，睐着眼看秤斛邪？是十三年前借山在灵溪洞所作。"其三十二首有"卫公乞打大臣袍"句，"卫公"注："甘蔗生故字。"已酉《效柏梁体寿王恺六》起云："铁墙垇头绿凤栖。"

夏六月，次和金公堡《遣兴诗》。十五日，为之记。《遣兴诗》序："于是次韵而和之，不能寄甘蔗生也。癸卯六月望，茱萸塘漫记。"

《广遣兴诗》。诗序未注年月，盖亦是年所作，故附于此。

冬，有疾。

甲辰《管大兄弓伯挽歌》序："有明文学管嗣箕弓伯，以今癸卯冬卒于南岳百丈山。病乃使余有宿草而不得哭。"

诗有五言《绝句》三首，《五十自定稿》。《读甘蔗生遣兴诗次韵而和之》七律三十首，《广遣兴诗》七律三十首。《遣兴诗》

[康熙] 三年甲辰（一六六四），**公四十六岁。**

居败叶庐。欧先生大生从游门下。

有《又雪同欧子直》诗。欧大生，字子直，衡阳人，康熙中贡生。《沅湘耆旧集》有传。

往哭管公嗣箕于其故居。

《管大兄弓伯挽歌》序："其明年，姬六以亡托将改适，返灵筵于高节里之故居，乃申一恸，良慨然矣。"

为子敔娶文学近鲁公女刘氏。

生子五：若、兹、苍、蕙、蘦；女二。

过小云山下，访刘公近鲁，刘公导游小云山。嗣后岁一登之。

《小云山记》："予自甲辰始游，嗣后岁一登之不倦。友人刘近鲁居其下，有高阁藏书六千余卷，导予游者。"

诗有《感遇》五古十一首，《寒日》五律一首，《人日》七律一首，《又雪同欧子直》七律一首，《五日携敔儿同子直泊贤从哲仲小饮分得端字》七律一首，《即事有赠》七律一首，《管大兄弓伯挽歌》歌行二首。《五十自定稿》。

[康熙] 四年乙巳（一六六五），**公四十七岁。**

居败叶庐。重订《读书说》。

《和梅花百咏诗》序："时方重订《读书说》。"

正月初七日，龙公简卿寄到洪公业嘉《梅花百咏》元稿，读之泪下。

《和梅花百咏诗》序："今岁人日，得季霞伯兄简卿寄到伯修元稿，潸然读已。"

十八、十九日，连夕和洪公业嘉《梅花百咏》诗。

《和梅花百咏诗》序："以示欧子直，子直欣然属和，仍从臾老汉为前驱被道。"又："遂乘灯下两夕了之。"

二十日，序《和梅花百咏诗》。

《和梅花百咏诗》序："乙巳补天穿日，茱萸塘记。"《拾遗记》："正月二十日为天穿日。江东以红缕系煎饼，置屋上，名补天穿。"

长女孙生。适兵部尚书刘尧诲嗣孙克谨子法忠。

三月初三日，序《潇湘小八景词》。

《满湘怨词》序："乙巳上巳，茱萸塘记。"

过铁墙拗王公恺六山庄，看凤仙花。

有《恺六种凤仙花盈亩聊题长句》诗。

夏，游大云山妙峰庵。

《云山妙峰庵云是申泰芝炼丹处》诗有云："首夏积翠鲜，停午条风凉。"

秋八月，登小云山，憩刘公近鲁小轩。围棋倦罢，演《王百榖集》，和其梅花绝句十首。

《和梅花百咏诗》附《追和王百榖梅花绝句十首》叙："乙巳中秋，坐彭城君小轩，奕倦茶阑，索书以读，得《百榖集》。就中梅花七绝十首尤为清健，因次其韵。"

诗有《和陶停云赠芊岩五十初度》四言四首，《夏日端居》五古一首，《云山妙峰庵云是申泰芝炼丹处》五古一首，《恺六种凤仙花盈亩聊题长句》五排一首，《人日新晴》七律一首，《秋雨同子直》七律一首，《又雨》七律一首，《夜》七律一首，《五十自定稿》。《追和王百榖梅花七言绝句十首》。附《和梅花百咏诗》后。

[康熙] **五年丙午（一六六六），公四十八岁。**

居败叶庐。

春，发渐白。

《早春》诗有"谁道鬓添丝"之句。

诗有《秋阴》五古一首，《欧子直自南岳返讯之》五古一首，《咏百合》五绝一首，《结袜子》五绝一首，《早春》五律三首，《十二月八夜看月》五律一首,《初九夜再赋》五律。《五十自定稿》。

[康熙] **六年丁未**（一六六七），**公四十九岁。**

居败叶庐。

春正月初一日，过欧先生大生家围棋。

有《元日过子直弈》诗。

夏，避暑王公恺六山庄。

有《避暑王恺六山庄会夕雨放歌》歌行，有"雷声昨夜破疏星，片片余云留岳足"之句。

秋九月，李公跨鳌元配林孺人卒。公往吊，并卹其太孺人。

《故孝廉李一超以怀贞穷愁死不及有嗣息元配林孺人掖呼太孺人于痹病中十四年不舍榻右猝遭危疾临终悲咽以不得躬亲大事为憾啼声未绝而逝余于一超不浅视道路感泣者自逾涯量裁二诗以将哀尤为太孺人愍悼焉》诗，其一云："转转金轮御朔风"，其二有云："桂轮难满月三秋。"

公与石崖公同被难，刘公象贤居间得寝。招游虎塘，为序族谱。会刘公六帙初度，公即席为子敂聘其女为妇。

有《刘若启为余兄弟排难已招泛虎塘叙其家乘会当六帙悦辰欢宴之下遂允贶室子敂儿》诗。《姜斋文集·王江刘氏族谱序》序："王江诸刘，潜明经是玉氏，湘孝廉若启氏，奉季昌先生之志，修其家乘，以示夫之而征言焉。"又："夫之之举于乡也，与若启氏讲以世，石长氏偕以年而协以采。夫之伯兄既与若启氏讲，而游辟雍之岁，与季昌先生、寿玉氏、声玉氏、赐玉氏胥以齿。"刘象贤，《沅湘耆旧集》传："字若启，湘乡人，崇祯壬午举人。鼎革后隐居深山，著书以终。"《鼓棹二集》有"友人刘懿庵营虎塘颇胜，没后鞠为茂草，赋此寄叹"《昭君怨》词。

诗有《四言杂诗》一首，《古意》五古一首，《问芋岩疾》五古一首，《正月十六夜重赋》五律一首，《元日过子直弈》七律一首，《故孝廉李一超以怀贞穷愁死不及有嗣息元配林孺人掖呼太孺人于痹病中十四年不舍榻右猝遭危疾临终悲咽以不得躬亲大事为憾啼声未绝而逝余于一超不浅视道路感泣者自逾涯量裁二诗以将哀尤为太孺人愍悼焉》七律二首，《刘若启为余兄弟排难已招泛虎塘叙其家乘会当六帙悦辰欢宴之下遂允贶室子敂儿》七律一首，《湖外遥怀些翁》七律一首，《寄怀青原药翁》七律一首，

《竹枝词》七绝十首，《忍俊》七绝九首，《箜篌引》乐府一首，《避暑王恺六山庄会夕雨放歌》歌行一首。《五十自定稿》。

［康熙］七年戊申（一六六八），**公五十岁。**

居败叶庐。唐先生端笏游于门下。

《与唐须竹夜话》诗，其一有"九春初雨歇，花展不相期"，其二有"鼎鼎千秋意，劳劳夜雨传。《六经》谁楚汉"云云。唐端笏，《沅湘耆旧集》传："字须竹，一字躬园，衡阳人。"

次女孙生。适文学熊荣祀子时幹，字体贞。《柳岸吟》有《读易赠熊体贞孙倩》诗八首。

三月，至湘乡。与李公国相同泛湄水。

《湄水月泛同芋岩》诗有"春尽试新晴"句。

夏六月，留湘乡。与刘公象贤期徐公芳游虎塘，迟至。公病，遂先归败叶庐。

有《期徐蔚子虎塘迟至余暑病先归蔚子独留万绿与若启月饮共相太息寄此谢之》诗。徐芳，《沅湘耆旧集》传："字蔚子，本姓徐，长沙人。育于湘乡简氏，故又从简姓。字在雍。顺治末贡生，官常德训导。有《种竹亭稿》，王船山先生序行。"

秋七月，成《春秋家说》。望日壬子，为之序。

《春秋家说》序："迄今二十有二载，夫之行年五十。悼手口之泽空存，念菌蟪之生无几。恐将失坠，敬加铨次。著雍涒滩之岁相月壬子望，不孝征仕郎夫之述。"《春秋世论》序："著雍涒滩之岁相月望日壬子，湘西草堂王夫之序。"案：草堂成于乙卯，本年戊申，不应有湘西草堂之名。著雍涒滩四字，传写必有讹误。然无从订正，姑附于此。

诗有《与唐须竹夜话》五律二首，《始晴》五律一首，《湄水月泛同芋岩》五律一首，《春日山居戏效松陵体》七律六首，《期徐蔚子虎塘迟至余暑病先归蔚子独留万绿池与若启月饮共相太息寄此谢之》七律一首，《答黄度长》七律一首，《得青原书》七律一首，《些翁补山堂诗和者数十人今春始枉寄次韵奉和并学翁体》歌行一首。《五十自定稿》。

［康熙］八年己酉（一六六九），**公五十一岁。**

居败叶庐。辑戊子以来所作古、近体诗，为《五十自定稿》。

《五十自定稿》五言古、五言绝句、五言近体、七言近体、七言绝句，皆始于戊子，余始于己丑、乙未、乙巳。

再继娶张孺人。

《家谱》云："三配张孺人，生没失记。葬金兰乡姚家塘。"《因林塘小曲筑草庵开南窗不知复几年晏坐漫成》诗，其四有云："钏声原宿业，崖蜜自先甘。寓目团栾浅，初心冷暖谙。"

孙夏生。

庚戌《哭殇孙》诗注："以《大统历》立夏日生，名之曰夏。"其诗有"两日朱明留不得"句。

与唐先生端笏同游驳阁岩。因留岩中，为之剖示不学术源流。

《同唐须竹游驳阁岩》诗起云："昨日初收梅雨天。"又有《同须竹晏坐驳阁岩》诗。《沅湘耆旧集·唐端笏传》引徐令素《唐躬国墓志》："尝得《白沙集》《定山集》《传习录》诸书，读之而嗜。迎船山先生住驳阁岩，为剖示源流，因知有朱、陆同异，及后来心学之误。"《驳阁岩》为庚戌《怀入山以来所栖伏林谷二十九首》之一，注："右湘西。"

秋，与唐先生端笏同游昭阳庵。

有《昭阳庵同须竹夜话云乘木叶秋波探五老之胜因便送之》诗。

至桃坞，访李公国相不遇。

《过芋岩不值》诗有云："晴稻收云白，秋瓜切粉黄。"

客朱王孙翠涛听月楼，已而归山。

《听月楼倦客归山留别翠涛王孙》诗有"楼前湘水腻碧玉，细细波纹送远秋"及"黄菊将开酒将熟"之句。丙辰有《中秋同圣功庶先翠涛须竹饮听月楼诸公将送予下湘》诗。

九月初一日，公五十齿满。刘公懿庵、李公国相来祝。

有《不揆五十齿满懿庵见过留同芋岩小饮》诗。

和郭公都贤补山堂《洞庭秋诗》，并篇之记。

《洞庭秋诗》题注："遥和补山堂作。"序："己酉秋杪记。"

和八闽晓堂上人《芦雁绝句》。

《雁字诗》后记："题此经一年矣。"又："庚戌秋冬之隙，败叶庐记。"

冬，构草庵，开南窗，题曰观生居。石崖公来过。

有《因林塘小曲筑草庵开南窗不知复几年晏坐漫成六首呈桃坞老人石崖先生同作》诗，其一云："暄风凌小雪，当砌炫冬荣。"其五云："病畏朔风寒，南窗背岭安。"《姜斋文集》有《南窗铭》《观生居铭》。湘西草堂虎止公记："次筑观生居，在茱萸塘上，易以茅堵窗槛，少容几杖。"

编《春秋左氏博议》。

《因林塘小曲筑草庵开南窗不知复几年晏坐漫成》六首，其三有"家学志《春秋》"句。

诗有《迥芋岩不值》五律一首，《深秋望子直》五律一首，《因林塘小曲筑草庵开南窗不知复几年晏坐漫成六首呈桃坞老人暨家兄石崖先生同作》五律六首，《家兄观夫之抄稿云墨迹似先征君垂示以诗哀定后敬和四韵》五律一首，《同唐须竹游驳阁岩》七律一首，《昭阳庵同须竹夜话云乘木叶秋波探五老之胜因便送之》七律一首，《不揆五十齿满懿庵见过留同芋岩小酌》七律一首，《寄和些翁补山堂诗已就闻翁返石门复次原韵寄意》歌行一首，《粤奴初识雪歌》歌行一首，《孤雁行和李雨苍》歌行一首，《读泾阳先生虞山书院语录示唐须竹》歌行一首，《听月楼倦客归山留别翠涛王孙》歌行一首，《效柏梁体寿王恺六》歌行一首，《六十自定稿》。《大统历闰腊》七绝一首，《分体诗》。《洞庭秋》七律三十首，《洞庭秋诗》。《题芦雁绝句》七言十八首。《雁字诗》。

[康熙]九年庚戌（一六七○），公五十二岁。

居观生居。夏、秋仍居败叶庐，岁以为常。

《雁字诗》："庚戌秋冬之际，败叶庐记。"壬子有《家兄期以中秋过败叶庐会恙未果吟见怀念逾月小愈袖诗下访适当闰望是夕人间谓为中秋夜坐不复对月敬和来篇奉酬》诗。

三女生。适文学李报琼子响明。

三月，孙夏殇。

《哭殇孙用罗文毅公慰彭敷五丧子韵》诗，有"两日朱明留不得"句。

秋，齿始落。

《齿落示敔子》诗有："梧桐一叶已知秋，塞角催霜几耐愁。"

唐先生端笏从其兄端典以母氏苏太君六十寿，请侑辞。公为作《孝寿说》。

《苏太君孝寿说》:"庚戌之秋,两唐子为其母氏六秩寿,征有辞焉。"又:"非直以须竹之数与相游也。"

有疾,作《前后雁字诗》,附以旧作《芦雁绝句》,并记。

《雁字诗·前雁字诗十九首》序:"不期病中忽有阳鸟笔阵,如鸠摩罗什两肩童子出现,因吟十九首。"《后雁字诗十九首》序:"嗣吟十九首,首四十字。"

《怀入山以来所栖伏林谷三百里中小有丘壑各述以小诗得二十九首》。

公自注:《排子岭》《狮子峰》《黑沙潭》《续梦庵》《双髻峰》《黄沙潭》《溪波岩》《妙高峰》《车辙亭》《方广路》《啸台》《补衲台》《洗衲池》,右岳后;《青谷石门》《西石门》《松纹石亭》《坞云庵》,右祁、邵之间;《钓竹源》《云台山》,右零陵北洞;《西庄源》《小祇园》,右宜江;《小云山》《昭阳庵》《驳阁岩》《桃坞》《雪竹山》《茱萸塘》《败叶庐》《观生居》,右湘西。

作《广明大师小传》。

《姜斋文集·梳铭》跋:"新安黄将军金台,披缁称广明大师,请余为小传。"

铭笔、砚、墨、秘阁、砚盖、杖、拂子、围棋、梳、南窗、观生居。

《姜斋文集·砚铭》跋:"庚寅冬,桂林覆败,砚为叛吏挟家人夺去。既返山,无以和墨。刘平思畀一石子,外璞中腻,参差类小龟,即非至者,亦颇受墨。相随二十年矣。"

诗有《拟古》五言十九首,《怀入山以来所栖伏林谷三百里中小有丘壑辄畅然欣感各述以小诗得二十九首》五绝,《六十自定稿》。《拟阮步兵咏怀》八十二首,《六十自定稿》收二十四首,《编年稿》收五十八首。《哭殇孙用罗文毅公慰彭敦五丧子韵》七律二首,《齿落示敬子》七绝一首,《今日汉宫人》五律一首,《编年稿》。《前雁字诗》五律十九首,《后雁字诗》五律十九首。《雁字诗》。

[康熙] 十年辛亥（一六七一）,**公五十三岁。**

居观生居。夏、秋仍居败叶庐。

复用瞿、辛原体,吟《潇湘夜雨》《洞庭秋月》《平沙落雁》《远浦归帆》《渔村夕照》《山市晴岚》《山寺晚钟》《江天暮雪》大八景词。论潇、湘八景，因作《潇湘怨》一卷。

《潇湘大八景词》序："余歌小八景来十六年矣。"又："重吟大八景词，复用瞿、辛原体，旌初志也。"《潇湘怨词》后附《十景词》跋有云："潇湘八景，不知始谁，差遣唯洞庭月、潇湘雨耳，他皆江南五千里所普摄也。"又："潇水出自营浦，西北流五百里而得湘。湘水出兴安之海阳山，与漓背流，既合于潇，北流千二百里至巴陵，大江自西来注之，潇湘之名释而从江。此千五百里间，縠波绣壁，枫岸荻洲，清绝之名，于斯韪矣。迹不胜探，其尤者得十景焉：曰舜岭云峰，曰香潭绿水，曰朝阳旭影，曰浯溪苍壁，曰石鼓危崖，曰岳峰远碧，曰昭山孤翠，曰铜官戍火，曰湘湾曲岸，曰君山浮黛。各题一词，均寄调《蝶恋花》。"又："情物各有因缘，归宿不迷于万古，视诸帆雁岚雪，悠悠无择地者，不犹贤乎？仆欲为此词，不知何以未暇。歌八景后，驱笔猎之。"《舜岭云峰》注："潇水自江华西北流，至宁远九疑山北疑峰，恒有云藏其半岭，飞雨流淙，入潇水中。"《香潭绿水》注："湘水径东安县东有沉香塘，石壁罅插一株，云是沉水香。澄潭清冷，绿萝倒影。"《朝阳旭影》注："在零陵县潇水侧，去钴鉧潭、愚溪不远，北十里为湘口，是潇、湘合处。"《浯溪苍壁》注："在祁阳县。元次山勒颜鲁公《中兴颂》于崖壁。苔光水影，静目愉心。"《石鼓危崖》注："衡阳县北，二水汇流，潭空崖古。"《岳峰远碧》注："自衡阳北三十里，至湘潭六十里，岳峰浅碧，宛转入望。"《昭山孤翠》注："一峰矗立江次，北去湘潭三十里，下为暮云滩。"《铜官戍火》注："铜官浦在长沙北六十里。《曾刻本》讹'三'。芦汀远岸，水香生于始夜，渔灯戍火，依微暮色间，如寒星映水。"《湘湾曲岸》注："湘阴县北三十六湾，云是马殷所开，萦回清澈。出此即渐入青草湖，李宾之诗'三十六湾湾对湾'者是也。"《君山浮黛》注："湖光极目，至君山，始见一片青芙蓉浮玻璃影上。自此出洞庭，与江水合，谢朓所云'大江流日夜，客心悲未央'者，于是始矣。湖南清绝，亦于此竟焉。"

李公占解以王文恪公所撰其大父《大崖先生墓志铭》见寄，读竟，书后返寄。

《姜斋文集·读李大崖先生墓志铭书后》："先生裔孙雨苍占解，年七十有三矣。以王文恪公所撰《墓志铭》寄唐生端笏，使与夫之共读。谨志其后，以讯雨苍，当如面谈矣。"《李雨苍占解年七十三矣书至期游南岳若必果者返寄驰望信宿》诗有"弥弥洞庭水，迢迢诸葛台"及"盈盈秋波生"之句。

方公以智屡劝逃禅，公不应。冬，书所示刘安礼诗见寄。

《极丸老人书所示刘安礼诗垂寄情见乎词愚一往吃呐无以奉答聊次其韵述怀》诗有云："旧识五湖霜月好，寒梅春在野塘边。"《南窗漫记》："方密之阁学逃禅洁己，授觉浪记莂，主青原，屡招余，将有所授。诵'人各有心'之语以答之，意乃愈迫，书示吉水刘安士诗，以寓从臾之至。余终不能从。"刘安礼，名仲镎，吉水举人。隐于梅川，附《永历实录·刘季矿传》。

十二月，敏公子生蕃生。字怀姓，行三，邑文庠生。

《姜斋诗剩稿》有《示侄孙生蕃》五古。

过雪竹山，访茹蘗大师，留宿夜话。

《宿雪竹山同茹蘗大师夜话》有"烟笼雪压一枝轻"之句。辛酉《广哀诗·雪竹山道者智霈》注："字茹蘗，昆明人，本姓张，以乡举任衡山令。己未，没于嘉兴之杨坟。"

诗有《偶望》七律一首，《极丸老人书所示刘安礼诗垂寄情见乎词愚一往吃呐无以奉答聊次其韵述怀》七律一首，《宿雪竹山同茹蘗大师夜话》七律一首，《六十自定稿》。《三月十一夜梦登天寿山》五律一首，《月坐怀须竹南岳》五古一首，《李雨苍年七十三矣书至期游南岳若必果者返寄驰望信宿》五古一首。《编年稿》。

[康熙]十一年壬子（一六七二），公五十四岁。

居观生居。夏、秋居败叶庐。

春，同唐先生端笏往祝刘公近鲁五十初度，即席赋诗。

《刘庶仙五十初度即席同唐须竹》诗有云："于君烧烛耐春寒。"

三月，郭公都贤以文字坐系，没于江陵。公闻，遥哭。

《补山翁坐系没于江陵遥哭》诗，其二有"几问落花津"之句。《南窗漫记》："丙戌，屯师湖上，未能前进一尺，而赋敛之重十倍。少司马天门郭公都贤《咏雪》诗云：'四望郊寒连岛瘦，一天白起奈萧何。'督使闻之怒甚，嗾悍帅害之，会溃败不果。公卒以文字取祸，卒于江陵。"

游二中园。

《二中园纪事为懿庵作》诗，其一有云："穿风分柳径，随藓度兰风。"

四女生。字唐端笏子常适，字无适，戊午夭。

《姜斋文集·唐子无适墓表》："湘西学者唐常适，字无适，年十八殁。其父躬园子悼之不欲生。"又："无适凡两纳采，皆未成礼。其一先者予少女也，亦谨慧，七岁而夭。"

七月十六，长孙生若生。字以似，号竹溪，府学岁贡生，候选训尊。

八月，石崖公将来败叶庐，有疾不果。逾月小愈，始来。

有《家兄期以中秋过败叶庐会恙未果吟见怀念逾月小愈袖诗下访适当闰望是夕人间谓为中秋夜坐不复对月敬和来篇奉酬》诗。

方公以智卒于泰和萧氏。公闻，哭之。

《闻极丸翁凶问不禁狂哭痛定辄吟二章》诗，其一云："败叶云中哭杜鹃"，其二云："五湖烟水一霜林。"注："传闻薨于泰和萧氏浮春园。"《广哀诗·青原极丸老人前大学士方公以智》注："字密之，桐城人。国亡披缁，称愚者智。字无可，一号墨历。壬子卒于泰和。"

得唐先生端笏鄂中书，知李公占解卒于鱼山，遥哭之。

《得须竹鄂渚信知李雨苍长逝遥望鱼山哭之》诗，其二有"刚遣西风吹片叶"，其三有"柳岸霜风月已残"之句。《南窗漫记》："嘉鱼李雨苍占解己酉寄余此诗，云欲涉湖相访，时年七十矣。阅两岁，遂长逝，不果所至。"

诗有《二中园纪事为懿庵作》五律二首，《刘庶仙五十初度即席同唐须竹》七律二首，《闻极丸翁凶问不禁狂哭痛定辄吟二章》七律，《冬夕》七律二首，《早春》七绝二首，《得须竹鄂渚信知李雨苍长逝遥望鱼山哭之》七绝五首，《六十自定稿》。《上巳》五古一首，《春晴》七律二首，《家兄期以中秋过败叶庐会恙未果吟见怀念逾月小愈袖诗下访适当闰望是夕人间谓为中秋夜坐不复对月敬和来篇奉酬》七古一首，《补山翁坐系没于江陵遥哭》五律一首。《编年稿》。

[康熙]十二年癸丑（一六七三），公五十五岁。

居观生居。

三月，唐公克峻六十齿满，为文寿之。

《姜斋文集补遗》有《唐钦文六秩寿言》。《唐钦文墓志铭》注："距生之年万历癸丑季春月十九日。”辛酉《广哀诗·唐处士克峻》注：“字钦文，己未没。”

秋七月，与唐先生端笏及其兄端典同游钟武故城。

有《新秋同唐古遗须竹游钟武故城归坐小轩夜语》诗，钟武，《汉书·地理志》属零陵郡，莽曰钟桓，应劭曰：“今重安。”故城在衡阳县西八十里。

冬，有疾。

有《家兄小筑耐园俯用夫之观生居韵病不能为偶句放时体叠前韵奉和》诗。

十二月，公疾未愈。

有《岁晚养疴》诗。

诗有《即事》五律一首，《晴步》五律一首，《咏菊答须竹》排律一首，《新秋同唐古遗须竹游钟武故城归坐小轩夜语》七绝四首，《咏雪》七律一首，《六十自定稿》。《期须竹》五古一首，《家兄小筑耐园俯用夫之观生居韵病不能为偶句放时体叠前韵奉和》五古六首，《岁晚养疴》五古五首，《李供奉集有笑矣乎悲来乎二歌识者知为齐己赝作辞翰拿滞既良然矣亦由无情而气矜如扪天求月天不可扪月况可得若仆今者可以笑未其悲则已夙矣因为补之》歌行二首。《编年稿》。

[康熙] 十三年甲寅（一六七四），公五十六岁。

正月，吴逆三桂伪檄至衡州。

公至湘乡。

《上湘旅兴》诗有“寒山犹半绿”“习习江南暖”“几叶带疏黄”诸句。《湘西草堂记》：“因避滇氛，泛宅数载。”

二月，吴逆兵陷常德、岳州。长、宝、衡、永、郴、桂，相继沦陷。

三月，与唐先生端笏泛舟至郡。

《舟中上巳同须竹》诗有“客思荡如何”之句。

游伊山。

《伊山》诗，其一有“云烟开绿亩，金碧动青林”之句。伊山，在衡阳县北北三十里，晋桓伊读书处，一名桓伊山。

秋，与唐先生端笏渡洞庭，阻风青草湖。

《青草湖风泊同须竹与黄生看远汀落雁》诗有"珍重羽衣凉""仙桂缀蟾光""神带九秋霜""回翔岂稻粱""浣纱人伫久""息机非倦止"诸句。

公有疾，寓僧寺。安远靖寇大将军多罗其勒公恼瞎，遣都统刘公省问。

《安远公所遣都护刘君过寓存问诗以赠之》诗有"佛灯灼灼茶碗清"及"秋风飑飑芦花苍，芦花如雪寒溪长"之句。

送蒙公正发先还故山。

《送蒙圣功暂还故山》诗有"秋风淫淫吹我衣""凉日当襟返翠微""青山料理勿取次，留之待我慰调饥"诸句。

冬，归。

《衡山晓发》诗，其一有"击楫迟枫浦，归心就翠微"，其二有"绿润不知冬，岳云第几峰"之句。

诗有《上湘旅兴》五律五首，《舟中上巳同须竹》五律一首，《伊山》五律二首，《衡山晓发》五律二首，《陈耳臣老矣新诗犹丽远寄题雪诸咏随意和之》五律四首，《青草湖风泊同须竹与黄生看远汀落雁》五排一首，《送蒙圣功暂还故山》七律一首，《六十自定稿》。《安远公所遣都护刘君过寓庵问病诗以赠之》七古一首，《赠俞西岩谁园》五古一首，《编年稿》。《寄怀陈耳臣兼怀安福陈二止》七律一首。《姜斋诗剩稿》未注年分，因本年有《和陈耳臣》诗，附题于此。

陈二止，名观，安福举人，甘贫砥节。吉安失守，与妻子诀，寓食攸县山寺，粗粝不给，或饮水以终日。附《永历实录·刘季矿传》。

[康熙] 十四年乙卯（一六七五），公五十七岁。

公寓郡城北旃檀林，戴先生日焕来谒。

《戊戌岳后戴晋元见访今来复连榻旃檀口占》诗有"荏苒十八年，梦中时一遇"及"同君宿郊庵，四目还相注"之句。旃檀林，在郡城北二里。

二月，至长沙。

《长沙旅兴》诗有"楼船拟趁桃花水"句。

舟泊水绿洲，遇刘先生思肯，过舟为公写小照。

《走笔赠刘生思肯》诗云："故园枝叶记君家，兄弟风流竞笔花。泛宅五湖君自远，相逢犹幸在长沙。"又："水绿洲前鱼艇多，也来相伴晒渔蓑。逢君剪烛当深夜，奈此干戈满地何。"又："老觉形容渐不真，镜中身似梦中身。凭君写取千茎雪，犹是先朝未死人。"

舟泊湘阴，追哭故明大学士华亭伯章文毅公旷。

有《三十六湾初见新绿》诗，《夜泊湘阴追哭大学士华亭伯章文毅公》诗。

渡洞庭湖，至于岳阳。

《湖水》诗有"湖水春山尽，巴丘战垒春"及"天涯同一寄，未必故园亲"之句。

三月，归至长沙。拜故明蔡忠烈公道宪祠。

《长沙旅兴》诗有"渔舟初绕碧波匀"及"随处桃花可问津"句。《蔡公祠》诗有"绿莎生庭际，春云相凄暄"句。《分体稿·送须竹之长沙》七律，其二有"江门曾荐瓣香哀"句，注："江门，蔡公别号。祠在城西。"

还郡。董公达偕章文毅公子有谟由粤西还华亭，道阻，不得归。公遇之，延入旅舍。遂与唐先生端笏同游门下，受公所注《礼记》。

《行述》："时值华亭章司马次子有谟南游阻道，府君延入，昼共食蕨，夜共燃藜，以所注《礼记》授之，夜谈至鸡鸣为常。游兵之为盗者窃听而异之，相戒无犯焉。"《沅湘耆旧集》引徐令素《唐躬园墓志》："滇师抗命之年，章公子载谟有谟游粤西，不得归，因游于船山之门而问礼，旦夕与躬园偕。"《沅湘耆旧集》载虎止公赠董达五古，题云："《董君达年八十矣以章大司马祠碑及陈烈妇碑文远来相访并示以载谟公子及公孙近札遣使入山道绻绻之意以期一晤作五言长诗答之》"，其诗云："忆昔弱冠时，逢翁戎马间。言偕章公子，避地入寒山。先君称执友，往事述仁贤。丞相回落日，桑榆摧霜寒。翁为门下士，锋矢护完棺。秉彝有同心，言返吴江攒。翁志既已酬，薄游侠士坛。侠士葬郊麟，烈女悲贞鸾。上湘陈宜人，抱志没涟湍。至德必有邻，水怪匿神奸。洲拥烈妇坟，波激壮士肝。"邓氏显鹤曰："章文毅公旷卒于永州。陈夫人则其妾陈氏也。有武人要之，陈赴水死，湘人葬之涟溪东岸。大水冲啮溪岸，墓独无恙。"《昭山》诗有"深春花欲红"句。己未《送章载谟归吴淞》诗有"相逢及送别，都在落花时"句。

四月初五日，次孙生兹生：攽公次子，字允在，号佚庵。

六月，与李公缓山、章先生有谟同登回雁峰。

《与李缓山章载谋同登回雁峰次缓山韵》诗有云："小有绿阴堪避暑，相看枯木不惊雷。"

秋七月，出郡城赴李公缓山之约。

《出郭赴李缓山之约桓伊山下遇雨》诗有"葛衣疏透雨珠间，习习轻风宿暑阑"之句。

八月，与蒙公正发同赴江西，至于萍乡。

《萍乡中秋同圣功对月》诗有"白头还作他乡客"及"自笑渔樵非泛宅"之句。

九月，归自江西。舟行至湘潭，阻风，访明将张公永明，吊其漓江殉难烈姬孙氏、吕氏。

《风泊中湘访张永明老将吊孙吕二姬烈死读辛卯以来诸公奖贞之篇放歌以言情孙吕事详故中舍管公记》诗云："昭潭万波叠霜縠，南望漓江暮云绿。惊鸿叫云天不开，秋夕孤飞遥痛哭。二十六年春蔓长，我与张君四鬓霜。衰颜不死犹前日，湘女空灵郁渺茫。茫茫峒云结烟草，贞魂不舍苍梧道。哀歌血泪洒青天，管子嗣裘金郎堡。而我悲吟独待今，二十六年愁埋心。左披蒙生俱未死，军中弹泪秋阴深。呜呼乎！往恨迷离无再说，一死人间万事决。君不见张君二妇漓江滨，俄顷千秋如截铁。"漓江在广西桂林府城东南。

遇湘乡东台山。

《东台山》诗有"百里初见山，西晖客望闲"及"半峰明紫树，渔舟隔浦还"诸句。东台山在湘乡县东十里，一名凤凰山，一名望岳峰，南连华盖，下瞰建水。

还观生居。于相去二里许石船山下，仍里人旧址筑草堂成，徙而居之。

《船山记》："顾于此阅寒暑者十有七"，"辛未深秋记。"《草堂成》诗有"归舟湘水北，伐木逮秋清""南窗仍夕暖，冬岭迓春晴"诸句。《湘西草堂记》："先子《船山记》曰：'船山者，吾山也。'敢今之记湘西草堂，亦谨记之曰：湘西草堂者，先子之草堂也。先子自前崇祯癸未张献忠陷衡后，湘、岳之间三十余年，□□踵接，终全志节，闭门撰著。迄岁庚子，乃徙居于湘西之金兰乡，卜舍于茱萸塘。初造小室，名之曰败叶庐。蓬檐竹牖，植木九柱，编篾为壁。次筑观生居，在茱萸塘上。易以茅堵窗楹，少容几杖。越十二年，再徙于石船山下，去观生居二里许，仍里人旧址筑湘西草堂。因避滇氛，泛宅数载，后复归草堂，定经诠，秩散稿，辑闲吟。而先子奄背，敔谨固遗书于屋右个，而火灾蚁虫之害，其震惊怵惕不一次也，因聚徒课业于其中。迄敔年六十，从游者数十人醵金为余寿。余受其金，授子婿曾生重建草堂，易瓦以葺，支椽以栌，炼砖以砌。敔年老病羸，以余年读遗书于其中。而从游之有志迄姻友之有力者，续捐赀刊先子遗书数种，藏板于右阁。敔手植刺松、侧柏、红梅、碧桃等树成荫，筼筜幽篁成林，而草堂益为都里所共式。逮敔年七十，诸生复醵金如旧，为余刊《小草》百篇。《小草》者，先后所成时艺。此不足传，而愚之却者，亦以诸君始终培植草堂之意，不可忘也。余尝至黄州，见王公禹偁所作记之竹楼，今千余年矣，仍岿然一竹楼。岂有此不蛀不坏之竹楼乎？亦存乎人心之不没不朽而已。故举一竹楼，而其他为名贤之遗迹不可胜举。岂非人有同情，有陶令之'吾爱吾庐'，而人亦爱其屋耶？但念徐文长诗云：'庭前几笔青青草，禁得倪们几斧斤？'今敔七十有五矣，盼新竹之娟娟而恐放其良心者，亦如牛山之旦旦而召斧斤也。拔毫为文，付诸子孙，读之者当如读《鸤鸠》而三复也。是为记。"

诗有《昭山》五绝二首，《东台山》五律一首，《草堂成》五律一首，《残雪》七律四首，《长沙旅兴》七律一首，《郡归书怀寄懿庵》七律一首，《出郭赴李缓山之约桓伊山下遇雨》七律一首，《萍乡中秋同圣功对月》七律一首，《水口道中》七绝一首，《走笔赠刘生思肯》七绝三首，《题林良枯木寒鸦图图有李宾之题句》七绝四首，《风泊中湘访张永明老将吊孙吕二姬烈死读辛卯以来诸公奖贞之篇孙吕事详故中舍管公记》歌行一首，《石流篇》乐府一首，《稚子游原泽篇》乐府一首，《门有车马客》乐府一首，《夜坐吟》乐府一首，《豫章行》乐府一首，《顺东西门行》乐府一首，《猛虎行》乐府一首，《短歌行》乐府一首，《六十自定稿》。《长沙旅兴》七律一首，《江春望落日》五古一首，《三十六湾初见新绿》五古一首，《夜泊湘阴追哭大学士华亭伯章文毅公》七律一首，《湖水》五律一首，《赠程奕先》五古一首，《三月七日所闻》七律一首，诗云："天涯帝子知谁在，今日生闻喜欲狂。淮泗补天功造化,苍梧扶鼎治衣裳。彤云日角传龙种,玄雾云签养豹章。重遣孤臣怜雪鬓,萍踪万一问津航。"《拜蔡公祠》五古一首,《次李缓山见寄韵即用其体书怀驰达》五古一首,《和程奕先长沙怀古》五古三首,《观涨》五古一首,《与李缓山章载谋同登回雁峰次缓山韵》七律一首,《渌湘杂兴》五古六首,《萍乡中秋同圣功对月》七律一首,《留别圣功》七律一首,《代出自蓟北门》乐府一首,《却东西门行》乐府一首。《编年稿》。《戊戌岳后戴晋元见访今来复连榻旃檀口占》五古一首。《姜斋诗剩稿》。

[康熙] 十五年丙辰(一六七六),公五十八岁。

居湘西草堂。章先生有谟留从门下。

《春夕同载谋看月》诗有"草堂新筑延新月"及"湘山布谷未催耕"之句。

二月,吴逆伪将引萍乡败兵趣湘潭,扰茶陵,攸县。

夏,公渡湘,至斗岭。

《雨中过蒙圣功斗岭》诗,其五有云:"东行渡湘水,碧涌万重莲。"斗岭在衡州府城东二十里。

秋七月,在草堂。

有《早起草堂寓且牵牛花追忆懿庵》诗。

八月,下湘,将至长沙。十五日夕,蒙公正发、刘公近鲁、朱王孙翠涛、唐先生端笏钱饮听月楼。

《中秋同圣功庶先翠涛须竹饮听月楼诸公将送予下湘》诗,起云:"今宵犹对家山月,江阁同倾送远杯。"

舟中有疾。

《风泊昭山夹病中放歌》诗有云:"老病煎肌秋夜浅"及"荻叶敲蓬惊梦转"。

九月,留长沙。十月,至湘乡。补祝刘公懿庵七十初度。

《懿庵七十初度余留滞长沙不遂山中欢笑已乃泝涟访祝述怀》诗有"黄润沐霜液""菊樽开已缓,杞实犹堪摘"诸句。

十一月,吴逆据衡州。

始撰《周易大象解》。

《周易内传发例》:"丙辰,始为《大象解》。"

诗有《早起草堂寓且牵牛花追忆懿庵》五律一首，《春夕同载谋看月》七律一首，《先秋一日作》七律一首，《六十自定稿》。《人日有寄》七律一首，《雨中过蒙圣功斗岭》五绝六首，《中秋同圣功庶先翠涛须竹饮听月楼诸公将送予下湘》七律一首，《风泊昭山夹病中放歌》七古一首，《涟江夕泛》五古一首，《褚公池》五古一首，《懿庵七十初度余留滞长沙不遂山中欢笑已乃泝涟访祝述怀》五古一首，《楠园翠涛诸公作瓶菊诗命仆和作》五律四首。《编年稿》。褚公池，唐诸遂良为潭州都督，行部湘乡赋诗处。

[**康熙**] **十六年丁巳**（一六七七），**公五十九岁。**

居湘西草堂。

春，乘小舟至郡，登回雁峰。

《重登回雁峰》诗有"朱甍如梦迷双岸，绿草当春覆一丘"及"渔舟战鼓皆今日，惭愧乾坤一影浮"诸句。

二月，大兵至长沙。吴逆由常德迎战，败走衡州。

秋七月，《礼记章句》四十九卷成。

《新秋望载谋》诗，其一注："时载谋授馆于翠涛"，其二"周、秦焚后字"句注："时《礼》注方竟。"

桐城余兼尊来访。

《桐城余兼尊昔为青原侍者归素以来崎岖岭外相值见访为录前寄极丸老人诗仍次原韵赠之》诗有"秋声不断有蝉吟"之句。

诗有《新秋望载谋》五律二首，《重登回雁峰》七律一首，《遣怀》七律四首，《桐城余兼尊昔为青原侍者归素以来崎岖岭外相值见访为录前寄极丸老人诗仍次原韵赠之》七律一首，《箜篌引》乐府一首。《六十自定稿》。

[**康熙**] **十七年戊午**（一六七八），**公六十岁。**

居湘西草堂。

闰三月，吴逆僭号衡州。其党以劝进表来属，公婉词拒之，逃入深山，作《袯襫赋》。

《行述》："维时长啸一室，作《袯襫赋》。"潘撰传："戊午春，吴逆僭号于衡阳。伪僚有以劝进表属先生者，先生曰：'某本亡国遗臣，鼎革以来，久逃于世。今汝亦安用此不祥之人为？'遂逃之深山，作《袯襫赋》。"《沅湘耆旧集》小传："康熙初，吴逆僭号于衡。伪僚有以劝进表属者，先生曰：'某本亡国遗臣，所欠一死耳。今亦安用此不祥之人哉？'遂逃入深山，作《祓禊赋》。"赋曰："谓今日兮令辰，翔芳皋兮兰津。羌有事兮江干，畴凭兹兮不欢。思芳春兮迢遥，谁与娱兮今朝。意不属兮情不生，予踟蹰兮倚空山而萧清。阒山中兮无人，寞谁将兮望春？"

三月初四日，三孙生苍生：放公三子，字籀文，邑庠生，册名文园。

秋八月，吴逆死。大兵进规衡州。

四女夭，葬败叶庐左梅侧。

《梅阴冢》诗序："船山老人幼女七岁，许字友人唐君之子者，以戊午八月夭。败叶庐左有梅一株，老人所玩息。庐圮梅存，因瘗其侧。老人女早晓字，动有闲则。尝自言：'使我且死，必不乱。'垂亡果然。老人哀之甚，且恐此土为樵犁所侵，诗以志之。"唐君，即须竹先生子，名常适，字无适。《姜斋文集补遗》有《唐子无适墓志》。

九月初一日，公六十初度。徐公芳以松杖、朱履、青袍、竹扇寄寿，公作启答谢。

《六十初度答徐蔚子启》："指青松以似我，五大夫阅世空悲；进赤鸟以邀仙，几绨屦今生更著。青袍无烦严武，用支肺病之寒；湘簟不拂元规，持却热中之暑。"

冬，与唐先生端笏会葬李公国相，归乘小艇，溯湘至郡。

《同须竹送芋岩归空竟小艇溯湘转郡城》诗，其一有"飘零人在钓鱼船"，其二有"寒灰堕地皆千载"及"孤山错拟万株梅"诸句。

诗有《寄徐蔚子》五律一首，《小楼雨枕》七律四首，《春山漫兴》七律七首，《同须竹送芋岩归空竟小艇溯湘转郡城有作》七绝二首，《戏作七夕词》七律三首，《梅花》七绝四首，《梅阴冢》歌行一首。《六十自定稿》。

[康熙]十八年己未（一六七九），公六十一岁。

居湘西草堂。

二月，大兵复衡州。

公与章先生有谟避兵楂林山中。著《庄子通》。

《避乱石鸡村同载谋小憩》诗，其一有云："桃花影外天，微波动新绿。"《庄子通》序："已未春，避兵楂林山。麋麢之室也，众籁不喧，枯坐得以自念：念予以不能言之心，行乎不相涉之世，浮沉其侧者五年，弗获已，所以应之者，薄似庄生之术，得无大疚愧？然而予固非庄生之徒也。有所不可'两行'，不容不出乎此，因而通之，可以与心理不背。颜渊、蘧伯玉、叶公之行，叔山无趾，哀骀它之貌，凡以通吾心也。"又："凡庄生之说，皆可因以通君子之道，类如此。故不问庄生之能及此与否，而可以成其一说。"

还湘西草堂，定经诠，秩散稿，辑闲吟。

《湘西草堂记》："后复归湘西草堂，定经诠，秩散稿，辑闲吟。"

过观生居，见壁粘比岁人士酬赠韵语，尽为寓人掷弃，惟陈公五鼎二笺仅存，因和其《咏木鱼》诗二章。

《咏木鱼》引："观生居壁粘比岁人士酬赠韵语，时复迎目，如相扬榷。仆与当世偶一往还觞咏耳，亦可不容志之。兵警后，为俗恶寓人尽掷弃之，非有长吉睚眦之怨，浪施和仲笺云之惧，能使人不气尽邪？唯攸县陈耳臣二笺仅存，徘徊不忍舍目，用觉其《咏木鱼》诗，辄和二章，不能寄耳臣，差贤于存没诸公之逢蠹蟫，无从静对已尔。"其二有"驯鸽依檐春雨静"之句。

章先生有谟辞还吴淞。

《送载谋归吴淞》诗有云："相逢及送别，都在落花时。"

六月，序《庄子通》。

《庄子通序》："是岁伏日，南岳卖姜翁自叙。"

秋，闻蒙公正发讣，赋诗挽之。

《闻圣功讣遽赋》诗有云："回首故人无"及"藤花开独坐，萝月照霜须"诸句。

十二月，为唐公克峻作墓志铭。

《姜斋文集补遗·文学孝亮翁钦文墓志铭》："岁在己未仲冬月二十一日辰时，翁坐而逝。"又："以是岁季冬月壬申葬。"

诗有《避乱石鸡村同载谋小憩》五绝四首，《送载谋归吴淞》五律二首，《闻圣功讣遽赋》五律一首，《咏木鱼》七律二首。《六十自定稿》。《柳岸吟》一卷。《六十自定稿》自序："此十年中别有《柳岸吟》"云云，究莫定为何年所作，姑附于此。

[康熙] 十九年庚申（一六八〇），公六十二岁。

居湘西草堂。唐先生如心来游门下。

《唐如心见过》诗有"春草初生雪霰零"及"怜君问《礼》当深夜"诸句。《沅湘耆旧集》有虎止公《夏杪过撷翠堂有作赠主人唐如心》五律二首。

为子敬娶湘乡象贤公女刘氏。生子生范。

辑己酉、庚戌以来所作古近体诗，为《六十自定稿》。三月初三日为之序。

《六十自定稿》五言近体、七言近体、歌行，始己酉；五言古、五言绝句，始庚戌；七言绝句，始壬子；排律，始癸丑；乐府，始乙卯。《六十自定稿》序："庚申上巳，湘西草堂记。"

作《瓶中勺药》排律，示诸门人。

有《见诸生咏瓶中芍药聊为俪句示之》排律。

夏四月，扶病过李公为好山居，信宿乃归。

《过李为好山居信宿》诗，其一有"紫雪桐花落，绿烟莎草凝"及"薄簟绪风胜""淹留春病减"诸句。

《鼓棹初集》有"寿李为好"《瑞鹤仙》词，"为好送鱼苗谢之"《渔家傲》词各一阕。

秋，作蚁斗赋。

《姜斋文集·蚁斗赋》题注云："庚申。"赋云："维时灵雨既降，秋风载清。"

九月初四日，四孙生蕑生：攽公四子，字内荣，号庸庵，邑庠生，册名大澍。

诗有《翠涛携诸子游瞻云阁》五古一首，《过李为好山居信宿》五律二首，《伏日》五律一首，《腊月一日寒雪有作》五律一首，《见诸生咏瓶中芍药聊为俪句示之》排律一首，《唐如心见过》七律二首。《七十自定稿》。《始春试笔》五律四首，《不雨》五律一首，《后不雨》五律一首，《重挽圣功》五律一首，《李叔晦秋信云同周令公来访未果》五律一首，《题翠涛新筑》五律四首。《分体稿》。

周令公，《沅湘耆旧集》传："名士仪，号蘉园，鄞人，崇祯中拔贡。

遭世乱不仕，闭户著书，作《史贯》十卷、《野获编》若干卷。书成，挟之遍游燕、齐、吴、越诸名胜，所至皆有题咏。有《迈吟秋感》《杭游杂咏》《南行句纪》诸集。"

[康熙]二十年辛酉（一六八一），**公六十三岁。**

居湘西草堂。

正月十五日夕，看月。

《元夕》诗有"望月岭孊出浅霞"句。

三女孙生。敔公出，适邵阳文学罗珪子智文。

三月，有疾。

《将夕》诗有"余春矜断雨"及"药市虚城郭"句。《复病》诗有"消病一春长"句。

夏，复病。

《复病》诗有"侵寻看柳絮"句。

五月十二日，石崖公曾孙永绵生：生祁公长子，字飈思，邑庠生。

作诗示刘、李二生。

《示刘李二生》诗有"黄梅何日熟"之语。《鼓棹二集》有"病中与刘、李二生夜话"《摊破浣溪纱》词，又，"问刘存孺索香橙"《清平乐》词。《鼓棹初集》有"与李治尹夜话《致身录》事有感而作"《踏莎行》词。有"他年莫问草堂荒"句。乙丑，有《送刘生辑夏归省重庆》诗。《武夷府君行述》："门下后学邵阳刘永治填讳。"案：公集"刘、李二生"凡两见，均未署名、字。故附录刘、李四君于此备考。

追悼熊公渠、文公之勇、章公旷、夏公汝弼、瞿公式耜、严公起恒、管公嗣裘、李公跨鳌、欧阳公悝、南岳僧性翰、郑公显祖、管公嗣箕、刘公惟赞、方公以智、刘公象贤、李公国相、雪竹山道者智霈、蒙公正发、唐公克峻，为《广哀诗》十九首。

《广哀诗》题注："辛酉。"序云："追平生交游凋替之频仍，老栖岩谷，唯病相耦而已。"又："抑此但述哀情，不以隐显为先后，因长逝之岁月序之。杜陵《八哀诗》，窃尝病其破苏、李、陶、谢之体，今乃知悲吟不暇为工，有如此者。"《熊文学渠》注："字渭公，黄冈人。癸未武昌陷，赴通山王府莲池死。"《文明经之勇》注："字小勇，丁亥蓝山遇乱兵死。"

《大学士章公旷》注:"字于野,号莪山,华亭人。赠华亭伯,谥文毅。丁亥死事于永州。"《夏孝廉汝弼》注:"字叔直,己丑避宁远山中,幽愤而卒。"《太傅瞿公式耜》注:"字在田,号稼轩,常熟人。庚寅留守桂陵,城陷死之。"《少傅严公起恒》注:"字秋冶,山阴人,寓籍真定。辛卯以抗孙可望被害。"《管中翰嗣裘》注:"字冶仲,说李定国迎跸拒孙可望不果。甲午遇害于永安州。"《李孝廉跨鳌》注:"字一超,避山中,甲午原作'乙未',讹。卒。"《欧阳文学惺》注:"字叔敬,于予为中表兄弟,少予二岁。丙申溺湘水。"《南岳僧性翰》注:"丙申没。"《郑生显祖》注:"字忝生,襄阳冢宰公继之之曾依《续哀雨诗跋》补。从孙,予内弟也。从予学,略成文章。庚子夭。"《管文学嗣箕》注:"字弓伯,甲辰没。"《刘孝廉惟赞》注:"字子参,祁阳人,避隐山中,丙午告终。"《青原极丸老人前大学士方公以智》注:"字密之,桐城人。国亡披缁,称愚者智。字无可,一号墨历。壬子卒于泰和。"《刘孝廉象贤》注:"字若启,湘乡人,丁巳没。"《李孝廉国相》注:"字敬公,避隐桃坞,戊午告终。"《雪竹山道者智濡》注:"字茹蘗,昆明人,本姓张,以乡举任衡山令。己未没于嘉兴之杨坟。"《蒙谏议正发》注:"字圣功,崇阳人,己未没。"《唐处士克峻》注:"字钦文,己未没。"

秋八月十五日向夕,自观生居步归。

有《中秋向夕自观生居同刘生步归草堂》诗。

为先开上人订《相宗络索》。

《南天窝授竹影题用徐天池香烟韵》诗,其三有"微凉羽扇频摇曳",其七有"高秋已瘦余清泚"句。其六注:"时为先开订《相宗》。"

为及门诸子说《庄子》。

《南天窝授竹影题用徐天池香烟韵七首》诗,其六注:"并与诸子注《庄》。"

诗有《春尽有会而作》五古一首,《始冬寓目》五古一首,《将夕》五律一首,《复病》五律一首,《示刘李二生》五律一首,《得嘉鱼李西华兄弟书追忆雨苍》五律一首,《中秋向夕自观生居同刘生小步归草堂月上》五律二首,《元夕》七律一首,《春兴》七律三首,《南天窝授竹影题用徐天池香烟韵》七律七首,《春月歌》歌行一首,《来者之日歌》歌行一首。

《七十自定稿》。《广哀》五古十九首，《后屦蕨行》歌行一首。《分体稿》。

[**康熙**]**二十一年壬戌**（一六八二），**公六十四岁。**

居湘西草堂。

正月，送李先生治尹游邵阳。

有《治尹始春为邵阳游有赠》诗。

省石崖公长夏庵。

有《春初雨歇省家兄长夏庵》诗。

五月五日，同刘、蒙二生小饮。

有《五日同刘蒙二生小饮》诗。

悼万峰韬长老。

《万峰韬长老去年寄书有不愿成佛愿见船山之语闻其长逝作此悼之》诗。有"瞿塘烟棹在，洣水接湘川"句。案：瞿塘峡在四川夔州俯。洣水出郴县，流经茶陵，至攸与攸水合。盖蜀人，住持于郴、茶、攸三县间之山寺。

六月，疾病。

有《当暑沉疴》诗。

秋七月，熊公男公来访，为公疗病愈。

《熊男公过访》诗有"遥山清露条，木末素月上"及"炯炯河鼓星，迢迢天汉广"之句。丙寅《述病枕忆得》："今年病垂死，得友人熊男公疗之而苏。"《鼓掉初集》有"过熊男公夜话"《浣溪纱》词。

九月乙巳朔，识《说文广义》。

《说文广义发例》："岁在壬戌季秋月乙巳朔，船山老农识。"

十月甲戌朔，识《噩梦》。

《噩梦序》："元默阉茂之岁阳月朔旦甲戌，船山遗老识。"

十一月，复病，至十二月未愈。

《偶成》诗有"久病春难待"及"雪瓦封灯暗"之句。

诗有《和周履道对春雪》五古一首，《和高季迪风雨》五古一首，《春初雨歇省家兄长夏庵□□□□□中惘然有作》五古六首，《熊男公过访》五古一首，《偶题》五律一首，《七十自定稿》。《忽忆》五律二首，《治尹始春为邵阳游有赠》五律一首，《剖香橼感恨》五律二首，《六月二十二日》五律一首，《五日同刘蒙两生小饮》五律一首，《万峰韬长老去年寄书有不愿成佛愿见船山之语闻其长逝作此悼之》五律一首，《当暑沉疴》五律二首，《偶成》五律二首，《夜》七律一首，《怀须竹》七律一首，《后行路难》歌行一首，《东飞伯劳歌》歌行一首。《分体稿》。

[康熙]二十二年癸亥（一六八三），公六十五岁。

居湘西草堂。

春正月甲辰朔，序《经义》。

《经义》序："癸亥孟春甲辰朔，王夫之记。"

十三日，五孙生范生，敬公长予，字复淳。

秋八月，有疾。

有《八月初六夜病不得寐有会而作》诗。

过先开上人精舍看丹桂。

有《先开移丹桂一株于窗下作供为赋十六韵》诗，起云："静馆香成界，空林影结邻。"结云："赤旆檀荫合，谁道苾刍贫。"

九月初九日，同熊公男公与中涵、存孺、于礼诸先生，集别峰庵二如精舍。公越日归。有《九日同熊男公与中涵存孺于礼集二如精舍》诗。《寒雨归自别峰庵寄同游诸子》诗有"霜磬警昨清"之句。戊辰，有《别峰庵二如表长老类知余者对众大言天下无和峤之癖者唯船山一汉愧不克任而表师志趣于此征矣就彼法中得坐脱其宜也诗以悼之》七律。案：中涵，集中不再见。《鼓枻二集》有"问刘存孺索香橙"词。甲子，有《待于礼》诗，又，《仿李邺侯天覆吾歌广其意示于礼》，附此备考。

冬十一月，述武夷公行状。

《姜斋文集补遗·武夷府君行状》："岁在癸亥仲冬，不孝季男夫之状。"《家谱·谭太孺人行状》："不孝夫之既受命于介之，述先君子状。"又："先君子几筵方彻，太孺人遽罹终天之惨痛，抑三十有四年矣。"

述谭太孺人行状。

《姜斋文集补遗·谭太孺人行状》："岁在癸亥仲冬月，不孝男王夫之泣血状。"案：《家谱》无月日，《曾刻本》同。《补遗》有月日，而字句多异。俟考。

为李公国相订定遗稿。

有《为芋岩定遗稿感赋》诗。《南窗漫记》："芋岩李敬公国相遗稿属余订定，今录其佳句"云云。

得安成刘公敉功书，知举主欧阳公霖已卒于庚申，赋诗将哀。

有《得安成刘敉功书知举主黄门欧阳公已溘逝三年矣赋哀》诗。《春秋家说序》："进业于安成刘氏。"

诗有《寒雨归自别峰庵寄同游诸子》五古一首，《人日》五律一首，《初秋》五律三首，《先开移丹桂一株于窗下作供为赋十六韵》排律一首，《咏风戏作艳体》排律一首，《七十自定稿》。《田家始春杂兴》五古三首，《夕凉》五古二首，《游仙诗》五古八首，《连雨言情》七律一首，《九日同熊男公与中涵存孺于礼集二如精舍》七律二首，《病》七律三首，《为芋岩定遗稿感赋》七律二首，《八月初六夜病不得寐有会而作》七律一首，《得安成刘敉功书知举主黄门欧阳公已溘逝三年矣赋哀》七律四首，《七言绝句》八首，《香橼》七绝一首，《遣病》七绝八首，《桃花流水引》七绝六首，《诺皋》七绝三首，《读碧云集感赋》七绝三首。《分体稿》。

[康熙] 二十三年甲子（一六八四），**公六十六岁。**

居湘西草堂。

春正月，病。

《客至》诗有"病眼忘春赏，芳辰竞客游"之句。

因松江董公斯行请竟陵吴公既闲撰武夷公暨谭太孺人墓志铭。

《病起连雨》诗注："春初，因松江董斯行请志铭于竟陵吴既闲。"董斯行，疑即董达。铭卒未至，附志于此。

三月，尤病。徐公合素以书自郡城来讯。

《徐合素自南来抵郡城远讯船山代书答之尊世父暗公从海上卒于岭表廿余年矣因寓我尚为人之叹》诗有"梅霆风困药炉烟"及"归舟知泛桃花水"句。

夏四月，扶病理故人书柬。

《初夏》诗有"病骨喜衣轻，药裹虫丝剔"及"故人缣素在，装裹趁初晴"诸句。

五月初四日夕，扶病读唐先生如心近诗，口占寄意。

有《五日前一夕唐如心以近诗见问病废夜读久矣即夕口占寄意》诗。

初五日，作《俟解题词》。

《俟解题词》："甲子重午，船山病笔。"

秋七月，疾愈。

《瓜圃夕凉》诗有"初萤明青圳""榭径珠露法""绪风惬凉襟""披衣视霄汉"诸句。

冬十月朔，复病。连雨不得省墓。复待吴公既闲所撰志铭不至，为之痛哭。

《病起连雨》诗，其一有"风定小容秋叶缓"及"黄橙丹柏看冬荣"，其二有"寒衣姑缓待霜威"，其四有"潜圣峰云碧万层"及"扶病今生梦一登"诸句。自注云："病不得省墓，春初，因松江董斯行请志铭于竟陵吴既闲，期以秋至，不得。垂死病中念此二事，唯有痛哭。"

十二月，雪。先开上人来问疾。

《先开过问病赠之》诗注："时雪大作。"

以诗寄衡山戴先生日焕。

《代书寄衡山戴晋元》诗有"松梢浅著余冬雪"之句。

诗有《瓜圃夕凉》五古二首，《冬日晚照书怀》五古一首，《岁旱》五律一首，《客至》五律一首，《初夏》五律二首，《待于礼》五律一首，《先开过问病赠之》五律一首，《冬夕》五律一首，《徐合素自南来抵郡城远讯船山代书答之尊世父暗公从海上卒于岭表廿余年矣因寓我尚为人之叹》七律一首，《五日前一夕唐如心以近诗见问病废夜读久矣即夕口占寄意》七律一首，《寄周令公》七律一首，《病起连雨》七律四首，《水仙》七绝一首，《代书寄衡山戴晋元》七绝二首。《七十自定稿》。《大墙上蒿》乐府一首，《树中草》乐府一首，《咏风》排律一首。《分体稿》。

［康熙］二十四年己丑（一六八五），**公六十七岁。**

居湘西草堂。

春正月辛酉朔，作《遣怀》诗。

《辛酉日遣怀》诗，其一云："短烛空烧柏，浊醪不荐椒。岁华知几日，人道是今朝。"其三云："暖气幸霜余，留寒酿春雪。药力不峥嵘，眉间蹙千撅。"

大凌。作《冰林诗》。

《冰林诗》引："癸巳春，作《冰林》近体十章，亡友刘子参许以伟丽。子参谢世，稿亦佚亡。今年始春承腊，万林一色，忆前时清思，渺不相即。率尔别裁，不能就泉台问子参才尽否。相赏无人，虽拙何嫌哉！"

二月十九日，石崖公曾次孙永绩生。

祁公次子，字绎思，号云轩，郡文学。

六孙生万生：攽公五子，早夭。

舌剑韬以书寄讯，赋诗答之。

《代书答舌剑韬》诗有"涞水东流岳阜西"及"草软烟柔一杖藜"句。

夏，游明溪寺，留宿。山僧导游珍珠岩。

《宿明溪寺山僧导游珍珠岩》诗有"阴壑埋光生夏寒"句。《鼓棹二集》有"游珍珠岩"《行香子》词。珍珠岩，在衡阳县西百里，中宽三丈许，石径盘旋而入。

登西冈，望南岳诸峰。

有《西冈望南岳》诗。

秋八月，《楚辞通释》十四卷成。

《楚词通释·序例》："岁在乙丑秋社日，南岳王夫之释。"

九月，刘先生辑夏归。

《送刘生辑夏归省重庆》诗有"玟瑁霜云拥翠屏"句。

病中勉为从游诸子作《周易内传》。

《秋雨延旦晓起》诗有"息疴方及晨"句。《周易内传跋》："岁在乙丑，从游诸子求为解说。形枯气索，畅论为难，于是乃于病中勉为作传。"

诗有《西冈望南岳》五古一首，《秋雨延旦晓起有作》五古一首，《雨夕梦觉就枕戏效昌黎体近梦》五古一首，《吟已犹不得曙再次前韵广之》五古一首，《红叶》五律二首，《代书答舌剑韬》七律一首，《宿明溪寺山僧导游珍珠岩》七律一首，《秋兴》一首，《辛酉日遣怀》五绝四首，《罂粟》五绝一首，《相思子》五绝一首，《山月歌》七施一首，《白云歌》七绝五首，《杂咏》七绝四首，《又雪》七绝一首，《送刘生辑夏归省重庆》七绝一首。《七十自定稿》。《偶然作》五古五首，《石门有靖康勒字》五古一首，《冰林》七律十首，《初秋》七律三首，《惊秋》七律一首，《白雀》七律四首，《朱鹭》乐府一首，《君马玄》乐府一首，《战城南》乐府一首，《艾如张》乐府一首，《圣人出》乐府一首，《上邪》乐府一首，《上之回》乐府一首，《雉子斑》乐府一首，《翁离孙》乐府一首，《思悲翁》乐府一首,《巫山高》乐府一首,《上陵》乐府一首,《芳树》乐府一首,《有所思》乐府一首,《临高台》乐府一首,《远期》乐府一首,《四言杂诗》三首。《分体稿》。

[康熙]二十五年丙寅（一六八六），公六十八岁。

居湘西草堂。

春正月,公疾未愈。

《早春余雪属目偶成》诗有"药裹尤畴昔"及"知否韶华借"句。

公疾病,熊公男公疗之而愈。

《述病枕忆得》:"今年病垂死,得友人熊男公疗之而苏。"

晦日,石崖公卒,年八十。公扶病赴长乐乡奔丧。

《文学朊原氏墓志铭》:"贞献先生以丙寅正月晦日卒。"

夏五月,跋石崖公《耐园家训》。

《姜斋文集·耐园家训跋》:"柔兆摄提格之岁,律中蕤宾,中浣谷旦,季弟夫之跋。"

六月,书《传家十四戒》授长孙生若。

《家谱·传家十四戒》:"勿作赘婿;勿以子女出继异姓及为僧道;勿嫁女受财,或丧子嫁妇,尤不可受一丝;勿听鬻术人改葬;勿作吏胥;勿与胥隶为婚姻;勿为讼者作证佐;勿为人作呈诉,勿作歇保;勿为乡团之魁;勿作屠人·厨人及鬻酒食;勿挟枪弩网罗禽兽;勿习拳勇咒术;勿作师巫及鼓吹人;勿立坛祀山猱跳神。能士者士,次则医,次则农工商贾,各惟其力与其时。吾不敢望复古人之风矩,但得似启、祯间稍有耻者足矣。凡此所戒,皆吾祖、父所深鄙者。若饮博狂荡,自是不幸而生此败类,然其由来,皆自不守此戒,丧其恻隐、羞恶之心始。吾言之,吾子孙未必能戒之,抑或听妇言、交匪类而为之。乃家之绝续在此,故不容已于言。后有贤者,引伸以立训范,尤所望而不可必者,守此亦可以不绝吾世矣。丙寅季夏,姜斋七十老人书。"曾刻本"亦可以不绝吾世矣"下有"丙申季夏,先人书授,长虑坠失此纸,如捐余骶骸。孙男生若谨志。"二十五字。"申","寅"之讹,兹附正。

末伏日,《述病枕忆得》诗。

《述病枕忆得》:"岁在丙寅末伏日,船山述。"

作《石崖公传略》。

有《为家兄作传略已示从子敞》诗。

作《满江红》词答慰。

《鼓枻二集》"家兄倾背后，诸君见慰重叠，恤其衰病，有逾量之奖，含泪作此答之"《满江红》词。

永兴李公朴大为石崖公作墓志，公因敞公修谢，以诗寄讯。

有《便江李尔雅尊人震隅先生先君同谱执友乙酉夫之侍先君避兵于便馆其宅上尔雅方垂髫同侍近乃通问山中为先兄志墓侄敞修谢因感怀寄讯》诗。李尔雅，名朴大，永兴人。康熙辛酉举人，戊辰进士。母老不仕，家居授徒，以正心诚意为教，一时宗之。

冬十月，敞公以哀毁成疾，亟抱石崖公遗书授公，乞为订正传之。二十一日卒于石崖公殡宫，年五十有七。

《文学朓原氏墓志铭》："其卒也，啼号不绝于口，阅六月而病；愈衰，又四月而亡。哭抱遗书，授余为订正而传之。"石崖公有《诗传合参》卷，《姜斋文集》有《诗传合参》序。《致身录》一卷，《寄题祠屋》诗有"《致身录》在凭谁续"句。《周易本义质》四卷，《诗经尊序》十卷，未知是否即《诗经合参》。《春秋四传质》十二卷。以上见唐鉴《学案》。

公力疾至长乐乡耐园治丧事。从弟尔弼公、时若公、指日公，从侄我文公、君召公、吉从公，从孙子美公辈数十人俱往吊。

《家谱·丙寅岁寄弟侄书》："三兄之丧，贤弟侄跋涉远赴，隆礼致祭。"《寄弟侄书》虎止公跋："岁丙寅，伯父石崖公、七兄朓原相继奄背，先子力疾过长乐治丧事。二叔尔弼翁、七叔时若公、指日公，兄我文、弟君召、吉从、侄子美辈数十人俱就位哭，已而共慰孤侄生祁，相为款叙。"尔弼公名良佐，聘贤公次子，凤岐公孙，宥公曾孙，任公元孙。霞公六世孙，统公七世孙，与公共八世祖能。指日公名顺之，星聘公子，惟睿公孙，廪公曾孙，与公共高祖宁。我文公名元修，号则庵，府庠生良臣公子，象贤公孙，凤旸公曾孙，庞公元孙，任公六世孙。君召公名应潮，良兰公子，智贤公孙，凤翔公曾孙，任公六世孙。子美公名生彦，号国望，京元公子，心纯公孙，仁贤公曾孙，凤翎公元孙，宥公六世孙。

公与弟侄辈约修族谱。

《寄弟侄书》虎止公跋："相为款叙，因之先子有修族谱之约。"

公归，作《哀鸿赋》。

《姜斋文集·哀鸿赋》注："丙寅为石崖先生作。"《寄弟侄书》虎止公跋："先子归而为《哀鸿赋》，为哀伯父作也。"《家谱·丙寅岁寄弟侄书》：《姜斋文集补遗》同。"三兄之丧，贤弟侄跋涉远赴，隆礼致祭，固祖宗福泽所垂，实贤弟侄敦睦厚道，足知吾家自此昌盛无穷矣。愚兄且悲且喜，言不能尽。但恨客繁事冗，不能相陪快谈，以展老夫欲言之怀。病躯日衰，后会又未知何日也。愚于家族素未能致一情，但养拙自守，不敢一丝刻薄，得罪先人。今年已衰老，惟有此心，愿家族受和平之福，以贻子孙，敢以直言为吾宗劝诫，此尔弼、指日兄弟居尊长之位，所宜同心以修家教者也。和睦之道，勿以言语之失、礼节之失，心生芥蒂。如有不是，何妨面责，慎勿藏之于心，以积怨恨。天下甚大，天下人甚多，富似我者，贫似我者，强似我者，弱似我者，千千万万，尚然弱者不可妒忌强者，强者不可欺凌弱者，何况自己骨肉！有贫弱者，当生怜念，扶助安生；有富强者，当生欢喜心，吾家幸有此人撑持门户。譬如一人左眼生翳，右眼光明，右眼岂欺左眼，以灰屑投其中乎？又如一人右手便利，左手风痹，左手岂妒忌右手，愿其同瘫痪乎？不能于千人万人中出头出色，只寻常自己骨肉中相凌相忌，只便是不成人。戒之！戒之！从前或有些小事，动闲气，如往岁到官出丑，愚甚恨之。愿自今以后，长似昨在三兄柩前，和和顺顺，骨肉相关一般。一刀割断前日不好之心，听老夫此语，光明正大，宽柔慈厚，作一家风范。幸祖宗覆庇，无门户之苦，可不念哉！因诸弟侄昨日厚于家庭之义，深为感慰，故进愚言。尔弼、指日二弟，我文侄，当以此遍告众位。我文公平仁恕，若有小小不平，当听其劝诫，或不妨令效、敢两人知之。止期一切忘情，一家欢聚而已。缕缕不尽。七十老人夫之白。"《与我文侄》："吾侄和蔼安静，一家所服。倡先远涉致祭于叔兄，相见之下，悲喜交集，而事冗客众，不能从容尽谈，为恨恨耳！一札寄众位弟侄，烦遍致之。城中众位看毕，乃寄指日叔。愚但空言之。吾侄日与周旋，以善养人，全赖涵育熏陶之力也。前有纸数幅，思携归书，与裁帖者混用，仅觅纸二幅，草次书呈，不足为重。他日衰草荒丘，如见老叔耳。承许过我一看，可辍冗作十日聚首否？生前愿见贤者也。族谱事，愚但能任撰次督责之劳。目前兴事，全在幼重，幸与决商之。叔夫之白。"《与幼重侄》："哀冗之下，不能与吾侄一言。闻将过我，企望企望。侄年渐老，宜步步在根本上着想。多谋多败，重辄召辱，切戒！切戒！有公礼谢众弟侄，烦我文遍致之。族谱事何如？恐只成画饼耳。"

十二月二十四日，明庄烈帝暨公舅氏谭公星歆愍忌，以诗写悲。

有《小除夕写悲是日为烈皇圣诞先舅氏谭星歆先生亦以是日生括众哀为一章》诗。

诗有《早春余雪属目偶成》五律一首，《夏夕》五律一首，《为家兄作传略已示从子敔》五律一首，《玩月》排律一首，《昔梦》七律一首，《雨余小步》七律一首，《初月》七律一首，《冬日书怀》七律一首，《五言绝句》八首。《七十自定稿》。《种瓜词》五古八首，《柳枝词》七绝四首，《乐府》七绝五首，《诺皋》七绝七首，《便江李尔雅尊人震隅先生先君同谱执友乙酉夫之侍先君避兵于便馆其宅上尔雅方垂髫同侍近乃通问山中为先兄志墓侄敔修谢因感怀寄讯》七律一首，《小除夕写悲是日为烈皇圣诞先舅氏谭星歆先生亦以是日生括众哀为一章》七律一首。《分体稿》。

[康熙]二十六年丁卯（一六八七），公六十九岁。

居湘西草堂。

春正月，病益衰，伤心无泪。从游者渐少。

《元夕独坐》诗有"双泪初春尽"句。

《翠涛过草堂问病》，其二有"惜别悬知伴侣稀"句。

二月，尤病。

《翠涛喜雨见怀病枕赋答》诗有"灵雨自南来，飞集东皋野"之句。《寄题翠涛新斋》诗有"湘西开竹馆，绿净清溪源"及"欲从不能心自飞"之句。

石崖公次孙生郊生；敔公次子，字小宋，号瀞庵。

撰《读通鉴论》。

《四月一日》诗有"韶华读史过"之句。《写恨》诗有"云中读史千秋泪"之句。

六月，朱王孙翠涛来问疾。

《翠涛过草堂问病》诗，其一有"稻露垂珠远望平，疏风疏雨葛衣轻"

及"枫林摄摄消残暑"，其二有"银汉未倾怜酒尽，金风欲避倩云围"及"观获送君归下溪"之句。

何先生诣得来。

《夏日喜何诣得见过》诗有"苗叶梳风暑乍消"句。原次《翠涛过草堂问病》二首后。

九月，葬石崖公于逆流湾伍家埠，公临送。会夕，宿熊公男公山庄。

《送伯兄归茔已夕宿男公山庄》有"泠泠露叶秒，荒荒寒日影"句。逆流湾，在长乐乡五都一区。

遇三座山，遇邵阳罗公映来会葬。

《重过三座山与故人罗君遇》诗有"九月枫林叶坠斑"及"故交雪涕吊渔湾"之句。注："罗君时垂执先兄之绋。罗君名映，字若庸，邵阳人。"《沅湘耆旧集》载虎止公《挽得我先生》七绝三首，注："罗君名若庸，邵阳耆旧。年八十三，全发道服以终。"

归宿别峰庵二如精舍，刘公近鲁策杖来慰。

《宿别峰庵庶仙策杖来慰时方从哭送先兄归垄返》诗有"白发共怜灯影瘦"之句。

还草堂。病，自此不复出户。

己巳《与我文佺书》："愚自长乐归后，未尝出户。"

敔公筑蕉畦于草堂之侧，授生童经业。敏公送子生蕃来学，公与商谱事，力疾成《世系表》稿授之。

《与弟佺书》虎止公跋："次年，敔筑蕉畦于草堂之例，以授生童经业。佺生蕃 谱本"生荫"。案：谱无生荫名。《与幼重佺书》有"三佺孙文字亦有线路，可望其成"之语。《剩稿》有《示佺孙生蕃》诗，中有句云："汝年正英妙。"生蕃公行三，幼重公子，辛亥生，时年十七，正合。故改作"蕃"。亦就学，八兄幼重送之。先子因与兄力商谱事，病中为成《世系表》稿授之。"

撰牧石公暨吴太恭人合祔墓表，与敏公等合谋勒石何公坪墓前。

《牧石先生暨吴太恭人合祔墓表》："年垂七十，乃克与敏辈勒遗绪于阡。"

作诗示佺孙生蕃。

《剩稿·示佺孙生蕃》诗有"汝年正英妙"之句。《曾刻本》作"英少"，兹依《家谱》。

作书寄侄敏。

《家谱·与幼重侄书》：《姜斋文集补遗》同。无日不在病中，血气俱尽，但灵明在耳。三侄孙文字亦有线路，可望其成。但所患者，下笔太重则近粗俗。已嘱敔令教之以清秀。为人亦知顺沉潜，所不足者，知事太早。我家穷，闲住一二年，或可习为萧散。庄子曰：'其嗜欲深者，其天机浅。'一切皆是嗜欲，非但声色臭味也。近草一官房世系，觉有次弟。急须者，别单所开祖父子孙名，侄速查来。或写或刻，总俟侄商之。"

诗有《翠涛喜雨见怀病枕赋答》五古一首，《冬日杂兴》五古二首，《元夕独坐》五律一首，《晦夕》五律一首，《四月一日》五律一首，《秋日杂咏》五律六首，《遣闷》五律二首，《翠涛过草堂问病》七律二首，《夏日喜何诣得见过》七律一首，《侄敏五十》七律二首，《重过三座山与故人罗君遇赠之》七律一首，《宿别峰庵庶仙策杖来慰时方从哭送先兄归垄返》七律一首，《寄题翠涛新斋》歌行一首，《仿李邺侯天覆吾歌广其意示于礼》歌行一首，《七十自定稿》。《读史》五古四首，《送伯兄归茔已夕宿男公山庄》五古一首，《写恨》七律二首，《即事》七律七首，《仲冬壬辰云是长至》七律一首，《为谁》七绝四首，《安成欧阳喜翁霭先师黄门公弟也守志约居惠问遥奖于六帙之年驰情寄寿述往永怀示孤贞之有自也为得十七韵》排律一首。《北风行》乐府一首，《分体稿》。《示侄孙生蕃》五古一首。《姜斋诗剩稿》。

[康熙]二十七年戊辰（一六八八），公七十岁。

居湘西草堂。

春正月，石崖公门人罗先生桐侯来慰问，公以石崖公遗稿授之。

《罗桐侯受业先兄存没依轸倍于余子春初过慰衰老怆然酬赠》诗有"一卷申公诗说在，凭君珍重护秦烟"之句。

敔公于蕉畦授生童经业。

有《敔筑土室授童子读题曰蕉畦口占示之》诗。

五月，《南窗漫记》成，初五日为之记。

《南窗漫记》引："戊辰天中日，南窗记。"

石崖公孙祁以耐园为石崖公祠，已卯奉主入祀。公以联一、诗二寄题。

《寄题先兄祠屋》诗注："戊辰五月己卯，祁孙奉主入祠。祠，旧耐园也。"《与弟侄书》虎止公跋:"次年,侄祁为先伯父立祠堂于长乐之石仙岭。先子系之联云:"门外黄鹂啼碧草,他生杜宇唤春归。已,又寄二诗,其末联云:'《致身录》在凭谁读,炉火香销亦等闲。'"

秋,作《霜赋》。

《姜斋文集·霜赋》题注:"戊辰。"

以诗送朱王孙翠涛下武昌,省明昭王暨诸故侯园墓。

有《翠涛将下武昌恭省昭王洎诸故侯园墓驰书留别因感怆赠送》诗。

为谭公玉卿孙书扇。

《崇祯癸未贼购捕峻亟先母舅玉卿谭翁以死誓脱某兄弟于虎吻谢世以来仰怀悲哽者三十余年翁孙以扇索敏侄书字缀为哀吟代书苦不能请先兄俯和益以老泪淫淫承睫不止》诗,有"枫林落叶岳云寒"之句。

吊别峰庵二如表长老以诗。

《别峰庵二如表长老类知予者对众大言天下无和峤之癖者唯船山一汉愧不克任而表师志趣于此征矣就彼法中得坐脱其宜也诗以吊之》有句云:"秋山叶落冷孤藤。"

撰《武夷公暨谭太孺人合葬墓志》。冬,刻石藏岳阡隧前。

《武夷先生暨谭太孺人合葬墓志》:"有明征士武夷先生暨配谭太孺人,先后合葬于此。阅三十七年,冢子介之已卒,不孝季男夫之年七十矣,遗屯永世,将拂蝼蚁,迺克志焉。"《武夷府君行状》记:"戊辰冬,始藏志石于岳阡之隧前。"

《家谱》将成,族人有诋为淆乱名分者,公恚而止。

《与弟侄书》虎止公跋:"谱将成矣,族人有以淆乱名分相抵牾者,先子恚而中止。"

以书寄尔弼公。

《家谱·与尔弼弟书》:"《姜斋文集补遗》同。长乐一别,遂久不得一信。往来人言,贤弟近况甚好,足为欣慰。而愚日衰一日,经年不能出户,未知更有相会之日否也?谱议不成,族中人错乱至此,但堪一叹!贤弟年富力强,秉心刚直,至公至正,教子侄辈亦安静守分,和睦不争,是所望也。"

编《七十自定稿》,并序。

《七十自定稿》序："戊辰岁杪，戊辰日，草堂自记。"

诗有《始夏》五古一首，《咏归燕》五古一首，《小步》五律一首，《燕》五律一首，《夏夕》五律一首，《落日》五律一首，《社前一日雪》七律一首，《二十四日又雪》七律一首，《罗桐侯受业先兄存没依轸倍于余子春初过慰衰老怆然酬赠》七律一首，《寄题先兄祠屋》七律二首，《崇祯癸未贼购捕峻亟先母舅玉卿谭翁以死誓脱某兄弟于虎吻谢世以来仰怀悲哽者三十余年翁孙以扇索敏侄书字缀为哀吟代书苦不能请先兄俯和益以老泪盈盈承睫不止》七律一首，《别峰庵二如表长老类知予者对众大言天下无和峤之癖者唯船山一汉愧不克任而表师志趣于此征矣就彼法中得坐脱其宜也诗以吊之》七律一首，《冬山即事》七律四首，《敬筑土室授童子读题曰蕉畦口占示之》五绝四首。《七十自定稿》。《感怀》五古一首，《孟冬书怀》五古四首，《翠涛将下武昌恭省昭王泪诸故侯园墓驰书留别因感怆赠送》五古一首，《偶作》七律一首，《野田黄雀行》乐府一首，《乌栖曲》乐府二首，《绍古鸡鸣歌》乐府一首。《分体稿》。

[康熙]二十八年己巳（一六八九），公七十一岁。

居湘西草堂，衰病。

《识小录》序称"船山病叟"。《与我文侄书》："衰病老人，更能得几三岁，通一字于左右也？"

以书寄我文公。

《家谱·与我文侄书》：《姜斋文集补遗》同。"与吾侄别，遂已三易岁矣。衰病老人，更能得几三岁，通一字于左右也？前云欲枉步过我，作数日谈，甚为愿望。想世局艰难，家累烦冗，不能如愿。愚自长乐归后，未尝出户。驰情遥念，但作梦想耳。读书教子，是居家长久之要道，吾侄以宁静之姿，修此甚为易易。每戒两儿，令以吾侄为法。躐等高远，不如近守规范。家众人各有心。淡然无求，则人自有感化耳。"又书："古人云，读书须要识字。一字为万字之本，识得此字，《六经》总括在内。一字者何？'孝'是也。如木有根，万紫千红，迎风笑日，骀荡春光，累垂秋实，都从此发去。怡情下气，培植德本，愿吾宗英勉之。"又书："杜陵有句云：'吾宗秀孙子，质朴古人风。'世何有今古，此心一定，羲皇、怀、葛，凝目即在。明珠良玉，万年不改其光辉。民动如烟，我静如镜，空花夺目，惊波荡魄，一眼觑破，置身岂在三年下哉！"

秋七月，手录武夷公暨谭太孺人行状，各记其后，藏之以遗子孙。

《姜斋文集补遗·武夷府君行状》记："哀哉！不孝兄弟之罪通于天也。鲜民累耻之年，正故国天崩之日。伏念先君子履道之贞，表章无托，忍死穷山，属目靡骋，亦俟有日者获从当世之君子游，以纪幽光，而待之三十七年矣，昔之孺子，今已衰朽，介之乃泣命夫之曰："以介之幸而事亲较凤也，仿佛先君子可见可知之应迹，视尔差详焉。而先君子尝以记序之学诏孺子，几可以言而不溢也。尔其如吾言以状。虽无可告语，而函之幽谷，延望于身后，或有竢也。不然，吾与尔旦夕下拂蝼蚁，追悔其将何及！"夫之泣血稽首受命，谨状如右。而墓中片石，则将翘首四顾，不忍绝望。阅四年丙寅，介之复侍先君子幽壤。夫之欹孤衰老，痼疾弗赦于鬼神，终无可望于人间。乃戒介之之子敞，以愚朴略志而登之石。未几，敞以哭父死。戊辰冬，始藏志石于岳阡之隧前。石有定制，工无善巧，管窥既诎，约言益穷。唯兹一状，稍有伦次，附赘表末。倘泽不永斩，传于后嗣，尚知先世全生全归，以道传家者如此。虽德自不孝兄弟而衰，而战战栗栗，日恐陷坠，固先君子明昭型戒，临愚昧以鞭挞其褰驽也。己巳孟秋上弦，夫之手录，时年七十有一。"

《姜斋文集补遗·谭太孺人行状》记："己巳孟秋，夫之录。凡我子孙，非甚不肖，尚谨藏之。"

《识小录》成。

《识小录》序："己巳秋，船山病叟王夫之录。"

九月，刘先生思肯来访，为公再写小照。

《野史刘生惜十年之别来访山中为写衰容赋赠》诗，其一有"云横脉脉雁当楼"，其二有"雁影自宜霜月暗"句。

公自题小照。

《鼓棹二集》有"刘思肯为余写小像虽不尽肖聊为题之"《鹧鸪天》词云："把镜相看认不来，问人云此是姜斋。龟于朽后随人卜，梦未圆时莫浪猜。谁笔仗，此形骸，闲愁输汝两眉开。铅华未落君还在，我自从天乞活埋。"《家谱》有"自题影赞"《念奴娇》词："孤灯无赖，向颓墙破壁为余出丑。秋水蜻蜓无著处，全现败荷衰柳。画里圈叉，图中黑白，欲说元无有。只应笑我，杜鹃啼到春后。当日落魄苍梧，云暗天低，准拟藏衰杇。断岭斜阳枯树底，更与行监坐守。句撮指天，霜丝拂项，皂帽仍黏首。问君去日，有人还似君否？"案：二词，前词语意激烈，似往年作；后词语意旷达，一派衰状，必末年作。然《行述》仅录前作，曰"自题遗像"云云，故并录于此。

偏沅抚院郑公端属衡州府知府崔公鸣鸷馈帛粟请见。公受粟返帛，以疾辞不见。

潘撰传："吴逆既平，我大中丞郑公端闻而嘉之，属郡守崔某馈粟帛请见。先生以病辞，受其粟，返其帛。未几，卒于石船山。"《湖南通志·职官表》序："偏沅巡抚驻沅州偏桥镇。康熙三年，移驻长沙府。"《职官表》："巡抚郑端，直隶进士。康熙二十八年任，二十九年卸。""衡州府知府崔鸣鸷，直隶任邱进士。康熙二十八年任，三十年卸。"

诗有《庶仙片纸见讯云年过七十未为非幸无容局促萦心既佩良规因之自广》五古一首，《野史刘生惜十年之别来访山中为写衰容赋赠》七律二首。《七十自定稿》。

[康熙]二十九年庚午（一六九○），**公七十二岁。**

居湘西草堂。评选各诗文。

《夕堂永日绪论序》："阅古今人所作诗不下十万，经义亦数万首。既乘山中孤寂之暇，有所点定，因论其大略如此。"

正月二十日，序《夕堂永日绪论》。

《夕堂永日绪论序》："庚午补天穿日，船山老夫序。"

六月二十日，敔公元配刘孺人卒。

敔公续娶李氏，康熙四十八年生子生荃。

[康熙]三十年辛未（一六九一），**公七十三岁。**

居湘西草堂。公久病喘嗽，吟诵不辍。

《行述》："年七十三，久病喘嗽，而吟诵不辍。"

秋九月，作《船山记》。

《船山记》："辛未深秋记。"

[康熙]三十一年壬申（一六九二），**公七十四岁。**

居湘西草堂。

正月初一日，公衣冠谒祖。初二日清晨，起坐不怿，指手录《武夷公行状》《墓铭》，付长孙生若曰："汝慎藏之。"谓子敔曰："勿为吾立私谥也。"良久，命整衾。时方辰，遂就箦。正衾甫毕，届午时，公卒。年七十有四。

《家谱》云："康熙三十一年壬申正月初二日午时没。"《行述》："次年元旦，尚衣冠谒家庙。二日清晨，起坐不怿，指先祖征君行状，墓铭，付长孙生若曰：'汝慎藏之。'谓敔曰：'勿为吾立私谥也。'良久，命整衾，时方辰，遂就箦，正衾甫毕而逝，享寿七十有四。"

葬衡阳金兰乡高节里大罗山继配郑孺人墓左，首丑趾未，遵用自题墓碑曰："有明遗臣行人王夫之字而农葬于此。其左则继配襄阳郑氏之所祔也。"铭曰："抱刘越石之孤愤而命无从致，希张横渠之正学而力不能企。幸全归于兹邱，固衔恤以永世。"

《姜斋文集补遗·自题墓石》："有明遗臣行人王夫之字而农葬于此。其左则继配襄阳郑孺人之所祔也。自为铭曰：抱刘越石之孤愤而命无从致，希张横梁之正学而力不能企。幸全归于兹邱，固衔恤以永世。"又："墓石可不作，徇汝兄弟为之，止此不可增损一字。行状原为请志铭而作，既有铭，不可赘。若汝兄弟能老而好学，可不以誉我者毁我，数十年后，略记以示后人可耳，勿庸问世也。背此者自昧其心。"《行述》："其铭末句云：'幸全归于兹邱，固衔恤以永世。'"潘撰传："自题其墓曰：'明遗臣王夫之之墓。'"

公著书凡百余种。

《家谱》："公节略前后著书百余种。"又蒙之鸿撰《蕉畦先生传略》："其后修葺草堂，奉遗书付剞劂，梓以行世者，《正蒙》诸书十余种。虽于船山太先生之著述仅刊十一，可与善读者窥正学一斑。"

其著录有名者：

凡经类二十四种：《周易内传》六卷、《发例》一卷，《周易大象解》一卷，《周易稗疏》一卷，《周易考异》一卷，《周易外传》七卷，《书经稗疏》四卷，《尚书考异》一卷，未刻。《尚书引义》一卷，《诗经稗疏》一卷，《诗经考异》一篇，《叶韵辨》一篇，《诗广传》五卷，《礼记章句》四十九卷，《春秋家说》三卷，《春秋稗疏》二卷，《春秋世论》五卷，《续春秋左氏传博议》二卷，《四书训义》三十八卷，曾未刻。《读四书大全说》十卷，《四书稗疏》一卷，《四书考异》一卷，《四书集成批解》，未刻，无卷数。《四书详解》，佚，无卷数。《说文广义》三卷。

凡史类五种：《读通鉴论》三十卷，《宋论》十五卷，《永历实录》二十六卷，卷十六佚。《莲峰志》五卷，《大行录》。佚，无卷数。

凡子类十八种：《老子衍》一卷，《庄子解》三十三卷，《庄子通》一卷，《吕览释》，佚，无卷数。《淮南子注》，未刻，无卷数。《张子正蒙注》九卷，《近思录释》，佚，无卷数。《思问录内编》一卷，《思问录外编》一卷，《俟解》一卷，《噩梦》一卷，《黄书》一卷，《识小录》一卷，《搔首问》，佚，无卷数。《龙源夜话》，续刊本不全。《愚鼓词》一卷，《相宗络索》一卷，《三藏法师八识规矩论赞》。佚，无卷数。

凡集类四十一种：《楚词通释》十四卷，《夕堂永日八代文选评》，未刻，无卷数。《夕堂永日八代诗选评》六卷，未刻。《夕堂永日四唐诗选评》七卷，未刻。《夕堂永日明诗选评》七卷，未刻。《李诗评》，未刻，无卷数。《杜诗评》，未刻，无卷数。《刘复愚集评》，未刻，无卷数。《词选》一卷，未刻。《姜斋文集》十卷，《姜斋文集补遗》二卷，《南窗漫记》一卷，《南窗外记》一卷，未刻。《潇涛园初集》，佚，无卷数。《买薇稿》，佚，无卷数。《忆得》一卷，《岳余集》一卷，《落花诗》一卷，《悲愤诗》一卷，佚。《遣兴诗》一卷，《梅花百咏诗》一卷，《洞庭秋》一卷，《雁字诗》一卷，《姜斋诗编年稿》一卷，《柳岸吟》一卷，《桃花诗》一卷，佚。《五十自定稿》一卷，《六十自定稿》一卷，《七十自定稿》一卷，《分体稿》四卷，《姜斋诗剩稿》一卷，《仿体诗》一卷，《诗译》一卷，《潇湘怨词》一卷，《鼓棹初集》一卷，《鼓棹二集》一卷，《夕堂永日绪论内编》一卷，《夕堂永日绪论外编》一卷，《船山经义》一卷，《船山制义》，佚，无卷数。《龙舟会杂剧》二卷。

公生平笔札多取给于故友及门人，书成因以授之，藏于家者无几焉。越十二年癸未，宜兴潘公宗洛提督湖广学政，延虎止公入幕，与储六雅诸先生襄校事。潘撰传："敔字虎止，游于吾门。"蒙撰《蕉畦先生传略》："衡文之旌币屡招，惟与宜兴潘太史作两载周旋。一时共事者储六雅诸先生，倾盖订道义之交。"潘公宗洛得见公著《思问录》《正蒙注》《庄子解》《楚辞通释》诸书。潘撰传："余所得见于敌者，《思问录》《正蒙注》《庄子解》《楚辞通释》而已。"越二年乙酉，潘公将为公传，促虎止公作《行述》，《行述》："蒙太史之采风。"悉其梗概。传成，潘公贻之史馆，以稿授虎止公。潘撰《家谱序》："余为船山先生立传贻史馆，以稿授其嗣王生虎止。"末云："时康熙四十有四年，岁在旃蒙作诺，修元月，哉生明。"又二年丁亥，同郡绅耆呈请入祀乡贤祠。偏沅抚院赵公申乔据奏，奉旨报可。

乾隆三十九年，诏开《四库》书馆，搜采遗书。公所著《周易稗疏》《周易考异》《书经稗疏》《书经引义》《诗经稗疏》《诗经考异》《叶韵辨》《春秋稗疏》《春秋家说》，均得进呈，奉旨列入《四库》。其载在《钦定四库全书总目提要》者，为《周易稗疏》一卷、附《考异》一卷，《书经稗疏》四卷，《诗经稗疏》四卷、附《考异》一篇、《叶韵辨》一篇，《春秋稗疏》二卷；载在《钦定四库全书总目经部书类存目》者，为《尚书引义》六卷；载在《钦定四库全书总目经部春秋类存目》者，为《春秋家说》三卷；载在《钦定四库全书简明目录》者，为《周易稗疏》四卷、附《考异》一卷，《书经稗疏》四卷，《诗经稗疏》《四卷，《春秋稗疏》二卷。并经奉旨，以儒林于国史馆立传。邓显鹤《著述目录》书后："殁后十四年，遗书散佚，其子敔始为之收辑推阐，上之督学宜兴潘先生，因缘得上史馆，立传儒林。"今以《四库书目》及《国史凡例》《本传》证之，便知其误。

公书始刊于公子敔、门人及姻友之有力者，凡数种。见《湘西草堂记》。其后增刻《周易大象解》《春秋世论》《四书稗疏》《四书考异》《老子衍》《庄子解》《楚词通释》《正蒙注》《思问录》《文集》《诗集》《诗余》《诗话》，凡十余种。见前引《蕉畦先生传略》及后附《著述目录》。道光初元，公六世孙承佺搜辑公遗书，藏于家。庚子，公七世从孙世全刻《周易内传》《周易大象解》《周易稗疏》《周易考异》《周易外传》《书经稗疏》《尚书引义》《诗经稗疏》《诗经考异》《诗广传》《春秋稗疏》《春秋家说》《春秋世论》《续春秋左氏传博议》《礼记章句》《四书训义》《四书稗疏》《四书考异》，凡十八种于湘潭。咸丰初，板毁于兵。同治四年，曾文正公国藩与弟忠襄公国荃，重刻前十七种于金陵，以《四书训义》为口授讲章从缓，增刻《周易内传发例》《读四书大全说》《四书稗疏》《说文广义》《读通鉴论》《宋论》《永历实录》《莲峰志》《老子衍》《庄子解》《庄子通》《张子正蒙注》《思问录内篇》《思问录外篇》《俟解》《噩梦》《黄书》《识小录》《愚鼓辞》《楚词通释》《姜斋文集》《南窗漫记》《岳余集》《落花诗》《遣兴诗》《梅花百咏诗》《洞庭秋》《雁字诗》《柳岸吟》《五十自定稿》《六十自定稿》《七十自定稿》《姜斋诗剩稿》《仿体诗》《诗译》《潇湘怨词》《鼓棹初集》《鼓棹二集》《夕堂永日绪论内编》《夕堂永日绪论外编》《船山经义》《龙舟会杂剧》，共五十九种。光绪四年，衡郡士绅遵学政朱公逌然前谕，创建船山书院于南城外。十年，彭刚直公玉麟改建船山书院于东洲，曾忠襄公以家藏遗书刻板归之书院。十一年，彭刚直公奏闻咨部，并奏改南城书院为船山祠，奉公栗主，请旨饬有司春秋致祭，奉旨报可。十三年夏，于书院补刻《龙源夜话》《忆得》《姜斋文集补遗》《分体稿》《编年稿》，凡五种。

公子四：勿药；早逝。攽；勿幕；早逝。敔，明经候选训导。

孙八：夏；早逝。生若，岁贡生；生兹；生苍，邑庠生，册名文园；生蓬，邑庠生，册名大澍；生万；早逝。攽公生。生范；生荃，邑廪生；敔公生。

曾孙十九：永纬，永缔，生若公生；永绥，永绂，永缯，永纾，永绎，生兹公生；永綮，永经，早逝。永组，早逝。生苍公生；永纁，永绩，永缃，永绉，永缪，早逝。永绒，生蓬公生；永绽，永綖，生范公生；永纟川，生范公子。生荃公抚。

元孙三十九：嘉璨，嘉瑜，嘉瑛，永纬公生；嘉琦，嘉璧，早逝。嘉珙，早逝。嘉瑄，永缔公生；嘉松，嘉枋，永绥公生；嘉皆，永绂公生；嘉棨，嘉枘，永缃公生；嘉柳，嘉梧，嘉东，永缯公生；嘉怀，嘉槃，永纾公生；嘉達，嘉珽，永綮公生；嘉训，嘉咏，嘉诰，永纁公生；嘉试，永绩公子。永绩公抚；嘉谂，嘉诞，嘉谕，永缃公生；嘉询，嘉诵，嘉谧，永绉公生；嘉善，永绒公生；嘉繁，嘉倧，永绽公生；嘉琳，嘉璇，嘉敩，嘉胧，永綖公生；嘉昱，嘉昶，嘉昇，永纟川公生。

六世孙三十二：承焯，嘉璨公生；承燦，承端，嘉瑜公生；承灼，嘉瑛公生；承中，嘉琦公生；承谱，早逝。承选，嘉枋公生；承潾，嘉皆公生；承目，承钏，承雨，嘉棨公生；承烈，承越，嘉達公生；承熭，承熾，承休，承广，嘉珽公生；承佺，搜公遗书，备尽心力。嘉训公生；承俸，承俊，嘉诰公生；承峰，承熙，承洛，嘉谕公生；承佔，承供，承嶒，嘉询公生；承璁，承殷，嘉诵公生；承躬，嘉善公生；承器，嘉胧公生；承规，早逝。承现，嘉昇公生。

七世孙四十一：世吉，世嶂，早逝。承焯公生；世龙，世亮，世泽，世求，承中公生；世硅，承选公生；世开，世闳，世阆，世闾，世闰，承漜公生；世扎，世持，世援，世搨，世拴，承烈公生；世牒，世宻，承广公生；世鸿，早逝。世熊，世烝，世烮，世佺公生；世瞖，世諨，世荐，世標，承俊公生；世玝，世琥，承峰公生；世玠，世珦，世玑，世璪，承熙公生；世喟，承洛公生；世迏，世逮，承佔公生；世邎，世连，世进，世遇，世迟，承嶒公生。

八世孙五十二：德驯，早逝。德扬，早逝。德祖，德新，德春，世吉公生；德贵，德盛，德寿，德喜，世龙公生；德林，德柏，世亮公生；德华，德富，德佳，世泽公生；德刾，德意，德仁，早逝。世开公生；德佑，世闳公子。世闳公抚；德求，世闾公生；德棬，世拴公子。世扎公抚；德桢，世持公生；德槌，早逝。德材，德有，世拴公生；德惠，早逝。德恩，早逝。德志，德忠，世熊公生；德芯，德念，世烝公生；德意，世烮公生，德喜，德五，世瞖公生；德耕，德洋，早逝。德兴，德财，德发，德裕，世諨公生；德知，德善，世標公生；德凌，德云，德园，德洸，德兰，世迏公生；德望，德东，德漳、德佳，世逮公生；德定，世连公生；德呈，世迟公生。

九世孙十六：傅慧，傅志，傅礼，德贵生；傅智，德盛生；傅可，德柏子。德林抚；傅思，德柏生；傅送，傅桂，德刾生；傅益，傅监，傅盛，德意生；傅芳，德忠子。德志抚；傅芝，德忠生；傅芷，德芯生；傅高，德耕生；傅祥，德东生。十四孙勋高。

《船山公年谱》后编终

《船山公年谱》全书终